UTB 2881

Eine Arbeitsgemeinschaft der Verlage

Böhlau Verlag · Köln · Weimar · Wien
Verlag Barbara Budrich · Opladen · Farmington Hills
facultas.wuv · Wien
Wilhelm Fink · München
A. Francke Verlag · Tübingen und Basel
Haupt Verlag · Bern · Stuttgart · Wien
Julius Klinkhardt Verlagsbuchhandlung · Bad Heilbrunn
Lucius & Lucius Verlagsgesellschaft · Stuttgart
Mohr Siebeck · Tübingen
Orell Füssli Verlag · Zürich
Ernst Reinhardt Verlag · München · Basel
Ferdinand Schöningh · Paderborn · München · Wien · Zürich
Eugen Ulmer Verlag · Stuttgart
UVK Verlagsgesellschaft · Konstanz
Vandenhoeck & Ruprecht · Göttingen
vdf Hochschulverlag AG an der ETH · Zürich

Manuel Puppis

Einführung in die Medienpolitik

2., überarbeitete Auflage

UVK Verlagsgesellschaft mbH

Bibliografische Information der Deutschen Nationalbibliothek
Die Deutsche Nationalbibliothek verzeichnet diese Publikation in der
Deutschen Nationalbibliografie; detaillierte bibliografische Daten
sind im Internet über http://dnb.d-nb.de abrufbar.

ISBN 978-3-8252-2881-1

1. Auflage 2007
2. Auflage 2010

© UVK Verlagsgesellschaft mbH, Konstanz 2010

Einbandgestaltung: Atelier Reichert, Stuttgart
Einbandfoto: DB AG/Jazbec
Korrektorat: Sabine Groß, Twistringen
Druck und Bindung: fgb · freiburger graphische betriebe, Freiburg

UVK Verlagsgesellschaft mbH
Schützenstr. 24 · 78462 Konstanz
Tel. 07531-9053-0 · Fax 07531-9053-98
www.uvk.de

Inhalt

Abbildungen

Dank

Zur Entstehung der vorliegenden ‹Einführung in die Medienpolitik›, die nun bereits in zweiter konzeptionell wie inhaltlich überarbeiteter Auflage vorliegt, haben viele Personen beigetragen, denen ich ausdrücklich danken möchte. Für die gründliche Lektüre des Manuskriptes und viele hilfreiche Anmerkungen und Verbesserungsvorschläge ist in erster Linie Patrick Donges (Greifswald), Matthias Künzler (Zürich) und Katarina Sikavica (München & Zürich) zu danken. Einzelne Auszüge durchgesehen haben und/oder mir mit ihrer fachlichen Expertise beigestanden sind Jo Bardoel (Amsterdam & Nijmegen), Leen d'Haenens (Leuven & Nijmegen), Thorsten Held (Hamburg), Peter Humphreys (Manchester), Natascha Just (Zürich), Michael Latzer (Zürich), Frank Lobigs (Dortmund), Urs Saxer (Zürich), Edzard Schade (Chur), Wolfgang Schulz (Hamburg), Helena Sousa (Braga) und Thomas Steinmaurer (Salzburg). Didaktischer Natur war die Beratung durch Regula Schmid Keeling von der Arbeitsstelle für Hochschuldidaktik der Universität Zürich. Nicht zuletzt: Rüdiger Steiner von UVK stand mir jederzeit unterstützend zur Seite.

Dieses Buch ist im Rahmen von Vorlesungen zu Medienpolitik am IPMZ – Institut für Publizistikwissenschaft und Medienforschung der Universität Zürich entstanden. Besonders danken möchte ich Otfried Jarren (Zürich), der mich stets bestärkte und mit wertvoller Kritik unterstützte. Ohne sein Vertrauen gäbe es diesen Band nicht.

Mein Dank gilt aber natürlich auch den Studierenden am IPMZ, welche meine Lehrveranstaltungen besucht, Fragen gestellt und auf Unklarheiten hingewiesen haben. Insbesondere möchte ich Florian Schmitz, Martin Sandro Bont, Katarina Kostic und Anton Poltera erwähnen, die mir als Tutoren bei Recherchen behilflich waren. Für Feedback danke ich zudem Andreas Hüsser, für das sorgfältige Korrekturlesen der Erstauflage Christian Stumm.

Das Titelbild des Buches, eine Idee von Otfried Jarren, ist nicht nur persönlich stimmig (wäre es nicht die Wissenschaft, wäre wohl die Bahn mein Arbeitgeber geworden), sondern wirft auch Fragen auf: Wer stellt Weichen? Wohin geht die Reise? Ich hoffe, dass der Versuch diese zu beantworten, die Leserinnen und Leser für medienpolitische Themen nachhaltig zu begeistern vermag.

Zürich, im Juni 2010   Manuel Puppis

Vorwort

Die beste Medienpolitik sei keine – so hört man es seit den frühen 1970er Jahren immer wieder aus der Medienpraxis. Doch das war und ist eine Mär, denn trotz aller Behauptungen bezüglich eines Politikverzichts betreiben Presseverlage, private wie öffentliche Rundfunkorganisationen bei den politischen Entscheidungsträgern Lobbying, wenn es darum geht, Zugang zu den ‹Neuen Medien› und somit zu neuen Märkten zu erhalten – also Weichen zu stellen. Und massiv wird interveniert, wenn Werberegelungen oder gar -verbote diskutiert werden. Subventionen in Form technischer Infrastrukturmaßnahmen, vom Staat zu finanzieren, oder Steuerprivilegien werden von der Branche unter Hinweis auf die Wahrnehmung öffentlicher Aufgaben gefordert – und nur zu gerne in Anspruch genommen.

Medienpolitik, im Sinne von Weichenstellungen, findet also statt. Medienpolitik findet aber nicht allein im nationalstaatlichen Rahmen statt, sondern medienpolitische Entscheidungen werden mehr und mehr auch auf der europäischen und der globalen Ebene getroffen. Dort wird zunehmend mitentschieden, wohin die Reise gehen soll. Politische Mehrebenensysteme, verflochtene Entscheidungsarenen, komplexe Akteurkonstellationen – das sind einige zentrale Merkmale der heutigen Medienpolitik. Vor allem in den letzten zwanzig Jahren sind die medienpolitischen Regelungsfragen vielfältiger und in jedem einzelnen Teilbereich auch komplexer geworden, so durch technologische Veränderungen und die zunehmende Transnationalisierung politischer Entscheidungsprozesse.

In diesem Lehrbuch wird die Entwicklung der Medienpolitik nachgezeichnet und reflektiert. Der Autor ist sich der Komplexität seines Analysegegenstands bewusst. Durch Themenauswahl und Bandaufbau wird der Versuch unternommen, die gestiegene Komplexität angemessen zu reflektieren, dabei aber den roten Faden nicht zu verlieren – und den bildet die *massenmediale öffentliche Kommunikation*. Folglich stehen jene Medien und Medienangebote im Mittelpunkt der Analysen, die einen wesentlichen Beitrag zur gesamtgesellschaftlichen Selbstbeobachtung wie Reflexion leisten. Buch oder Film sind also nicht Gegenstand dieser Darstellung. Es versteht sich, dass dabei – unter den Bedingungen der technischen Konvergenz – auch Regelungsfelder wie jenes der Telekommunikation Beachtung finden müssen. Die nötigen Erweiterungen gelingen dem Autor in diesem Band in überzeugender Weise.

Die vorliegende ‹Einführung in die Medienpolitik› bietet jenes Grundlagen-wissen, das wir benötigen, um medienpolitische Konzepte erfassen und die Be-sonderheiten medienpolitischer Entscheidungsprozesse beschreiben sowie er-klären zu können. Dabei wird insbesondere auf eine *theoretische Fundierung* Wert gelegt: Auf welchen theoretischen Annahmen fußen medienpolitische Konzepte und Erklärungsmodelle? Eingeführt wird in die für die Analyse von Politik und Medienpolitik notwendigen sozialwissenschaftlichen Grundlagen, wobei ein Schwergewicht auf der Regulierungstheorie liegt. Auch ‹neue› Formen der Regulierung, die mit dem Begriff ‹Media Governance› umschrieben werden können, finden Beachtung.

Medienpolitik findet nicht mehr nur auf nationalstaatlicher Ebene statt. Vielmehr ist eine zunehmende *Transnationalisierung* zu verzeichnen. So gilt es, neue politische Entscheidungsebenen und Akteure (EU, Europarat, WTO, UNESCO) zu berücksichtigen. Medienpolitische relevante Entwicklungen auf europäischer und globaler Ebene fließen deshalb immer wieder ein.

Medienpolitik kann man heute nur in *vergleichender Perspektive* betreiben, und so ist es verständlich, dass trotz der Schwerpunktsetzung auf die drei deutschsprachigen Länder zahlreiche Beispiele, Daten und Fakten aus (west-) europäischen Staaten in diesem Band zu finden sind. Den vergleichenden Blick will der Autor zudem auch vermitteln, indem es im theoretischen Teil des Bandes eine knappe, aber konzise Einführung zur Komparatistik gibt.

In ausgewählten Bereichen werden dann Daten aus unterschiedlichen Staaten präsentiert und bezogen auf medienpolitische Fragestellungen diskutiert. Aber auch hier war eine Auswahl zu treffen, und der Autor hat sich für ein weiteres Auswahlprinzip entschieden: *Problemorientierung*. Entsprechend zentraler medienpolitischer Entscheidungsfragen werden die Daten problemorientiert ausgewählt und interpretiert.

Theoriebezug, Problemorientierung, Transnationalisierung und Vergleich – das sind die vier zentralen inhaltlichen Grundprinzipien im vorliegenden Lehr-buch. Dieses Lehrbuch richtet sich in erster Linie an Studierende der Publizistik-und Kommunikations- sowie der Politikwissenschaft, aber auch an weitere Interessierte aus Politik und Medien. Dabei legt der Autor Wert auf die *didaktische Umsetzung*: Lernziele, Übungen, Merksätze und weiterführende Literaturhinweise sollen den Leserinnen und Lesern den Einstieg in die Thematik erleichtern, wie aber auch zu einer vertieften Arbeit anregen.

Der vorliegende Band ist in drei große Themenblöcke unterteilt. Der erste Teil (Kapitel 1-4) befasst sich mit den *Grundlagen* von Medienpolitik und Medienregulierung sowie der Methode des Vergleichs. Nach einer Klärung der wichtigsten Begriffe stehen vor allem Begründungen und Modelle der Medien-regulierung im Zentrum. Der zweite Teil (Kapitel 5-7) widmet sich Bedeutung,

Funktionsweise und Aufgaben von *Akteuren der Regulierung* auf nationaler, europäischer und globaler Ebene. Verschiedene *Modelle der Regulierung* werden im dritten Teil (Kapitel 8-12) vergleichend dargestellt. Dabei werden sowohl Presse (Presseförderung), Telekommunikation, Rundfunk (Rundfunkorganisationen, Finanzierung, Distribution, Inhalte) und Internet, als auch sektorübergreifende Themen wie Medienkonzentration und Medienethik betrachtet. In einer *Konklusion* gelingt es dem Autor abschließend, die wichtigsten Veränderungen und Entwicklungen zu bündeln und ein Fazit zu ziehen.

Für die *zweite Auflage* hat der Autor den Band sorgfältig überarbeitet. So wurde neu erschienene Literatur berücksichtigt und verarbeitet. Ebenso galt es, die umfangreichen empirischen Daten auf den neusten Stand zu bringen. Hier sind insbesondere die Entwicklungen auf Ebene der EU hervorzuheben. Doch die Neuauflage zeichnet sich nicht nur durch eine inhaltliche Aktualisierung aus. Auch auf konzeptioneller Ebene wurde der Band maßgeblich weiterentwickelt. Neben einigen Umstellungen im Aufbau des Bandes finden sich auch viele Verbesserungen und Überarbeitungen in den einzelnen Kapiteln. Vor allem auf die Kapitel zu Medienregulierung, zur Methode des Vergleichs und zur Internetregulierung sei hierbei verwiesen.

Die Erforschung von Medienpolitik stellt ein bedeutendes und interessantes Teilgebiet der Publizistik- und Kommunikationswissenschaft dar. Trotzdem findet Medienpolitik an manchen unserer Studiengänge heute, nach der Euphorie der 1970er Jahre, keine besonders große Beachtung mehr und wurde zur ‹Medienkunde› degradiert – was mehr als nur bedauerlich ist. Medienpolitik ist nicht allein aus demokratietheoretischen Gründen von Bedeutung für unser Fach, sondern kann als eine integrative sozialwissenschaftliche Teildisziplin angesehen werden, in der wesentliche theoretische Forschungsimpulse in den letzten Jahrzehnten aus der Politik- und Rechtswissenschaft stammen. Die Publizistik- und Kommunikationswissenschaft hat auch hier, ähnlich wie in der Öffentlichkeitstheorie und -forschung, einer Domäne der Soziologen, einigen Nachholbedarf. Umso optimistischer stimmt es mich, wenn ein Nachwuchswissenschaftler sich dieses Themas annimmt. Ein Lehrbuch zu verfassen ist keine einfache Sache, aber aus meiner Sicht ist es Manuel Puppis gelungen, ein theoriegrundiertes, faktenreiches und verständliches Werk vorzulegen. Besonders erfreulich ist es, dass dieses Lehrbuch bereits nach kurzer Zeit in zweiter, bearbeiteter Auflage erscheinen kann. Die langjährigen einschlägigen Lehrerfahrungen im Bereich der Medienpolitik haben dem vorliegenden Band ohne jeden Zweifel genutzt.

Zürich, im Juni 2010   Otfried Jarren

19

Teil I

Grundlagen

Die ersten vier Kapitel des Buches vermitteln jenes Grundlagenwissen, welches wir zur Beschreibung und Analyse von Medienpolitik benötigen. Was ist Medienpolitik? Was ist Medienregulierung? Und wie können wir Medienpolitik wissenschaftlich fassen? Im Folgenden werden die wichtigsten Begriffe geklärt und theoretische Ansätze vorgestellt.

Medienpolitik – Definitionen und Dimensionen: Im ersten Kapitel wird dargestellt, was Medienpolitik ist und welche Bedeutung Medienpolitik für Medien und Gesellschaft hat. Nach der Definition der wichtigsten Begriffe werden verschiedene Dimensionen und Akteure der Medienpolitik unterschieden.

Medienregulierung und Media Governance: Medienregulierung, ein wichtiger Teilaspekt von Medienpolitik, ist das Thema des zweiten Kapitels. Dabei werden die theoretischen Grundlagen der Medienregulierung aufgearbeitet. Anschließend beleuchtet das Kapitel die Entwicklung hin zu einer Media Governance (zunehmender Stellenwert von Selbstregulierung sowie europäischer und globaler Regulierung) und verschiedene Modelle der Regulierung von Presse, Telekommunikation, Rundfunk (Hörfunk und Fernsehen) und Internet.

Begründungen für Medienregulierung: Staatliche Eingriffe sind legitimationsbedürftig. Verschiedene Begründungen für Medienregulierung werden im dritten Kapitel vorgestellt. Neben dem Versagen von Medienmärkten dient auch die den Medien zugeschriebene politische, soziale und kulturelle Bedeutung als Begründung für staatliche Eingriffe in den Mediensektor.

Vergleichende Perspektive in der Medienpolitik: Für die Erforschung von Medienpolitik und Medienregulierung lohnt oftmals eine komparative Perspektive. Vergleiche erlauben uns, Gemeinsamkeiten und Unterschiede verschiedener Mediensysteme zu erkennen und so neue und unerwartete Einsichten über Medien zu erlangen und medienpolitische Ideen zu erarbeiten. Das vierte Kapitel führt deshalb knapp in die vergleichende Methode ein.

I   Medienpolitik – Definitionen und Dimensionen

Inhalt und Lernziele

Das folgende Kapitel erläutert zuerst die Relevanz von Medienpolitik und wendet sich dann Definitionen und Begriffsabgrenzungen zu: Was ist Politik? Was sind Medien? Was ist Medienpolitik? Danach stehen die drei Dimensionen des Politikbegriffes im Zentrum: Polity (Strukturen und Institutionen), Politics (Prozesse und Akteure) und Policy (Inhalte und Entscheidungen).

Nach diesem Kapitel können Sie
- Politik, Medien und Medienpolitik definieren.
- politische Strukturen, Prozesse und Inhalte unterscheiden.
- die Bedeutung unterschiedlicher Akteure in der Medienpolitik erklären.

1.1   Warum Medienpolitik?

Wenn wir uns als Mediennutzerinnen und Mediennutzer über Medien unterhalten, dann geht es meist um bestimmte Inhalte: Sex- und Gewaltdarstellungen im Fernsehen, die für Aufregung sorgen, Pop-Mainstream im Radio, ein ‹schlechter› Artikel in der Zeitung oder Fernsehsendungen wie ‹Teletubbies›, ‹Big Brother› oder ‹Deutschland sucht den Superstar›, welche kurzfristig Diskussionen auslösen. Es kommt dagegen eher selten vor, dass wir uns als Zuschauer oder Leser über Medienfusionen, medienpolitische Entscheidungen oder die Existenz von öffentlichem und privatem Fernsehen länger Gedanken machen.

Doch manchmal gibt es Ereignisse, da ist Medienpolitik plötzlich in aller Munde. Fordern öffentliche Rundfunksender wie ARD und ZDF, der ORF oder die SRG eine Erhöhung der Gebühren, sorgt dies regelmäßig für öffentliche Aufmerksamkeit und medialen Wirbel: Brauchen wir denn ‹Staatsfernsehen› wo es doch auch private Sender gibt? 2005 wollte der deutsche Axel Springer Verlag, einer der größten Verlage Europas und unter anderem Herausgeber der BILD-Zeitung, das Fernsehunternehmen ProSiebenSat.1 Media AG übernehmen, was heftige Kontroversen auslöste: Ist eine solche Ballung von

Medienmacht bei wenigen Unternehmen ein Problem für die Demokratie? In der Schweiz erhielt der bei Jugendlichen beliebte Radiosender ‹Radio Energy› 2008 keine neue Lizenz: Will die Politik den Hörern vorschreiben, welche Medien sie zu nutzen haben?

Die Wissenschaft interessiert sich für Medienpolitik aber nicht nur in diesen Ausnahmesituationen. Eine ganze Reihe wissenschaftlicher Disziplinen beschäftigt sich mit Medienpolitik. Neben der Publizistik- und Kommunikationswissenschaft sowie der Politikwissenschaft bearbeiten auch Vertreterinnen und Vertreter der Wirtschaftswissenschaften und der Rechtswissenschaft medienpolitische Fragestellungen. Vor allem zwischen der Publizistik- und Kommunikationswissenschaft auf der einen und der Politikwissenschaft auf der anderen Seite sind die Fachgrenzen sehr durchlässig. Wissenschaftlerinnen und Wissenschaftler aus beiden Disziplinen untersuchen Medienpolitik aus einer sozialwissenschaftlichen Perspektive, womit sich die zugrunde liegenden Theorien und Methoden kaum unterscheiden.

Doch warum ist Medienpolitik ein solch zentraler Gegenstand sowohl der Publizistik- und Kommunikationswissenschaft als auch der Politikwissenschaft? Dahinter steht eine zentrale Annahme, die wir kurz anschauen müssen.

1.1.1   Bedeutung von Medienstrukturen

Medien und die in ihnen verbreiteten Inhalte sind zentral für die Gesellschaft: Medien stellen Öffentlichkeit her, tragen zur Verbreitung von Normen und Werten bei und liefern die nötigen Grundlagen für politische Entscheidungen. Doch welche Medieninhalte zustande kommen, ist kein Zufall. Welche Medien es in einem Land gibt und wem sie gehören, hat einen entscheidenden Einfluss darauf, wie Medieninhalte entstehen. Anders ausgedrückt: Es gibt einen *Zusammenhang zwischen Medienstrukturen und Medieninhalten.*

Die Bedeutung dieser sogenannten *Strukturperspektive* für die Publizistik- und Kommunikationswissenschaft wird schon lange postuliert. Lazarsfeld und Merton haben bereits 1948 drei relevante Bereiche der Medienforschung genannt (vgl. Lazarsfeld/Merton 1965: 459):

- Die Wirkung der Existenz von Medien;
- Die Wirkung der Eigentums- und Organisationsstrukturen von Medien;
- Die Wirkung von Medieninhalten.

Der erste Bereich beschäftigt sich mit Funktionen, welche Massenmedien für die Gesellschaft erfüllen, während der zweite die Einbettung von Medien in bestimmte gesellschaftliche und ökonomische Strukturen betrachtet, denn «the social effects of the media will vary as the system of ownership and control varies» (Lazarsfeld/Merton 1965: 465). Und auch Siebert/Peterson/Schramm (1956: 1) gehen in ihrem berühmten Buch ‹Four Theories of the Press› davon aus, dass für das Verständnis von Medien gesellschaftliche und politische Strukturen zentral sind.

Trotzdem standen in der Publizistik- und Kommunikationswissenschaft – ausgehend von einfachen Kommunikationsmodellen – lange Zeit Sender und Empfänger von Botschaften im Mittelpunkt der Forschung. Damit ging es vorrangig um Individuen: auf der einen Seite um journalistische Persönlichkeiten, auf der anderen um einzelne Mediennutzer. Die berühmte Lasswell-Formel «Who says what in which channel to whom with what effect?» (Laswell 1960: 117, erstmals 1948) hatte großen Einfluss auf die Publizistik- und Kommunikationswissenschaft und begründete die klassischen Forschungsgebiete Kommunikator-, Inhalts-, Medien-, Rezeptions- und Wirkungsforschung (siehe Abb. 1). Von den von Lazarsfeld und Merton genannten Bereichen hat also nur der letzte größere Beachtung erfahren.

Abb. 1:   Klassische Gebiete der Publizistik- und Kommunikationswissenschaft

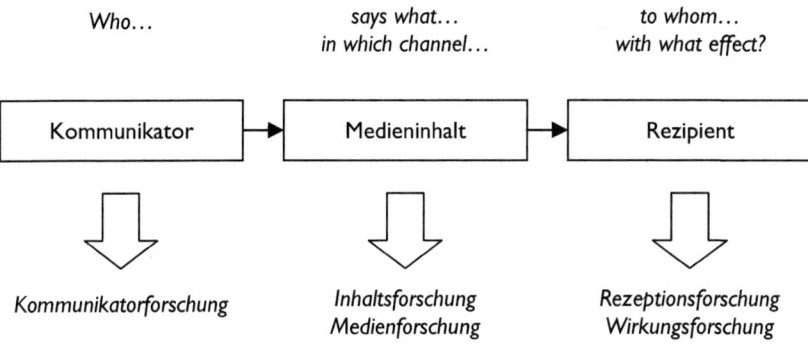

Diese klassischen Forschungsgebiete sind heute noch von derselben Relevanz wie vor 60 Jahren. Die Erforschung von Journalisten, Medieninhalten und Medienwirkungen beim Publikum ist nach wie vor wichtig. Doch um zu erklären, wie bestimmte Inhalte entstehen, genügt es nicht, nur einzelne Individuen zu untersuchen, sondern auch die Medienstrukturen müssen analysiert werden.

Einerseits produzieren Journalistinnen und Journalisten die Medieninhalte innerhalb von Medienorganisationen, andererseits existieren diese Medienorganisationen nicht im Vakuum (siehe Abb. 2). Vielmehr sind sie mit ökonomischen Zwängen und politischen Vorgaben konfrontiert. Strukturen der Gesellschaft und Strukturen der Medienorganisationen müssen in der Analyse also berücksichtigt werden. Die Strukturperspektive ergänzt folglich die Analyse von individuellen Handlungen auf der Mikroebene durch die Einbeziehung der Meso- (Organisationen) und Makroebene (Gesellschaft).

Abb. 2:   Einbettung von Medien in der Gesellschaft

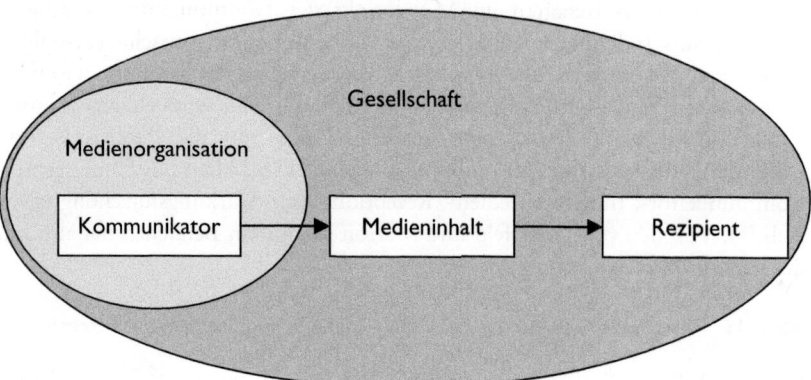

Die im historischen Prozess entstandene *Medienstruktur* eines Landes setzt sich aus Medienorganisationen, Verbänden, politischen und gesellschaftlichen Akteuren sowie deren Interaktionen zusammen (vgl. Jarren 2003: 20). Zur Medienstruktur zählen folglich die politischen und wirtschaftlichen Rahmenbedingungen von Medienorganisationen und die Art, wie Medien organisiert sind, z. B. privatwirtschaftlich oder öffentlich (vgl. Jarren/Meier 2002: 125). Zu den politischen Rahmenbedingungen gehören u. a. der Aufbau des politischen Systems (z. B. Zentralismus vs. Föderalismus, direkte vs. parlamentarische Demokratie), die Art und Weise, wie medienpolitische Entscheidungen zustande kommen, welche Akteure an diesem Prozess beteiligt sind und wie die Aufsicht über die Medien institutionalisiert wird. Die Größe des Marktes, die Anzahl der Unternehmen, Eigentumsverhältnisse, Finanzierung, Kostenstrukturen etc. wiederum sind einige der wirtschaftlichen Rahmenbedingungen.

Mit Medienstruktur werden die politischen und wirtschaftlichen Rahmenbedingungen von Medienorganisationen und die Art, wie die Medien organisiert sind, bezeichnet.

1.1.2   Medienstrukturen, Medieninhalte und Medienpolitik

Medienstrukturen haben also entscheidenden Einfluss darauf, wie und welche Medieninhalte entstehen (vgl. McChesney 2008: 12, 129). Anders gesagt: Gesellschaftliche Strukturen beeinflussen die Strukturen von Medienorganisationen und das *Handeln von Medienorganisationen* als Ganzes. Strukturen der Medienorganisationen wiederum beeinflussen das Handeln der Journalistinnen und Journalisten, also das *Handeln in Medienorganisationen*. Medienschaffende, deren Handlungen letztlich zu bestimmten Medienleistungen und Medienqualitäten führen, handeln innerhalb bestimmter Rahmenbedingungen und werden maßgeblich von der jeweiligen Medienorganisation (ökonomische Ausrichtung, redaktionelle Organisation etc.) geprägt (vgl. Jarren 2003: 13).

Die Verbindung zwischen Struktur und Inhalt verdeutlicht das Modell der industriellen Organisation, welches Gomery (1989) auf die Medien anwendet. Die publizistischen Leistungen der Medien stehen darin in engem Zusammenhang mit wirtschaftlichen und politischen Bedingungen. Es lassen sich Struktur (Structure), Verhalten der Medienorganisationen (Conduct) und Leistung (Performance), d. h. die Medieninhalte, unterscheiden (siehe Abb. 3).

Abb. 3:   Modell der industriellen Organisation

Gesellschaftliche und organisationale Strukturen haben einen Einfluss darauf, wie Medienorganisationen funktionieren und damit auf die Entstehung von Medieninhalten (vgl. McQuail 1992: 90).

> «*Structural* features [...] can be seen as having direct consequences for the conduct of particular media organizations. *Conduct* refers to all the systematic activities that in turn affect *performance*, in the sense of the type and amount of media content produced and offered to audiences» (McQuail 2005: 276f./Hervorheb. i.O.).

Ähnlich argumentiert Napoli (1999; 2001), der speziell die Vielfalt in den Medien betrachtet: Strukturelle Vielfalt (source diversity) habe einen Einfluss auf die inhaltliche Vielfalt (content diversity). Eine Vielzahl an Medienorganisationen und Medienprodukten soll folglich zu einer Vielfalt an Genres, Ideen und Meinungen führen. Allerdings ist dieser Zusammenhang weniger eindeutig als häufig angenommen: «No doubt, industry structure does have an effect on diversity, but the relationship may be more complicated than is usually thought» (Aslama/Hellman/Sauri 2004: 113). Eine Vielzahl an Medien-organisationen ist damit noch keine Garantie, zumindest aber eine Chance für inhaltliche Vielfalt.

Jetzt wissen wir also, dass Medienstrukturen die Medieninhalte beeinflussen. Doch was hat das mit *Medienpolitik* zu tun? Medienpolitik spielt eine wichtige Rolle: Mediensysteme entstehen nämlich nicht auf natürliche Weise, sondern werden politisch geschaffen (vgl. McChesney 2008: 131f.; Freedman 2008: 1).

> «When we talk about media, what most of us are concerned with, ultimately, is the content the media system produces and the effect that has upon our lives. But the content is shaped to a significant extent by the […] structures of media systems […]. And the […] structures are determined by policies […]» (McChesney 2008: 135).

Auch wenn den Medienorganisationen mit Medienpolitik gewisse inhaltliche Vorgaben auferlegt werden, so setzt Medienpolitik doch vielfach an den Medienstrukturen an. Einer direkten Einflussnahme des Staates auf Medien-inhalte ist in demokratischen Staaten nur schon dadurch eine Grenze gesetzt, als dass die Medien unabhängig vom Staat funktionieren sollen (sogenannte *Medienfreiheit*). Die Gestaltung der Medienstruktur ist indes kein Selbstzweck:

> «Policies designed to enhance source diversity […] are not implemented purely for the sake of enhancing source diversity. Implicit in virtually all of these source diversity policies is the assumption that a greater diversity of sources leads to a greater diversity of content» (Napoli 2001: 133).

Mit Medienpolitik versucht die Gesellschaft, ‹ihre› Medien zu gestalten, indem *indirekt* durch die Beeinflussung der Medienstruktur auf die Medieninhalte eingewirkt werden soll (vgl. Napoli 2001: 138; McQuail 1992: 95; Abb. 4).

Abb. 4: Einfluss der Medienpolitik auf Medienstruktur und -inhalt

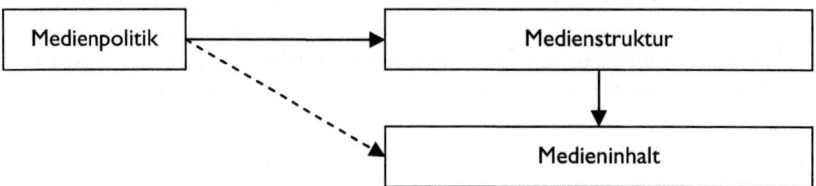

Durch die Gestaltung der Medienstruktur soll das Handeln der Medien-organisationen beeinflusst werden, um so bestimmte Medienleistungen zu erreichen (vgl. Aslama/Hellman/Sauri 2004: 117). Dadurch, dass eine öffentliche

Rundfunkorganisation gegründet wird oder Zusammenschlüsse von Medienunternehmen genau geprüft werden, sollen letztlich bestimmte inhaltliche Ziele verwirklicht werden, beispielsweise inhaltliche Vielfalt und Qualität.

> Medienstrukturen haben einen entscheidenden Einfluss auf das Handeln in und von Medienorganisationen und damit auch darauf, wie und welche Medieninhalte entstehen. Mit Medienpolitik wird versucht, über die Medienstruktur indirekt auf Medieninhalte einzuwirken.

1.2   Definitionen: Politik, Medien und Medienpolitik

Bleibt die Frage, was Medienpolitik denn überhaupt ist. Eine Beschäftigung mit dem Gegenstand der Medienpolitik bedingt, dass zuerst Begriffe wie Politik und Medien geklärt und definiert werden.

1.2.1   Definition von Politik

Grundsätzlich können normative und deskriptive Politikbegriffe unterschieden werden (vgl. Alemann 1998: 543). Normative Politikbegriffe definieren Politik über das mit Politik zu verwirklichende Ziel, z. B. soll Politik dann zu einer als gerecht erachteten Ordnung führen. Hier steht allerdings ein deskriptiver Politikbegriff im Zentrum, der beschreiben will, was Politik ist, und nicht postuliert, was Politik soll.

Eine verbreitete Definition von Politik stammt von Patzelt (2003: 23/ Hervorheb. i.O.): *«Politik ist jenes menschliche Handeln, das auf die Herstellung und Durchsetzung allgemein verbindlicher Regelungen und Entscheidungen (d. h. von ‹allgemeiner Verbindlichkeit›) in und zwischen Gruppen von Menschen abzielt.»*

Diese Definition betont zwei Aspekte von Politik: Politik als menschliches Handeln (respektive soziale Interaktionen) sowie die Herstellung und Durchsetzung allgemein verbindlicher Regeln und Entscheidungen. *Menschliches Handeln* ist immer geprägt von bestimmten Normen, Interessen und Wertvorstellungen. Zudem beziehen Menschen ihr Handeln auf die Handlungen anderer Menschen, weshalb auch von sozialem Handeln gesprochen wird. Politisches Handeln ist damit jenes soziale Handeln, welches auf die Herstellung und Durchsetzung allgemein verbindlicher Regeln und Entscheidungen abzielt. Politisches Handeln bringt eine bestimmte politische Wirklichkeit (Rollen, Organisationen, Institutionen) hervor und verändert diese. *Allgemeine Verbind-*

lichkeit dagegen verweist darauf, dass menschliches Zusammenleben Regeln erfordert: Je komplexer eine Gesellschaft ist, desto größer der Regelungsbedarf. Entscheidungen, die allgemein verbindlich sind, können nur Regierung und Parlament als politisches Entscheidungszentrum fällen. Die Bemühungen, solche allgemein verbindlichen Regeln und Entscheidungen herbeizuführen, müssen indes nicht erfolgreich sein: Politisches Handeln muss nicht gelingen, sondern kann auch scheitern (vgl. Patzelt 2003: 23-28).

> Politik ist jenes Handeln, das auf die Herstellung und Durchsetzung allgemein verbindlicher Regeln und Entscheidungen abzielt.

1.2.2   Definition von Medien

Ganz vereinfacht gesagt dient ein *Medium* der Kommunikation und vermittelt Inhalte zwischen einem Kommunikator und einem Rezipienten, deren Rollenteilung stabil ist (vgl. Maletzke 1963: 18; Schade/Künzler 2010). Heute werden unter Medien zumeist *Massenmedien* wie Zeitungen, Zeitschriften, Radio, Fernsehen, Buch, Film oder bestimmte Internetanwendungen verstanden. Dabei muss allerdings unterschieden werden zwischen dem Prozess der Massenkommunikation und der Medienorganisation, welche diesen erst ermöglicht (vgl. McQuail 2005: 55).

Maletzke (1963: 32) versteht unter *Massenkommunikation* «jene Form der Kommunikation, bei der Aussagen öffentlich durch technische Verbreitungsmittel indirekt und einseitig an ein disperses Publikum vermittelt werden.» Massenkommunikation ist folglich potenziell allen zugänglich (öffentlich), technisch vermittelt, impliziert eine räumliche und/oder zeitliche Distanz (indirekt) sowie eine strikte Rollenteilung zwischen Kommunikator und Rezipient (einseitig) und wendet sich an eine räumlich und zeitlich verstreute Vielzahl von Personen (disperses Publikum).

Medienorganisationen ermöglichen einen dauerhaften Prozess der Massenkommunikation. Massenmedien lassen sich deshalb nicht auf diesen Prozess beschränken, sondern sind auch komplexe Organisationen, die bestimmte Ziele verfolgen und dafür eine bestimmte Organisationsstruktur ausbilden.

Eine ähnliche Betrachtungsweise nimmt Saxer (1999; zuerst 1980) ein. Er geht zwar nicht wie McQuail vom Kommunikationsprozess, sondern vom (technischen) Kommunikationskanal aus, verweist aber auch auf die Bedeutung von Organisationen. Medien seien «komplexe institutionalisierte Systeme um organisierte Kommunikationskanäle von spezifischem Leistungsvermögen»

(Saxer 1999: 6). Laut Saxer sind Medien damit zugleich Kommunikationskanäle, Organisationen, komplexe Systeme sowie Institutionen und sie erbringen gewisse Leistungen. Massenmedien sind mehr als nur technische Kommunikationskanäle: «Erst durch ihre Institutionalisierung, also durch die gewählte Organisationsform und die damit verbundenen rechtlichen, ökonomischen und kulturellen Regeln, erhalten Medien ihre soziale Bedeutung» (Jarren 2003: 15).

Als die drei wichtigen Aspekte von Massenmedien können folglich die Medienorganisation, die Verbreitung über bestimmte (technische) Distributionskanäle und der öffentliche Charakter der an eine Masse gerichteten Kommunikation identifiziert werden.

> Massenmedien können verstanden werden als in die Gesellschaft eingebettete Medienorganisationen und die von diesen verbreitete massenmediale öffentliche Kommunikation.

1.2.3 Definition von Medienpolitik

Der Versuch, Medienpolitik zu definieren, wird dadurch erschwert, dass auch der Begriff Kommunikationspolitik[1] Verwendung findet. Teils werden die beiden Begriffe synonym verwendet, doch meist stehen dahinter unterschiedliche Vorstellungen (vgl. Puppis/Latzer/Jarren 2010).

Einige Wissenschaftlerinnen und Wissenschaftler plädieren für den Begriff *Kommunikationspolitik* (vgl. Kleinsteuber/Thomaß 2009; Latzer 2007), da so das Zusammenwachsen zwischen Rundfunk und Telekommunikation besser gefasst werden könne (zu dieser sogenannten Konvergenz siehe Kapitel 2.5.2). Dabei wird Kommunikationspolitik als der Medienpolitik übergeordnet begriffen und «umfasst jenes Handeln, das auf die Durchsetzung rechtsverbindlicher Regeln für die Individual- und Massenkommunikation zielt» (Kepplinger 1994: 116). Neben der Massenkommunikation ist auch die Individualkommunikation und damit die ganze Telekommunikationspolitik mitgemeint (vgl. Wittkämper 1996: 8f.). Medienpolitik bezieht sich in diesem Verständnis explizit auf die Massenmedien und folglich nur auf einen Aspekt von Kommunikationspolitik (vgl. Kutsch/Ravenstein 1996: 64f.; Kopper 1992: 50).

---

[1] Ursprünglich wurde der Begriff der Kommunikationspolitik von Ronneberger (1966; 1978) als analytisches Konzept entwickelt und in die Publizistik- und Kommunikationswissenschaft eingebracht. Über Kontinuitäten in Ronnebergers wissenschaftlichem Werk siehe den Band ‹Die Spirale des Schweigens› (Duchkowitsch/Hausjell/Semard 2004).

Andere Forscherinnen und Forscher bevorzugen den Begriff *Medienpolitik*. Sie argumentieren, dass öffentliche Kommunikation der zentrale Gegenstand der Publizistik- und Kommunikationswissenschaft ist (vgl. Bonfadelli/Jarren/Siegert 2010). Individualkommunikation – etwa Telefongespräche oder persönliche Unterhaltungen – interessiert nur am Rande. Damit sei in erster Linie jene Politik relevant, welche die massenmediale öffentliche Kommunikation betrifft. Auch im digitalen Zeitalter habe öffentliche Kommunikation einen anderen Stellenwert als Individualkommunikation (vgl. Garnham 2000: 173f.; Freedman 2008: 21) und mit Medienpolitik ließen sich die relevanten Aspekte der Telekommunikation (z. B. technische Infrastruktur) genauso wie ‹Neue Medien› (z. B. das Internet) problemlos fassen (vgl. Hamelink/Nordenstreng 2007).

Für die Bevorzugung des Begriffes Medienpolitik sprechen zudem praktische Gründe: Erstens wird Kommunikationspolitik nicht nur als Gegenstand der Publizistik- und Kommunikationswissenschaft verstanden, sondern dient auch als Bezeichnung für jene Teildisziplin des Faches, welche sich mit diesem Gegenstand beschäftigt (vgl. Donges 2002b: 27; Tonnemacher 2003: 21). Ein zweites Problem resultiert daraus, dass Kommunikationspolitik in der Betriebswirtschaft als Bezeichnung für die Marketingstrategien von Unternehmen dient, welche auf den Absatz von Produkten auf dem Markt bezogen sind (vgl. Kepplinger 1994: 117; Tonnemacher 2003: 21). Und drittens ist in der Politikwissenschaft wie in der Politik selbst nicht von Kommunikations-, sondern von Medienpolitik die Rede (vgl. Kleinsteuber/Thomaß 2009: 64; Donges 2002b: 27).

Medienpolitik beschäftigt sich nun allerdings nicht mit allen Massenmedien, sondern hauptsächlich mit publizistischen Medien (Presse, Radio, Fernsehen, bestimmte Onlineangebote). Normativ wird das mit einem aktuellen Interesse und einer diesen Medien zugewiesenen besonderen politischen oder gesellschaftlichen Bedeutung begründet (vgl. Averbeck 2006: 233). Andere Medien, die als weniger wichtig für die öffentliche Meinungsbildung erachtet werden (z. B. Film und Buch), werden dagegen in der Regel nicht einbezogen und der Kulturpolitik zugeordnet (vgl. Kleinsteuber 2005: 103).

Für welchen Begriff man sich auch immer entscheiden mag, wichtig ist offen zu legen, was darunter verstanden wird. Hier wird dem Begriff der Medienpolitik der Vorzug gegeben.

Um nun aber zu einer Definition von Medienpolitik zu kommen: Entsprechend der Definition von Massenmedien kann sich Medienpolitik auf Strukturen und Prozesse von Medienorganisationen sowie auf die massenmediale öffentliche Kommunikation (technische Distributionskanäle und Inhalte) beziehen: *Medienpolitik ist jenes Handeln, welches auf die Herstellung und Durchsetzung allgemein verbindlicher Regeln und Entscheidungen über Medien-*

organisationen und die massenmediale öffentliche Kommunikation abzielt. Damit werden weder die (Tele-)Kommunikationsinfrastruktur noch ‹Neue Medien› ausgeschlossen. Sehr ähnlich definiert Freedman (2008: 14) Medienpolitik als «the development of goals and norms leading to the creation of instruments that are designed to shape the structure and behaviour of media systems».

Diese beiden Definitionen verdeutlichen, dass Medienpolitik nicht vom Staat allein gemacht wird und sich nicht auf «die Gesamtheit der Maßnahmen des politisch-administrativen Systems […], die direkt oder indirekt auf die Produktion, Distribution und den Konsum (Rezeption) massenmedial verbreiteter Inhalte einwirken» (Schatz/Habig/Immer 1990: 332) beschränken lässt. Das politisch-administrative System (Regierung, Verwaltung und Parlament) ist zwar überaus wichtig. Doch am politischen Prozess der Herstellung und Durchsetzung von Medienpolitik ist eine ganze Reihe weiterer Akteure aus Wirtschaft und Gesellschaft beteiligt (vgl. Jarren 1998: 616; Jarren/Donges 1997: 238f.; Freedman 2008: 13).

Medienpolitik ist ein wichtiges Politikfeld mit eigenen Akteuren, Themen und spezifischen Interaktionsformen (vgl. Jarren 1998: 618). Zwar hat Medienpolitik in der öffentlichen Wahrnehmung nicht denselben Stellenwert wie andere Politikfelder (z. B. Sozial-, Verkehrs- oder Asylpolitik), doch handelt es sich deswegen nicht um irgendein, schon gar nicht um ein irrelevantes Politikfeld. Denn: «ohne freie Medien ist keine ungehinderte Meinungsbildung des Bürgers und damit keine Demokratie möglich» (Kleinsteuber 1996: 33). Allerdings werden Medienorganisationen und die massenmediale öffentliche Kommunikation nicht nur von Medienpolitik beeinflusst. Auch andere Politikfelder sind von Bedeutung: Die Industriepolitik, welche sich der Standortförderung verschrieben hat, die Wettbewerbspolitik, welche den Missbrauch von Marktmacht verhindern soll, die Kulturpolitik, die Technologiepolitik und das Strafrecht haben entscheidende Auswirkungen auf den Mediensektor.

> Medienpolitik ist jenes Handeln, das auf die Herstellung und Durchsetzung allgemein verbindlicher Regeln und Entscheidungen über Medienorganisationen und die massenmediale öffentliche Kommunikation abzielt.

1.3 Dimensionen des Politikbegriffes

In der Politikwissenschaft ist es üblich, den Politikbegriff in drei Dimensionen aufzuteilen, die mit den englischsprachigen Begriffen Polity, Politics und Policy bezeichnet werden (vgl. u. a. Patzelt 2003: 29f.; Donges/Jarren 2010; Alemann

1998b: 544f.). Dies erlaubt es, verschiedene Aspekte von Politik zu analysieren (siehe Abb. 5).

- *Polity* versteht Politik als Rahmen, womit die politischen Strukturen gemeint sind. Geprägt werden diese Strukturen von Normen und es liegen ihnen bestimmte politische Werte als Leitideen zugrunde. Mit Polity ist die formale Dimension von Politik angesprochen, also Normen, Regeln, Institutionen etc. Sinnbildlich kann Polity mit einem Flussbett verglichen werden, in welchem die politischen Prozesse fließen: Die politischen Strukturen begrenzen und ermöglichen politisches Handeln.
- *Politics* bezeichnet eben diese Prozessdimension von Politik, womit auf den Prozess der Herstellung und Durchsetzung allgemein verbindlicher Entscheidungen sowie die an diesem Prozess beteiligten Akteure und deren Einflussversuche fokussiert wird. Politics ist vor allem Input-orientiert, geht es doch um die Herbeiführung bestimmter Entscheidungen. Dieser Dimension von Politik lassen sich Begriffe wie Interessen, Konflikte, Akteure, Macht und Einfluss zuordnen.
- *Policy* schließlich ist die Umschreibung für die politischen Inhalte, welche für allgemein verbindlich erklärt werden sollen: Probleme sollen gelöst, die Gesellschaft gestaltet werden. Policy stellt den politischen Output, die tatsächlich gefällten Regeln und Entscheidungen, in den Mittelpunkt.

Abb. 5: Dimensionen von Politik

Dimension	Polity	Politics	Policy
versteht Politik als	Rahmen	Prozess	Inhalt
verwendet Begriffe wie	Normen, Regeln, Institutionen	Interessen, Macht, Konflikte, Einfluss, Akteure	Probleme, Politikfelder, Gestaltung, Regelung, Lösung
Anwendung auf Medienpolitik	strukturelle und institutionelle Bedingungen von Medienpolitik	Akteure und ihre Einflussnahme auf den Prozess der Herstellung und Durchsetzung von Medienpolitik	medienpolitische Regeln und Entscheidungen

Quelle: basierend auf Donges/Jarren (2010)

Dieser dreiteilige Politikbegriff kann auf jedes Politikfeld und damit auch auf die Medienpolitik angewendet werden: Medienpolitik ist das Produkt einer Interaktion von Akteuren, welche wiederum innerhalb bestimmter Strukturen stattfindet (vgl. Napoli 2001: 5). Mit *Polity* sind die strukturellen und institutionellen Bedingungen gemeint, welche Medienpolitik prägen. Normen, Regeln, Werte etc. haben einen Einfluss darauf, wie der Prozess der Entstehung von Medienpolitik aussieht und welche medienpolitischen Akteure wie Einfluss nehmen können. *Politics* verweist auf den politischen Prozess der Entstehung von Medienpolitik und damit auf die beteiligten Akteure und ihre Interessen. Nicht nur Ziele, Interessen, Ressourcen und Strategien einzelner Akteure, sondern auch Akteurkonstellationen, Konflikte und Entscheidungsprozesse sind relevant. *Policy* schließlich sind die Inhalte der Medienpolitik, also die medienpolitischen Regeln und Entscheidungen. Auf alle drei Dimensionen von Politik wird im Folgenden detailliert eingegangen.

Der Politikbegriff kann in die Dimensionen Polity (politische Strukturen), Politics (politischer Prozess) und Policy (politische Inhalte) analytisch unterteilt werden.

1.3.1 Polity: Strukturelle und institutionelle Bedingungen

Liberale Demokratien können ganz unterschiedliche politische Strukturen aufweisen. So nennt Schmidt (2000: 308) vier Möglichkeiten, Demokratien zu typologisieren (siehe Abb. 6):

- Konkordanz- vs. Konkurrenzdemokratie;
- direkte vs. repräsentative Demokratie;
- präsidentielle vs. parlamentarische Demokratie;
- Mehrheits- vs. Konsensusdemokratie.

Der Hauptunterschied zwischen *Konkordanz- und Konkurrenzdemokratie* liegt im zentralen Entscheidungsmechanismus. In der Konkurrenzdemokratie wird per Mehrheitsprinzip entschieden. Eine Konkordanzdemokratie dagegen ist eine Verhandlungsdemokratie: Es wird versucht, über strittige Angelegenheiten einen Konsens der wichtigsten gesellschaftlichen Gruppen herbeizuführen. Minderheiten werden an den Entscheidungsprozessen beteiligt und in der Regel sind auch alle wichtigen Minderheitsgruppen (Parteien) in der Regierung vertreten. Klassisches Beispiel für eine Konkordanzdemokratie ist die Schweiz, wo die größten Parteien Mitglieder in die Regierung, den sogenannten Bundesrat, entsenden. Auch Österreich konnte zu den Zeiten der ‹Großen Koalition› als Konkordanzdemokratie bezeichnet werden (vgl. Schmidt 2000: 327f.; Lehmbruch 1998: 350f.; Jarren/Donges 2006: 84).

Direkte und repräsentative Demokratien unterscheiden sich bezüglich der Ausübung von Herrschaft. In einer repräsentativen Demokratie wird Herrschaft durch von den Bürgerinnen und Bürgern gewählte Repräsentanten ausgeübt, während die direkte Demokratie die «unmittelbare Herrschaft des Volkes» (Lösche 1998: 108f.) kennt. In direkten Demokratien finden Volksabstimmungen in Form von Referenden und Initiativen statt. Die Schweiz bietet den Bürgerinnen und Bürgern so viele Beteiligungsmöglichkeiten wie kein anderes Land (vgl. Schmidt 2000: 359). In Deutschland dagegen finden sich nur sehr wenige direktdemokratische Elemente.

Die *präsidentielle und die parlamentarische Demokratie* sind die Grundformen von politischen Systemen, in denen das Parlament der Gesetzgeber ist. Hauptunterschied ist die Abberufbarkeit der Regierung durch das Parlament. In parlamentarischen Demokratien besteht eine enge Verbindung zwischen der Parlamentsmehrheit und der Regierung. Nicht Parlament und Regierung, sondern Parlamentsmehrheit und parlamentarische Opposition stehen sich gegenüber. Entzieht die Parlamentsmehrheit der Regierung das Vertrauen, ist sie gezwungen, zurückzutreten. Weiter ist der Regierungschef nicht zugleich Staatsoberhaupt. Die meisten westlichen Staaten sind parlamentarische Demokratien, so auch Deutschland und Österreich. Präsidentielle Systeme dagegen zeichnen sich durch eine strikte Trennung von Parlament und Regierung aus. Die Regierung erhält ihre Legitimation nicht vom Parlament, sondern durch die Volkswahl des Präsidenten, der zugleich Regierungschef und Staatsoberhaupt ist. Die Regierung kann damit auch nicht vom Parlament abberufen werden, dieses aber umgekehrt auch nicht auflösen. Klassisches Beispiel sind die USA. Allerdings gibt es auch Mischsysteme, in denen neben dem vom Volk gewählten Staatspräsidenten zusätzlich ein Ministerpräsident existiert, der je nach System in unterschiedlichem Maße von Parlament und Staatspräsident abhängig ist. Frankreich ist ein Beispiel für eine solche Mischung (vgl. Alemann 1998a: 493ff.; Jesse/Nohlen 1998: 615f.; Schmidt 2000: 309ff.).

Die auf Lijphart zurückgehende Gegenüberstellung von *Mehrheits- und Konsensusdemokratie* nennt mehrere Merkmale beider Idealtypen. In Mehrheitsdemokratien ist die Exekutive in den Händen einer allein regierenden Partei, und die Regierung dominiert auch das aus einer Kammer bestehende Parlament. Weiter handelt es sich um Zweiparteiensysteme mit Mehrheitswahlrecht, pluralistischem Interessengruppensystem und zentralistischem Staatsaufbau. Die politische Macht ist also konzentriert und die Regierung kann ihre Macht ohne große Einschränkungen ausüben. Konsensusdemokratien bilden das genaue Gegenteil. Die Regierung besteht aus einer Vielparteienkoalition. Zwischen dem aus zwei Kammern bestehenden Parlament und der Regierung gibt es ein Kräftegleichgewicht. Der Staatsaufbau ist föderalistisch, und gewählt wird nach

Verhältniswahlrecht. Zudem sind die verschiedenen Verbände und Interessengruppen an der Politik beteiligt (Neo-Korporatismus). Konsensusdemokratien zielen damit auf Machtaufteilung zwischen den verschiedenen Kräften und föderalen Ebenen (vertikale Gewaltenteilung). Die empirische Prüfung dieser beiden Idealtypen offenbarte, dass neben dem Unterschied zwischen Mehrheits- und Konsensusdemokratie auch der zwischen föderalistischen und zentralistischen Systemen eine Rolle spielt. Lijphart unterscheidet deshalb zwischen einheitsstaatlichen Mehrheitsdemokratien (z. B. Großbritannien), föderalen Mehrheitsdemokratien (z. B. USA), einheitsstaatlichen Konsensus-demokratien (z. B. nordische Staaten und Beneluxländer) sowie föderalistischen Konsensusdemokratien wie etwa den deutschsprachigen Ländern (vgl. Schmidt 2000: 339-345; Schultze 1998: 155; Czada 1998a: 365; Humphreys 1996: 11).

Abb. 6: Typen von Demokratien

Typen	Unterscheidungsmerkmale
Konkordanzdemokratie Konkurrenzdemokratie	zentraler Entscheidungsmechanismus (Konsens vs. Mehrheitsprinzip)
direkte Demokratie repräsentative Demokratie	Ausübung von Herrschaft (Bürger vs. Repräsentanten)
präsidentielle Demokratie parlamentarische Demokratie	Abberufbarkeit der Regierung; Einheit von Regierungschef und Staatsoberhaupt
Mehrheitsdemokratie Konsensusdemokratie	u. a. Anzahl Parteien in der Regierung, Kräfte-verhältnis zwischen Regierung und Parlament; Anzahl Parteien; Wahlrecht; Pluralismus vs. Korporatismus; Föderalismus vs. Zentralismus; Anzahl Parlamentskammern

Den politischen Strukturen liegen bestimmte Leitideen und Vorstellungen zugrunde, welche ebenfalls zur Polity-Dimension gehören. Damit prägen nicht allein die Eigenschaften politischer Systeme, sondern auch die Vorstellungen darüber, wie Kommunikation und Medien in der Gesellschaft institutionalisiert sein sollen, die Funktionsweise des medienpolitischen Prozesses – also wie medienpolitische Regeln und Entscheidungen herbeigeführt werden und welche medienpolitischen Akteure wie Einfluss nehmen können.

> Die Eigenschaften politischer Systeme und Vorstellungen über die Institutionalisierung von Medien prägen medienpolitische Prozesse und die Einflussmöglichkeiten medienpolitischer Akteure.

1.3.2   Politics: Politischer Prozess und beteiligte Akteure

Verschiedene gesellschaftliche, ökonomische und politische Akteure mit je eigenen Interessen versuchen, auf den medienpolitischen Prozess der Herstellung und Durchsetzung allgemein verbindlicher Regeln und Entscheidungen Einfluss zu nehmen und ihre Interessen durchzusetzen. Dabei handeln sie nicht isoliert, sondern sie treten in Konflikt oder Kooperation mit anderen Akteuren (vgl. Vowe 2003a: 213). Bevor die medienpolitischen Akteure betrachtet werden, ist es notwendig, den Begriff des Akteurs zu klären.

Typen von Akteuren

Der Begriff *Akteur* stammt aus der Handlungstheorie und bezeichnet handelnde Rollenträger. Akteure handeln stellvertretend für eine Gruppe und besitzen eine kollektive Identität. Akteure verfügen über die folgenden zentralen Merkmale (vgl. Jarren/Donges 2006: 54f.):
- Zielorientierung: Akteure haben Interessen und verfolgen bestimmte Ziele;
- Wertorientierung: Akteure handeln basierend auf bestimmten Werten;
- Ressourcen: Akteure verfügen über gewisse Ressourcen (Geld, Einfluss, Personal, Unterstützer, Mitglieder u. Ä.) und setzen diese ein, um ihre Ziele zu verfolgen;
- Strategiefähigkeit: Akteure handeln nicht nur zielgerichtet, sondern auch strategisch, d. h., Akteure besitzen die Fähigkeit, Mittel und Ziele mittels einer Strategie zu kombinieren;
- Selbst- und Fremdbeschreibung: Akteure verstehen sich selbst als Akteur und werden von anderen als Akteur anerkannt.

Akteure können unterschieden werden in individuelle und kollektive Akteure (vgl. Jarren/Donges 2006: 56):
- *Individuelle Akteure* sind einzelne Personen, die innerhalb einer Organisation eine bestimmte Rolle innehaben.
- Bei *kollektiven Akteuren* handelt es sich um einen Zusammenschluss von Individuen. Dabei kann der formale Organisationsgrad gering (z. B. Ver-

bände oder soziale Bewegungen) oder hoch sein (z. B. Unternehmen, Behörden). Letztere werden teilweise auch als korporative Akteure bezeichnet.

Zur Analyse politischer Prozesse bietet sich eine weitere Aufgliederung der kollektiven Akteure in Akteure der Interessenartikulation, Interessenaggregation und Interessendurchsetzung an (vgl. Jarren/Donges 2006: 127f.):

- *Kollektive Akteure der Interessenartikulation* greifen Themen auf und versuchen diese für politisch relevant zu erklären. Sie sind problemnah, auf ein Thema spezialisiert und nahe bei den Bürgerinnen und Bürgern. Beispiele sind Verbände (z. B. Gewerkschaften oder Arbeitgeberverbände) und (neue) soziale Bewegungen (z. B. Greenpeace).
- An der Artikulation von Interessen sind auch die Parteien als *kollektive Akteure der Interessenaggregation* beteiligt. In erster Linie aber greifen sie bereits formulierte Interessen auf, die mit ihren eigenen Positionen übereinstimmen, und versuchen diese in das politisch-administrative System einzubringen.
- Die *kollektiven Akteure der Interessendurchsetzung* (auch: Akteure des politischen Entscheidungszentrums oder des politisch-administrativen Systems) schließlich fällen die allgemein verbindlichen Entscheidungen (Regierung, Parlament) und sind für die Implementation zuständig (Verwaltung, Ministerien, Regulierungsbehörden).

Während es sich bei den kollektiven Akteuren der Interessendurchsetzung um im weitesten Sinne staatliche Akteure handelt, sind die kollektiven Akteure der Interessenartikulation und Interessenaggregation Teil des sogenannten *intermediären Systems*. Anders als die Akteure der Interessendurchsetzung verfolgen sie Partikularinteressen (was die Akteure des politisch-administrativen Systems eigentlich nicht dürften) und können keine allgemein verbindlichen Entscheidungen treffen. Zum intermediären System gehören auch die Massenmedien. Das intermediäre System vermittelt Interessen von der Gesellschaft an die politischen Entscheidungsträger und politische Entscheidungen von den politischen Entscheidungsträgern an die Gesellschaft.

Ein Akteur hat Interessen und verfolgt bestimmte Ziele, verfügt über bestimmte normative Orientierungen und Ressourcen, hat die Fähigkeit, strategisch zu handeln, versteht sich selbst als Akteur und wird von anderen als solcher anerkannt. Dabei kann zwischen individuellen und kollektiven Akteuren unterschieden werden.

Medienpolitische Akteure

Medienpolitik zeichnet sich durch eine Vielzahl verschiedenster Akteure aus, was auch eine Vielzahl potenzieller Allianzen ermöglicht (vgl. Kleinsteuber/Thomaß 2009: 75). Folgende ökonomischen, politischen und gesellschaftlichen Akteure lassen sich in der Medienpolitik unterscheiden (vgl. McQuail 1992: 29; Kleinsteuber 1998: 420; Dahlgren 2000: 24; Kleinsteuber/Thomaß 2009: 75-80; Mai 2003: 222f.; Wulff-Nienhüser 1999: 22; Vowe 2003b: 115):

- Unternehmen: Medienorganisationen (Verlage, Rundfunkorganisationen), Werbewirtschaft, Distributionsunternehmen (Kabelnetz- und Satellitenbetreiber), Telekommunikations- und Internetfirmen sowie Filmwirtschaft (Produzenten);
- Medienspezifische Interessenverbände: Verbände von Verlegern, Rundfunkveranstaltern oder Medienschaffenden (Gewerkschaften);
- Politische Parteien;
- Staatliche Akteure: Regierung, Parlament, Verwaltung und Regulierungsbehörden;
- Zivilgesellschaftliche Akteure: Bewegungen, Kirchen und Wissenschaft.

All diese Akteure sind am medienpolitischen Prozess beteiligt und *versuchen, auf die letztlich von Regierung und Parlament getroffenen medienpolitischen Entscheidungen Einfluss zu nehmen.* Die verschiedenen Akteure vertreten dabei ihre je eigenen Interessen. Aus einer kritischen Perspektive kann angemerkt werden, dass diese Partikularinteressen häufig mit einem öffentlichen Interesse kaschiert werden, um die eigennützigen Ziele als vorteilhaft für die Gesellschaft erscheinen zu lassen (vgl. Napoli 2001: 250; McQuail 1992: 27). Politische Rhetorik muss – auch bei den staatlichen Akteuren – immer kritisch hinterfragt werden. Die Entscheidungen, welche letztlich gefällt werden, stellen einen Kompromiss zwischen den verschiedenen Interessengruppen dar. Politische Entscheidungen «are a product of a political process in which multiple interested stakeholders, each with potentially conflicting interests and different influence tools available to them, attempt to affect policy outcome» (Napoli 2001: 226).

Die Einflussnahme auf den medienpolitischen Entscheidungsprozess stellt für Akteure aber nicht die einzige Möglichkeit dar, Macht auszuüben. Vielmehr können sie auch versuchen zu verhindern, dass bestimmte Themen überhaupt politisch diskutiert werden und es zu einer Entscheidung kommt, was als ‹second face of power› bezeichnet wird. Eine solche *Nicht-Entscheidung* hat ebenfalls Konsequenzen für den Mediensektor und kann im Interesse gewisser Akteure liegen (vgl. Freedman 2008: 29; Bachrach/Baratz 1962).

Die *Medienorganisationen*, über die entschieden wird, sind in der Medienpolitik selbst wichtige Akteure. Dies unterscheidet die Medienpolitik von anderen Politikfeldern, in denen die Massenmedien keine Partikularinteressen verfolgen. Dort vermitteln sie lediglich als Teil des intermediären Systems zwischen politischem Entscheidungszentrum und Bürgern: Sie sind ein Filter und ein Resonanzboden für Themen und Meinungen und stellen Öffentlichkeit für politische Themen her. Natürlich verteilen die Medien durch Berichterstattung respektive Nicht-Berichterstattung über ein Thema immer Chancen auf Aufmerksamkeit in der Öffentlichkeit (und damit auch Einflusschancen). In der Medienpolitik jedoch vertreten die Medien auch eigene unternehmerische Interessen (vgl. Kutsch/Ravenstein 1996: 82; Freedman 2008: 87). Eine neutrale Berichterstattung über Medienpolitik (z. B. über die Einführung strengerer Mediengesetze) und Probleme im Mediensystem, über welche die Öffentlichkeit nur aus den Medien erfahren könnte, ist aufgrund dieser Partikularinteressen potenziell gefährdet.

> «[The] media are in an ideal position to control the public perception, or lack thereof, of any possible debate regarding the control and structure of the media. The media have shown two basic responses to efforts to challenge their legitimacy. First, they simply ignore the issues or provide it minimal coverage. [...] Second, the [...] media distort the issues to suit their own purposes» (McChesney 2008: 349f.).

Die Art und Weise der Berichterstattung über Medienpolitik hat einen entscheidenden Einfluss auf die Realisierung einer bestimmten Medienpolitik. Dazu kommt, dass Politiker wenig begierig darauf sind, ihre eigene Karriere durch medienpolitische Vorstöße zu gefährden, welche den Medienunternehmen missfallen könnten (vgl. McChesney 2008: 349; Freedman 2008: 88).

In der Liste der medienpolitischen Akteure fällt auf, dass etwas fehlt: das *Publikum*. Dieses erfüllt die Merkmale eines Akteurs in der Regel nicht, d. h., es kann nicht strategisch wie ein Akteur am politischen Prozess teilnehmen. «Das Publikum trifft Entscheidungen, verfügt über Ressourcen, orientiert sich an bestimmten Angeboten, doch es ist sich seiner selbst nicht bewusst» (Jarren/Donges 2006: 56). Dem Handeln der einzelnen Publikumsmitglieder liegt keine abgesprochene Strategie zugrunde. Somit fließen Publikumsinteressen, solange sie nicht organisiert werden, nur indirekt in das Mediensystem ein (z. B. über Daten zur Mediennutzung wie Einschaltquoten). Die medienpolitische Debatte wird deshalb dominiert von den Akteuren des politisch-administrativen Systems, Medienunternehmen, Werbewirtschaft, Parteien und Verbänden. Abhilfe schaffen könnte lediglich die Gründung von Rezipienten- oder Nutzerorganisationen (vgl. Baldi/Hasebrink 2007).

> Medienpolitik wird dominiert von ökonomischen und politischen Akteuren. Insbesondere die Medienunternehmen selbst verfolgen wirtschaftliche Eigeninteressen. Das Publikum hingegen ist kein Akteur.

Einfluss von Akteuren auf den politischen Prozess

Durch den politischen Prozess, auf den die gesellschaftlichen, ökonomischen und politischen Akteure Einfluss zu nehmen versuchen, gelangen aus der Gesellschaft gewisse Inputs in das politische System, werden dort bearbeitet (Throughput) und es kommt zu Entscheidungen (Output). Aus der Policy-Analyse stammt das Modell des Policy-Zyklus (siehe Abb. 7), welches den politischen Prozess in verschiedene analytisch voneinander unterscheidbare Phasen differenziert (vgl. Windhoff-Héritier 1987):

Abb. 7: Phasen des Policy-Zyklus

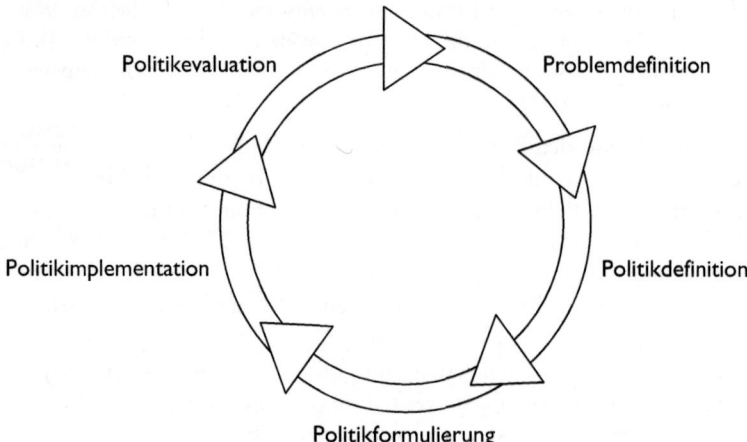

Der politische Prozess beginnt mit der *Problemdefinition*: Probleme, die von der Politik gelöst werden sollen, müssen für das politische System bearbeitbar gemacht werden. In der anschließenden Phase der *Politikdefinition* kümmern sich in erster Linie die Parteien um ein Problem und mögliche Lösung. *Politikformulierung* meint, dass nun ein politisches Programm entwickelt wird, mit dem das Problem gelöst werden soll. Dies ist die Aufgabe der Akteure des politischen Entscheidungszentrums. Für die Umsetzung ist die Verwaltung in der *Politikimplementation* zuständig. Der politische Prozess endet mit einer *Politikevaluation*, bei der entschieden wird, ob das Problem gelöst wurde oder ob der politische Prozess wieder von vorne beginnen soll (vgl. Jarren/Donges 2006: 207-213). Wie der politische Prozess genau aussieht, hängt von den Strukturen des politischen Systems ab. Das hier dargestellte Modell gilt für repräsentative Demokratien. In direkten Demokratien wie der Schweiz besteht allerdings die Möglichkeit eines Referendums vor der Politikimplementation. Dies hat zur Folge, dass die verschiedenen Akteure zusätzliche und andere Möglichkeiten der Einflussnahme auf den politischen Prozess haben, z. B. durch Abstimmungskämpfe.

Beim Policy-Zyklus handelt es sich um ein heuristisches Modell (also ein Hilfsmittel), welches es erlaubt, einzelne Phasen des politischen Prozesses genauer zu betrachten. Je nach Phase existieren unterschiedlichste Akteurkonstellationen und Einflussmöglichkeiten: «Die Möglichkeiten zur Einflussnahme auf den politischen Prozess sind somit je nach Prozessstufe und je nach Akteur also unterschiedlich groß» (Jarren/Donges 2006: 213). Nicht alle Akteure haben folglich in allen Phasen gleich gute Chancen, Einfluss auf den Prozess der Herstellung und Durchsetzung allgemein verbindlicher Regeln und Entscheidungen über massenmediale öffentliche Kommunikation zu nehmen.

> Die Einflussmöglichkeiten der verschiedenen gesellschaftlichen, ökonomischen und politischen Akteure auf den medienpolitischen Prozess sind je nach Phase unterschiedlich groß.

1.3.3 Policy: Politische Entscheidungen

Mit Policy, den politischen Inhalten, sind jene Regeln und Entscheidungen gemeint, welche für allgemein verbindlich erklärt werden sollen. Diese bilden den «substanziellen Kern von Medienpolitik» (Vowe 2003b: 99) und können analytisch in verschiedene Typen differenziert werden.

Verbreitet ist die Unterscheidung in *distributive, redistributive und regulative Policies* (vgl. Lowi 1964: 689; Beyme/Weßler 1998: 318f.). Während distributive Policies eine (konsensuale) Verteilung von Leistungen darstellen, bei der niemand verliert (z. B. allgemeine Steuererleichterungen), kommt es bei redistributiven Policies zu einer (konflikthaften) Umverteilung von Einkommen und Leistungen mit Gewinnern und Verlierern (z. B. Sozialhilfe). Regulative

Policies beinhalten Vorschriften zur Verhaltensbeeinflussung und stellen damit den ‹Normalfall› von Politik dar (z. B. Umweltschutzgesetz).

In medienpolitischer Hinsicht finden sich in erster Linie regulative, Rahmen setzende Maßnahmen, welche das Handeln der Medienorganisationen betreffen. Eine redistributive Policy stellt die Finanzierung des öffentlichen Rundfunks durch öffentliche Mittel dar, da dies kommerzielle Unternehmen potenziell benachteiligen könnte. Die Gebührenfinanzierung ist denn auch immer wieder Gegenstand von Auseinandersetzungen.

Die für allgemein verbindlich erklärten Regeln und Entscheidungen können unterschiedliche Formen annehmen. In Verfassungen ist beispielsweise die Medienfreiheit geregelt, während Gesetze und Verordnungen die rechtlichen Grundlagen für Rundfunk und Telekommunikation enthalten. In der Schweiz existiert mit dem Radio- und Fernsehgesetz (RTVG) ein Rechtsakt für den gesamten Rundfunksektor; in Österreich gibt es unterschiedliche Gesetze für Privatrundfunk und den ORF; und in Deutschland finden sich auf Länderebene je ein Gesetz für den Privatrundfunk und für den öffentlich-rechtlichen Rundfunk sowie Staatsverträge zwischen den Bundesländern.

Weiter ist zu bedenken, dass auch die Entscheidung, *nicht* zu intervenieren und keine allgemein verbindlichen Regeln und Entscheidungen zu erlassen, eine bewusste politische Entscheidung darstellt (vgl. Freedman 2008: 29).

> Die allgemein verbindlichen Regeln und Entscheidungen über Medien-organisationen und die massenmediale öffentliche Kommunikation bilden den Kern der Medienpolitik. Politische Inhalte können in distributive, redis-tributive und regulative Policies unterschieden werden.

Die Unterscheidung der drei Politikdimensionen Polity, Politics und Policy ermöglicht es, den Blick auf verschiedene Aspekte von Medienpolitik zu lenken. In der *Polity-Dimension* stehen Strukturen von politischen Systemen und Mediensystemen sowie Vorstellungen über die Institutionalisierung von Medien im Zentrum. Die *Politics-Dimension* fokussiert dagegen auf medienpolitische Prozesse und Akteure. So kann erstens untersucht werden, wie Entscheidungen hergestellt werden und welche Akteure wie welche Positionen einbringen. Zweitens wird der Blick auf die Umsetzung getroffener Entscheidungen gelenkt. Die *Policy-Dimension* schließlich widmet sich den konkreten Regeln und Entscheidungen, die für Medienorganisationen und die massenmediale öffentliche Kommunikation allgemein verbindlich sind.

Übungen

1. Definieren Sie Politik, Medien und Medienpolitik.
2. Ordnen Sie die folgenden Begriffe den drei Dimensionen von Politik zu: Entscheidung; Einfluss; Normen; Macht; Interessen; Probleme; Akteur; Lösungen; Institutionen.
3. Warum ist das Publikum kein Akteur?

Literatur

Patzelt, Werner J. (2003): Einführung in die Politikwissenschaft. Grundriss des Faches und studiumbegleitende Orientierung. 5. Auflage. Passau [Kapitel 1].

Übersichtliche Einführung in die Politikwissenschaft, die sich auch zum Nachschlagen eignet.

Vowe, Gerhard (2003): Medienpolitik – Regulierung der öffentlichen Kommunikation. In: Altmeppen, Klaus-Dieter/Karmasin, Matthias (Hrsg.): Medien und Ökonomie. Band 1/2: Grundlagen der Medienökonomie. Wiesbaden, S. 97-123.

Entscheidungstheoretische Betrachtung der Medienpolitik, welche die allgemein verbindlichen Entscheidungen in den Mittelpunkt rückt.

Freedman, Des (2008): The Politics of Media Policy. Cambridge/Malden [Kapitel 1, 2, 4].

Darstellung von Grundlagen der Medienpolitik und Auseinandersetzung mit am medienpolitischen Prozess beteiligten Akteuren und deren Einflussmöglichkeiten.

Napoli, Philip M. (2001): Foundations of Communications Policy. Principles and Process in the Regulation of Electronic Media. Cresskill, NJ [Kapitel 2, 4, 6, 8].

Aufarbeitung der Grundprinzipien der Medienpolitik (z. B. öffentliches Interesse, Vielfalt, Wettbewerb) aus US-amerikanischer Perspektive.

2 Medienregulierung und Media Governance

Inhalt und Lernziele

Die medienpolitischen Regeln und Entscheidungen und deren Implementation durch dazu bestimmte Akteure können als Medienregulierung bezeichnet werden. Im folgenden Kapitel werden zuerst theoretische Grundlagen der Regulierung erläutert. Anschließend wird die Entwicklung staatlicher Medienregulierung hin zu einer Media Governance diskutiert, bevor verschiedene Modelle der Regulierung für Presse, Rundfunk und Telekommunikation unterschieden und Konsequenzen der technischen Konvergenz behandelt werden.

Nach diesem Kapitel können Sie
- Regulierung und Medienregulierung definieren.
- verschiedene regulierungstheoretische Ansätze unterscheiden.
- erklären, warum Selbst- und Co-Regulierung in der Medienpolitik eine wichtige Rolle spielen.
- die drei Modelle der Medienregulierung beschreiben.
- Folgen der Konvergenz für die Medienregulierung beurteilen.

2.1 Definitionen: Regulierung und Medienregulierung

Regulierung bezeichnet einen Aspekt von Politik: Nicht politische Strukturen, Prozesse und daran beteiligte Akteure, sondern die für allgemein verbindlich erklärten Regeln sowie deren Umsetzung durch Regulierungsakteure stehen im Zentrum. Während Medienpolitik sehr breit die politische Beschäftigung mit den Massenmedien umfasst, meint Medienregulierung die konkreten Instrumente, welche angewendet werden, um Medienstrukturen und Medieninhalte zu beeinflussen (Freedman 2008: 13f.).

Doch was bedeutet *Regulierung* genau? In der Literatur finden sich ganz verschiedene Definitionen. Zentrale Unterschiede zwischen den Regulierungsbegriffen liegen bei den Fragen wer reguliert und welche Steuerungsmedien verwendet werden. Basierend auf Baldwin und Cave (1999: 2) lassen sich ein enges und weites Verständnis von staatlicher Regulierung unterscheiden:

- Ein *enges Verständnis*, das staatliche Regulierung als Menge von Anordnungen begreift und den Begriff auf Gebote und Verbote beschränkt («command and control regulation»). Andere Arten staatlicher Einflussnahme werden dagegen nicht erfasst.
- Ein *weites Verständnis*, das staatliche Regulierung als intendierten Staatseinfluss versteht. Regulierung umfasst in diesem Verständnis nicht nur Gebote und Verbote, sondern auch andere Arten der Einflussnahme, etwa das Setzen ökonomischer Anreize, Subventionen oder die Bereitstellung von Informationen zur Problemlösung.

Mit anderen Worten unterscheiden sich die beiden Verständnisse von staatlicher Regulierung darin, welche Steuerungsmedien als Regulierung begriffen werden. Während im engen Verständnis lediglich der Einsatz von ‹Macht› durch den Staat als Regulierung gilt, ist das weite Verständnis wesentlich breiter und berücksichtigt auch die Steuerungsmedien ‹Geld› und ‹Wissen›. Bezüglich ‹Geld› kommen auch in der Medienregulierung finanzielle Anreize (z. B. Subventionen oder Gebührenfinanzierung) zum Einsatz; in der Telekommunikation gab es zudem lange Zeit eine Leistungserbringung durch ein staatliches Monopol. Das Steuerungsmedium ‹Wissen› macht deutlich, dass in modernen Gesellschaften viele Probleme nicht mehr mit Macht und Geld gelöst werden können. Vielmehr muss der Staat den Akteuren in den gesellschaftlichen Teilsystemen Wissen zur Problemlösung zur Verfügung stellen (vgl. Willke 2001). Die Trennung ist dabei eine rein analytische, denn für das politische System bildet Macht die Grundlage für den Einsatz anderer Steuerungsmedien (siehe Abb. 8).

Abb. 8: Steuerungsmedien, Steuerungsprogramme und Steuerungsinstrumente

Steuerungsmedien	Steuerungsprogramme	Steuerungsinstrumente
Macht	Regulative Programme	Gebote, Verbote
Geld	Anreizprogramme	Positive oder negative finanzielle Anreize
	Leistungsprogramme	Staatliche Bereitstellung von Gütern/Dienstleistungen
Wissen	Kommunikative Programme	Information, Überzeugung

Quelle: basierend auf Donges (2002b: 150)

Hier wird dem weiten Verständnis von Baldwin und Cave gefolgt. Staatliche Regulierung umfasst damit nicht nur Gebote und Verbote, sondern auch finanzielle Anreize oder Überzeugungsstrategien.

Für eine Definition von Regulierung sinnvoll ist auch die von Campbell (1999: 714f.) vorgeschlagene Differenzierung der Regulierungstätigkeit in die drei Komponenten Regelsetzung (legislation), Regeldurchsetzung (enforcement) und Entscheidungen bei Regelverstößen (adjudication). Regulierung besteht folglich aus einer Regelsetzung, bei der einzuhaltende Regeln ausformuliert werden, einer Regeldurchsetzung, d. h. der Überwachung oder Aufsicht über die Einhaltung dieser Regeln, und schließlich einer Sanktionierung von Regelverstößen, also der Ahndung von Regelverletzungen.

Staatliche Regulierung kann damit als Prozess der Regelsetzung, Regeldurchsetzung und Sanktionierung von Regelverstößen durch staatliche Akteure definiert werden (vgl. Puppis 2009b: 26). Übertragen auf den Mediensektor bezeichnet *staatliche Medienregulierung* den *Prozess der Regelsetzung, Regeldurchsetzung und Sanktionierung von Regelverstößen bezüglich Medienorganisationen und der massenmedialen öffentlichen Kommunikation.*

> Staatliche Medienregulierung bedeutet, dass staatliche Akteure Regeln für Medienorganisationen und die massenmediale öffentliche Kommunikation setzen, deren Einhaltung durchsetzen und Regelverstöße sanktionieren.

2.2 Ansätze der Regulierungstheorie

Die theoretischen Ansätze zu Regulierung können anhand der Themen *Interessen, Institutionen* und *Ideen* unterschieden werden (siehe Abb. 9). Die Entstehung und Legitimation von Regulierung wird vornehmlich in interessenzentrierten Ansätzen behandelt, während sich institutionenzentrierte Ansätze stärker auf die Art der Regulierung innerhalb spezifischer institutioneller Arrangements konzentrieren. Ideenzentrierte Ansätze schließlich kommen vor allem zur Anwendung beim Vergleich unterschiedlicher Regulierungstraditionen (vgl. Jarren et al. 2002: 56-73).

Abb. 9:   Ansätze der Regulierungstheorie

Fokus auf Interessen	Fokus auf Institutionen	Fokus auf Ideen
Public-Interest-Theorie	Agency-Theorie	Rolle von Ideen und Traditionen
Regulatory Failure und Private-Interest-Theorien	Pfadabhängigkeiten	
	Neoinstitutionalistische Organisationstheorie	

2.2.1   Interessenzentrierte Ansätze

«To a large extent, theories of regulation have always been theories of ‹interest›» (Mitnick 1980: 84). Interessenzentrierte Ansätze betrachten Regulierung als Instrument, durch welches Interessen verwirklicht werden. Deshalb fragen sie, um die Entstehung von Regulierung erklären zu können, danach, in wessen Interesse Regulierung liegt und wie Kosten und Nutzen von Regulierung in der Gesellschaft verteilt sind (vgl. Wilson 1980: 366). Die Antwort auf die Frage, wessen Interessen mit Regulierung verwirklicht werden, ist zugleich die Trennlinie zwischen den normativen und den positiven interessenzentrierten Ansätzen. Während normative Ansätze von einem öffentlichen Interesse ausgehen, kritisieren Vertreter positiver Ansätze, dass Regulierung vor allem im privaten Interesse bestimmter Gruppen liege.

Normative interessenzentrierte Ansätze

Die *Public-Interest-Theorie* ist der älteste Ansatz zur Erklärung der Entstehung von Regulierung. Dem Staat wird die Aufgabe zugeschrieben, mit Hilfe von Regulierung das öffentliche Interesse gegenüber Partikularinteressen zu verteidigen (vgl. Ogus 1994: 3). In der ökonomischen Perspektive geht es vor allem darum, im öffentlichen Interesse Marktversagen zu korrigieren (vgl. Ogus 1994: 29-46; Majone 1996d: 28f.; siehe Kapitel 3.1). Neben ökonomischen Zielen soll der Staat aber im öffentlichen Interesse auch soziale Ziele verwirklichen (vgl. Ogus 1994: 45-54). In der Rundfunkregulierung etwa sollen Ziele wie qualitativ hochwertige Unterhaltungs-, Informations- und Bildungsprogramme, Unparteilichkeit, größtmögliche Reichweite und Unabhängigkeit mittels Regulierung erreicht werden (siehe Kapitel 3.2).

Die Public-Interest-Theorie begründet Regulierung also normativ mit einem – wie auch immer definierten – öffentlichen Interesse (vgl. Majone 1996d: 29).

Positive interessenzentrierte Ansätze

Die verschiedenen positiven interessenzentrierten Ansätze sind aus der Kritik an der Public-Interest-Theorie entstanden, welche u. a. die Rolle politischer und ökonomischer Einflüsse vernachlässige. Die positiven Regulierungstheorien versuchen nicht, Regulierung normativ zu begründen, sondern Auswirkungen von Regulierung aufzuzeigen und zu erklären, welche Akteure ein Interesse an einer bestimmten Regulierung haben. Somit wird hinterfragt, was Regulierung tatsächlich bewirkt, wem sie nützt und ob die normativen Grundannahmen der Public-Interest-Theorie haltbar sind.

Dabei gehen die Ansätze des ‹Regulatory Failure› von der Grundannahme aus, dass sich Regulierungsbehörden im Laufe der Zeit zunehmend von dem Ziel der Durchsetzung des öffentlichen Interesses entfernen und stärker die Interessen derjenigen in den Vordergrund stellen, die sie eigentlich regulieren sollen. Hierbei ist die ‹Capture Theory› besonders prominent. Regulierungsbehörden würden im Laufe ihrer Existenz von ressourcenstarken ökonomischen Akteuren ‹gefangen genommen› oder vereinnahmt.

Ausgangspunkt der *Private-Interest-Theorie* ist die Annahme, dass Regulierung nicht aufgrund öffentlicher, sondern privater Einzelinteressen erfolgt. Die Grundlagen der Theorie legte Stigler (1971), der die Abhängigkeit politischer Akteure von der Wirtschaft analysierte. Die auf ihre Wiederwahl bedachten Politiker würden mit mächtigen ökonomischen Akteuren einen Tausch von günstigen Regulierungsentscheidungen gegen (Wahlkampf-)Gelder eingehen (vgl. Majone 1996d: 31). Regulierung diene somit in erster Linie den privaten Interessen von Unternehmern und Politikern und habe deshalb eine Umverteilung gesellschaftlicher Ressourcen zur Folge.

Die positiven Ansätze wurden aus verschiedensten Gründen kritisiert. Erwähnenswert sind sicherlich Bedenken am unterstellten Selbstinteresse aller Beteiligten. Neben der (ökonomischen) Nutzenmaximierung können auch Beweggründe wie Altruismus oder Ideologie Entscheidungen von Regulierungsbehörden beeinflussen (vgl. Ogus 1994: 73). Kommt hinzu, dass politikwissenschaftliche Studien die Vorhersagen der ökonomischen Theorien oftmals nicht bestätigen und bestimmte Regulierung so nicht erklären konnten. Die positiven interessenzentrierten Ansätze helfen allerdings dabei, wichtige Aspekte des Regulierungsprozesses und Probleme der Regulierung zu beleuchten – etwa den Einfluss, den (Medien-)Organisationen auf die Regulierung haben.

2.2.2   Institutionenzentrierte Ansätze

Interessenzentrierte Ansätze blenden die Rolle von Institutionen aus und vernachlässigen das Innenleben von Regulierungsbehörden (vgl. Majone 1996d: 30). Unter der Bezeichnung institutionenzentrierte Ansätze können verschiedenste Theorien subsumiert werden, welche Regulierung nicht nur als Summe einzelner Interessen betrachten, sondern institutionelle Strukturen, Prozesse und Arrangements in den Mittelpunkt stellen. Gemeinsam ist all diesen Ansätzen die Annahme, dass Institutionen einen Unterschied machen (vgl. Latzer et al. 2002: 27; Puppis 2009b: 87-90).

«Institutional theorists centre on the notion that institutional structures and arrangements, as well as social processes, significantly shape regulation – that there is more driving regulatory developments than the mere aggregations of individual's preferences. [...] Regulation is thus seen as shaped not so much by notions of public interest or competitive bargaining between different private interests but by institutional arrangements and rules (legal and other)» (Baldwin/Cave 1999: 27).

Dabei kann zwischen dem Rational Choice Institutionalismus, dem Historischen Institutionalismus und dem Soziologischen Institutionalismus unterschieden werden (vgl. Hall/Taylor 1996).

Von Bedeutung innerhalb des *Rational Choice Institutionalismus* ist insbesondere die Agenturtheorie, die auf das Verhältnis von Regierung und Regulierungsbehörde angewendet werden kann. Da eine Informationsasymmetrie zwischen Prinzipal (Regierung als politischer Auftraggeber) und Agent (Regulierungsbehörde als Auftragnehmer) besteht, kann der Agent dies potenziell zum eigenen Vorteil ausnutzen. Von Interesse ist in diesem Zusammenhang, wie es dem Prinzipal gelingt, den Agenten zu kontrollieren, d. h. sicherzustellen, dass der Agent die ihm vom demokratisch gewählten Prinzipal zugeteilten Aufgaben erfüllt (vgl. Majone 1996d: 36). Schließlich hat die Regulierungsbehörde den Auftrag, eine bestimmte Regulierung durchzusetzen und Regelverstöße zu sanktionieren.

Der *Historische Institutionalismus* betont die Bedeutung von Pfadabhängigkeiten. Institutionen werden als dauerhafte Elemente betrachtet, welche historischen Wandel entlang eines bestimmten Pfades beeinflussen. Pfadabhängigkeit kann eine zentrale Erklärung für die Entstehung einer bestimmten Regulierung bieten, indem Gewicht gelegt wird auf «past decisions, practices, and procedures in explaining regulatory developments» (vgl. Baldwin/Cave 1999: 30).

Eine andere Herangehensweise bietet die neoinstitutionalistische Organisationstheorie (vgl. Walgenbach/Meyer 2008), welche auch als *Soziologischer Institutionalismus* bezeichnet wird. Sie hilft dabei, Regulierungsakteure in ihrer Eigenschaft als Organisationen zu analysieren. Regulierungsorganisationen implementieren bestimmte Strukturen und Prozesse nicht, weil diese besonders effizient sind, sondern weil dies aus der Organisationsumwelt erwartet wird. Dadurch kann die Organisation (z. B. eine Regulierungsbehörde) ihre Legitimität erhöhen (vgl. Puppis 2009b: 132-139; Baldwin/Cave 1999: 29f.).

2.2.3   Ideenzentrierte Ansätze

Als weiterer Ansatz zur Erklärung von Regulierung können statt Interessen oder Institutionen auch Ideen herangezogen werden (vgl. Baldwin/Cave 1999: 26).

Der Begriff der Idee wird dabei als Sammelbegriff für unterschiedliche Arten von *normativen Vorstellungen, Wahrnehmungen und Zielsetzungen* benutzt (z. B. Leitbilder oder Ideologien), mit denen Regulierung erklärt wird. Erstens lenken Ideen die Wahrnehmung von Problemen und bestimmen ein Stück weit mit, was überhaupt als Regulierungsproblem angesehen wird. Zweitens liefern Ideen Annahmen darüber, welche Regulierung sich zur Lösung eines bestimmten Politikproblems anbietet. Und drittens bieten Ideen den Akteuren eine Vorstellung davon, was in einer bestimmten Gesellschaft überhaupt erstrebenswert ist (vgl. Künzler 2009: 103-111).

Ideenzentrierte Ansätze sind folglich auch in der Lage, unterschiedliche *Regulierungstraditionen* zu erklären. Während in den USA staatliche Eingriffe nur dann als gerechtfertigt erachtet werden, wenn der Wettbewerb mangelhaft oder gar nicht funktioniert, ist Regulierung in Europa auch zur Erreichung sozialer Ziele opportun. Mit ideenzentrierten Ansätzen kann beispielsweise erklärt werden, weshalb Rundfunk in den USA dem Markt überlassen wurde, während es in Europa zur Institutionalisierung öffentlicher Rundfunkorganisationen kam. «The main difference between the American and the traditional European approach to [...] regulation has been ideological, rather than technical or institutional» (Majone 1996c: 50). Allerdings zeichnet sich mittelfristig eine Annäherung der europäischen Regulierungsphilosophie an die US-amerikanische Tradition ab: «Statutory regulation by independent agencies – sometimes called, for historical reasons, ‹American-style regulation› – is rapidly becoming the most important mode of regulation, indeed the leading edge of public policy-making in Europe» (Majone 1996c: 47).

Zur Erklärung von Regulierung – auch von Medienregulierung – können interessenzentrierte, institutionenzentrierte oder ideenzentrierte Ansätze herangezogen werden. Mit Interessen kann untersucht werden, wem welche Regulierung Vorteile verschafft. Die Betonung von Institutionen hilft bei der Analyse von Regulierungsorganisationen und Pfadabhängigkeiten. Und mit Ideen lässt sich erklären, welche Leitbilder mit Regulierung verwirklicht werden sollen und wie unterschiedliche Regulierungstraditionen entstehen konnten.

2.3 Liberalisierung durch Deregulierung und Privatisierung

Ab den 1970er Jahren wurde vermehrt Kritik an staatlicher Regulierung geäußert. Politische, ökonomische, soziale und technische Veränderungen hatten Implementations- und Durchsetzungsschwierigkeiten zur Folge. Aber auch aus ideologischen Gründen wurde ein so genanntes ‹Staatsversagen› angeprangert und ein Rückzug des Staates auf seine angeblichen Kernbereiche gefordert. Als dann aus verschiedenen Gründen, darunter auch eine Krise der Weltwirtschaft, rechte, neoliberale Parteien an die Regierung kamen, die ein starkes Vertrauen in die Kräfte des Marktes hatten, begann eine *Liberalisierungswelle* (vgl. Dahlgren 2000: 25). Diese hatte die Einführung von mehr Wettbewerb zum Ziel und führte zur Privatisierung vormals staatlicher Monopolbetriebe und zur Deregulierung zuvor stark regulierter Märkte (vgl. Herman/McChesney 1997: 26).

Die Ausgangslage für die Liberalisierung unterschied sich in den USA und Europa indes deutlich. Während in den USA private Monopole geduldet und dafür staatlich reguliert wurden, verstaatlichten die westeuropäischen Länder im 19. und 20. Jahrhundert private Monopolbetriebe, d. h., es wurden öffentliche Monopolunternehmen gegründet (z. B. Rundfunk, Telekommunikation aber auch Eisenbahn, Elektrizität etc.). Diese Leistungserbringung durch staatliche Monopolbetriebe kann als ein funktionales Äquivalent zu staatlicher Regulierung privater Unternehmen betrachtet werden (vgl. Majone 1996a: 11; 1996c: 50, 54).

Bedingt durch diese unterschiedliche Ausgangslage, erfolgte auch die Liberalisierung, also der Übergang zu mehr Wettbewerb, wiederum unterschiedlich. Während in den USA die regulierten Märkte dereguliert und für Konkurrenz geöffnet wurden, war in Europa zusätzlich eine Privatisierung der ehemals öffentlichen Monopolunternehmen notwendig.

Deregulierung wird häufig mit der Abschaffung von Regulierung gleichgesetzt. Besonders in politischen Debatten wird darin entweder eine überfällige Befreiung des Marktes vor angeblich unnötigen Einschränkungen oder die Gefahr eines ungebändigten Kapitalismus gesehen. Jenseits dieser ideologischen Diskussionen stellt sich die Frage, wie wir Deregulierung theoretisch fassen können? Deregulierung ist als «mirror image of regulation» (Hancher/Moran 1989: 130) zu verstehen, womit das Verständnis des Begriffes notwendigerweise vom zugrunde liegenden Regulierungsbegriff abhängig ist. Definiert man Regulierung als Regelsetzung, Regeldurchsetzung und Sanktionierung von Regelverstößen, dann meint Deregulierung die Aufhebung oder Ersetzung dieser Regeln. Auch wenn mit Deregulierung meist eine Aufhebung von Regeln assoziiert wird, ist die Ersetzung einer bestehenden Regel weitaus häufiger anzutreffen, wobei «an existing rule is replaced by one whose range of application is narrower» (Hancher/Moran 1989: 130). Deregulierung bedeutet also nicht das Ende aller Regulierung. Letztlich ist der Begriff irreführend, da das Ziel von Deregulierung meist nicht in der Beseitigung von Regeln liegt, sondern darin, Regulierung effizienter zu gestalten. Insofern handelt es sich um eine *Reregulierung* (vgl. Cerny 1991: 177).

Privatisierung[2] bezeichnet ganz allgemein eine Übertragung aus dem öffentlichen in den privaten Sektor (vgl. Czada 1998b: 617f.). Etwas bisher Staatliches wird also in den nicht-staatlichen Bereich verlagert. Dabei kann sich Privatisierung auf eine Organisation, auf Vermögen oder auf eine Aufgabe beziehen (vgl. König/Benz 1997: 31). Folgerichtig können verschiedene Formen der Privatisierung unterschieden werden (vgl. Schuppert 1997: 543f.; 1998: 75f.; König/Benz 1997: 30f.; Budäus 1998: 15f.; Gusy 1998: 338f.):

- *Organisationsprivatisierung* (formelle Privatisierung): Ein öffentliches Unternehmen wird in eine private Rechtsform (z. B. Aktiengesellschaft) überführt, wobei der Staat Eigentümer der Organisation bleibt.
- *Vermögensprivatisierung:* Eine Organisation, die bisher öffentliches Eigentum war, wird an private Investoren verkauft.
- *Aufgabenprivatisierung* (materielle Privatisierung): Bisher staatliche Aufgaben werden ganz oder teilweise in den privaten Sektor verlagert.
  - *Vollständige Aufgabenprivatisierung:* Der Staat verzichtet darauf, eine bestimmte Leistung weiterhin zu erbringen und deren Erbringung zu finanzieren. Damit überlässt er die Erbringung dieser Leistung dem Markt.
  - *Finanzierungsprivatisierung:* Kosten werden aus dem öffentlichen in den privaten Sektor verlagert (z. B. Finanzierung von Autobahnen über Maut-Gebühren statt über öffentliche Gelder).
  - *Teilprivatisierung* (funktionelle Privatisierung): Bisher vom Staat wahrgenommene Aufgaben werden zwar an private Organisationen übergeben, die Zuständigkeit und die Verantwortung für die Aufgaben verbleiben indes beim Staat. Der Staat hat dafür zu sorgen, dass die Aufgabe ausgeführt und finanziert wird, der Vollzug liegt aber bei einer privaten Organisation.

Genauso wie Deregulierung zog auch Privatisierung in der Regel eine Reregulierung nach sich. Mit Privatisierung werden nicht einfach staatliche Monopole beseitigt, sondern durch neue staatliche Regulierung ersetzt: «[...] it follows that privatization is best thought of as re-regulation – the replacement of one mode of regulation, public ownership, by another mode, statutory regula-

---

[2]   In der publizistik- und kommunikationswissenschaftlichen Literatur wird der Begriff der Privatisierung teilweise benutzt, um damit die Einführung von Privatrundfunk zu beschreiben. Dieser Begriffsverwendung wird hier nicht gefolgt.

tion» (Majone 1996c: 54). Folglich wird das öffentliche Eigentum an Unternehmen durch einen von einer Regulierungsbehörde regulierten Wettbewerb mehrerer privater Anbieter ersetzt (vgl. Majone 1996a: 15). Privatisierung bedeutet keinen Rückzug des Staates, sondern einen Funktionswandel – den Übergang vom Leistungs- zum Regulierungsstaat: Statt Güter selbst zu produzieren, beschränkt sich der Staat auf die Regulierung des Marktes, auf dem mehrere Anbieter im Wettbewerb stehen (vgl. Grande 1998: 44-77).

Die Deregulierung von Märkten mit der Zulassung privater Unternehmen und die Privatisierung staatlicher Monopole bedingen also eine Reregulierung des neu entstandenen Wettbewerbs, weshalb der Bedarf an Regulierung insgesamt anstieg. Und diese Aufgabe der Regulierung wurde oftmals hierzu geschaffenen Regulierungsbehörden übertragen (siehe Kapitel 5.2). Die Liberalisierung kann als *Dreischritt* aus Deregulierung, Privatisierung und Reregulierung betrachtet werden (siehe Abb. 10):

Abb. 10: Dreischritt der Liberalisierung in Westeuropa

Monopol	Liberalisierung	Wettbewerb
staatliche Monopolbetriebe	1) Deregulierung: Marktöffnung für private Anbieter	regulierter Wettbewerb
	2) Privatisierung: Umwandlung staatlicher Monopolbetriebe	
	3) Reregulierung: Neue Regulierung und Institutionalisierung von Regulierungs-behörden	

Quelle: Puppis (2009b: 30f.)

Von dieser Entwicklung blieben auch die Massenmedien und die Telekommunikation nicht verschont. Im *Rundfunksektor* beschränkte sich die Liberalisierung in den meisten Ländern auf eine Deregulierung: Der öffentliche Rundfunk wurde nicht privatisiert, sondern neben ihn trat eine neue, private Säule (siehe Kapitel 10.1). In diesem Zusammenhang wird auch von Dualisierung gesprochen.

«There was limited political wish or will [...] to discard the existing public sector (broadcasting) or to harm various social and cultural interests. The sacrifice of monopoly was about as far as governments would go to create space for new competitors in the media marketplace» (Cuilenburg/McQuail 2003: 196).

Im Telekommunikationssektor dagegen waren Privatisierungen die Regel. Die bisherigen staatlichen Monopolunternehmen wurden privatisiert und der Markt durch die Zulassung privater Firmen dereguliert (siehe Kapitel 9.1.1).

Während Deregulierung die Aufhebung oder Ersetzung von Regeln bezeichnet, meint Privatisierung eine Verlagerung aus dem öffentlichen in den privaten Sektor. Die Deregulierung von Märkten mit der Zulassung privater Unternehmen und die Privatisierung staatlicher Monopole bedingten eine Reregulierung des neu entstandenen Wettbewerbs. Im Rundfunksektor finden sich kaum Privatisierungen. Vielmehr fand eine Dualisierung statt: Neben den öffentlichen Rundfunk traten neue private Sender.

2.4   Von Medienregulierung zu Media Governance

Bisher war einzig von staatlicher Medienregulierung die Rede. Doch Medienregulierung ist nicht nur staatlich und findet nicht alleine auf nationaler Ebene statt. Regulierung durch private Akteure (Selbst- und Co-Regulierung) sowie der Einfluss der europäischen und globalen Ebenen erweitern Medienregulierung horizontal und vertikal hin zu einer *Media Governance* (siehe Abb. 11).

Abb. 11: Governance als horizontale und vertikale Ausweitung von Government

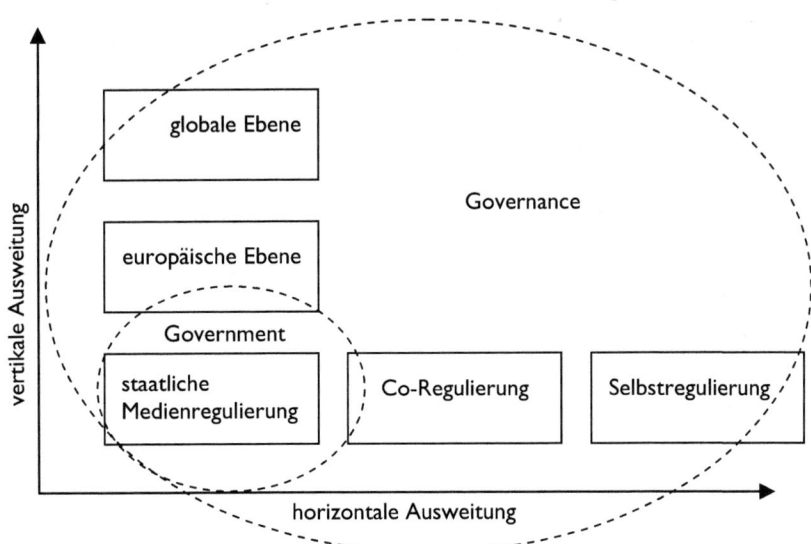

Beide Prozesse – die Einbeziehung privater Akteure und das Zusammenspiel mehrerer Ebenen – können auch in gemischter Form stattfinden. «Increasingly, governance decisions are made in complicated networks encompassing supranational, national and sub-national actors – public, semi-public and private» (Kersbergen/Waarden 2004: 155).

Governance bezeichnet «das Gesamt aller nebeneinander bestehenden Formen der kollektiven Regelung gesellschaftlicher Sachverhalte» (Mayntz 2004: 66). Ähnlich definiert Freedman (2008: 14) Governance als «sum total of mechanisms [...] that aim to organize media systems». Governance ist damit breiter als staatliche Medienregulierung (oder ‹Government›) und erlaubt eine integrative Sichtweise auf verschiedene Formen und Ebenen der Regulierung (vgl. Puppis 2010).

Media Governance umfasst sämtliche Formen der Regulierung von Medienorganisationen und massenmedialer öffentlicher Kommunikation. Damit erweitert Governance staatliche Regulierung sowohl horizontal als auch vertikal.

2.4.1   Horizontale Ausweitung: Selbstregulierung und Co-Regulierung

Die horizontale Ausweitung von Government zu Governance verdeutlicht, dass es noch andere *Formen* der Regulierung als staatliche Regulierung gibt. Wenn private Akteure anstelle des Staates regulieren, wird von *Selbstregulierung* gesprochen. Das Wort ‹Selbst› verweist auf den Regulierungsakteur (vgl. Campbell 1999: 714): Nicht der Staat, sondern Vertreter der Regulierten selbst sind für die Regulierung zuständig (vgl. Black 1996: 26). Eine «industry-level [...] organization sets rules and standards [...] relating to the conduct of firms in the industry» (Gunningham/Rees 1997: 364f.). Selbstregulierung bedeutet keinen Regulierungsverzicht und kann definiert werden als *Prozess der Regelsetzung, Regeldurchsetzung und Sanktionierung von Regelverstößen durch eine private Organisation auf Branchenebene.* Wahrgenommen wird die Selbstregulierung also von einer von den Regulierten hierfür gegründeten Organisation, einer sogenannten Selbstregulierungsorganisation.

Mit Selbstregulierung wird eine ganze Reihe von Vorteilen in Verbindung gebracht (vgl. Puppis 2009b: 36f.):

- Selbstregulierung sei äußerst flexibel und biete einen Geschwindigkeitsvorteil gegenüber staatlicher Regulierung;

- Selbstregulierungsorganisationen würden über mehr Fachwissen verfügen als staatlich eingesetzte Regulierungsbehörden;
- Selbstregulierung sei für den Staat kostengünstiger als Regulierung;
- Selbstregulierung funktioniere unabhängig von Landesgrenzen.

Selbstregulierung wird deshalb häufig als Alternative zu traditioneller staatlicher Regulierung propagiert, die ihre Ziele nicht immer zu erreichen vermag.

Im Mediensektor gibt es allerdings noch einen weiteren wichtigen Grund, der für Selbstregulierung spricht. Medienpolitik steht in demokratischen Ländern immer vor einem grundlegenden Zielkonflikt: Auf der einen Seite herrscht trotz aller Regulierungsschwierigkeiten weitgehend Einigkeit darüber, dass eine Regulierung der Medien wegen der gesellschaftlichen Bedeutung der Massenmedien weiterhin notwendig ist. Es kann der Gesellschaft, und damit auch der Politik, nicht gleichgültig sein, wer welche Medien besitzt und unter welchen Bedingungen publizistische Inhalte entstehen und verbreitet werden. Auf der anderen Seite steht das Postulat der Unabhängigkeit der Medien vom Staat. Selbstregulierung stellt einen möglichen Ausweg aus diesem klassischen Dilemma der Medienpolitik dar.

Potenzielle Nachteile von Selbstregulierung sind indes zu bedenken (vgl. Puppis 2009b: 37ff.). Medienorganisationen haben ein klares Interesse daran, mit Selbstregulierung staatliche Eingriffe zu verhindern. Selbstregulierung ist im Normalfall reaktiv: Nicht der Wunsch nach mehr Regeln veranlasst die Industrie zu Selbstregulierung, sondern das Bestreben, staatliche Regulierung zu verhindern. Zudem besteht die Gefahr, dass Selbstregulierung den Unternehmen lediglich zur Kosmetik dient oder dass Selbstregulierung zur Durchsetzung eigennütziger ökonomischer oder politischer Interessen missbraucht wird. Die Durchsetzung der Regeln und die Sanktionierung von Regelverstößen gelten deshalb als zweifelhaft, womit die allgemeine Verbindlichkeit von Selbstregulierung aber infrage gestellt wird. Ein weiterer Kritikpunkt betrifft die fehlende demokratische Legitimität von Selbstregulierungsorganisationen.

Doch es ist nicht sinnvoll Selbstregulierung und staatliche Regulierung als unvereinbare Gegensätze zu begreifen. Vielmehr sind verschiedenste Kombinationsformen denkbar. Eine Beteiligung des Staates an Selbstregulierung kann als Möglichkeit gesehen werden, um die erläuterten potenziellen Nachteile auszugleichen: «the most effective self-regulatory initiatives have involved an underpinning of government regulation, or third-party oversight, or more commonly both» (Gunningham/Rees 1997: 406).

Formen der Selbstregulierung, an denen der Staat beteiligt ist, werden als *Co-Regulierung* bezeichnet. So kann der Staat gewisse Rahmenbedingungen setzen und die Branche gesetzlich zu Selbstregulierung verpflichten sowie das

Funktionieren von Selbstregulierung überwachen. Die Selbstregulierungsorganisation handelt also innerhalb eines staatlichen Rahmens. Somit kann Co-Regulierung definiert werden als *Prozess der Regelsetzung, Regeldurchsetzung und Sanktionierung von Regelverstößen durch eine Selbstregulierungsorganisation im Auftrag des Staates und/oder in Zusammenarbeit mit staatlichen Akteuren.* Im deutschen Sprachraum ist für Co-Regulierung vor allem der Begriff der regulierten Selbstregulierung gebräuchlich (vgl. Hoffmann-Riem 1996a: 300f.).

> Media Governance umfasst nicht nur staatliche Medienregulierung, sondern auch Selbst- und Co-Regulierung (horizontale Ausweitung von Government). Während Selbstregulierung Regulierung durch eine private Organisation auf Branchenebene bezeichnet, verweist Co-Regulierung auf ein Zusammenspiel von staatlicher Regulierung und Selbstregulierung.

2.4.2 Vertikale Ausweitung: European und Global Media Governance

Was die vertikale Ausweitung betrifft, lenkt Governance die Aufmerksamkeit auf verschiedene *Ebenen* der Regulierung. Medienorganisationen und die massenmediale öffentliche Kommunikation sind nicht nur von Regulierung auf nationaler Ebene betroffen. Staatliche Medienregulierung wird vielmehr erweitert zu einer European und Global Media Governance.

Zum einen entstanden durch den *europäischen Integrationsprozess* neue Akteure. Europarat und Europäische Union sind heute an der Regulierung des Mediensektors aktiv beteiligt (siehe Kapitel 6).

Zum anderen wurde traditionelles nationalstaatliches Regieren («Governance by Government») im Mediensektor schon früh durch *internationales Regieren*, also eine Zusammenarbeit von Staaten («Governance with Government»), ergänzt (vgl. Zürn 2005: 127f.). Diese internationale Zusammenarbeit auf globaler Ebene findet vielfach in durch multilaterale völkerrechtliche Verträge geschaffenen «International Governmental Organizations» (IGOs) statt (siehe Kapitel 7). Neben der internationalen existiert aber auch eine transnationale Zusammenarbeit, womit die Beziehungen nicht-staatlicher Akteure über Grenzen hinweg bezeichnet werden – z. B. weltweit agierende Unternehmen (Transnational Corporations, TNCs) und Nichtregierungsorganisationen (Nongovernmental Organizations, NGOs).

Medienregulierung findet nicht nur auf nationalstaatlicher Ebene statt, sondern auch europäische und globale Regulierung ist im Mediensektor von Bedeutung (vertikale Ausweitung von Government).

2.5 Modelle der Medienregulierung und Konvergenz

2.5.1 Drei Modelle der Medienregulierung

Im Medien- und Telekommunikationssektor lassen sich drei traditionelle Regulierungsmodelle unterscheiden, die sich durch unterschiedliche Zielsetzungen und Markteingriffe auszeichnen (vgl. Cuilenburg/McQuail 2003: 190f.; McQuail 1992: 36; Ó Siochrú/Girard 2002: 28; Latzer 1997: 175; Vowe 2003b: 101ff.): Das Printmedienmodell für die Presse, das Common-Carrier-Modell für die Telekommunikation und das Rundfunkmodell für Radio und Fernsehen (siehe Abb. 12). Grundsätzlich zeigt sich, dass in der Telekommunikation die technische Infrastruktur im Vordergrund steht, während bei Radio und Fernsehen auch die Medieninhalte für die Regulierung von Bedeutung sind (vgl. Cuilenburg/McQuail 2003: 185f.; Latzer 1997: 59).

Abb. 12: Modelle der Medienregulierung

	Printmedien	Common Carrier	Rundfunk
Marktzugang	offen	offen	eingeschränkt
Regulierung der Infrastruktur	keine	stark	stark
Regulierung der Inhalte	keine	keine	teilweise

Quellen: basierend auf Pool (1983), Latzer (1997: 175) und McQuail (2005: 238)

Printmedien werden kaum staatlich reguliert (siehe Kapitel 8). Aufgrund der Pressefreiheit existieren einerseits keine Einschränkungen des Marktzugangs, womit Verleger keine staatliche Lizenz benötigen. Von ökonomischen Hürden abgesehen (Markteintrittsbarrieren durch hohe Fixkosten für Produktion und Distribution) steht es jedem frei, selbst eine Zeitung herauszugeben. Andererseits ist auch keine Zensur zulässig, weshalb die Inhalte keiner staatlichen Regulierung unterliegen und (von strafrechtlich relevanten Aspekten abgesehen) gänzlich der Selbstregulierung überlassen werden.

Im *Telekommunikationssektor* (ursprünglich Telegrafie und Telefonie), der auf Basis des Common-Carrier-Modells reguliert wird, existiert eine starke staatliche Regulierung der Infrastruktur, nicht jedoch der Inhalte (siehe Kapitel 9). Mit dieser Regulierung soll eine nicht-diskriminierende Versorgung der Konsumentinnen und Konsumenten zu angemessenen Preisen garantiert werden. Der Marktzugang unterliegt heute keinerlei Einschränkungen mehr. Lediglich für die Nutzung von Funkfrequenzen wird eine Lizenz benötigt.

Um einen *Rundfunksender* zu betreiben, ist eine vom Staat vergebene Lizenz oder Konzession nötig, womit der Marktzugang eingeschränkt ist. Zudem ist der Rundfunksektor durch eine starke staatliche Regulierung der Infrastruktur (Sendeanlagen, Frequenzen) und eine teilweise Regulierung der Inhalte (z. B. Jugendschutz; Leistungsauftrag des öffentlichen Rundfunks) gekennzeichnet (siehe Kapitel 10). Auch Selbstregulierung spielt bei den Inhalten eine wichtige Rolle.

Zusätzlich zu diesen traditionellen Regulierungsmodellen ist ein neues Modell der *Internetregulierung* im Entstehen begriffen (siehe Kapitel 11). Vor allem in den Anfangszeiten des Internets war das Common-Carrier-Modell prägend, da das Netz auf der Telekommunikationsinfrastruktur aufbaut. Doch inzwischen geht die Regulierung weit über diese Infrastruktur hinaus. Staatliche Akteure und Selbstregulierungsorganisationen sind aktiv an der Regulierung des Internets beteiligt.

Schließlich findet sich auch eine *sektorübergreifende Regulierung*, welche für alle Medien von Relevanz ist (siehe Kapitel 12). Bezüglich staatlicher Regulierung sind insbesondere die fortschreitende Medienkonzentration und Einschränkungen der Medienfreiheit durch andere Grundrechte zu nennen. Medienethische Fragen dagegen sind ein Thema der Selbstregulierung.

Das grundlegende *Kriterium für die Zuteilung eines Mediums zu den drei traditionellen Modellen ist die verwendete Distributionstechnologie* (vgl. Cuilenburg/McQuail 2003: 187; Ó Siochrú/Girard 2002: 28). Allerdings ist eine getrennte Regulierung *keine zwingende Konsequenz* verschiedener Technologien: «There is no intrinsic reason for the variations in the degree of freedom or the strict allocation of different means of distribution to different forms of control» (Cuilenburg/McQuail 2003: 191). Weder bestimmt die Technik, wie Regulierung aussehen soll, noch war diese Trennung in verschiedene Modelle im Voraus geplant. Es existiert eine Reihe von Gründen für die Entstehung der drei Modelle (vgl. McQuail 2005: 43, 236; 1992: 49; Cuilenburg/McQuail 2003: 191; Latzer 1997: 52; Feintuck/Varney 2006: 80f.):

- Historische und politische Umstände zur Zeit der Einführung der verschiedenen Distributionstechnologien können die Entstehung verschiedener Regulierungsmodelle teilweise erklären. Erstens können sich Zeitungen anders als der Rundfunk auf die hart umkämpfte und gewonnene Pressefreiheit berufen. Zweitens wurden Telegrafie und Telefonie Jahrzehnte vor dem Rundfunk erfunden.
- Das Ausmaß der Regulierung hängt von dem einem Medium zugeschriebenen Einfluss auf die Gesellschaft ab. Rundfunkinhalten etwa werden starke Wirkungen auf die Rezipienten unterstellt, weshalb Radio und Fernsehen stark reguliert werden.
- Der Regulierungsgrad wird davon beeinflusst, wie gut sich Regulierung bei verschiedenen Distributionstechnologien durchsetzen lässt.
- Die Stärke von Regulierung wird davon berührt, ob eine Verteilung knapper Ressourcen (z. B. Frequenzen) notwendig ist.

Zufall, historische Umstände sowie Interessen von Industrie und Staat führten folglich zu diesen drei verschiedenen Regulierungsmodellen im Mediensektor und nicht alleine die für die Distribution benutzte Technologie.

In der Medienregulierung können drei Modelle unterschieden werden. Die Printmedien werden aus historischen Gründen kaum reguliert. Die Telekommunikation (Common-Carrier-Modell) unterliegt einer Regulierung der Infrastruktur, nicht aber der Inhalte. Und im Rundfunk wurden von Beginn an sowohl Infrastruktur als auch Inhalte reguliert. Zusätzlich ist ein neues Modell der Internetregulierung im Entstehen begriffen.

2.5.2 Konvergenz der Medien

Technische Konvergenz

Während in der Vergangenheit eine Unterscheidung zwischen Rundfunk und Telekommunikation aufgrund verschiedener Distributionstechnologien problemlos möglich war, ist dies heute nicht mehr der Fall (vgl. McQuail 2005: 41). Der Übergang von der analogen zur digitalen Technologie, die sogenannte *Digitalisierung*, löst die Grenzen zwischen verschiedenen Medien- und Kommunikationsformen auf (vgl. Herman/McChesney 1997: 107; Cuilenburg/ McQuail 2003: 197). Da jegliche Inhalte durch die Digitalisierung in Einsen und Nullen übersetzt werden, kann letztlich jeder Inhalt über jeden Verbreitungskanal (egal ob Telefonkabel, TV-Kabelnetz, Antenne oder Satellit) transportiert werden: Telefonanrufe, Internetverbindungen oder die Verbreitung von Fernsehsendern beispielsweise können über das Telefon- oder über das Fernsehkabelnetz geschehen. Distributionstechnologie und darüber verbreitete Inhalte wurden damit entkoppelt, d. h., die hinter Telekommunikation und Rundfunk stehenden Technologien nähern sich einander an und verschmelzen. Dies wird mit dem Begriff der technischen *Konvergenz* bezeichnet (vgl. Murdock 2000: 37; Herman/McChesney 1997: 107; Latzer 1997: 76; Dijk 2004: 149; Larouche 2004: 390f.). «Technological convergence [...] refers to the coming together of the technologies of media, telecommunications and computing. Digital technology [...] is the driving force behind convergence» (Doyle 2002: 21). Latzer (1997) spricht in Zusammenhang mit der Konvergenz von Massenmedien und Telekommunikation auch von Mediamatik.

Die Konvergenz findet nicht nur auf technischer Ebene statt, sondern sie hat auch soziale und ökonomische Folgen. Durch die Digitalisierung verschwimmen die Grenzen zwischen vormals getrennten Medien- und Kommunikationsindustrien. Viele Unternehmen sind heute gleichzeitig auf Rundfunk-, Telekommunikations- und Internetmärkten tätig: Telefonunternehmen steigen ins Fernsehgeschäft ein, Medienunternehmen starten Internetangebote. Die Industriestruktur hat sich folglich verändert, weshalb auch von *unternehmerischer Konvergenz* gesprochen werden kann (vgl. Levy 1999: 9; Meier 2000: 223).

Weiter entstehen neue Medienangebote, welche die Nutzung verändern können (*rezeptive Konvergenz*). Dennoch ist die Vorstellung, dass alle bisherigen Endgeräte durch ein neues multimediales Gerät ersetzt werden, wenig realistisch (vgl. Dijk 2004: 151f.; Latzer 1997: 133). Vor allem die sich neue Geschäftsfelder erhoffenden Unternehmen der Kommunikationsbranche propagieren die im Wohnzimmer angeblich stattfindende Revolution der Heimelektronik. Doch die technische Entwicklung bestimmt nicht alleine, wie eine Technologie benutzt wird:

> «A great deal of writing [...] is based on a technological determinist view. [...] They offer us a never-ending story of positive events and inventions that ignores the ways that technologies and their use are themselves profoundly shaped by longer term shifts in underlying economic, political, and social structures» (Murdock 2000: 39).

Technische Konvergenz meint das Zusammenwachsen der hinter Rundfunk, Telekommunikation und Computern stehenden Technologien aufgrund der Digitalisierung.

Folgen für die Medienregulierung

Aber auch auf die Medienregulierung wirkt sich die technische Konvergenz aus: Die Trennung in verschiedene Modelle der Medienregulierung basierend auf der verwendeten Distributionstechnologie wird grundsätzlich infrage gestellt.

Dadurch, dass die Grenzen zwischen Telekommunikation und Rundfunk verschwimmen, wird es zunehmend schwieriger, Medienangebote entweder dem einen oder dem anderen Modell zuzuordnen. Diese Zuteilung ist deshalb wichtig, weil sich daraus eine unterschiedliche Regulierung ergibt. Doch nun ist denkbar, dass gleiche Inhalte in Abhängigkeit vom Distributionskanal unterschiedlich reguliert werden: «It will no longer be adequate to define regulatory responsibilities in terms of the method of distribution, since increasingly the same distribution method will be used for a variety of different kinds of content» (Levy 1999: 14). Durch diese Schwierigkeit nimmt das Maß an Willkür und an interessenbezogenen Zuordnungen zu, was die Rechtsunsicherheit für die betroffenen Unternehmen erhöht (vgl. Latzer 1997: 79, 176).

Deshalb wird auch eine *Konvergenz der Regulierung* gefordert, also die Aufhebung der Trennung in verschiedene Modelle der Medienregulierung entlang des technischen Distributionskanals und eine einheitliche Regulierung für alle Medien. Auch die unterschiedlichen Zuständigkeiten für Telekommunikation und Rundfunk werden kritisiert. Die Forderung nach einer Konvergenz der Regulierung beinhaltet damit häufig die Forderung nach einer *Konvergenz der Regulierungsbehörden* und nach der Institutionalisierung einer einzigen Regulierungsbehörde für den ganzen Medien- und Kommunikationssektor, einem sogenannten ‹Single Regulator› (vgl. Collins/Murroni 1996: 186; Latzer 1997: 174f., 177).

Vor allem die auf den Kommunikationsmärkten tätigen Unternehmen haben ein Interesse an einer einheitlichen Regulierung (vgl. Meier 2000: 225) – allerdings mit dem Hintergedanken, dass Regulierung bei dieser Änderung gleich abgebaut und die weniger strenge Telekommunikationsregulierung für den gesamten Kommunikations- und Mediensektor übernommen wird (vgl. Hoffmann-Riem/Schulz/Held 2000: 25ff., 33). Regierungen tendieren dazu, der technologischen Entwicklung zu folgen und Regulierung abzubauen, wo sie wirtschaftlichen Interessen im Weg steht (vgl. Cuilenburg/McQuail 2003: 197f.; Humphreys 1996: 303; McQuail 2005: 240).

Technologischer Wandel alleine bedingt jedoch keine Anpassung der Regulierung – genauso wenig wie verschiedene Distributionstechnologien der einzige Grund für die Entstehung der drei Regulierungsmodelle waren:

«Much of the discussion about the regulatory implications of convergence are characterised by differing forms of determinism which assume that consumer behaviour will be led by technological change and that regulation should follow suit. At its most extreme this view asserts that if communications technologies converge, then there must be a converged regulatory framework across the communications sector [...]. Many of these assertions are highly questionable. Many services will [...] fit within traditional categories» (Levy 1999: 143).

Die Regulierungsantwort auf die technische Konvergenz muss nicht notwendigerweise darin bestehen, bisherige Regulierungsverzichte auf weitere Bereiche auszudehnen. Die technische Konvergenz alleine bedingt noch keine Konvergenz der Regulierung – und schon gar keine Deregulierung im Interesse der betroffenen Unternehmen: Ob und wie der konvergente Kommunikationssektor reguliert wird, ist keine logische Folge der technischen Entwicklung, sondern das Ergebnis eines politischen Prozesses und bedarf einer bewussten politischen Entscheidung (vgl. Hoffmann-Riem/Schulz/Held 2000: 26f.).

Dennoch: Die technische Konvergenz hat soziale und ökonomische Folgen, welche die Medienlandschaft nachhaltig beeinflussen. Diese Entwicklungen darf die Medienpolitik nicht vernachlässigen. Durch Konvergenz wird nicht nur eine nach Distributionskanal getrennte Regulierung infrage gestellt, sondern es entstehen auch neue Probleme, die der Regulierung bedürfen. Eine Überprüfung und Reform bisheriger Regulierungsmodelle und -instrumente bietet sich folglich an.

Eine häufig vorgeschlagene Lösung besteht darin, nicht mehr nach verschiedenen Mediensektoren zu unterscheiden, sondern *nach Infrastruktur und Inhalten getrennt zu regulieren* (vgl. Levy 1999: 152; Latzer 2007: 150-153). Während die Infrastruktur technologieneutral (d. h. einheitlich) reguliert werden kann, lassen sich die übertragenen Inhalte in Abhängigkeit von ihrer gesellschaftlichen Bedeutung differenziert regulieren (vgl. Collins 2000: 111; Collins/Murroni 1996: 171, 174). «There are reasons [...] for having a coherent set of principles [...], but this does not mean that all kinds of content have to be treated equally» (Cuilenburg/McQuail 2003: 202). Nicht alle Inhalte besitzen eine Relevanz für die öffentliche Kommunikation und damit eine soziale, kulturelle und politische Bedeutung für die Gesellschaft (z. B. Homeshoppingkanäle u. Ä.). Aus medienpolitischer Perspektive besteht ein Regulierungsbedarf somit nur für Angebote massenmedialer öffentlicher Kommunikation – seien dies nun klassische Radio- und Fernsehsender, Printmedien oder auch neue Angebote (z. B. im Internet). Ein solch neues Modell der Medienregulierung, das zwischen einheitlicher Regulierung der Distribution auf allen technischen Infrastrukturen und abgestufter Inhaltsregulierung differenziert, ist jedoch erst im Entstehen begriffen. Presse, Telekommunikation, Rundfunk und Internet werden heute größtenteils unterschiedlich reguliert.

Mit dem Argument der technischen Konvergenz wird häufig auch eine Konvergenz der Regulierung gefordert. Eine veränderte Regulierung oder gar ein Abbau von Regulierung ist indes keine logische Folge technischer Veränderungen, sondern bedarf einer politischen Entscheidung. Eine mögliche Antwort auf die Konvergenz besteht darin, zu einem Modell einheitlicher Infrastruktur- und abgestufter Inhaltsregulierung überzugehen.

Übungen

1. Sie haben verschiedene regulierungstheoretische Ansätze kennengelernt, die unterschiedliche Aspekte von Regulierung beleuchten. Überlegen Sie sich je eine Fragestellung, die sich mit interessen-, institutionen- und ideenzentrierten Ansätzen untersuchen lässt.
2. Warum spielen Selbst- und Co-Regulierung im Mediensektor eine bedeutende Rolle?
3. Von einigen Akteuren wird wegen der technischen Konvergenz auch eine Konvergenz der Regulierung gefordert. Von welcher Seite könnten die folgenden Zitate stammen? Begründen Sie ihre Antwort.
   «Wirtschaftlichen Erfolg und übergeordnete gesellschaftspolitische Ziele kann nur ein Regulierungssystem erfolgreich fördern, das an die Entwicklungen von Technologie und Markt angepasst ist. [...] Die Konvergenz digitaler Medien erfordert eine aufeinander abgestimmte Regulierung aller Medien- und Kommunikationsbereiche.» Und: «Die elektronischen Medien [...] sind konfrontiert mit einer Vielzahl an Regelungen und Vorgaben, die eine dynamische Entwicklung dieses Bereichs noch immer erschweren oder sogar verhindern. [...] Notwendig ist eine umfassende Modernisierung des Regulierungsrahmens, um die Wettbewerbsfähigkeit [...] der Medienindustrie auch in Zukunft zu gewährleisten [...]. Zu den Eckwerten einer zukünftigen Medienordnung zählt [...] auch der Abbau spezieller medienrechtlicher Konzentrationskontrolle.»

Literatur

McQuail, Denis (2005): McQuail's Mass Communication Theory. 5. Auflage. London/Thousand Oaks/New Delhi [Kapitel 9; ferner: Kapitel 7, 8 und 10].

Darstellung der Bedeutung von Medienregulierung und Erläuterung der drei Modelle der Medienregulierung.

Cuilenburg, Jan van/McQuail, Denis (2003): Media Policy Paradigm Shifts. Towards a New Communications Policy Paradigm. In: European Journal of Communication, 18(2), S. 181-207.

Aufarbeitung der Entwicklung der Medienregulierung vom 19. Jahrhundert bis in die Gegenwart.

Latzer, Michael (1997): Mediamatik – Die Konvergenz von Telekommunikation, Computer und Rundfunk. Opladen [Kapitel 2, 6].

Beschreibung der technischen Entwicklung von Rundfunk und Telekommunikation sowie Erörterung von Regulierungsoptionen.

Majone, Giandomenico (1996) (Hrsg.): Regulating Europe. London/New York.

Überblick über Regulierungstheorie, Liberalisierung der 1980er Jahre und Aufstieg des Regulierungsstaates in (West-)Europa.

Baldwin, Robert/Cave, Martin (1999): Understanding Regulation. Theory, Strategy, and Practice. Oxford/New York [Kapitel 2, 3, 10].

Ausführliche Einführung in die Regulierungstheorie sowie verschiedene Formen und Instrumente der Regulierung.

3 Begründungen für Medienregulierung

Inhalt und Lernziele

Bei Medienregulierung handelt es sich um staatliche Eingriffe – und solche bedürfen in demokratischen Ländern der Legitimation. Dies gilt für die Medienpolitik in besonderem Maße, da die Medien unabhängig von Staat und Politik funktionieren sollen. Das folgende Kapitel zeigt auf, wie Medienregulierung mit ökonomischen und gesellschaftlich-politischen Argumenten begründet wird.

Nach diesem Kapitel können Sie
- verschiedene Begründungen für Medienregulierung nennen.
- Ursachen für das Versagen von Medienmärkten darlegen.
- beurteilen, welche Folgen ein Marktversagen für Finanzierung und Eigentum von Medienorganisationen hat.
- die Bedeutung sozialer, kultureller und politischer Begründungen für Medienregulierung erläutern.

Warum greift Politik in die Medien ein? Warum wird Regulierung im Mediensektor überhaupt für notwendig erachtet? Sollte nicht wegen der Medienfreiheit auf Eingriffe verzichtet werden?

Historisch lässt sich Medienregulierung insbesondere mit technischen Notwendigkeiten begründen. Die terrestrische Verbreitung von Radio- und Fernsehsignalen (Empfang mit normaler Zimmer- oder Dachantenne), aber auch Mobilkommunikation (früher Radiotelegrafie, heute Mobiltelefonie und mobiles Internet) bedingen die Nutzung von Frequenzen. Doch das Frequenzspektrum ist technisch begrenzt: Nur eine kleine Anzahl von Programmen oder Telekommunikationsdiensten kann überhaupt verbreitet werden, weshalb von *Frequenzknappheit* gesprochen wird. Hinzu kommt, dass auf jeder Frequenz nur eine Station senden kann, da sonst der Empfang gestört ist und es zu einem Chaos im Äther kommt (sogenannte Interferenzen). Dies ist auch deshalb von Relevanz, weil Rundfunksignale nicht an Landesgrenzen haltmachen, was eine internationale Kooperation bedingt (siehe Kapitel 7.1.2).

Die Frequenzen, welche den einzelnen Nationalstaaten zur Verfügung gestellt werden, sind öffentliches Eigentum und werden deshalb vom Staat vergeben. Diese Frequenzallokation kann aufgrund publizistischer Kriterien (wie oftmals im Rundfunk) oder als Resultat einer Auktion an den Meistbietenden erfolgen. Das Argument der Frequenzknappheit hat seine Dringlichkeit durch technische Entwicklungen fast vollständig verloren. Alternative Distributionskanäle wie Satellitensysteme oder Kabelnetze und die Digitalisierung erhöhten die Zahl der übertragbaren Programme erheblich (siehe Kapitel 10.3.1).

Doch ganz unabhängig von technischen Fragen wird Medienregulierung ökonomisch und gesellschaftlich-politisch begründet. Auf beide Begründungen wird im Folgenden detailliert eingegangen.

3.1 Ökonomische Begründungen

Neoklassische Ansätze der Medienökonomie stellen Medienmärkte in den Mittelpunkt. Medien werden wie alle anderen Güter – etwa Brot, Pullover oder Teller – betrachtet. Güter werden auf dem Markt gehandelt, und solange der Markt funktioniert, besteht in dieser Perspektive kein Grund für staatliche Eingriffe. Das zentrale Argument lautet nun, dass Medienmärkte eben nicht funktionieren, d. h., es kommt zu einem sogenannten *Marktversagen*. Damit ist Regulierung ökonomisch gerechtfertigt. Im Folgenden werden erst einige medienökonomische Grundlagen erläutert, um zu verstehen, warum es bei Medien zu einem Marktversagen kommt.

3.1.1 Markt und Marktversagen

Der Markt ist der ökonomische Ort des Tausches: Auf dem *Markt* treffen sich Anbieter und Nachfrager und treten miteinander in Beziehung, um Preis und Menge eines Gutes zu ermitteln (vgl. Kiefer 2001: 77). «Im Zusammenspiel von Angebot und Nachfrage bilden sich Preise, die in der Regel Produktionskosten, Knappheiten und Nachfragerpräferenzen reflektieren» (Heinrich 2001: 53).

Der Markt ist also ein Koordinationsmechanismus und dient der *Ressourcenallokation*. In der neoklassischen Ökonomie wird davon ausgegangen, dass der vollkommene Markt zu einer optimalen Allokation der gesellschaftlichen Ressourcen führt. Das heißt nichts anderes, als dass auf dem Markt aus den vorhandenen Ressourcen das Maximum an (gesellschaftlich) nützlichen Gütern und Dienstleistungen herausgeholt wird (vgl. Kiefer 2001: 78). Das Optimum wird dann erreicht, wenn so kostengünstig wie möglich das produziert wird, was die Konsumenten wünschen. In diesem Zusammenhang wird von produktiver und allokativer Effizienz gesprochen (vgl. Heinrich 2001: 51):

- *Produktive Effizienz* ist dann gewährleistet, wenn so kostengünstig wie möglich produziert wird.
- *Allokative Effizienz* ist dann gewährleistet, wenn das Güterangebot entsprechend den Präferenzstrukturen der Konsumenten erstellt wird.

Herrscht auf dem Markt also Wettbewerb, so werden – dies zumindest die Annahme – zu den tiefstmöglichen Kosten (produktive Effizienz) die von den Konsumenten gewünschten Güter (allokative Effizienz) in bester Qualität produziert (vgl. Cuilenburg 1999: 193). Allerdings stellt dieses Marktmodell eine Vereinfachung der ökonomischen Realität dar. Nicht immer werden auf dem Markt produktive und allokative Effizienz erreicht. Wenn gewisse Bedingungen nicht erfüllt sind, so spielt der Wettbewerb nicht richtig und die optimale Ressourcenallokation ist nicht gewährleistet. Man spricht dann von einem *Marktversagen*. Dies trifft auch auf Medienmärkte zu.

Dabei können wir zwischen verschiedenen Arten des Marktversagens unterscheiden, die jeweils andere Gründe und Folgen haben: öffentliche Güter, externe Effekte, Strukturprobleme des Wettbewerbs, Informationsmängel und meritorische Güter (siehe Abb. 13).

Abb. 13: Ursachen und Folgen von Marktversagen

Art des Marktversagens	Ursachen	Folgen
öffentliche Güter	Nicht-Rivalität Nicht-Ausschließbarkeit	mangelnde Zahlungsbereitschaft
externe Effekte	nicht berücksichtigte Auswirkungen wirtschaftlichen Handelns	Auswirkungen auf unbeteiligte Dritte
Strukturprobleme des Wettbewerbs	Economies of Scale Economies of Scope	Monopolist produziert am Billigsten
Informationsmängel	Qualitätsintransparenz	adverse Auslese
meritorische Güter	Verzerrung Präferenzen	Unternachfrage

Öffentliche Güter

Ein Gut hat dann den Charakter eines öffentlichen Gutes, wenn es von allen Nachfragern konsumiert werden kann und wenn kein Ausschluss vom Konsum möglich ist (vgl. Heinrich 2001: 71f.; Kiefer 2001: 132ff.):

- *Nicht-Rivalität im Konsum:* Ein Gut kann von vielen Personen gleichzeitig konsumiert werden, ohne dass dadurch der Konsum einer anderen Person eingeschränkt wird.
- *Nicht-Ausschließbarkeit vom Konsum:* Nicht-Zahler können nicht von der Nutzung des Gutes ausgeschlossen werden.

Normale Güter dagegen werden private Güter genannt. Beispiele hierfür wären ein Kleidungsstück, ein Laib Brot oder eine Flasche Rotwein. Die ganze Flasche Wein kann nicht von mehreren Personen konsumiert werden: Trinkt Person A die Flasche leer, bleibt nichts für Person B übrig (Rivalität im Konsum). Gleichzeitig hat Person A im Lebensmittelgeschäft für die Flasche bezahlt und kann diese nur deshalb konsumieren (Ausschließbarkeit vom Konsum). Das ist bei öffentlichen Gütern anders.

Was sind nun die Folgen? Kein ökonomisch rational handelnder Konsument ist bereit für ein Gut – z. B. die Straßenbeleuchtung – zu bezahlen, wenn er bei Zahlungsverweigerung nicht vom Konsum dieses Gutes ausgeschlossen werden kann (sogenanntes Freerider- oder Trittbrettfahrer-Syndrom). Bezahlen die Konsumenten für ein Gut nicht, ist aber auch kein privater Unternehmer bereit, das Gut zu produzieren. Das Gut wird also gewünscht, niemand will aber dafür bezahlen, was in einer Unterproduktion resultiert: Der Markt versagt. Damit das Gut (z. B. die Straßenbeleuchtung) trotzdem bereitgestellt wird, braucht es eine andere Finanzierung (z. B. Steuern).

Bei Gütern, bei denen ein Ausschluss vom Konsum möglich ist, aber keine Konsumrivalität besteht, wird von einem Clubgut (z. B. Autobahnen mit Maut-Gebühr) gesprochen. Den umgekehrten Fall – Konsumrivalität, aber Nicht-Ausschließbarkeit – nennt man Allmendegut (z. B. Atemluft).

Wie sieht es bei den Medien aus? Sind Medien öffentliche Güter? Um diese Frage zu beantworten, muss zwischen dem Medieninhalt und dem Träger des Inhalts unterschieden werden (vgl. Heinrich 1999: 27):

Medieninhalte, d. h. die übertragenen Informationen, sind zumindest partiell ein öffentliches Gut. Die Inhalte sind von Nicht-Rivalität gekennzeichnet. Der Konsum einer bestimmten Sendung oder eines Zeitungsartikels durch Person A schränkt nicht die Rezeption der gleichen Sendung oder des gleichen Artikels durch Person B ein. Zudem sind Medieninhalte durch eine zumindest partielle Nicht-Ausschließbarkeit gekennzeichnet. Nicht-Zahler können nur sehr schwer vom Konsum bestimmter Informationen abgehalten werden.

Ob der *Träger der Inhalte* (z. B. Zeitungspapier oder elektronische Medien) ein öffentliches Gut ist, hängt von Distributionskanal und Zahlungssystem ab. Fernsehen und Radio via Antenne oder Satellit sind öffentliche Güter. Niemand kann vom Konsum ausgeschlossen werden und es besteht keine Rivalität im

Konsum. Anders dagegen bei Kabelfernsehen/-radio und Pay-TV: Hier ist der Ausschluss nicht zahlungsbereiter Konsumenten möglich (bei Pay-Rundfunk durch Verschlüsselung der Signale), womit es sich um Clubgüter handelt. Bei Pay-TV und Pay-Radio ist die «Nichttrivialität im Konsum […] in vollem Umfang wie beim drahtlosen Rundfunk gegeben, die Rezipienten eines Fernseh- oder Hörfunkprogramms beinträchtigen sich nicht bei dessen ‹Konsum›, gleichgültig wie seine Produktion und Bereitstellung organisiert ist und mittels welcher Technik (Frequenzen, Kabel, Satellit) es verbreitet wird, aber das Ausschlussprinzip ist handhabbar» (Kiefer 2001: 149). Bei Printmedien ist ein Ausschluss an sich möglich, da für ein Exemplar einer Zeitung ein Preis entrichtet werden muss. Allerdings wird ein und dasselbe Exemplar eines Printproduktes meist von mehreren Personen genutzt.

Medien sind zumindest partiell öffentliche Güter. Konsum und Zahlungsbereitschaft sind damit nicht zwingend deckungsgleich. Niemand ist bereit zu bezahlen, wenn er oder sie den Medieninhalt auch unentgeltlich konsumieren kann. Damit es für Medienunternehmen ökonomisch Sinn macht, Medieninhalte zu produzieren und es nicht zu einer Unterproduktion kommt, sind sie auf eine *alternative Finanzierungsquelle* als die Rezipienten angewiesen. Einspringen kann beispielsweise die Werbewirtschaft, welche für die Medien der weitaus verlässlichere Partner zu sein scheint. Aber auch mit öffentlichen Geldern können Medien finanziert werden (zu den alternativen Finanzierungsquellen siehe Kapitel 3.1.2).

Externe Effekte

Bei externen Effekten handelt es sich um unmittelbare Auswirkungen ökonomischer Aktivitäten auf unbeteiligte Dritte, die nicht berücksichtigt wurden und auch nicht kompensiert werden. Das klassische Beispiel sind Umweltschäden (vgl. Heinrich 2001: 72f.).

Gibt es auch in den Medien externe Effekte? Medienberichterstattung und -konsum haben offensichtlich eine Vielzahl an Auswirkungen (vgl. Kiefer 2001: 147f.). Zeitungsberichte und Fernsehsendungen können Politikerkarrieren, Börsenkurse, Wertewandel, Kriminalität oder ganz einfach das Befinden der Rezipienten beeinflussen. «The provision of some sorts of content may engender a wider cost for society, for example by increasing levels of violence or fear of violence in society» (Doyle 2002: 65). Die meisten dieser Wirkungen dürften nicht beabsichtigt sein. Allerdings ist die Erfassung von Medienwirkungen schwierig und empirische Studien liefern zum Teil widersprüchliche Resultate.

Strukturprobleme des Wettbewerbs

«Strukturprobleme des Wettbewerbs entstehen, wenn die Stückkosten der Produktion mit steigender Ausbringung (kontinuierlich) sinken» (Heinrich 2001: 73). Zwei Ursachen lassen sich unterscheiden:

- *Economies of Scale (Größenvorteile):* Wird die Betriebsgröße erhöht, steigen die Produktionskosten weniger schnell als die produzierte Menge. Folglich sinken die Kosten je produziertem Stück (Durchschnittskosten). Wenn beispielsweise ein Orangensaft-Produzent beginnt, mehr Flaschen abzufüllen, so sinken die Kosten je abgefüllter Flasche. Eine besondere Form von Economies of Scale ist die *Fixkostendegression.* Fixe Kosten sind Kosten, die unabhängig von der Produktionsmenge anfallen. Je mehr also produziert wird, desto niedriger sind die fixen Kosten pro Stück, weshalb Produzenten ihre Kapazität immer voll auslasten möchten. Dies wird zum Problem, wenn die Fixkosten in einer Branche und damit auch die potenzielle Fixkostendegression sehr hoch sind. «In diesem Fall werden die Anbieter versuchen, mit den aggressiven Methoden der ruinösen Konkurrenz, ihre Kapazitäten auszulasten» (Heinrich 2001: 74), d. h. die Produktionsmenge zu erhöhen, um die Fixkosten pro Stück senken zu können. Ein Beispiel hierfür ist die Luftverkehrsbranche.
- *Economies of Scope (Verbundvorteile):* Die Herstellung mehrerer Produkte durch dasselbe Unternehmen ist billiger als die Produktion dieser Produkte durch verschiedene Unternehmen. Füllt beispielsweise der Orangensaft-Produzent künftig auch andere Getränke wie Mineralwasser, Tomatensaft oder Cola ab, so ist dies billiger, als wenn für jedes Getränk ein eigener Produktionsbetrieb gegründet wird.

Die Folge dieser Strukturprobleme des Wettbewerbs ist, dass der Monopolist am billigsten produziert und für die Unternehmen in einem Markt ein großer Anreiz besteht, ein Monopol zu bilden und so den Wettbewerb auszuschalten.

Führen die Strukturprobleme des Wettbewerbs in Medienmärkten zu einer Monopolisierung? Tatsächlich sind viele Rundfunk- und Zeitungsmärkte oligopolistisch oder monopolistisch. Im Unterschied zu einem Monopol gibt es bei einem Oligopol mehr als nur einen Anbieter. Jeder der wenigen Anbieter hat aber, anders als bei vollkommenem Wettbewerb, eine gewisse Marktmacht, was sich zuungunsten der Konsumenten auswirken kann.

Im Mediensektor existiert eine *einzigartige Fixkostendegression.* Die Fixkosten im Fernseh-, Radio- und Zeitungsbereich sind sehr hoch, d. h., Medienprodukte zeichnen sich durch hohe First-Copy-Kosten aus (vgl. McQuail 2005: 225). Die Kosten, um eine Fernsehsendung zu produzieren oder eine Zeitung herzustellen sind weitgehend unabhängig von der tatsächlichen Zahl der Rezipienten. Bei Zeitungen sind zwar Papier- und Druckkosten von der Menge abhängig. Aber egal ob ein Exemplar oder eine Million Exemplare einer Zeitung hergestellt werden: Die Fixkosten für die journalistische Arbeit bleiben gleich. Im Rundfunksektor ist der Anteil der Fixkosten noch höher: «The cost of providing a given programme service is relatively fixed, regardless of how many, if any, viewers tune in» (Doyle 2002: 62). Egal wie viele Rezipienten eine bestimmte Fernsehsendung schauen, die Fixkosten bleiben. Je höher also die Einschaltquoten im Rundfunk oder je mehr Leser ein Printmedium hat, desto tiefer sind die Stückkosten pro Rezipient. Der Monopolist produziert damit auch in Medienmärkten am billigsten, was zu einem Verdrängungswettbewerb oder zu Zusammenschlüssen zwischen Zeitungs- respektive Rundfunkunternehmen führt (vgl. Heinrich 2001: 96ff.). Ferner lassen sich auch Economies of Scope in Medienmärkten realisieren. Einerseits können Medieninhalte, die für einen Medienmarkt produziert wurden, in einem anderen Medienmarkt weiter verwertet werden. Beispielsweise können Zeitungsartikel oder Fernsehsendungen auch im Internet angeboten werden oder eine Redaktion beliefert gleichzeitig eine Zeitschrift und einen Radiosender. Andererseits kann ein Unternehmen auch zwei Zeitungen in einer Region veröffentlichen und Kosten einsparen, indem die Administration zusammengelegt wird. Die Strukturprobleme des Wettbewerbs, insbesondere verursacht durch die Fixkostendegression, sind damit ein starker Anreiz für Medienkonzentration (siehe Kapitel 3.1.2).

Informationsmängel

Können die Konsumenten die Qualität eines Produktes nicht erkennen und bewerten (Qualitätsintransparenz), hat dies Auswirkungen auf das Funktionieren von Märkten. Die Qualitätsbewertung hängt von der Art des Gutes ab (vgl. Heinrich 2001: 98f.; Kiefer 2001: 139f.):

- *Homogene Güter:* Produzent und Konsument sind über die Qualität des Gutes vollständig informiert (z. B. Kohle).
- *Such- oder Inspektionsgüter:* Die Qualität des Gutes lässt sich vor dem Kauf durch Beobachtung erfassen (z. B. Fotoapparat, Stabmixer).
- *Erfahrungsgüter:* Die Qualität des Gutes kann erst nach dem Kauf und Konsum beurteilt werden (z. B. Essen in einem Restaurant).
- *Vertrauensgüter:* Die Qualität des Gutes kann auch nach dem Konsum nur schwer beurteilt werden (z. B. Arztbesuch, Theaterstück).

Erfahrungs- und Vertrauensgüter führen zu einem Marktversagen, da diese Qualitätsunsicherheit die Konsumentensouveränität einschränkt: Die Konsumenten können ihre Qualitätspräferenzen nicht mit ihrer Zahlungsbereitschaft deutlich machen. Folge davon ist die sogenannte *adverse Auslese:* Die Konsumenten sind nicht bereit, hohe Preise für Güter zu zahlen, deren Qualität und Nutzen sie nicht kennen. Damit haben die Produzenten keinen Anreiz, gute Qualität zu höheren Kosten herzustellen. Nur schlechtere (also billigere) Qualität kommt deshalb auf den Markt. Ein klares Marktversagen, da die Konsumenten ja eigentlich bereit wären, für die bessere Qualität zu bezahlen, wenn sie denn nur sicher sein könnten, diese auch zu bekommen (vgl. Heinrich 1999: 41). Es kommt also zu einer Qualitätsspirale nach unten (vgl. Sjurts 2004: 175).

Bei Mediengütern besteht eine *starke Informationsasymmetrie* zwischen Produzenten und Konsumenten. Während unterhaltende Produkte (z. B. Serien, Spielfilme) Erfahrungsgüter darstellen, handelt es sich bei journalistischen Produkten (z. B. Nachrichtensendungen, Tageszeitungen) um Vertrauensgüter: Die Rezipienten können weder die Qualität noch den Nutzen von Informationen einschätzen, d. h., die Qualitätstransparenz ist sehr gering. Dies gilt auch während und nach dem Kauf und Konsum. Dies liegt u. a. daran, dass Medien sehr komplexe Produkte sind (bestehend aus unterschiedlichsten Inhalten), dass der Zeitaufwand für den Konsum sehr hoch ist, und dass das Produkt permanent neu produziert wird (d. h., auch die Qualität wandelt sich beständig) (vgl. Heinrich 2001: 99). Journalistische Medien sind damit wie trojanische Pferde: Wir wissen nicht, welche Qualität wir kaufen und welchen Nutzen das Produkt für uns hat und die Konsumentensouveränität ist stark eingeschränkt. Auf Medienmärkten kommt es somit zur geschilderten adversen Auslese.

Meritorische Güter

In der neoklassischen Ökonomie wird unterstellt, dass Konsumenten in der Regel wissen, was sie wollen, und nur solche Güter kaufen, die ihren Präferenzen entsprechen. Bei meritorischen Gütern dagegen sind die Konsumentenpräferenzen verzerrt, da die Konsumenten den Nutzen dieser Güter nicht beurteilen können (vgl. Kiefer 2001: 136f.). Deshalb würden diese Güter – klassische Beispiele sind Gesundheit, Bildung oder Kultur – nicht in dem Ausmaß konsumiert werden, wie dies als gesellschaftlich wünschenswert erachtet wird (vgl. Heinrich 2001: 101). Damit existiert eine Unternachfrage und daraus resultierend eine Unterproduktion meritorischer Güter.

Ob auch Medien meritorische Güter darstellen, ist umstritten. Zumindest gewisse Medieninhalte wie politische Informationen oder Kultursendungen werden als meritorische Güter bezeichnet. So kann die unterdurchschnittliche Nutzung solcher Inhalte beispielsweise mit dem unklaren Nutzen und den deshalb verzerrten Konsumentenpräferenzen erklärt werden. «There are some forms of content that are collectively desirable and that everyone benefits from [...] but which viewers, on an individual basis, might not tune into or be prepared to pay for» (Doyle 2002: 66).

Die Existenz öffentlicher Güter, das Anfallen externer Effekte, Strukturprobleme des Wettbewerbs, die Qualitätsintransparenz von Gütern und verzerrte Konsumentenpräferenzen (meritorische Güter) sind Gründe für ein Marktversagen.

3.1.2   Folgen des Marktversagens

Alternative Finanzierung

Aufgrund der Tatsache, dass Medien öffentliche Güter sind, dass erhebliche Informationsmängel auf Seite der Konsumenten bestehen und aufgrund verzerrter Konsumentenpräferenzen ist die Zahlungsbereitschaft der Rezipienten für Medien oftmals gering – entweder, weil sie von der Nutzung nicht ausgeschlossen werden können oder weil sie Qualität und Nutzen nicht kennen. Medienunternehmen, die nicht-zahlende Rezipienten nicht von der Nutzung ausschließen können, sind folglich auf eine alternative Finanzierungsquelle angewiesen. Die Wichtigsten sind Werbung und eine öffentliche Finanzierung[3] (vgl. Heinrich 1999: 270f.; Kiefer 1999: 702-711):

- *Werbung:* Die werbetreibende Wirtschaft zahlt Marktpreise für die Verbreitung von Werbebotschaften und die Kontaktchance mit bestimmten Publika. Das Publikum ist lediglich eine Ware, dessen Aufmerksamkeit an die Werbewirtschaft verkauft wird.
- *Öffentliche Finanzierung:* Steuern, Gebühren (auf den Besitz eines Radio- oder Fernsehgerätes) oder Beiträge werden erhoben, um den öffentlichen Rundfunk zu finanzieren. Das Publikum steht in seiner Rolle als Staatsbürger im Mittelpunkt.

---

[3]   Ferner existieren weitere alternative Finanzierungsquellen wie Spenden, Vereinsbeiträge oder Telefongebühren aus Call-In-Sendungen.

Während sich öffentliche Rundfunkorganisationen, z. B. ARD, ZDF, ORF oder SRG, primär durch Gebühren und teilweise durch Werbung finanzieren (siehe Kapitel 10.2), sind kommerzielle Medienunternehmen auf Werbeeinnahmen angewiesen. Viele Medien finanzieren sich alleine auf dem Werbemarkt, beispielsweise Gratiszeitungen und der gesamte kommerzielle Radio- und Fernsehsektor (mit Ausnahme des Pay-Rundfunks). Und für Zeitungen und Zeitschriften sind die Erlöse durch Abonnements und Einzelverkauf an Kiosken nur der kleinere Teil ihrer Einnahmen. Bis zu zwei Drittel der Einkünfte von Tageszeitungen beispielsweise stammen aus der Werbung. Dies hat zur Konsequenz, dass werbefinanzierte Medien stärker von der allgemeinen wirtschaftlichen Entwicklung abhängig sind und die Auswirkungen einer Konjunkturflaute sehr stark spüren (vgl. McQuail 2005: 223f.). In wirtschaftlich schwierigen Zeiten schalten Unternehmen weniger Werbung. Noch stärker davon betroffen sind Regionalzeitungen, da diese sich nicht nur durch Werbekampagnen finanzieren, sondern auch durch Stelleninserate und Kleinanzeigen, welche besonders konjunkturanfällig sind (vgl. Doyle 2002: 122f.).

Weil Medienorganisationen also eine alternative Finanzierungsquelle benötigen, sind sie auf zwei verschiedenen Märkten tätig (vgl. Meier/Trappel/Siegert 2010):

- *Publikumsmarkt:* Medien versuchen, die potenziellen Rezipientinnen und Rezipienten mit möglichst attraktiven Programmen zu bedienen. Dabei stehen sie im Wettbewerb mit anderen Medien und Freizeitangeboten, und zwar bezüglich der zur Verfügung stehenden Zeit und des Haushaltsbudgets. Es geht also um die Aufmerksamkeit der Rezipienten.
- *Werbemarkt:* Medien sind auch Werbeträger auf dem Werbemarkt. Die werbetreibende Wirtschaft benutzt Medien, um Produkte der potenziellen Kundschaft anzubieten. Der Wirtschaft wird eine Zugangschance zum Publikum und dessen Aufmerksamkeit verkauft.

Anders als auf dem Publikumsmarkt sind Medien auf dem Werbemarkt ein privates Gut: «Die einmal verkaufte Sendezeit [...] steht anderen Werbekunden nicht zur Verfügung und wer die [Werbepreise] nicht bezahlt, kann auch nicht werben» (Kiefer 2001: 153).

Die beiden Märkte sind miteinander verknüpft. Steigt die Reichweite des Mediums auf dem Publikumsmarkt (höhere Einschaltquoten oder höhere Auflage), so wird das Medium für die Werbewirtschaft attraktiver, was wiederum für einen höheren Gewinn sorgt. Die zusätzlichen Gewinne werden unter Umständen in die Medieninhalte und deren Qualität investiert, was, so die Annahme, wiederum die Nachfrage erhöht (vgl. Heinrich 2001: 129f., 241; Doyle 2002: 62f., 124f.; McQuail 2005: 223).

Kommt diese sogenannte *Anzeigen-Auflagen-Spirale* (im Rundfunk: Werbe-preis-Reichweiten-Spirale; siehe Abb. 14) erst einmal in Gang, so steigt der Marktanteil des reichweitenstärksten Mediums in einem Markt kontinuierlich an, während die schwächeren Zeitungen oder Sender langfristig aus dem Markt gedrängt werden (vgl. Meier/Trappel/Siegert 2010). Damit verstärkt auch der Verbund von Publikums- und Werbemarkt die Monopolisierungstendenzen in Medienmärkten (zur Konzentration siehe Kapitel 3.1.2).

Abb. 14: Anzeigen-Auflagen-Spirale

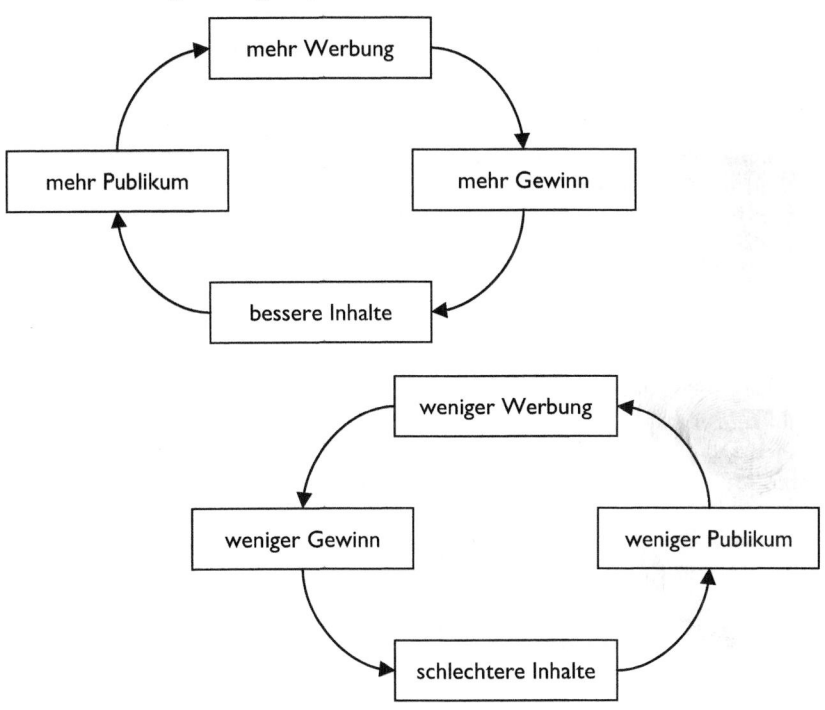

Die Finanzierung auf dem Werbemarkt hat vor allem für die nur durch Werbung finanzierten privaten Radio- und Fernsehveranstalter auch inhaltliche Konsequenzen. Zwischen den Rezipienten und den Programmveranstaltern gibt es keine marktmäßige Beziehung, da keine direkten Zahlungen geleistet werden. Dafür bestehen wirtschaftliche Austauschbeziehungen zwischen Rundfunkver-anstaltern und Werbewirtschaft. Folglich ist nicht das Publikum, sondern die Werbewirtschaft im werbefinanzierten Rundfunk der relevante Marktpartner (vgl. Kiefer 1999: 708f.). Daraus resultiert, dass Medien ihre Inhalte in erster Linie nach den Präferenzen der werbetreibenden Wirtschaft ausrichten müssen. Diese ist aber nur an *kaufkräftigen und kauffreudigen Publika* interessiert. Mit publizistischen Inhalten sollen werbefinanzierte Medienunternehmen ein – was Größe und Zielgruppe betrifft – werblich interessantes Publikum und ein geeignetes Umfeld für Werbung schaffen. Das Publikum ist nur eine Ware, die an die Werbewirtschaft verkauft wird.

Auf der einen Seite führt dies dazu, dass «Umfang und Zielgruppen der Berichterstattung werblich definiert werden und nicht nach journalistischen Kriterien bestimmt werden» (Heinrich 1999: 44f.). Auf der anderen Seite werden durch die Fixierung auf die Wünsche der Werbewirtschaft nicht alle Bedürfnisse der Rezipienten abgedeckt.

> «Advertising is a faulty funding mechanism in that it creates an incentive for the broadcaster to maximize not overall viewer welfare but the supply of whatever mix of programming yields the audiences that advertisers particularly want to reach» (Doyle 2002: 67).

Die Bedürfnisse der nichtwerberelevanten Gruppen werden nicht berücksichtigt. Wettbewerb in Medienmärkten führt nicht dazu, dass alle bekommen, was sie möchten, sondern bedient werden nur gesellschaftliche Gruppen mit disponiblem Einkommen (vgl. McChesney 2003: 130).

Diese indirekte Finanzierung von Medien über den Werbe- statt über den Publikumsmarkt hat einen *Dreieckstausch* zur Folge (siehe Abb. 15):

Abb. 15: Dreieckstausch der Werbefinanzierung

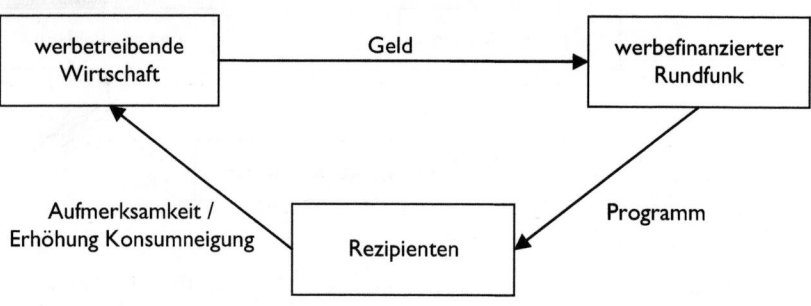

Quelle: basierend auf Heinrich (1999: 278)

Die werbetreibende Wirtschaft zahlt Geld für Werbezeit und damit für die Aufmerksamkeit bestimmter Rezipientengruppen an die Rundfunkunternehmen. Diese liefern Programme und Werbebotschaften an die Rezipienten.

Die Rezipienten wiederum schenken Aufmerksamkeit und haben – so das Ziel – eine erhöhte Konsumneigung. Dies soll für einen gesteigerten Produktabsatz sorgen. Die Werbekosten werden von den werbetreibenden Unternehmen in Form von höheren Produktpreisen an die Konsumentinnen und Konsumenten weiter gegeben. Damit zahlen wir letztlich alle über unsere Einkäufe indirekt einen Beitrag an die werbefinanzierten Medien – auch das sogenannte ‹Free TV› ist also nicht gratis.

> Wegen der mangelnden Zahlungsbereitschaft der Mediennutzer ist eine Refinanzierung von Medien auf dem Publikumsmarkt (alleine) nicht möglich. Medien müssen sich einer alternativen Finanzierungsquelle zuwenden. Sind Medien auf dem Werbemarkt tätig, so erhält die werbetreibende Wirtschaft einen Einfluss auf die Medieninhalte.

Medienkonzentration

Medienkonzentration kann ganz allgemein als eine Zusammenballung ökonomischer (Umsatz von Medienunternehmen) und publizistischer Größen (Auflage von Titeln oder Reichweite von Sendern) definiert werden. Folglich nehmen die ökonomischen (Anzahl selbstständiger Medienunternehmen) oder die publizistischen Einheiten (Anzahl selbstständiger Titel oder Sender) ab. Konzentration wird ausgelöst durch überproportionales internes Wachstum (z. B. wenn ein Verlag erfolgreicher als seine Konkurrenten ist und Marktanteile gewinnt) oder durch externes Wachstum, d. h. durch Fusionen zuvor eigenständiger Unternehmen (vgl. Heinrich 2001: 120).

Die *Ursachen* von Medienkonzentration liegen nicht alleine im Marktversagen begründet. Strukturprobleme des Wettbewerbs wie die Fixkostendegression und Economies of Scope spielen zwar eine Rolle, doch auch andere Ursachen müssen bedacht werden (vgl. Heinrich 2001: 128-134; 1999: 240-250; Trappel et al. 2002: 54f.; Kiefer 1995: 60; Doyle 2002: 21-37):

- Der hohe Anteil der Fixkosten an den Gesamtkosten von Medienunternehmen und die sehr starke *Fixkostendegression* führen dazu, dass das Monopol in einem Markt die für ein Unternehmen ökonomisch optimale Marktstellung darstellt. Am kostengünstigsten produziert der Anbieter mit dem größten Marktanteil, was zu horizontaler Konzentration führt.
- Die mangelnde Zahlungsbereitschaft der Rezipienten für Mediengüter führt zu einer Präsenz von Medien auf dem Publikums- und dem Werbemarkt.

Die *Anzeigen-Auflagen-Spirale* begünstigt das reichweitenstärkste Medium in einem Markt, was die horizontale Konzentration beschleunigt.

- Muss ein Fernsehsender ständig nach geeigneten Programmen suchen oder sich ein Fernsehstudio ständig um einen Käufer für seine Produktionen kümmern, fallen Kosten an (z. B. Such- und Vertragskosten). Diese sogenannten *Transaktionskosten* können durch die Expansion in vor- oder nachgelagerte Produktionsstufen (vertikale Konzentration) eingespart werden.
- *Economies of Scope* haben zur Folge, dass die Mehrfachverwertung von Inhalten über verschiedene Absatzkanäle (z. B. DVD, Pay-TV, Free-TV, Buch) sich für ein Unternehmen lohnt, was der Bildung von Multimediakonzernen Vorschub leistet.
- Die Kontrolle eines Unternehmens über verschiedenste Medien verringert die Abhängigkeit von der Entwicklung eines einzelnen Marktes. Multimediale Konzentration erlaubt folglich auch eine *Risikostreuung.*

Auf Medienmärkten existiert damit eine Reihe von Anreizen für Konzentration. Der unregulierte Markt führt im Falle von Medien wegen des Marktversagens also zur Entstehung von Oligopolen und Monopolen (vgl. McQuail 2005: 228).

Es lassen sich vier *Formen* der Medienkonzentration unterscheiden (siehe Abb. 16):

Abb. 16: Formen der Medienkonzentration

horizontale Konzentration	Zusammenschluss von Medienunternehmen in einem Markt
vertikale Konzentration	Zusammenschluss von Medienunternehmen auf vor- und nachgelagerten Märkten
multimediale Konzentration (mediendiagonale Konzentration)	Zusammenschluss von Medienunternehmen verschiedener Märkte (Multimediakonzerne)
konglomerate Konzentration (branchendiagonale Konzentration)	Zusammenschluss von Medienunternehmen mit Unternehmen außerhalb des Mediensektors (Mischkonzerne)

Quelle: basierend auf Trappel et al. (2002: 62)

Horizontale Konzentration bezeichnet Zusammenschlüsse innerhalb eines Marktes, d. h. von Unternehmen, welche derselben Tätigkeit nachgehen. Ein Beispiel wäre etwa die Fusion von zwei Zeitungen oder von zwei Fernsehsendern. In vielen Bundesländern und Kantonen bestehen bereits heute regionale Zeitungsmonopole. Aber auch die Bildung sogenannter ‹Senderfamilien› ist eine Folge horizontaler Konzentration. Ein Beispiel ist die Aufteilung des deutschen Privatfernsehmarktes zwischen der RTL Group, die an den Fernsehsendern RTL, RTL II, VOX, Super RTL und n-tv beteiligt ist, und der ProSiebenSat.1 Media AG, zu der u. a. Sat.1, ProSieben und Kabel 1 gehören.

Schließen sich Unternehmen auf vor- und nachgelagerten Märkten zusammen, wird von *vertikaler Konzentration* gesprochen. Dies bedeutet, dass ein Unternehmen, das sich mit der Distribution beschäftigt, einen Produktionsbetrieb kauft oder umgekehrt. So können Filmstudios, die Filme und Serien herstellen, Verbreitungskanäle (Kabelnetze und Satellitensysteme) und Fernsehsender kaufen. Beispiele sind die Fusion der Universal-Filmstudios und des großen amerikanischen Fernsehsenders NBC zum neuen Unternehmen NBC Universal oder der Zusammenschluss der Disney-Studios mit dem US-Sender ABC. Und auch die anderen großen Hollywoodstudios gehören zu Konzernen, die Anbieter auf dem Fernsehmarkt besitzen.

Von zunehmender Bedeutung ist die *multimediale Konzentration* zwischen verschiedenen Medientypen. Einem Unternehmen können beispielsweise Zeitungen, Radiostationen, Fernsehsender und Onlineangebote gehören («Cross-Ownership»). Dies ist vielfach auf regionaler Ebene der Fall, wo Zeitungsverlage gleichzeitig Fernsehen und Radio veranstalten. Im deutschsprachigen Raum ist vor allem der untersagte Zusammenschluss des Axel Springer Verlags, zu welchem unter anderem BILD und Welt, aber auch diverse regionale Zeitungen und viele Zeitschriften gehören, mit dem Fernsehkonzern ProSiebenSat.1 Media zu erwähnen. Ein anderes Beispiel sind globale Medienkonzerne wie Time Warner, zu welchem u. a. Fernsehsender (CNN, HBO, The CW) und Printprodukte (Time Magazine) gehören.

Ferner können auch Zusammenschlüsse von Medienunternehmen mit Unternehmen außerhalb des Mediensektors festgestellt werden, was als *konglomerate Konzentration* bezeichnet wird. Ein solcher Mischkonzern im Medienbereich war Vivendi Universal, entstanden im Jahr 2000 aus der Fusion des französischen Wasser- und Entsorgungskonzerns Vivendi mit der kanadischen Seagram. Nach finanziellen Schwierigkeiten ist Vivendi Universal heute vor allem im Musik- und Pay-TV-Geschäft tätig.

Warum aber stellt Medienkonzentration ein Problem dar? Erstens hat Konzentration *ökonomische Folgen* für die Gesellschaft als Ganzes, da der Wettbewerb nicht richtig funktioniert. Für die einzelnen Unternehmen ist dies allerdings ein Vorteil, da sie in oligopolistischen und monopolistischen Märkten großen Einfluss haben und höhere Gewinne machen. «For themselves, sane capitalists want as little competition as possible [...]» (McChesney 2003: 128). Die ökonomischen Folgen von Medienkonzentration können indes nicht eindeutig vorausgesagt werden. Konzentration kann die Wettbewerbsbedingungen verbessern, unverändert lassen oder verschlechtern. Negativ wirkt sich Konzentration dann aus, wenn dadurch dominierende Marktpositionen erreicht respektive ausgebaut oder Marktzutrittsschranken für potenzielle neue Anbieter errichtet werden. Die Möglichkeit von auf mehreren Medienmärkten tätigen Unternehmen zu Quersubventionierungen und Mischkalkulationen sowie zur Cross-Promotion ihrer Produkte ist ebenfalls problematisch (vgl. Heinrich 2001: 136f.; Meier/Trappel 1998: 54f.; Kiefer 2001: 111; Doyle 2002: 32).

Zweitens werden *publizistische Folgen* von Medienkonzentration unterstellt, da von einem Einfluss der Medienstrukturen auf die Medieninhalte, also einem positiven «Zusammenhang zwischen der Vielfalt an eigenständigen und unabhängigen Medien und der Vielfalt der darin vertretenen Meinungen» (Trappel et al. 2002: 58), ausgegangen wird: Vielzahl garantiere Vielfalt (vgl. Knoche 1999b: 136). Die Sicherung der strukturellen Vielfalt soll folglich für eine inhaltliche Vielfalt sorgen. So gesehen beinhalten Konzentrationsvorgänge die Gefahr, die Meinungsvielfalt zu beinträchtigen. «Vor allem [...] geht mit der Konzentration die Gefahr der Vereinheitlichung der Meinungsrichtungen einher» (Mailänder 2000: 181). Konzentrationsprozesse können aber sowohl vielfaltsbeschränkende wie auch vielfaltsfördernde Auswirkungen haben (vgl. Knoche 1999a: 135). Multimediale Konzentration eröffnet zudem Möglichkeiten der Mehrfachverwertung von Inhalten im redaktionellen Teil, weshalb die Gefahr der Vereinheitlichung der Inhalte und vertretenen Meinungen steigt (vgl. Heinrich 2001: 138-144). Denkbar wäre etwa, dass Fernseh- und Radiosender sowie Zeitungen im Besitz eines Unternehmens dieselbe redaktionelle Linie fahren. Somit besteht die reale Gefahr, dass eine ökonomische Vormachtstellung in publizistische und politische Macht umschlägt: «Concentrated ownership patterns sometimes reflect motives other than profit maximation – for example a desire on the part of proprietors to gain political influence through ownership of a large number of newspaper titles» (Doyle 2002: 126).

> Medienkonzentration bezeichnet die Zusammenballung ökonomischer und publizistischer Größen. Dabei kann zwischen horizontalen, vertikalen, multimedialen sowie konglomeraten Konzentrationsprozessen unterschieden werden.

3.2 Gesellschaftlich-politische Begründungen

Aus ökonomischer Perspektive sind Mediengüter also nur eingeschränkt markt-
fähig, was Regulierung rechtfertigt. Mit Regulierung soll der Staat dieses Marktversagen korrigieren, aber auch nicht mehr. Doch ein funktionierender ökonomischer Wettbewerb ist noch keine Garantie für publizistische Vielfalt und
Qualität.

Medien sind eben nicht einfach Güter wie Tische, Lampen oder Matratzen,
wie dies in der neoklassischen Ökonomie angenommen wird. «[The media are]
‹not just any other business›, and tend to be burdened with a considerable
weight of public responsibility, whether they like it or not (sometimes they do)»
(McQuail 2005: 233). Medien sind anders, da sie nicht nur Wirtschaftsgüter
sind, sondern auch Kulturgüter (vgl. Ó Siochrú/Girard 2002: 3). Massenmedien
und die in ihnen stattfindende öffentliche Kommunikation haben eine große
soziale, kulturelle und politische Bedeutung für die Gesellschaft.

Die *soziale und kulturelle Bedeutung* der Massenmedien darf nicht unter-
schätzt werden. Die meisten Erfahrungen, die wir in unserem Leben machen,
sind medienvermittelt. Nur einen Bruchteil der Ereignisse, die tagtäglich stattfinden, erleben wir selbst. Deshalb wird auch häufig von der sogenannten
Mediengesellschaft gesprochen. «Our sense of belonging, of being part of a
wider community, a society, a culture, a nation, a single human race is more and
more ‹mediated trough media›» (Ó Siochrú/Girard 2002: 3). Massenmedien
beeinflussen das soziale und kulturelle Leben, sie kreieren durch die Verbreitung
von Werten, Normen und Wissen eine gemeinsame Identität und tragen damit
zum Zusammenhalt und zur Integration der Gesellschaft bei (vgl. McQuail
2005: 4; Freedman 2008: 6; Dahlgren 2000: 32; Stein/Sinha 2002: 410).

> «As a major collective source of information and images, the media perform
> many functions and serve numerous personal needs. [...] The media provide
> amusement, entertainment and distraction. And they provide information [...]
> about the past and present that helps to create a common culture and system of
> values, traditions and ways of looking at the world» (Herman/McChesney 1997:
> 2f.).

Besonders betont wird die *politische Bedeutung* der Massenmedien. «The central-
ity of the media to democracy, as the primary information source, cannot be
overemphasised» (Feintuck/Varney 2006: 5). Medien stellen Öffentlichkeit her
und verbreiten die wesentlichen Ereignisse, Themen und Meinungen. Sie bieten
so ein Forum für politische Debatten und Informationen und sorgen dafür, dass
politische Ideen und Inhalte allgemein bekannt werden. Dies ist für das
Funktionieren moderner Demokratien überlebenswichtig, denn die Bürgerinnen

und Bürger erhalten durch die Medien jene Informationen, welche sie für die politische Meinungs- und Willensbildung benötigen (vgl. Freedman 2008: 7; Strohmeier 2004: 72; Meyn 2004: 24). Neben der Informationsfunktion wird Medien auch eine Kontrollfunktion zugeschrieben: Sie sollen die Machthaber kontrollieren und gegebenenfalls kritisieren.

Medienregulierung kann nun auch mit dieser sozialen, kulturellen und politischen Bedeutung der Medien begründet werden. In dieser Perspektive hat der Staat mit Medienregulierung dafür zu sorgen, dass Massenmedien dieses öffentliche Interesse auch tatsächlich berücksichtigen und ihrer gesellschaftlichen Verantwortung nachkommen (vgl. McQuail 1992: 4; 2005: 4; Ó Siochrú/Girard 2002: 4). Ein funktionierender ökonomischer Wettbewerb wird hierfür als unzureichend beurteilt. Doch warum ist das so?

Funktionierender ökonomischer Wettbewerb verbessert zwar die allokative und produktive Effizienz. «Das bedeutet nicht per se, dass ökonomischer Wettbewerb die Qualität von Produkten erhöht oder ihre Kosten senkt, sondern dass das Verhältnis von Qualität zu Kosten verbessert wird» (Heinrich 2001: 108). Da die Rezipienten Qualität von Medien nur unzureichend beurteilen können, ist der ökonomische Wettbewerb kein Wettbewerb um bessere Qualität (Qualitätswettbewerb), sondern ein Wettbewerb um eine billigere Produktion (Kostenwettbewerb). Dies führt beispielsweise im Fernsehen zu mehr Wiederholungen und Mehrfachverwertungen sowie zu einer Zunahme billiger Produktionselemente und billiger Qualitätsmerkmale wie z. B. Aktualität statt gründlicher Recherche.

Wünscht die Gesellschaft eine höhere Qualität und Vielfalt, als sie der Markt alleine bereitstellen würde, braucht es anstelle des ökonomischen einen *publizistischen Wettbewerb*. Soll dieser gefördert werden, so kann sich Medienregulierung nicht mit der Korrektur von Marktversagen begnügen: «It is clear that media output is not just another commodity but rather part of the lifeblood of democracy and therefore requires regulation going beyond the economic» (vgl. Feintuck/Varney 2006: 249). Qualitativ hochwertige und vielfältige Medieninhalte sind kostenintensiver in der Produktion und entsprechen auch nicht immer dem, was die Rezipienten individuell konsumieren würden. «Publizistischer Wettbewerb leistet sich den Luxus, Produktionskosten und/oder Rezipientenpräferenzen ganz oder teilweise zu missachten» (Heinrich 2001: 110). Öffentliches Interesse (public interest) ist eben mehr als «what the public is interested in» (Brants/De Bens 2000: 16). Medienregulierung kann die Produktion solcher Inhalte fördern und damit einen Beitrag dazu leisten, dass Medien ihre soziale, kulturelle und politische Rolle wahrnehmen – beispielsweise durch die Gründung eines öffentlichen Rundfunks, durch Vorgaben für private Medienorganisationen oder durch Subventionen.

Gerade mit Regulierung, mit staatlichen Eingriffen in die Medien, soll also dafür gesorgt werden, dass die Medien ihrer sozialen, kulturellen und politischen Bedeutung gerecht werden. Ist dies nicht ein Widerspruch und eine Einschränkung der Unabhängigkeit der Medien, der Medienfreiheit?

In der Tat ist die Pressefreiheit ein Grundpfeiler demokratischer Staaten. Der Verzicht auf eine staatliche Einmischung in die Medieninhalte war eine wichtige Errungenschaft bei der Gründung unserer heutigen Nationalstaaten. Und natürlich sind vom Staat unabhängige Medien weiterhin von elementarer Bedeutung – deshalb setzt Medienpolitik ja zumeist bei den Medienstrukturen an und nicht direkt bei den Medieninhalten. Doch in reifen Demokratien ist der Staat, so kann argumentiert werden, nicht mehr die Hauptgefahr für die Medienfreiheit.

> «Indeed, in an overwhelmingly commercial system, it may be the case that, at times, the main source of pressure on media content is not necessarily government but concentrated private media ownership that seeks rating success and advertiser support at the expense of the pursuit of critical or minority perspectives» (Freedman 2008: 125).

In rein kommerziellen Systemen, die auf eine über die Korrektur von Marktversagen hinausgehende Medienregulierung verzichten, droht die Medienfreiheit zur Marktfreiheit zu verkommen:

> «[…] historically, the proponents of ‹liberty of the press› directed their criticisms mainly against the *state* regulation of market-based communications media. Today, by contrast, friends of the ‹liberty of the press› must recognize that *communications markets restrict freedom of communication* […]. Media entrepreneurs certainly provide choices, but they are always within the framework of *commercially viable* alternatives. […] Individuals are treated as market-led consumers, not as active citizens with rights and obligations» (Keane 1991: 89ff./Hervorheb. i.O.).

Es besteht die Gefahr, dass Medien ohne entsprechende Regulierung nur noch kommerziellen Zielen dienen (vgl. Herman/McChesney 1997: 9). Von einer kritischen, vielfältigen und qualitativ hochstehenden Berichterstattung sind solche Medien weit entfernt. Sie sind zwar frei von staatlichen, nicht aber von ökonomischen Einflüssen.

Die soziale, kulturelle und politische Bedeutung der Massenmedien stellt eine wichtige Begründung für Medienregulierung dar. Sollen die Medien dieser Bedeutung gerecht werden, so kann sich Medienregulierung nicht mit der Korrektur von Marktversagen begnügen.

Übungen

1. Fassen Sie kurz zusammen, wie Medienregulierung gesellschaftlich-politisch begründet werden kann.
2. Warum sind Medien auf eine alternative Finanzierungsquelle neben den Rezipienten angewiesen?
3. Zeichnen und erläutern Sie den Dreieckstausch der Werbefinanzierung.

Literatur

Heinrich, Jürgen (2001): Medienökonomie. Band 1: Mediensystem, Zeitung, Zeitschrift, Anzeigenblatt. 2. Auflage. Wiesbaden [Kapitel 2, 3].

Ausführliche und einfach verständliche Einführung in die Medienökonomie mit einer detaillierten Darstellung des Versagens von Medienmärkten.

Feintuck, Mike/Varney, Mike (2006): Media Regulation, Public Interest and the Law. 2. Auflage. Edinburgh [Kapitel 1, 2, 3, 7].

Erläuterung der sozialen und politischen Bedeutung von Massenmedien als Begründung für Regulierung.

Doyle, Gillian (2002): Understanding Media Economics. London/Thousand Oaks/New Delhi [Kapitel 1, 2, 4, 9].

Problemorientierte Einführung in die Medienökonomie, welche alle für Medien relevanten Märkte (inkl. Film und Werbung) behandelt.

4 Vergleichende Perspektive in der Medienpolitik

Inhalt und Lernziele

Durch Vergleiche kann von Erfahrungen in anderen Ländern gelernt werden, um so die Forschung voranzutreiben oder um Ratschläge für die Medienpolitik im eigenen Land zu entwickeln. Wie funktioniert der Prozess der Herstellung und Durchsetzung von Medienpolitik in anderen Ländern? Welche Unterschiede und Gemeinsamkeiten in der Medienregulierung zeigen sich? Das folgende Kapitel befasst sich mit methodischen Grundlagen und Vergleichen im Bereich der Medienpolitik und Medienregulierung. Dabei wird auch geklärt, ob sich Äpfel und Birnen vergleichen lassen.

Nach diesem Kapitel können Sie
- methodische Vorgehensweisen bei Vergleichen erläutern.
- mögliche Fälle, Gegenstände und Vergleichsdimensionen vergleichender Forschung im Bereich der Medienpolitik nennen.
- wichtige Typologien von Mediensystemen beschreiben.

4.1 Grundlagen vergleichender Forschung

Vergleichende Forschung bietet viele Vorzüge. Vergleiche lenken unsere Aufmerksamkeit auf Aspekte von Mediensystemen – auch des Eigenen – die man für gegeben betrachtet und nicht weiter hinterfragt. Vergleiche erweitern den Horizont durch die Berücksichtigung von Erfahrungen anderer Systeme und erlauben so ein besseres Verständnis der eigenen Gesellschaft, «indem die bekannten Strukturen und Routinen mit denen anderer Systeme kontrastiert werden können» (Esser 2003: 437). Gleichzeitig sind wir heute mehr als je zuvor mit anderen Kulturen und deren Medienprodukten konfrontiert. Vergleiche können beim Verstehen einer politisch und kulturell fragmentierten Welt helfen (vgl. Kleinsteuber 2003a: 78). Zudem bietet vergleichende Forschung eine Möglichkeit zur Weiterentwicklung von Theorien.

Darüber hinaus ist eine vergleichende Perspektive für die Erforschung von Medienpolitik und Medienregulierung besonders relevant. Soziale, ökonomische und technische Veränderungen stellen die Medienpolitik vor große Herausforderungen. Die Entscheidung, wie Medienregulierung verändert werden soll, bedarf einer sorgfältigen Abwägung von Vor- und Nachteilen. Die sozialwissenschaftliche Methode des Vergleichs erlaubt, von den Erfahrungen in anderen Mediensystemen zu lernen. Wissen darüber, wie anderswo auf Prozesse der Globalisierung, Kommerzialisierung oder Konvergenz reagiert wird, hilft bei der Erarbeitung von medienpolitischen Ideen und Lösungsvorschlägen und stellt eine wertvolle Entscheidungsgrundlage für Regulierungsreformen dar (vgl. Verhulst/Price 2008: 406, 414). Das politisch-administrative System holt deshalb immer wieder bei der Publizistik- und Kommunikationswissenschaft Gutachten ein.

4.1.1   Was ist ein Vergleich?

Häufig wird behauptet, Äpfel und Birnen seien nicht vergleichbar. Aber stimmt das wirklich? Die Wortwahl ist bei Vergleichen äußerst wichtig, denn Vergleichbarkeit und Gleichheit sind nicht dasselbe (vgl. Patzelt 2003: 229f.). Zu behaupten, zwei Gegenstände seien vergleichbar, bedeutet noch nicht, dass diese gleich sind. Um dies herauszufinden, muss erst ein Vergleich durchgeführt werden. Und ist das Resultat des Vergleichs, dass zwei Gegenstände ungleich sind (sich unterscheiden), bedeutet das nicht, dass die beiden nicht vergleichbar sind (also nicht miteinander verglichen werden können). Vergleichbarkeit sagt noch nichts über das Resultat des Vergleichs aus (ob etwas gleich oder unterschiedlich ist).

Was ist denn nun aber ein Vergleich? *Vergleichen bedeutet, mindestens zwei Gegenstände miteinander ins Verhältnis zu setzen und auf Unterschiede und/oder Gemeinsamkeiten hin zu untersuchen* (vgl. Kleinsteuber 2003b: 382). In der herkömmlichen komparativen Forschung gilt die Überschreitung nationaler Grenzen als Definitionskriterium (vgl. Kleinsteuber 1993: 317). Einen bedeutenden Teil der vergleichenden Forschung machen denn auch Untersuchungen der Medienpolitik und Medienregulierung verschiedener Länder aus. Doch vergleichende Forschung ist weitaus breiter (vgl. Puppis/d'Haenens 2011):

- Erstens können *nicht nur Nationalstaaten*, sondern auch *subnationale Einheiten und Weltregionen* verglichen werden (vgl. Caramani 2008: 6). Nationalstaaten sind also nicht die einzigen möglichen Fälle, denn nationale Grenzen stimmen nicht immer mit Mediensystemen und medienpolitischen Zuständigkeiten überein. In einigen Ländern sind subnationale Einheiten wie Bundesländer oder autonome Regionen für die Medienregulierung zuständig. Zudem besitzen auch die Europäische Union oder der Europarat bestimmte Kompetenzen im Medienbereich.

- Zweitens können *nicht nur ganze Mediensysteme* und deren Medien-regulierung auf der Makroebene, sondern auch *Bestandteile von Mediensystemen* verglichen werden (vgl. Thomaß 2007: 30). Interessieren uns Gegenstände auf tieferen Analyseebenen, sind Fälle und Vergleichsgegenstände nicht identisch. Für die Medienpolitik ist zwar die Mikroebene kaum von Belang, die Mesoebene mit ihren Organisationen und Akteuren aber ist relevant. So lassen sich Medienorganisationen (Verlage, öffentliche und private Rundfunkanbieter) und deren interne Governance-Mechanismen genauso vergleichen wie Ministerien, Regulierungsbehörden oder Selbstregulierungsorganisationen.

- Drittens können *nicht nur geografische Räume* (Querschnitt oder synchroner Vergleich), sondern auch verschiedene *Zeitpunkte* (Längsschnitt oder diachroner Vergleich) verglichen werden. Vergleichende Forschung impliziert folglich die Durchdringung von Raum und/oder Zeit (vgl. Blumler/McLeod/ Rosengren 1992: 7f.).

Vergleichen bedeutet, dass mindestens zwei Gegenstände miteinander ins Verhältnis gesetzt und auf Unterschiede und/oder Gemeinsamkeiten hin untersucht werden. Möglich sind nicht nur synchrone Vergleiche von Nationalstaaten und von Gegenständen auf der Makroebene, sondern auch diachrone Vergleiche anderer Fälle und von Gegenständen auf der Meso-und Mikroebene.

4.1.2   Einfacher Vergleich und Kausalvergleich

Was und wie verglichen wird, hängt vom Erkenntnisziel ab. Dabei können einfache Vergleiche und Kausalvergleiche unterschieden werden.

Bei ‹einfachen› oder deskriptiven Vergleichen besteht das Ziel darin, *Gemeinsamkeiten und Unterschiede der untersuchten Fälle anhand bestimmter Dimensionen systematisch zu analysieren* und dadurch *mehr über das untersuchte Phänomen zu erfahren* (vgl. Wagner 1999: 148). Daraus resultieren Systematisierungen in Form von Klassifikationen und Typologien. Mit einer *Klassifikation* lassen sich Objekte nach einem einzigen Kriterium ordnen und in eine bestimmte Reihenfolge bringen. Um bei Äpfeln und Birnen zu bleiben, bedeutet das beispielsweise die Sortierung nach der Form der Frucht. Aufgrund dieses Kriteriums werden Klassen gebildet (z. B. rund, oval etc.), denen die Fälle zugeordnet werden. Bereits anspruchsvoller und aussagekräftiger sind *Typologien*, wo zwei oder mehr Kriterien zueinander in Beziehung gesetzt werden. Dazu werden die Kriterien, die über verschiedene Ausprägungen verfügen, miteinander gekreuzt. In der einfachsten Form ergeben sich so Vierfeldtabellen (2x2 Matrix). Äpfel und Birnen könnten so Typen zugeordnet werden, die aus der Kombination mehrerer Merkmale (z. B. Form und Geschmack der Früchte) gebildet werden (vgl. Abromeit/Stoiber 2006: 27f.; Lauth/Winkler 2006: 39). Solche einfachen Vergleiche liefern wichtige Bausteine zur theoretischen Erfassung des interessierenden Phänomens (vgl. Abromeit/Stoiber 2006: 17f.).

Ein Beispiel: Nehmen wir an, dass wir relativ wenig über die konkreten Begründungen für die Existenz öffentlichen Rundfunks in Europa wissen. Eine Untersuchung der einzelnen Rundfunkorganisationen in den verschiedenen Mediensystemen offenbart, dass Public Service in nordeuropäischen Ländern ganz anders begründet wird als in südeuropäischen Ländern, womit zwei Gruppen gebildet werden können. Damit haben wir mehr über das uns interessierende Phänomen erfahren und können auch viele Aspekte von Public Service in den verschiedenen Mediensystemen erklären.

Was wir mit einem einfachen Vergleich hingegen nicht erklären können, sind die Gründe für Unterschiede oder Gemeinsamkeiten zwischen den untersuchten Fällen. *Kausalvergleiche* haben deshalb das Ziel, *Gemeinsamkeiten und Unterschiede der untersuchten Fälle durch die Überprüfung von Hypothesen zu erklären* und damit die *Ursache für ein Phänomen zu finden*. Bei dieser Form des Vergleichs wird auch von einem ‹Quasi-Experiment› gesprochen, da versucht wird, die Fälle so zu wählen, dass die Beziehung zwischen unabhängiger und abhängiger Variable kontrolliert untersucht werden kann. Eine Variable nach der anderen wird dann als Ursache (unabhängige Variable) eines Phänomens (abhängige Variable) ausgeschlossen. Kausalvergleiche erlauben es nicht nur, die untersuchten Fälle in Typologien und Klassifikationen einzuteilen, sondern ermöglichen auch die Entwicklung von Modellen und Theorien über die untersuchten Zusammenhänge (vgl. Esser 2003: 455; Kleinsteuber 2003b: 388). In der Forschung zu Medienpolitik und Medienregulierung gibt es bislang indes nur einfache Vergleiche.

Klassische Methoden für Kausalvergleiche sind in Anlehnung an John Stuart Mill Konkordanz und Differenz (vgl. Abromeit/Stoiber 2006: 31f.; Kleinsteuber 1993: 320; Lauth/Winkler 2006: 53-56). Die beiden Begriffe beziehen sich auf die abhängige Variable (siehe Abb. 17):

- *Konkordanz:* Unterschiedliche Vergleichsgegenstände werden auf Gemeinsamkeiten hin untersucht. Trotz der Unterschiede der Fälle ist die abhängige Variable bei allen untersuchten Fällen konkordant, d. h., sie hat die gleiche Ausprägung (z. B. x_1). Ziel ist es, die Ursache hierfür zu finden, d. h. jene unabhängige Variable, die auch bei allen Fällen die gleiche Ausprägung hat (hier die unabhängige Variable 3).

- *Differenz:* Ähnliche Vergleichsgegenstände werden auf Unterschiede hin untersucht. Trotz der Gemeinsamkeiten der Fälle ist die abhängige Variable bei den untersuchten Fällen different, d. h., sie hat nicht die gleiche Ausprägung (z. B. x_2 oder x_3 statt x_1). Ziel ist es, die Ursache hierfür zu finden, d. h. jene unabhängige Variable, die ebenfalls unterschiedliche Ausprägungen hat (hier die unabhängige Variable 1).

Abb. 17: Konkordanz- und Differenzmethode in der vergleichenden Forschung

	Konkordanzmethode			Differenzmethode		
	Land 1	Land 2	Land 3	Land 1	Land 2	Land 3
unabhängige Variable 1	a_1	a_2	a_3	a_1	a_2	a_3
unabhängige Variable 2	b_1	b_2	b_3	b_1	b_1	b_1
unabhängige Variable 3	c_1	c_1	c_1	c_1	c_1	c_1
abhängige Variable	x_1	x_1	x_1	x_1	x_2	x_3

In der vergleichenden Politikwissenschaft wurden mit den sogenannten *makroqualitativen Methoden* inzwischen modernere Verfahren zur Überprüfung von Kausalitäten entwickelt, die in der Publizistik- und Kommunikationswissenschaft noch kaum benutzt werden. So sind etwa, aufbauend auf Mill, das ‹Most Similar› und das ‹Most Different System Design› zu nennen (vgl. Przeworski/Teune 1970). Zentral ist aber in erster Linie die von Ragin (1989) entwickelte ‹Qualitative Comparative Analysis› (QCA), welche mithilfe booleanischer Algebra Zusammenhänge testet (vgl. Berg-Schlosser 2003; Lauth/Winkler 2006: 64f.). Da die Fallzahlen bei Vergleichen von Medienpolitik und Medienregulierung für die Anwendung statistischer Methoden zu klein sind, bieten diese makro-qualitativen Verfahren eine ideale Ergänzung zu den existierenden qualitativen Studien.

> Vergleiche können entweder die Beschreibung und Analyse von Phänomenen (einfacher Vergleich) oder die Suche nach Ursachen von Phänomenen (Kausalvergleich) zum Ziel haben.

4.1.3   Schritte vergleichender Forschung

Vergleiche können in vier Schritte unterteilt werden: Fallauswahl, Auswahl der Vergleichsdimensionen, Datenerhebung und -auswertung sowie der eigentliche Vergleich (vgl. Puppis/d'Haenens 2011).

Der erste Schritt ist die *Fallauswahl*, welche aufgrund theoretischer Überlegungen erfolgen sollte. Die Qualität des Vergleichs hängt maßgeblich davon ab, ob die Fallauswahl systematisch und theoriegeleitet erfolgt und auch begründet wird (vgl. Abromeit/Stoiber 2006: 30). Bei der Fallauswahl sind existierende Typologien von Mediensystemen hilfreich, da sie über Unterschiede und Gemeinsamkeiten in bestimmten Dimensionen Auskunft geben (siehe Kapitel 4.3). Interessiert beispielsweise die Funktionsweise des öffentlichen Rundfunks, so ist es sinnlos, Länder mit einem öffentlichen Rundfunk (Äpfel) mit Ländern ohne öffentlichen Rundfunk (Birnen) zu vergleichen. Besteht das Ziel dagegen darin, Institutionalisierungsweisen des Rundfunks zu analysieren, dann lohnt sich dieser Vergleich von Äpfeln und Birnen durchaus. Häufig ist es sogar interessanter, unterschiedliche Gegenstände – also Äpfel und Birnen – miteinander zu vergleichen. Damit dies gelingt, muss aber der Abstraktionsgrad erhöht werden (vgl. Abromeit/Stoiber 2006: 19; Rosengren/McLeod/Blumler 1992: 280f.): Sowohl Äpfel und Birnen sind Früchte. Um sie vergleichen zu können, braucht man also eine gute Theorie über Obst.

Ebenfalls aus der Theorie lassen sich dann in einem zweiten Schritt die *Vergleichsdimensionen* ableiten, anhand derer die Vergleichsgegenstände miteinander verglichen werden. Vergleichsdimensionen hängen natürlich stark von der konkreten   Fragestellung   aber.   Die   Unterscheidung   in   verschiedene Dimensionen von Politik (siehe Kapitel 1.3) bietet aber wichtige Anhaltspunkte (vgl. Kleinsteuber 2003b: 390):

- In der *Polity-Dimension* können Strukturen von politischen Systemen und Mediensystemen sowie Vorstellungen über die Institutionalisierung von Medien verglichen werden.
- In der *Politics-Dimension* können medienpolitische Prozesse der Herstellung und Durchsetzung allgemein verbindlicher Entscheidungen sowie die an diesem Prozess beteiligten Akteure verglichen werden.
- In der *Policy-Dimension* können die konkreten medienpolitisch relevanten Regeln und Entscheidungen verglichen werden.

Und für Untersuchungen von Medienregulierung (z. B. Umsetzung von Regeln; Strukturen und Prozesse von Regulierungsorganisationen; Regulierungsmaßnahmen und -instrumente) können die Vergleichsdimensionen an verschiedenen Modellen und Bereichen der Regulierung anknüpfen (siehe Kapitel 8-12).

Der dritte Schritt ist empirischer Art und besteht aus der *Datenerhebung und -auswertung* für alle Vergleichsdimensionen. Dazu kann auf verschiedene Methoden zurückgegriffen werden. Zuerst muss beantwortet werden, ob es sich um eine quantitative oder um eine qualitative Studie handelt. Ziel qualitativer Studien ist eine detaillierte Untersuchung weniger Fälle, während quantitative Verfahren statistische Repräsentativität anstreben (vgl. Esser 2003: 462). Die folgenden Methoden der Datenerhebung können bei Vergleichen angewendet werden (vgl. Kleinsteuber 2003a: 83ff.; 2003b: 388f.):

- *Qualitative Dokumentenanalyse:* Bei einer qualitativen Dokumentenanalyse werden Originaltexte wie Regierungsdokumente, Berichte parlamentarischer Kommissionen, Gesetze, Geschäftsberichte, Selbstdarstellungen von Organisationen u. Ä. untersucht. Eine wichtige Quelle können auch wissenschaftliche Studien aus den jeweiligen Ländern sein. Dokumentenanalysen setzen in vielen Fällen Kenntnisse der jeweiligen Landessprache voraus.
- *Qualitative Interviews mit Expertinnen und Experten:* Das Ziel von Interviews mit den Verantwortlichen in Politik und Medien (z. B. mit Vertretern von Ministerien, Behörden oder Manager von Medienunternehmen) ist die Konstruktion von Deutungswissen. Interviews liefern Interpretationen und Informationen, welche in Dokumenten nicht festgehalten sind.
- *Inhaltsanalysen:* Der Vergleich von Medieninhalten erlaubt es, Ähnlichkeiten und Unterschiede in der Berichterstattung in verschiedenen Ländern aufzuzeigen. Allerdings dürfen dabei die strukturellen Rahmenbedingungen, unter denen Medieninhalte entstehen, nicht vergessen werden.
- *Auswertung statistischer Daten:* Auf nationaler Ebene liegen meist umfangreiche Statistiken vor. Vorsicht ist aber angebracht, da die Daten unter Umständen nach unterschiedlichen Kriterien erhoben wurden.
- *Auswertung von Reichweiten-/Zuschauererhebungen und Meinungsumfragen:* Auch hier gilt, dass unterschiedliche Messverfahren in verschiedenen Ländern die Vergleichsmöglichkeiten des an sich reichhaltigen Datenmaterials einschränken können.

In der vergleichenden Forschung zu Medienpolitik und Medienregulierung finden vor allem die qualitative Dokumentenanalyse und qualitative Interviews mit Expertinnen und Experten Anwendung.

Der letzte Schritt besteht dann im *eigentlichen Vergleich* der Gemeinsamkeiten und Unterschiede der untersuchten Vergleichsgegenstände in den verschiedenen Vergleichsdimensionen. Bei Kausalvergleichen sind zusätzlich die Hypothesen zu testen.

Allerdings stoßen Vergleiche auch an Grenzen (vgl. Kleinsteuber 1993: 321f.). So dürfen politische Vorstellungen und Traditionen oder Regulierungsmaßnahmen nicht ohne Reflexion aus ihrem politischen, wirtschaftlichen oder kulturellen Kontext gerissen werden. Konkrete politische Eingriffe und Regulierungsmaßnahmen können in verschiedenen Mediensystemen ganz unterschiedliche Folgen haben. Ein weiteres Problem besteht darin, dass in vergleichenden Studien immer wieder Fehler, Fehlinterpretationen oder Missverständnisse geschehen. Dies liegt daran, dass Forscherinnen und Forscher in der Regel nicht alle untersuchten Länder so gut wie ihr eigenes kennen. Hier können internationale Forschungskooperationen Abhilfe schaffen.

> Ein Vergleich besteht aus Fallauswahl, Auswahl der Vergleichsdimensionen, Datenerhebung und -auswertung sowie dem eigentlichen Vergleich.

4.2 Forschungsüberblick

Soviel zu den methodischen Grundlagen vergleichender Forschung. Doch was wird im Forschungsfeld Medienpolitik nun wirklich geforscht?

Eine wichtige Rolle spielen *Handbücher*, welche aber nicht wirklich vergleichende Studien sind. Vielmehr haben sie die «form of nation-by-chapter reporting which leaves the making of comparisons up to the reader» (Livingstone 2003: 481). In Länderkapiteln werden ähnliche Fragen behandelt, doch ein Kapitel, welches sich dem Vergleich dieser Länder dann widmet, findet sich nicht. Dennoch bieten Handbücher einen wichtigen Überblick über Mediensysteme sowie ihre Medienpolitik und -regulierung. Für Europa sind insbesondere das ‹Internationale Handbuch Medien› (Hans-Bredow-Institut 2009), ‹The Media in Europe› (Kelly/Mazzoleni/McQuail 2004) sowie ‹European Media Governance› (Terzis 2007) zu nennen.

Vergleichende Studien, die Vergleiche im eigentlichen Sinne enthalten, befassen sich in großer Zahl mit der Medien- und Rundfunkregulierung in verschiedenen Ländern (West-)Europas. Ausgelöst durch die Suche nach Alternativen zu staatlicher Regulierung sind in den letzten Jahren auch zahlreiche Vergleiche von Selbst- und Co-Regulierungsformen durchgeführt worden. Und schließlich stellen Regulierung und Funktionsweise des Public Service wichtige Themen vergleichender Studien dar (vgl. Puppis/d'Haenens 2011).

Es zeigt sich, dass sich die bestehende Forschung thematisch vor allem für eine Analyse von Regulierungsinstrumente und -maßnahmen interessiert, um so Erfolg versprechende medienpolitische Ideen und Lösungen zu finden. Die Auseinandersetzungen von Akteuren im medienpolitischen Prozess dagegen (Politics) werden kaum vergleichend untersucht. Zudem wird eine starke

Fokussierung auf westliche Länder deutlich. In methodischer Hinsicht handelt es sich bei allen Studien um einfache Vergleiche. Zudem muss kritisch angemerkt werden, dass die Fallauswahl häufig nicht theoriegeleitet, sondern eher zufällig vorgenommen wird.

> Handbücher stellen zwar keine richtigen Vergleiche dar, bieten aber einen wichtigen Überblick über die Medienpolitik und -regulierung verschiedener Mediensysteme. Vergleichende Studien in diesem Forschungsfeld analysieren in erster Linie Regulierungsinstrumente und -maßnahmen in westlichen Mediensystemen.

4.3 Typologien von Mediensystemen

Im Folgenden werden einige für die vergleichende Analyse von Medienpolitik und Medienregulierung relevante Typologien vorgestellt. Diese ordnen Mediensysteme nach bestimmten Kriterien, zeigen so bestimmte Gemeinsamkeiten und Unterschiede auf und sind eine wichtige Hilfestellung bei der Fallauswahl.

4.3.1 Four Theories of the Press

Mit den ‹Four Theories of the Press› haben Siebert/Peterson/Schramm (1956: 1-5) bereits in den 1950er Jahren eine Typologie von Mediensystemen entwickelt. Die Autoren gehen davon aus, dass die Ausgestaltung des Mediensystems vom jeweiligen politischen System abhängig ist. Sie unterscheiden ein liberales, ein sozialverantwortliches, ein autoritäres und ein sowjetkommunistisches Modell. Basierend darauf hat Saxer (2002: 4-13) eine Typologie mit leicht veränderten Begriffen vorgeschlagen:

- *Liberales Modell:* Oberstes Gebot ist die Pressefreiheit. Allerdings wird an diesem Modell kritisiert, dass damit lediglich ein unregulierter Markt gemeint sei (vgl. Humphreys 1996: 10), was einer «Preisgabe der Massenmedien an Mechanismen des Marktes» (Saxer 2002: 7) gleichkomme. Medien sind folglich zum wirtschaftlichen Erfolg gezwungen.
- *Demokratisch kontrolliertes Modell:* Die Defizite des liberalen Modells – u. a. die Kommerzialisierung der Presse und die Medienkonzentration in den Händen weniger mächtiger Unternehmen – werden kritisiert und von den Medien werden verantwortungsvolle und unabhängige Leistungen gefordert.

- *Autoritäres Modell:* Die Massenmedien sind ein Instrument in den Händen der eine autoritäre Kontrolle ausübenden herrschenden Elite. Dies können politische oder auch religiöse Machtgruppen sein (z. B. sozialistische Staaten, Spanien unter dem Franco-Regime oder gewisse Entwicklungsländer). Der autoritäre Typ ist also inhaltlich/ideologisch nicht festgelegt; vielmehr handelt es sich um eine bestimmte Kontrollweise der Medien.
- *Totalitäres Modell:* Die herrschende politische Partei übt die absolute Kontrolle über die Massenmedien aus. Das Modell findet sich in modernen Diktaturen (z. B. in Nazi-Deutschland oder in der Sowjetunion) und ist dem autoritären Modell verwandt: «[...] the punishment of dissenting voices is no longer sufficient. All media belong to the state; all information [...] must serve the values and goals of a party-state [...]» (Neveu 2004: 331).

Die vier Modelle wurden lange Zeit benutzt, aber auch immer wieder heftig kritisiert. Vor allem zwei Kritikpunkte sind herauszuheben. Erstens erschienen die ‹Four Theories of the Press› während des Kalten Krieges (vgl. McQuail 2005: 177). Sie sind damit stark ideologisch aufgeladen und von den beiden gegensätzlichen Gesellschaftsmodellen der damaligen Supermächte USA und Sowjetunion geprägt. Zweitens handelt es sich nicht um eine empirische Analyse von Mediensystemen, sondern die Modelle basieren auf den Begründungen, mit denen sich die verschiedenen Systeme legitimieren (vgl. Hallin/Mancini 2004: 9f.). Für einen Vergleich westeuropäischer Mediensysteme eignet sich diese Typologie weniger. In (West-)Europa sind heute neben einer liberal institutionalisierten Presse gemischte Rundfunksysteme – bestehend aus demokratisch kontrollierten öffentlichen Rundfunkorganisationen und nur wenig regulierten privaten Sendern – die Regel. Für andere Weltregionen hingegen kann eine Anwendung durchaus sinnvoll und gewinnbringend sein.

4.3.2   Drei Modelle von Medien und Politik

Hallin/Mancini (2004) konzentrieren sich in ihrer empirischen Analyse auf die entwickelten kapitalistischen Demokratien in Westeuropa sowie Nordamerika und fokussieren auf die Beziehung zwischen Medien und Politik. Um eine Typologie der Länder zu bilden, betrachten sie Dimensionen des Mediensystems und des politischen Systems. Bezüglich des Mediensystems werden die Entwicklung der Medienmärkte, der politische Parallelismus (Übereinstimmung zwischen Mediensystem und politischen Strömungen), die journalistische Professionalisierung und Staatseingriffe in das Mediensystem berücksichtigt (vgl. Hallin/Mancini 2004: 21). Hinsichtlich des politischen Systems interessieren sich die Autoren für die Beziehung zwischen Staat und Gesellschaft, die Unterscheidung zwischen Konsensus- und Mehrheitsdemokratie, den Gegensatz von Korporatismus und Pluralismus, den Zeitpunkt der Herausbildung einer legalen Herrschaftsordnung und den Unterschied zwischen moderatem und polarisiertem Pluralismus (vgl. Hallin/Mancini 2004: 65). Daraus entwickeln Hallin und Mancini (2004: 11, 69, 73ff., 298f.) drei Typen von Ländern:

- Das *liberale oder nordatlantische Modell* umfasst die USA, Kanada, Großbritannien und Irland. Das Modell zeichnet sich vor allem durch die Dominanz kommerzieller Medien und ein Vertrauen in den Markt aus. Der Einfluss des Staats auf die Medien ist relativ begrenzt.
- Dem *demokratisch-korporatistischen oder nord- und mitteleuropäischen Modell* werden Deutschland, Österreich, die Schweiz, Belgien, die Niederlande, Dänemark, Norwegen, Schweden und Finnland zugeordnet. Wichtigste Merkmale des Modells sind die Koexistenz kommerzieller und politischen Gruppen nahestehender Medien sowie die aktive Rolle des Staates in der Medienpolitik. Trotz der vielen staatlichen Eingriffe in das Mediensystem wird viel Wert auf die Pressefreiheit gelegt.
- Das *polarisiert-pluralistische oder mediterrane Modell* bezieht Frankreich, Italien, Spanien, Portugal und Griechenland mit ein. Zentral sind in diesem Modell eine starke Einbindung der Medien in die Parteipolitik und eine starke Einflussnahme des Staates. Die Medien werden von den verschiedenen politischen Gruppierungen instrumentalisiert.

Die Autoren verweisen auf eine Annäherung der drei Modelle. In allen Ländern ist etwa eine Kommerzialisierung der Medien zu beobachten: Die Partei- und Gesinnungspresse hat zugunsten kommerziell ausgerichteter Zeitungen an Bedeutung verloren; Monopole öffentlicher Rundfunkanbieter wurden durch die Zulassung privater Sender beseitigt. «The liberal model has clearly become increasingly dominant across Europe as well as North America [...]» (Hallin/Mancini 2004: 251). Allerdings sei nicht davon auszugehen, dass dieser Trend weitergehe. Unterschiede zwischen verschiedenen politischen Systemen würden weiterhin eine Rolle spielen (vgl. Hallin/Mancini 2004: 282ff., 294f.).

4.3.3 Groß- und Kleinstaaten

Eine weitere Möglichkeit der Typologisierung besteht darin, Länder in Groß- und Kleinstaaten zu unterteilen. Die Bezeichnung Kleinstaat bezieht sich auf Länder mit kleiner Einwohnerzahl, da diese direkt die Größe des Medienmarktes beeinflusst. Üblicherweise werden Staaten mit mindestens 100.000 und maximal 18 Millionen Einwohnern als Kleinstaaten bezeichnet (vgl. Puppis 2009a: 8). Kleine Mediensysteme unterscheiden sich von Großstaaten aufgrund von vier strukturellen Besonderheiten (vgl. Puppis 2009a: 10f.; Meier/Trappel 1992: 130-135; Bonfadelli/Meier 1994: 70-84; Humphreys 1996: 188f.):

- *Ressourcenknappheit:* Kleine Medienmärkte unterliegen Beschränkungen auf der Produktionsseite. Kapital, Know-how, Kreativität und professionelles Personal sind rar. Dies erschwert auch den Aufbau einer professionellen und leistungsfähigen inländischen audiovisuellen Industrie.
- *Geringe Marktgröße:* Kleine Medienmärkte sind auch auf der Verkaufsseite eingeschränkt. Während die Produktionskosten etwa denen in großen Staaten entsprechen, sind Werbe- und Publikumsmärkte deutlich kleiner. Die Medienversorgung kleiner Märkte ist deshalb sehr teuer und der Ausdifferenzierung der Medienlandschaft sind enge Grenzen gesetzt. Für mehrsprachige Kleinstaaten, z. B. die Schweiz oder Belgien, gilt dies in besonderem Maße, da bedingt durch die verschiedenen Sprachregionen nicht einmal ein nationaler Medienmarkt besteht.
- *Abhängigkeit:* Kleinstaaten sind von den medienpolitischen Entscheidungen ihrer großen Nachbarstaaten direkt betroffen. Was (angrenzende) Großstaaten im Medienbereich entscheiden, hat unmittelbare Auswirkungen auf Kleinstaaten. Die Liberalisierung des Rundfunksektors in Europa ist ein Beispiel hierfür (siehe Kapitel 10.1.2). Die Deregulierung startete in den wirtschaftlich starken Großstaaten und wurde dann unfreiwillig von den Kleinstaaten importiert. Da die aus dem Ausland einstrahlenden Sender sich nicht an inländische Regulierung halten müssen, hätte ein Festhalten an strengerer inländischer Regulierung den einheimischen Medienunternehmen Standortnachteile beschert.
- *Verletzlichkeit:* Durch die Grenznähe großer Teile des Landes und Übertragungstechnologien wie Satellitensysteme und Kabelnetze existiert in Kleinstaaten ein starker Overspill, d. h., ausländische Sender können problemlos empfangen werden.

Diese strukturellen Besonderheiten kleiner Mediensysteme werden als Problem für die Aufrechterhaltung eines einheimischen Medienangebots, welches inländische Produktionen und eine Berichterstattung über inländische Ereignisse ermöglicht, betrachtet.

Diese Kleinstaatenproblematik betrifft Länder ohne exklusive Sprache, die große gleichsprachige Nachbarstaaten haben, besonders stark (vgl. Puppis 2009a: 11f.). Die Rezipienten verstehen aus dem Ausland einstrahlende Programme problemlos. In Österreich und der Deutschschweiz werden deutsche Fernsehsender genutzt, in der französischen Schweiz und im Tessin französische respektive italienische Sender. Weitere Beispiele hierfür sind der französischsprachige Teil Belgiens, Irland oder Luxemburg. Ausländische Sender beherrschen in diesen Kleinstaaten deshalb – auch aufgrund attraktiver Unterhaltungsprogramme – einen bedeutenden Teil des Zuschauermarktes. Großstaaten (Deutschland, Großbritannien, Frankreich, Italien, Spanien) und Kleinstaaten mit exklusiver Sprache (Finnland, Griechenland, Portugal) dagegen zeichnen sich durch eine hohe Geschlossenheit ihres Fernsehmarktes aus, d. h., inländische Sender dominieren den Markt. Auch sehr große Staaten können im Medienbereich kleinstaatliche Strukturmerkmale aufweisen, z. B. Kanada. Nicht die absolute Größe, sondern die Größe in Relation zum Nachbarstaat USA ist hierbei relevant. Von einem Großteil der Bevölkerung können US-Sender empfangen werden und erfreuen sich großer Beliebtheit.

Diese starke Stellung ausländischer Sender hat drei Folgen (vgl. Puppis 2009a: 12). Erstens sorgt die starke ausländische Medienpräsenz für eine *hohe Auslandorientierung* unter den Fernsehnutzern. Diese Orientierung am Ausland könnte – so die Befürchtung – gerade in mehrsprachigen Ländern langfristig auch das gegenseitige Verständnis und den Zusammenhalt der Sprachregionen beeinträchtigen. Zweitens stehen *inländische öffentliche und private Fernsehsender in direkter Konkurrenz* mit ausländischen Sendern, haben aber weniger finanzielle Mittel zur Verfügung, was die Konkurrenzfähigkeit einschränkt. Die Inhalte inländischer und ausländischer Sender werden von den Rezipienten jedoch direkt miteinander verglichen. Eine Identifikation mit dem ‹eigenen› Sender findet hauptsächlich über Informationsangebote und spezifisch österreichische oder ‹helvetisierte› Sendungen statt. Drittens beeinträchtigen die Strukturprobleme die *Erfolgschancen inländischer privater Fernsehkanäle*. Nicht nur auf dem Zuschauer-, sondern auch auf dem Werbemarkt (durch sogenannte Werbefenster, die sich exklusiv an die Zuschauer im Kleinstaat richten) existiert eine starke Konkurrenz durch ausländische Privatsender. Dies schmälert den Anteil inländischer Privatsender am ohnehin schon kleinen Werbemarkt weiter.

Es ist naheliegend zu vermuten, dass Kleinstaaten mit Regulierung versuchen, diesen Problemen entgegen- und auf die Aufrechterhaltung einer eigenständigen Medienlandschaft hinzuwirken. Doch Größe allein kann Medienregulierung nicht erklären, denn politische und historische Traditionen unterscheiden sich innerhalb der Gruppe der Kleinstaaten stark. Puppis et al. (2009: 106) haben deshalb vorgeschlagen, Mediensysteme nicht nur nach Größe, sondern auch nach den drei Modellen von Hallin und Mancini zu typisieren.

Typologien bieten eine Übersicht über Eigenschaften von Mediensystemen sowie deren Medienpolitik und -regulierung. Sie erlauben es, Fälle auszuwählen, welche ähnliche oder unterschiedliche Merkmale aufweisen.

Übungen

1. Wie unterscheiden sich einfache Vergleiche und Kausalvergleiche?
2. Stellen Sie sich vor, Sie würden einen Vergleich der Lizenzierung von Privat-TV in Irland, Österreich und der Schweiz durchführen. Was für ein Vergleich ist das? Und: Gehen Sie die vier Schritte von Vergleichen durch: Begründen Sie die Fallauswahl, nennen Sie Vergleichsdimensionen, erläutern Sie die Methoden der Datenerhebung und -auswertung sowie das Vorgehen beim eigentlichen Vergleich.

Literatur

Abromeit, Heidrun/Stoiber, Michael (2006): Demokratien im Vergleich. Einführung in die vergleichende Analyse politischer Systeme. Wiesbaden [Kapitel 1].

Anschauliche Einführung in die vergleichende Methode mit einem Schwerpunkt auf politischen Systemen.

Kleinsteuber, Hans J. (2003): Mediensysteme im internationalen Vergleich. In: Bentele, Günter/Brosius, Hans-Bernd/Jarren, Otfried (Hrsg.): Öffentliche Kommunikation. Handbuch Kommunikations- und Medienwissenschaft. Wiesbaden, S. 382-396.

Erläuterung der vergleichenden Methode und Darstellung von deren Bedeutung in der Publizistik- und Kommunikationswissenschaft.

Ragin, Charles C. (1989): The Comparative Method. Moving beyond Qualitative and Quantitative Strategies. Berkley.

Grundlegende Einführung in die ‹Qualitative Comparative Analysis› (QCA).

Hallin, Daniel C./Mancini, Paolo (2004): Comparing Media Systems. Three Models of Media and Politics. Cambridge/New York [Kapitel 2, 3, 4, 9].

Typologisierung westlicher Mediensysteme aufgrund empirischer Daten.

Puppis, Manuel/d'Haenens, Leen (Hrsg.) (2009): Media Diversity in Small States – Limited Options for Media Regulation? Sonderheft der International Communication Gazette, 71(1-2).

Sonderheft, das sich mit Medienregulierung in Kleinstaaten beschäftigt.

Teil II

Akteure der Medienregulierung

Die nächsten drei Kapitel befassen sich ausschließlich mit den Akteuren der Medienregulierung. Zwar ist eine Vielzahl weiterer Akteure am Prozess der Herstellung und Durchsetzung von Medienpolitik beteiligt, darunter Parteien, Verbände und die Medienunternehmen selbst. Doch Regulierungsakteure mit ihrer Zuständigkeit für die Umsetzung politischer Entscheidungen sind von besonderer Relevanz. Wie sind diese Regulierungsorganisationen aufgebaut? Und welche Aufgaben nehmen sie wahr? Medienorganisationen und die massenmediale öffentliche Kommunikation sind indes nicht nur von Regulierung auf nationaler Ebene betroffen. Vielmehr müssen wir auch Regulierungsakteure auf europäischer und globaler Ebene berücksichtigen, um so die Erweiterung staatlicher Medienregulierung hin zu einer European und Global Media Governance fassen zu können.

Nationale Akteure der Medienregulierung: Das fünfte Kapitel befasst sich einerseits mit staatlichen Regulierungsakteuren wie Ministerien, Regulierungsbehörden für Rundfunk und Telekommunikation sowie Wettbewerbsbehörden. Andererseits werden nationale Selbstregulierungsorganisationen behandelt.

Europäische Akteure der Medienregulierung: Auf europäischer Ebene beeinflussen mit dem Europarat und der Organisation für Sicherheit und Zusammenarbeit in Europa (OSZE) zwei internationale Organisationen die Medienregulierung. Von großer Bedeutung ist aber vor allem die Tätigkeit der Europäischen Union (EU). Zudem ist auch auf europäischer Ebene die Selbstregulierung der Medien zu bedenken. Das sechste Kapitel widmet sich diesen europäischen Akteuren.

Globale Akteure der Medienregulierung: Das siebte Kapitel stellt für die Medienregulierung relevante Organisationen auf globaler Ebene vor, namentlich die Internationale Fernmeldeunion (ITU), die Weltorganisation für geistiges Eigentum (WIPO), die Organisation der Vereinten Nationen für Bildung, Wissenschaft, Kultur und Kommunikation (UNESCO) sowie die Welthandelsorganisation (WTO). Medien und Telekommunikation sind von deren Entscheidungen direkt betroffen. Zudem wird ein Blick auf Selbstregulierungsorganisationen geworfen, insbesondere die Internet Corporation for Assigned Names and Numbers (ICANN), welche für die globale Regulierung des Internets zuständig sind.

5 Nationale Akteure der Medienregulierung

Inhalt und Lernziele

Verschiedenste Akteure sind auf nationaler Ebene am Prozess der Herstellung und Durchsetzung von Medienpolitik beteiligt. Im folgenden Kapitel interessieren jene Akteure, welche für die Umsetzung der Regeln und Entscheidungen zuständig sind: die Akteure nationaler Medienregulierung, namentlich Ministerien, Regulierungsbehörden sowie gewisse Selbst- und Co-Regulierungsorganisationen.

Nach diesem Kapitel können Sie
- die wichtigsten nationalen Akteure der Medienregulierung identifizieren.
- Funktionsweise, Kompetenzen und Zuständigkeiten von Regulierungsbehörden beschreiben.

5.1 Ministerien

Wichtige Akteure der Medienregulierung sind auf nationalstaatlicher Ebene die Ministerien. In vielen westeuropäischen Ländern fällt der *Rundfunksektor* in die Zuständigkeit von Ministerien, die gleichzeitig für den Kulturbereich verantwortlich sind. Dies trifft beispielsweise zu auf Großbritannien (Department for Culture, Media and Sport), auf Frankreich (Ministère de la Culture et de la Communication), auf die Niederlande oder auch auf die skandinavischen Länder Dänemark, Schweden und Norwegen. In einigen Ländern sind direkt die Staatskanzleien oder -ministerien für den Mediensektor zuständig. In Deutschland etwa beschäftigen sich auf Ebene der Bundesländer in der Regel die Staatskanzleien mit Medien, in Österreich ist es das Bundeskanzleramt. Teilweise findet sich auch eine Bündelung der Zuständigkeiten für Rundfunk und Verkehr in einem Ministerium, so etwa in der Schweiz mit dem Departement für Umwelt, Verkehr, Energie und Kommunikation (UVEK) oder in Finnland.

In einigen Fällen befassen sich die Ministerien auch mit dem *Pressesektor* (z. B. Deutschland, Österreich, Norwegen und Finnland). Die Verantwortung für Rundfunksektor und *Telekommunikationssektor* liegt derweil nicht immer beim selben Ministerium. Die gleichen Ministerien sind beispielsweise in der

Schweiz, Irland, Italien oder auch in Finnland zuständig. In den meisten Fällen beschäftigen sich diejenigen Ministerien mit der Telekommunikation, welche sich entweder mit Wirtschaft, Industrie und Handel (z. B. Deutschland) oder mit Verkehr (z. B. Österreich, Schweiz) befassen.

Ministerien unterstützen die Regierung bei der Ausarbeitung von Gesetzen und sind für die medienpolitische Strategieentwicklung verantwortlich. In vielen Fällen haben sie aber keine operative Funktion wie Lizenzvergabe oder Aufsicht der Rundfunkveranstalter. Hierzu existieren spezielle Regulierungsbehörden (vgl. Donges 2002b: 200).

5.2   Regulierungsbehörden

Im Rundfunk- und im Telekommunikationssektor existieren politikfeldspezifische Regulierungsbehörden. Regulierungsbehörden sind Organisationen, die strukturell vom für das entsprechende Politikfeld zuständigen Ministerium getrennt sind und damit nicht zur Verwaltung gehören. Diese Organisationen wurden als Folge der Liberalisierung des Rundfunk- und Telekommunikationssektors institutionalisiert, da der neu entstandene Wettbewerb der Regulierung bedurfte (siehe Kapitel 2.3).

In den meisten Ländern agieren *Rundfunkregulierungsbehörden* auf nationaler Ebene (für eine Liste siehe Abb. 61 im Anhang). Zwei Ausnahmen gibt es. In Belgien fällt der Rundfunk in die Zuständigkeit der drei Gemeinschaften. Und in Deutschland, wo der Rundfunk der Hoheit der Bundesländer unterliegt, sind Landesmedienanstalten für die Regulierung zuständig. Allerdings arbeiten diese im Rahmen der ‹Arbeitsgemeinschaft der Landesmedienanstalten› (ALM) zusammen. Die Kooperation erfolgt neben der Direktorenkonferenz (DLM) vor allem über die 2008 gegründete ‹Kommission für Zulassung und Aufsicht› (ZAK). Die ZAK setzt sich aus den Direktoren der 14 Landesmedienanstalten zusammen und ist in für die Lizenzierung und Kontrolle bundesweiter Sender zuständig (siehe Kapitel 10.1.3). Aber auch im Bereich des Jugendschutzes (siehe Kapitel 10.4) und der Medienkonzentration (siehe Kapitel 12.3) wird kooperiert. Für diese Zwecke wurden die ‹Kommission für Jugendmedienschutz› (KJM) und die ‹Kommission zur Ermittlung der Konzentration im Medienbereich› (KEK) gegründet (vgl. ALM 2009: 348-371).

Die *Ernennung der Behördenleitung* ist ausschlaggebend für die Unabhängigkeit der Behörde (siehe Abb. 18). In den meisten Fällen ist die Exekutive – also Staatsoberhaupt, Regierung oder zuständiges Ministerium – für die Ernennung verantwortlich. In einigen Ländern fällt die Wahl der Behördenleitung in die

Zuständigkeit der Legislative; teilweise sind sowohl Staatsoberhaupt als auch Parlament involviert. Nur in wenigen Fällen sind gesellschaftliche Gruppen an der Nomination von Mitgliedern der Behörde beteiligt (vgl. Robillard 1995: 268-271). Allerdings darf nicht vergessen werden, dass nicht nur die Unabhängigkeit von der Politik, sondern auch die Unabhängigkeit von den regulierten Unternehmen zentral ist (vgl. Robillard 1995: 268-271; OSI 2005: 47-53).

Zu den *Aufgaben* der Behörden gehören hauptsächlich die Vergabe von Lizenzen für Privatrundfunk (wobei dies in einigen Ländern der Regierung vorbehalten ist) und die Aufsicht über die Einhaltung von gesetzlichen Vorgaben (z. B. Werberegeln) und Lizenzbestimmungen durch private Radio- und Fernsehsender. In vielen europäischen Ländern ist die Rundfunkregulierungsbehörde zumindest teilweise auch für den öffentlichen Rundfunk zuständig (siehe Abb. 18):

- In Großbritannien ist das ‹Office of Communications› (Ofcom) teilweise für die Überwachung der BBC zuständig. So gelten allgemeine Programmstandards (ethische Regeln) für alle Rundfunksender und Beschwerden gegen BBC-Sender können an das Ofcom gerichtet werden.
- In Irland erlässt die ‹Broadcasting Authority of Ireland› (BAI) allgemeine Programmstandards für alle Sender. Bei Verstößen gegen diese Standards – auch auf Sendern der öffentlichen RTÉ – kann eine Beschwerde an die Behörde gerichtet werden.
- In Italien ist die ‹Autorità per le Garanzie nelle Comunicazioni› (AGCOM) zwar formal nicht für die RAI zuständig, vollzieht aber Beschlüsse des für die Aufsicht über den Public Service zuständigen parlamentarischen Ausschusses.
- Das Bundesamt für Kommunikation (BAKOM) in der Schweiz überprüft auch auf den öffentlichen Sendern der SRG die Einhaltung von Werberichtlinien. Zudem ist die Unabhängige Beschwerdeinstanz (UBI) für Zuschauerbeschwerden gegen jegliche Sender zuständig.

Ausnahmen stellen Frankreich und Österreich dar. In Frankreich ist der ‹Conseil Supérieur de l'Audiovisuel› (CSA) neben der Lizenzvergabe für private Sender auch für die Überwachung des gesamten Rundfunksektors (öffentlich und privat) zuständig ist (vgl. Donges 2002b: 204). Und in Österreich fällt seit der jüngsten Gesetzesänderung neben der Regulierung des Privatrundfunks auch die Rechtsaufsicht über den ORF in die Kompetenz der Regulierungsbehörde KommAustria. Der Bundeskommunikationssenat dient als zweite Instanz bei Beschwerden gegen Entscheidungen der KommAustria.

Abb. 18: Regulierungsbehörden: Ernennung, Zuständigkeiten und Aufgaben

Land	Ernennung Vorstand	Zuständigkeit	Lizenzvergabe
AT	Bundespräsident (auf einvernehmlichen Vorschlag von Regierung und Parlament)	Rundfunk, Presse	ja
BE CF	Regierung und Parlament	Rundfunk	ja
VG	Regierung	Rundfunk	ja
CH	Regierung (Bundesrat)	privater, teilw. öff. Rundfunk	nein
DE	Landesparlamente und gesellschaftliche Gruppierungen	privater Rundfunk	ja
DK	Ministerium	privater, teilw. öff. Rundfunk, Presse	ja (national und regional)
ES	Regierung (auf Vorschlag der Abgeordnetenkammer)	privater, teilw. öff. Rundfunk	nein
FI	Ministerium	privater, teilw. öff. Rundfunk	nein
FR	Staatspräsident und Parlamentspräsidenten	Rundfunk	ja
GR	Parlamentskommission	k. A.	ja
IE	Ministerium	privater, teilw. öff. Rundfunk	ja
IS	Ministerium	privater Rundfunk	ja
IT	Staatspräsident, Ministerpräsident und Parlament	privater, teilw. öff. Rundfunk, Presse	nein
LU	Gesellschaftliche Gruppen (CNP); Großherzog (CIR)	Rundfunk	ja (terrestr. Radio)
NL	Ministerium	Rundfunk	ja
NO	Ministerium	Rundfunk, Presse	nein
PT	Parlament (ERC)	Rundfunk, Presse	ja
SE	Regierung	Rundfunk	ja (Lokalradio)
UK	Ministerien, Kooption	privater, teilw. öff. Rundfunk	Ja

Quellen: EPRA (o.J.) und Robillard (1995: 268-271, 273f.); ergänzt durch eigene Recherchen

Teilweise behandeln die Rundfunkregulierungsbehörden Beschwerden der Rezipienten. Auch die Setzung von Regeln – neben den Rundfunkgesetzen – in Form von Richtlinien und Kodizes kann in den Aufgabenbereich gehören. Die Regulierungsbehörden unterscheiden sich beträchtlich in den ihnen zur Verfügung stehenden Sanktionen. Davon ist letztlich die Effektivität der Regulierung abhängig. Allerdings dürfen gesetzliche Kompetenzen nicht mit der sozialen Realität verwechselt werden. Unterschiede auf dem Papier können sich anders auswirken, als man vielleicht denken würde (vgl. Robillard 1995: 281). Eine Behörde, die zwar über keinerlei Sanktionsmöglichkeiten verfügt, deren Entscheidungen aber respektiert werden, ist möglicherweise effektiver als eine Behörde mit drastischen Sanktionen (z. B. Lizenzentzug, hohe Bußgelder), welche diese nie einsetzt.

In einigen Ländern fällt auch die Telekommunikation in den Zuständigkeitsbereich derselben Behörde. Mit der Konvergenz der hinter Rundfunk und Telekommunikation stehenden Technologie kamen Forderungen nach einer einheitlichen Regulierung auf (siehe Kapitel 2.5.2).

Abb. 19: Konvergenz der Regulierungsbehörden für Rundfunk/Telekommunikation

Einheitliche Regulierungsbehörde	Getrennte Regulierungsbehörden
AT, CH, FI, IT, UK	BE, DE, DK, ES, FR, GR, IE, IS, LU, NL, NO, PT, SE

Quelle: eigene Recherchen

Die Mehrzahl der Länder verfügt allerdings weiterhin über eine getrennte *Telekommunikationsregulierungsbehörde* (siehe Abb. 19) – so auch Deutschland, wo die Bundesnetzagentur sich um die Regulierung der Telekommunikation kümmert. Lediglich die Schweiz, Österreich, Italien, Großbritannien und Finnland verfügen über einen sogenannten ‹Single Regulator› für den Telekommunikations- und den Rundfunksektor:

- In *Österreich* ist die ‹Rundfunk und Telekom Regulierungs-GmbH› (RTR) die Regulierungsbehörde für den gesamten elektronischen Kommunikationssektor. Unter dem Dach der RTR sind die Zuständigkeiten indes getrennt: die KommAustria ist für Fernsehen und Hörfunk, die ‹Telekom-Control-Kommission› für Telekommunikation verantwortlich.
- Innerhalb des *schweizerischen* BAKOM kümmert sich die Abteilung ‹Radio und Fernsehen› um den Rundfunksektor. Die dem BAKOM organisatorisch angegliederte Eidgenössische Kommunikationskommission (ComCom) dagegen ist für den Telekommunikationssektor zuständig. Das Bundesamt be-

reitet dabei die Geschäfte der ComCom vor und führt ihre Entscheide aus (vgl. Donges 2002b: 205f.; Künzler 2010).

- Ende 2003 nahm in *Großbritannien* mit dem Ofcom eine Organisation ihre Arbeit auf, welche die bis zu diesem Zeitpunkt existierende Vielzahl von Regulierungsbehörden für Radio, Fernsehen und Telekommunikation ersetzte.
- Vorbild für die Gründung des Ofcom war die *italienische* Regulierungsbehörde AGCOM. Auch innerhalb der Organisation wird nicht zwischen Rundfunk und Telekommunikation unterschieden, sondern zwischen Infrastruktur und Netzen (also der Distribution) auf der einen Seite sowie Angeboten und Produkten (u. a. Rundfunkinhalten) auf der anderen Seite.
- In Finnland ist die ‹Finnish Communications Regulatory Authority› (FICORA, im Original Viestintävirasto) der ‹Single Regulator›.

Die Unabhängigkeit der Regulierungsbehörden vom jeweiligen Ministerium, welche unpolitische und verlässliche Entscheidungen garantieren soll, wirft aber auch die Frage nach der *demokratischen Legitimität* auf. Schließlich setzen diese Behörden in vielen Fällen Regeln und sanktionieren Regelverstöße. Hierzu wurden sie von den Bürgerinnen und Bürgern aber nicht legitimiert. Als Ersatz für diese direkte Legitimation werden zwei Möglichkeiten genannt (vgl. Majone 1996b: 291f., 294): Substanzielle Legitimation soll Regulierung aufgrund der erbrachten Leistung (also des Outputs von Behörden, z. B. Problemlösungskapazität, Fairness u. Ä.) rechtfertigen. Prozedurale Legitimation dagegen stellt auf den Prozess der Regulierung ab. So hat der Entscheidungsprozess gewissen formalen Regeln zu genügen (z. B. öffentliche Beteiligung; Transparenz) und Entscheidungen müssen begründet werden.

Die sektorspezifischen Regulierungsbehörden für Rundfunk und/oder Telekommunikation sowie die zuständigen Ministerien stellen indes nicht die einzigen Regulierungsakteure dar, welche für die Medien relevant sind. Von Bedeutung sind insbesondere auch nationale *Wettbewerbsbehörden*. Bei diesen handelt es sich um Regulierungsbehörden für Wettbewerb, deren Ziel die Sicherung eines funktionierenden ökonomischen Wettbewerbs und die Verhinderung des Missbrauchs von Marktmacht darstellt. Wettbewerbsbehörden sind für alle Wirtschaftssektoren zuständig – damit sind sie auch wichtige Akteure in der Presse-, Rundfunk-, Telekommunikations- und Internetregulierung.

5.3 Selbst- und Co-Regulierungsorganisationen

Neben staatlichen Regulierungsbehörden spielen im Mediensektor aufgrund der Medienfreiheit – insbesondere im Bereich der Inhaltsregulierung – auch Selbst- und Co-Regulierungsorganisationen eine wichtige Rolle.

5.3.1 Presse- und Medienräte

Presseräte – in einigen Ländern Medienräte genannt – erlassen ethische Richtlinien für die journalistische Arbeit und die Darstellungen von Informationen (siehe Kapitel 12.4.2). Zumeist auf Basis von Rezipientenbeschwerden werden Verstöße von Medien gegen diese Richtlinien untersucht und nötigenfalls sanktioniert (vgl. Puppis 2009b: 68).

Ein Vergleich von Presse- und Medienräten (vgl. Puppis 2009b: 220-230) zeigt, dass diese bereits eine lange Tradition haben. Heute *existieren in Europa 24 aktive Presseräte*. Die ersten Räte wurden in den 1910er und 1920er Jahren in nordischen Ländern gegründet. Der bereits 1916 gegründete schwedische ‹Pressens Opinionsnämnd› ist der älteste Presserat überhaupt. Der Deutsche Presserat wurde 1956, der österreichische 1961 und der schweizerische 1977 gegründet. Der Österreichische Presserat war nach dem Austritt der Verleger seit 2001 inaktiv. Erst 2010 konnte er nach einer Einigung von Verlegern und Journalisten seine Arbeit wieder aufnehmen. Gründung und Reform von Presseräten sind maßgeblich von drohender staatlicher Regulierung geprägt:

> «Many European press councils were created in response to a crisis of some sort – e.g. discontent with intrusions by the press, dissatisfaction with low standards of journalism, etc. – that prompts [...] a threat of legislation from the authorities, and as a reaction the industry offers to improve its performance by raising standards» (Tambini/Leonardi/Marsden 2008: 66).

Dem schwedischen, österreichischen, irischen und flämischen Presserat ist zusätzlich ein *Ombudsman* vorgeschaltet. Dieser versucht, zwischen Beschwerdeführern und Redaktionen zu vermitteln und leitet Beschwerden nur an den Presserat weiter, wenn diese Mediation erfolglos bleibt.

Ein Großteil der europäischen Presseräte befasst sich mit sämtlichen Medien eines Landes. Lediglich in Deutschland, Österreich, Großbritannien, Irland, Schweden und der Slowakei beschränkt sich die *Zuständigkeit* auf Printmedien (und allenfalls deren Onlineangebote).

Zumeist arbeiten Presseräte ohne jeglich *staatliche Beteiligung*. In einigen Ländern, so auch in Deutschland und Österreich, ist der Staat aber an der

Finanzierung beteiligt. Nur in Dänemark, Luxemburg, Litauen und Irland finden sich Formen der Co-Regulierung (siehe Kapitel 2.4.1), d. h., die Presseräte basieren entweder auf einer gesetzlichen Grundlage oder wurden staatlich anerkannt.

Hinsichtlich der *Zusammensetzung* sind viele Presse- und Medienräte tripartit organisiert, d. h. es nehmen sowohl Vertreter der Journalisten, der Medieneigentümer (Verleger und/oder Rundfunkunternehmen) als auch der Öffentlichkeit (unabhängige Laienmitglieder) Einsitz. Ebenfalls sehr häufig sind Räte, in denen Journalisten (inklusive Chefredaktoren) und Öffentlichkeit vertreten sind (z. B. in der Schweiz). Weitaus seltener sind bipartite Räte wie in Deutschland, in denen lediglich Journalisten und Eigentümervertreter Mitglied sind.

Die meisten Presseräte verfügen nur über schwache *Sanktionsmöglichkeiten*. Nur rund die Hälfte der Räte kann von einem Medium, das gegen die ethischen Richtlinien verstoßen hat, den Abdruck einer Rüge verlangen. Viele Räte beschränken sich also auf nicht-öffentliche Maßnahmen. Trotzdem: «The publication of the notice given by the council is the most common sanction. This implies that the councils and the media industry rely on publicity of the violations as a sanction» (Sonninen/Laitila 1995: 18). Ob die Rüge aber tatsächlich abgedruckt wird, ist von Land zu Land sehr unterschiedlich. Die Möglichkeit, ein Bußgeld zu verhängen, besitzt nur der schwedische Presserat. Die Bußgelder sind aber meist so gering, dass wirtschaftliche Überlegungen gegen die Einhaltung der Richtlinien sprechen. Eine Abschreckungswirkung ist damit nicht zu erwarten.

Ähnlich den Presseräten existieren ferner auch Selbstregulierungsorganisationen für *Werbung* (z. B. Schweizerische Lauterkeitskommission, Österreichischer Werberat oder Deutscher Werberat). Wenn in Anzeigen, Werbespots, Plakaten etc. gegen bestimmte Verhaltensregeln verstoßen wird, so ist eine Beschwerde bei diesen Gremien möglich.

5.3.2 Jugendschutz in Rundfunk und Internet

Im Rundfunk- und im Internetsektor finden sich Selbstregulierungsorganisationen, welche die Verbreitung gewisser Medieninhalte verhindern oder mit bestimmten Auflagen versehen. Ziel ist es, im Sinne des Jugendschutzes Minderjährige vor der Rezeption bestimmter für sie als ungeeignet erachteter Inhalte zu schützen.

In Deutschland etwa haben die Privatfernsehsender 1993 die ‹Freiwillige Selbstkontrolle Fernsehen› (FSF) gegründet. Hintergrund war eine öffentliche Diskussion über Gewaltdarstellungen im Fernsehen. Die Landesmedienanstalten können aufgrund des Zensurverbots erst nach Ausstrahlung einer Sendung tätig werden. Es wurden Zweifel laut, ob so der Jugendschutz im Fernsehen garantiert werden kann. Die FSF hat die Aufgabe, Sendungen vor der Ausstrahlung auf ihre Zulässigkeit zu prüfen. Die Selbstregulierungsorganisation legt fest, ob und unter welchen Voraussetzungen (Schnitte, späte Sendezeit) eine Ausstrahlung unter Jugendschutzgesichtspunkten zulässig ist. Die öffentlich-rechtlichen Sender sind nicht an der FSF beteiligt. 2003 ergab sich eine bedeutende Änderung. Im Zuge der Neuordnung des Jugendmedienschutzes wurde die KJM (siehe Kapitel 5.2) als neues zentrales Aufsichtsorgan eingerichtet (§ 14 JMStV) und die Möglichkeit geschaffen, Selbstregulierungsorganisation mit der Durchsetzung der Vorschriften zu beauftragen (§ 19 Abs. 2 JMStV). Die FSF wurde 2003 von der KJM anerkannt, weshalb seither von Co-Regulierung gesprochen werden kann. Die Rolle des Staates ist ziemlich groß: Die FSF setzt staatlich festgelegte Regeln um, Arbeitsprozesse und Struktur der Organisation müssen anerkannt werden und neben der FSF kann auch die KJM als zuständiges Organ der Landesmedienanstalten Sanktionen verhängen.

Analog zur FSF existiert für den Internetbereich die ‹Freiwillige Selbstkontrolle Multimedia-Diensteanbieter› (FSM). Die FSM wurde 1997 von Verbänden und Unternehmen der Onlinewirtschaft gegründet. Mitglieder sind etwa AOL, Deutsche Telekom, Google, MSN, T-Online und Yahoo. Auch die FSM ist inzwischen von der KJM anerkannt worden. Die Organisation hat einen Kodex verfasst, der die Zugänglichmachung illegaler, rassistischer und jugendgefährdender Inhalte in Onlineangeboten untersagt. Eingehende Beschwerden werden von einer Beschwerdestelle behandelt. Verstößt ein Unternehmen gegen den Kodex, so kann die FSM unter anderem eine Rüge aussprechen, die einen Monat lang im Onlineangebot publiziert werden muss, oder eine Geldstrafe verhängen (vgl. Frank/Rausch 2005: 89ff.). Das österreichische Pendant zur FSM ist ‹Stopline›, eine vom Bundesministerium für Inneres autorisierte und anerkannte Meldestelle. Internetnutzer, die auf kinderpornografische und nationalsozialistische Inhalte stoßen, können dies Stopline melden. In der Schweiz existiert keine vergleichbare Selbstregulierungsorganisation. Diese Beschwerdestellen für Internetnutzer tauschen sich im Rahmen von INHOPE auch international aus (siehe Kapitel 7.5.2).

Zudem existieren in vielen Ländern Selbstregulierungskodizes der Internet-Service-Provider (ISP), welche von deren Verbänden (z. B. ‹eco Forum – Verband der deutschen Internet-Wirtschaft› oder ‹ISPA Austria – Internet Service Providers Austria›) verwaltet werden. Diese Kodizes beinhalten Angaben zu Fragen der Haftung und Verantwortlichkeit, zur Problematik des Datenschutzes, zur Handhabung illegaler oder anstößiger Inhalte und zur Untersuchung von Beschwerden (vgl. Price/Verhulst 2000: 192; Tambini/Leonardi/

Marsden 2008: 132-172). Die nationalen ISPAs sind teilweise Mitglieder von EuroISPA (siehe Kapitel 6.4).

Ferner sind auch ‹Domain Name Registry Operators› von Bedeutung, welche für die *Verwaltung der ‹country code› Top-Level-Domains* (ccTLDs, z. B. .de, .at oder .ch) zuständig sind (vgl. Mifsud Bonnici 2008: 86). Beispiele sind etwa DENIC in Deutschland, NIC.AT in Österreich und SWITCH in der Schweiz.

Dieser Überblick zeigt, dass eine Vielzahl nationaler Akteure an der Medienregulierung beteiligt ist. Doch daneben ist auch die Bedeutung europäischer und globaler Akteure deutlich angestiegen (siehe Kapitel 6 und 7).

Wichtige Regulierungsakteure auf nationaler Ebene sind Ministerien, sektorspezifische Regulierungsbehörden für Rundfunk und Telekommunikation, Wettbewerbsbehörden sowie Selbst- und Co-Regulierungsorganisationen. Regulierungsbehörden können nach ihren Zuständigkeiten unterteilt werden (privater Rundfunk, öffentlicher Rundfunk, Telekommunikation).

Übungen

1. Nennen Sie die wichtigsten nationalen Akteure der Medienregulierung.
2. In einigen Ländern ist eine einzige Regulierungsbehörde für Rundfunk und Telekommunikation verantwortlich. Seien Sie kreativ: Welche Argumente für oder gegen einen ‹Single Regulator› fallen Ihnen ein?
3. Wie könnte eine solche Organisation aufgebaut sein? Zeichnen Sie ein mögliches Organigramm eines ‹Single Regulators›.

Literatur

Robillard, Serge (1995): Television in Europe: Regulatory Bodies. Status, Function and Powers in 35 European Countries. London.

Umfassender Vergleich von Rundfunkregulierungsbehörden in Europa – leider schon etwas älter.

Jarren, Otfried/Weber, Rolf H./Donges, Patrick/Dörr, Bianka/Künzler, Matthias/ Puppis, Manuel (2002): Rundfunkregulierung. Leitbilder, Modelle und Erfahrungen im internationalen Vergleich. Eine sozial- und rechtswissenschaftliche Analyse. Zürich [Kapitel 3, 5].

Bestandesaufnahme der Rundfunkregulierung in verschiedenen angelsächsischen und europäischen Ländern.

6 Europäische Akteure der Medienregulierung

Inhalt und Lernziele

Medienpolitische Entscheidungen werden nicht nur auf nationaler Ebene getroffen und implementiert. Das folgende Kapitel stellt die Akteure der Medienregulierung in Europa vor. Neben den internationalen Organisationen Europarat und OSZE gilt das Interesse der Europäischen Union (EU), die starken Einfluss auf Rundfunk und Telekommunikation hat, sowie europaweiten Selbst- und Co-Regulierungsorganisationen.

Nach diesem Kapitel können Sie
- Funktionsweise und Tätigkeiten von Europarat, OSZE und EU im Medienbereich beschreiben.
- darlegen, wie die EU ihre Tätigkeit im Medienbereich begründet.
- den Einfluss von EU-Maßnahmen auf die nationale Medienregulierung beurteilen.

6.1 Europarat

6.1.1 Entstehung und Struktur

Dem 1949 gegründeten Europarat (Council of Europe, CoE) gehören heute 47 Mitgliedstaaten an, darunter alle EU-Länder und die Schweiz. Zu den Zielen dieser internationalen Organisation gehören der Schutz der Menschenrechte, der Demokratie und der Rechtsstaatlichkeit in Europa (Tonnemacher 2003: 279; vgl. Europarat 2007).

Das *Ministerkomitee* ist das Entscheidungsorgan des Europarates und setzt sich aus den Außenministern der Mitgliedstaaten (respektive deren ständigen Vertretern in Strasbourg) zusammen. Die 318 Mitglieder der *Parlamentarischen Versammlung* werden von den nationalen Parlamenten aus ihren eigenen Reihen gewählt. Die Parlamentarische Versammlung berät das Ministerkomitee und wählt unter anderem den Generalsekretär des Europarates und die Richter des Europäischen Gerichtshofes für Menschenrechte. Der 1994 gegründete *Kongress der Gemeinden und Regionen des Europarates* vertritt die Regional- und

Kommunalbehörden der Mitgliedstaaten. Wie bei der Parlamentarischen Versammlung handelt es sich um ein beratendes Organ. Der auf fünf Jahre gewählte *Generalsekretär* leitet und koordiniert die Aktivitäten des Europarates. Das Sekretariat ist in Generaldirektionen mit verschiedenen Tätigkeitsbereichen unterteilt. Ferner finden regelmäßig *Fachministerkonferenzen* statt, auf denen sich die Minister bestimmter Ressorts aus den Mitgliedsländern treffen. Die Entscheidungen des Ministerkomitees können zu völkerrechtlich verbindlichen Konventionen und Abkommen führen. Diese erlangen aber nur dann Wirksamkeit, wenn sie von den Unterzeichnerstaaten ratifiziert und in nationales Recht umgesetzt werden (vgl. Collins 1994: 123; Tonnemacher 2003: 279).

6.1.2   Tätigkeiten im Bereich der Medien

Der Europarat befasst sich auch mit Medienpolitik: «[...]the objectives of promoting and safeguarding pluralism in the media sector are seen, by the COE and its [...] member states, as a justification for their media policies» (Loon 2000: 286). Zwei Generaldirektionen besitzen Zuständigkeiten für den Mediensektor:

In den Bereich der ‹Generaldirektion Menschenrechte und rechtliche Angelegenheiten› fallen die Europäische Menschenrechtskonvention, der Europäische Gerichtshof für Menschenrechte, die Rahmenkonvention für den Schutz nationaler Minderheiten, das Europäische Übereinkommen über grenzüberschreitende audiovisuelle Mediendienste und das Übereinkommen über Datennetzkriminalität.

Die *Europäische Menschenrechtskonvention* (EMRK) trat 1953 in Kraft. Sie schützt die Menschenrechte und verpflichtet alle Mitgliedstaaten, diese für alle Menschen zu garantieren. Die EMRK stellt die Grundlage für die Medienpolitik des Europarates dar (vgl. Tonnemacher 2003: 280). Für den Medienbereich ist Artikel 10 relevant, welcher das Recht auf freie Meinungsäußerung enthält: «Dieses Recht schließt die Meinungsfreiheit und die Freiheit ein, Informationen und Ideen ohne behördliche Eingriffe und ohne Rücksicht auf Staatsgrenzen zu empfangen und weiterzugeben» (Art. 10 Abs. 1 EMRK). Medienfreiheit ist folglich ein Teil der Meinungsäußerungsfreiheit. Aus dem Artikel kann auch die Pflicht, Medienvielfalt zu sichern, abgeleitet werden (vgl. Dörr 2009: 43f.). Die Konvention gründete zudem den in Strasbourg ansässigen *Europäischen Gerichtshof für Menschenrechte* (EGMR). Staaten und Einzelpersonen können gegen Verletzungen der EMRK beim Gerichtshof Klage einreichen. Die Urteile sind für alle Staaten bindend. Die Rechtsprechung des EGMR hat nicht nur Artikel 10 EMRK Konturen verliehen, sondern auch die nationale Medienregulierung geprägt (vgl. Henle 1998: 43; Dörr 2009: 42). In Zusammenhang mit Menschenrechten ist auch die 1998 in Kraft getretene *Rahmenkonvention für den Schutz nationaler Minderheiten* zu nennen. Diese verpflichtet die Vertragsparteien, Minderheiten zu schützen, wozu auch der freie Zugang zu Medien gehört.

Das *Europäische Übereinkommen über das grenzüberschreitende Fernsehen* (EÜGF) von 1993 ist die wichtigste Konvention des Europarates für den audiovisuellen Sektor. Dem Übereinkommen sehr ähnlich ist die Richtlinie über audiovisuelle Mediendienste der EU (siehe Kapitel 6.3.2). Gegenstand des Übereinkommens sind alle grenzüberschreitenden Fernsehprogramme (Art. 3). Wichtigstes Ziel ist die Verwirklichung von Artikel 10 EMRK: Die Vertragsparteien dürfen weder die Empfangsfreiheit noch die Weiterverbreitung ausländischer Sender einschränken oder behindern (Art. 4). Dies soll den freien Austausch von Informationen, Ideen und Meinungen gewährleisten (vgl. Henle 1998: 43; Weber/Spacek 2004: 27). Daneben enthält das EÜGF einige Mindestvorschriften bezüglich

- Inhalten, z. B. Schutz der Menschenwürde und Jugendschutz, Zugang zu Großereignissen und Quoten für europäische Inhalte (siehe Kapitel 10.4.2);
- Recht auf Gegendarstellung;
- Aufrechterhaltung der Medienvielfalt (siehe Kapitel 12.3);
- kommerzieller Kommunikation, z. B. Werbeverbote (Tabak), Werbedauer und Unterbrecherwerbung (siehe Kapitel 10.2.2).

Als Reaktion auf die technische Konvergenz wurde das EÜGF überarbeitet und sollte 2010 als *Europäisches Übereinkommen über grenzüberschreitende audiovisuelle Mediendienste* (EÜGAM) in Kraft treten. Der Anwendungsbereich würde dadurch von klassischen Fernsehsendern auf Video-on-Demand-Angebote erweitert, wobei die Vorschriften für Fernsehsender strenger sind. Die Verabschiedung der revidierten Konvention ist aber derzeit aufgrund einer Intervention der EU-Kommission blockiert (vgl. Zeller/Ramsauer 2010).

Das *Übereinkommen über Datennetzkriminalität*, das 2004 in Kraft trat, untersagt Verletzungen von Datensicherheit und Angriffe auf Computersysteme, Computerbetrug, Kinderpornografie und Verletzungen des Urheberrechts. Zusatzprotokolle zum Übereinkommen betreffen die Veröffentlichung von rassistischen Inhalten und Fragen des Terrorismus.

Die ‹Generaldirektion für Bildung, Kultur und Kulturerbe, Jugend und Sport› beschäftigt sich im Bereich der Medien mit der aktiven Förderung des audiovisuellen Sektors (vgl. Collins 1994: 129). Wichtigste Konvention ist das *Europäisches Übereinkommen über die Gemeinschaftsproduktion von Kinofilmen* (EÜGK, European Convention on Cinematographic Co-production), welche der Förderung von europäischen Koproduktionen dient. Der Europarat leistet zudem über den Fonds *Eurimages* Hilfestellung bei der Finanzierung von Koproduktionen europäischer Filme (vgl. Humphreys 1996: 283f.). «Wirtschaftlich viel versprechende und kulturell interessante Projekte müssen in unterschiedlichem Maße vorfinanziert sein: Während die Finanzierung bei Ersteren zu 75 Prozent gesichert sein muss, verlangt *Eurimages* für Letztere bloß eine Deckung zu 50 Prozent» (vgl. Graber 2003: 246f./Hervorheb. i.O.).

Aber auch die *Europäische Charta der Regional- oder Minderheitensprachen* fällt in den Bereich dieser Generaldirektion. Artikel 11 besagt, dass Minderheitensprachen u. a. dadurch geschützt werden sollen, dass sie in den Medien vorkommen: Die Vertragsparteien sollen dazu ermutigen und/oder erleichtern, dass Zeitungen, Radio- und Fernsehsender in den Regional- oder Minderheitensprachen eingerichtet oder dass zumindest Artikel oder Sendungen in diesen Sprachen verbreitet werden. Öffentliche Rundfunksender können auch verpflichtet werden, Radio- und Fernsehsender in den Regional- oder Minderheitensprachen einzurichten (vgl. Europarat 2000: Ziff. 110).

> Die Europäische Menschenrechtskonvention, über deren Einhaltung der Europäische Gerichtshof für Menschenrechte wacht, enthält einen Artikel zu Medienfreiheit. Das EÜGF resp. EÜGAM beschäftigt sich mit grenzüberschreitenden Fernsehsendern resp. audiovisuellen Mediendiensten. Zudem fördert der Europarat europäische Koproduktionen.

6.2 OSZE

6.2.1 Entstehung und Struktur

Die Organisation für Sicherheit und Zusammenarbeit in Europa (OSZE, engl. Organization for Security and Co-operation in Europe) ist eine gesamteuropäische Sicherheitsorganisation, der heute 56 sogenannte Teilnehmerstaaten angehören – darunter auch Deutschland, Österreich und die Schweiz. Die OSZE ist aus der KSZE, der Konferenz für Sicherheit und Zusammenarbeit in Europa, hervorgegangen. Diese wurde 1973 als multilaterales Forum für Dialog und Verhandlungen zwischen Ost und West ins Leben gerufen und spielte eine Rolle bei der Lösung des Ost-West-Konfliktes (vgl. OSCE 2007: 1-4; Tonnemacher 2003: 278).

Nach Ende des Kalten Krieges erhielt die KSZE ein Sekretariat und eigene Gremien. Um dieser Umwandlung in eine Organisation gerecht zu werden, wurde sie auf Anfang 1995 auch in OSZE umbenannt. Bei der OSZE in Wien haben alle Teilnehmerstaaten ständige Vertreter, welche den Ständigen Rat bilden. Die Außenminister der Teilnehmerstaaten treffen sich einmal jährlich zu einem Ministerratstreffen, außer in den Jahren, in denen ein Gipfeltreffen der Staats- und Regierungschefs stattfindet. Die Gesamtverantwortung liegt beim Amtierenden Vorsitzenden, der Außenminister des jährlich wechselnden Vorsitz führenden Landes ist. Der Vorsitzende wird unterstützt von einem Sekretariat unter der Leitung eines Generalsekretärs (vgl. OSCE 2007: 13-22).

6.2.2 Tätigkeiten im Bereich der Medien

Die Helsinki-Schlussakte, welche 1975 von der KSZE verabschiedet wurde, enthält u. a. die Menschenrechte und damit auch Verpflichtungen bezüglich der Verbreitung von und dem Zugang zu Informationen, der Zusammenarbeit im Informationsbereich und der Arbeitsbedingungen von Journalisten (vgl. Altendorfer 2001: 48). Spätere Dokumente bekräftigten die Bedeutung der Menschenrechte.

Seit 1997 verfügt die OSZE über einen Beauftragten für Medienfreiheit (OSCE Permanent Council Decision 193/1997). Dieser hat die Aufgabe, Medienentwicklungen in den Teilnehmerstaaten zu beobachten und bei schweren Verstößen gegen OSZE-Prinzipien und Verpflichtungen im Zusammenhang mit freier Meinungsäußerung und Medienfreiheit zu reagieren (vgl. OSCE 2007: 34f.). Der Beauftragte legt in einem Jahrbuch auch Rechenschaft über seine Tätigkeit ab.

6.3 Europäische Union

6.3.1 Entstehung und Struktur

Die *Europäische Union* (EU) ist das Ergebnis des europäischen Integrationsprozesses. Was die EU genau ist, ist schwierig zu bestimmen. In internationalen Organisationen bleiben Staaten souverän, auch wenn gemeinsame Entscheidungen getroffen werden. Die Organe EU können aber selbst Rechtsakte erlassen, die für alle Mitgliedstaaten bindend sind. Damit unterscheidet sich die EU von internationalen Organisationen durch die Qualität und Intensität der Zusammenarbeit. Die EU ist aber auch kein Staat: Im Gegensatz zu Nationalstaaten beruhen die Kompetenzen der EU auf der freiwilligen Übertragung von

Souveränitätsrechten der Mitgliedstaaten. Im Zusammenhang mit der EU wird deshalb häufig von Supranationalität gesprochen.

Die Anfänge waren bescheiden. 1952 trat der Vertrag über die Gründung der Europäischen Gemeinschaft für Kohle und Stahl (EGKS) in Kraft (ausgelaufen im Jahr 2002). Neben diesen traten 1958 der Vertrag zur Gründung der Europäischen Atomgemeinschaft (Euratom) und der Vertrag zur Gründung der Europäischen Wirtschaftsgemeinschaft (EWG; Vertrag von Rom). 1967 fusionierten die drei Gemeinschaften zu den *Europäischen Gemeinschaften* (EG). Die EG ermöglichten eine gemeinsame Entscheidungsfindung in den bedeutendsten Wirtschaftszweigen. Ziel der EWG war die Verwirklichung einer Zollunion, d. h. einer Freihandelszone (Abschaffung von Binnenzöllen) und gemeinsamen Außenzöllen. Dies wurde 1968 auch erreicht. Die nächste Stufe des Integrationsprozesses stellte die Bildung eines gemeinsamen Binnenmarktes dar, welcher bis Ende 1992 verwirklicht wurde. Ein gemeinsamer Markt geht über eine Zollunion hinaus, indem ein freier Waren-, Dienstleistungs-, Personen- und Kapitalverkehr zwischen den Mitgliedstaaten umgesetzt wird. Eine bedeutende Änderung ergab sich durch den Vertrag über die Europäische Union (Vertrag von Maastricht), der 1993 in Kraft trat:

- Erstens wurde die EWG, da sie unterdessen nicht mehr nur eine wirtschaftliche Gemeinschaft darstellte, in *Europäische Gemeinschaft* umbenannt. Das Aufgabenfeld wurde um nichtökonomische Bereiche ergänzt. Am wichtigsten jedoch war der Beschluss, als nächste Integrationsstufe eine Wirtschafts- und Währungsunion zu errichten.

- Zweitens traten neben die EG zwei weitere Säulen: die Gemeinsame Außen- und Sicherheitspolitik (GASP) und die Polizeiliche und justizielle Zusammenarbeit in Strafsachen (PJZS).

Diese drei Säulen bildeten fortan zusammen die EU (vgl. Hrbek 1998: 143f., 146f.). Allerdings besaß lediglich die EG eine eigene Rechtspersönlichkeit und konnte verbindliche Rechtsakte erlassen. Die beiden anderen Säulen basierten dagegen auf der Zusammenarbeit der Mitgliedstaaten. Der Vertrag von Amsterdam, der 1999 in Kraft trat, ergänzte den Vertrag von Maastricht insbesondere durch eine Ausdehnung der Kompetenzen des Europäischen Parlaments. Weitere Reformen brachte der 2003 in Kraft getretene Vertrag von Nizza, der die EU auf die Osterweiterung vorbereitete.

Der im Dezember 2009 in Kraft getretene Vertrag von Lissabon (der formell aus zwei Verträgen besteht: EUV und AEUV) reformiert die Union von Grund auf und bringt die Entwicklung der EU zu einem vorläufigen Abschluss. Mit dem Vertrag werden die drei Säulen zusammengelegt und die EU übernimmt die Rechtspersönlichkeit der EG. Dafür wird neu zwischen ausschließlichen,

geteilten und unterstützenden Zuständigkeiten der EU unterschieden, um eine
eindeutige Kompetenzabgrenzung zwischen Union und Mitgliedstaaten zu
erreichen (Art. 2-6 AEUV; siehe Abb. 20).

Abb. 20: Zuständigkeiten der Europäischen Union (EU)

Ausschließliche Zuständigkeit	Geteilte Zuständigkeit	Unterstützende Zuständigkeit
Nur die EU kann verbindliche Rechtsakte erlassen	Mitgliedstaaten können verbindliche Rechtsakte erlassen, sofern EU dies nicht bereits getan hat	EU kann Maßnahmen der Mitgliedstaaten unterstützen oder koordinieren (aber keine Regelharmonisierung)
Zollunion, Währungspolitik, Wettbewerbsrecht, gemeinsame Handelspolitik	Binnenmarkt, Landwirtschaft/Fischerei, Umwelt, Verbraucherschutz, Verkehr, Energie etc.	Gesundheit, Industrie, Kultur, Tourismus, Bildung etc.

Gleichzeitig revidiert der Lissabon-Vertrag die Aufgaben und die Zusammenarbeit der EU-Organe (vgl. Europäische Kommission 2009b: 12ff.):

- Das *Europäische Parlament* wird von den Bürgerinnen und Bürgern direkt für
  fünf Jahre gewählt. Mit dem Rat teilt sich das Parlament die Gesetzgebungs-
  und die Haushaltskompetenz. Zudem übt es eine demokratische Kontrolle
  aus. Der Einfluss des Parlaments wurde durch den neuen Vertrag deutlich ge-
  stärkt, indem es nun in den meisten Politikfeldern gleichberechtigt mit dem
  Rat mitentscheidet. Für audiovisuelle Medien ist der parlamentarische Aus-
  schuss für Kultur und Bildung zuständig.
- Der *Europäische Rat* setzt sich aus den Staats- und Regierungschefs der Mitgliedstaaten, dem neu geschaffenen Präsidenten des Europäischen Rates sowie
  dem Präsidenten der Kommission zusammen und trifft sich zweimal pro
  Halbjahr. Der Europäische Rat entscheidet im Konsens und wählt seinen
  Präsidenten für zweieinhalb Jahre mit qualifizierter Mehrheit.
- Der *Rat* (oder Ministerrat) vertritt die einzelnen Mitgliedstaaten. Er setzt sich
  aus je einem Minister der Nationalstaaten zusammen. Je nach Thema unterscheidet sich die konkrete Zusammensetzung (z. B. Finanzminister, Agrar-
  minister etc.). Der Rat teilt sich mit dem Parlament die Gesetzgebungs- und
  die Haushaltskompetenz. In den meisten Politikfeldern entscheidet der Rat
  mit qualifizierter Mehrheit (ab 2014: mindestens 55 % der Mitglieder, sofern
  diese mindestens 65 % der Bevölkerung der EU ausmachen).

- Die *Europäische Kommission* mit Sitz in Brüssel besteht aus verschiedenen Generaldirektionen, die sich unterschiedlichen Politikfeldern widmen. Für den Mediensektor sind insbesondere die Generaldirektionen ‹Informationsgesellschaft und Medien› (audiovisuelle Mediendienste; Kommunikationsinfrastruktur), ‹Bildung und Kultur› (Filmförderung) sowie ‹Wettbewerb› von Interesse. Die Kommission schlägt Rat und Parlament neue EU-Regulierungen vor und setzt die Beschlüsse von Rat und Parlament um. Einer der Vizepräsidenten der Kommission hat zugleich das neu geschaffene Amt als Hoher Vertreter der Union für Außen- und Sicherheitspolitik inne. Dieser leitet die gemeinsame Außen- und Sicherheitspolitik der EU.
- Der *Gerichtshof der Europäischen Union* (Europäischer Gerichtshof, EuGH) prüft Rechtsakte der EU und der Mitgliedstaaten auf die Vereinbarkeit mit den Verträgen und entscheidet über Streitigkeiten. Angegliedert ist dem EuGH das sogenannte Gericht, ein Gericht erster Instanz.

Weitere Organe der EU sind die Europäische Zentralbank (EZB) und der Rechnungshof.

In den Politikfeldern, in denen die EU laut den Verträgen (‹Primärrecht›) Kompetenzen besitzt, kann sie eigenständig Rechtsakte (‹Sekundärrecht›) erlassen (vgl. Dörr 2009: 45). Dabei wird insbesondere zwischen Verordnungen und Richtlinien unterschieden. Während Verordnungen in allen Teilen verbindlich sind und für alle Mitgliedstaaten unmittelbar gelten, sind bei Richtlinien zwar die Ziele verbindlich, doch wie die Mitgliedstaaten die Richtlinie in nationales Recht übertragen, bleibt ihnen selbst überlassen. Ferner sind Beschlüsse sowie nicht-verbindliche Empfehlungen und Stellungnahmen zu nennen (Art. 288 AEUV).

6.3.2 Tätigkeiten im Bereich der Medien

Eine allgemeine Zuständigkeit der EU für Medienfragen wird mit Artikel 10 der Europäischen *Menschenrechtskonvention* (EMRK) begründet (siehe Kapitel 6.1.2). Der Vertrag von Lissabon sieht einen Beitritt der EU zur EMRK vor (Art. 6 Abs. 2 EUV). Zudem verleiht der Vertrag der *Charta der Grundrechte* der EU Rechtsverbindlichkeit (Art. 6 Abs. 1). Diese garantiert europaweit die Einhaltung von Bürger- und Menschenrechten und spricht auch explizit die Medienfreiheit an (vgl. Stock 2004): «Die Freiheit der Medien und ihre Pluralität werden geachtet» (Art. 11 Abs. 2 Charta der Grundrechte der Europäischen Union). Abgesehen von diesen sehr allgemeinen Bekenntnissen zur Medienvielfalt ergeben sich die Tätigkeitsbereiche der EU aus dem Vertrag:

- Die Mitgliedstaaten haben sich zur Errichtung eines Binnenmarktes verpflichtet (vgl. Dörr 2005: 333). Damit dürfen Mitgliedstaaten weder den freien Warenverkehr noch den freien Dienstleistungsverkehr in der Gemeinschaft einschränken. Printmedien (sowie Tonträger und Filme) fallen unter die *Freiheit des Warenverkehrs*, womit mengenmäßige Einfuhrbeschränkungen verboten sind (Art. 34 AEUV). Den Rundfunk begreift die EU als Dienstleistung, weshalb sie der *Dienstleistungsfreiheit* (Art. 56f. AEUV) weitreichende Kompetenzen entnimmt (vgl. Dörr 2009: 46; Henle 1998: 11).
- Die *Wettbewerbsregeln* im AEUV, die sich u. a. mit einem Kartellverbot (Art. 101 AEUV), einer Missbrauchskontrolle (Art. 102 AEUV) und staatlichen Beihilfen (Art. 107 AEUV) befassen, gelten auch für (private und öffentliche) Unternehmen der Medien- und Telekommunikationsbranche (vgl. Dörr 2005: 334; Holtz-Bacha 2006: 185f.).
- Mit dem Vertrag von Maastricht wurde der Vertrag um einen *Kulturartikel* (Art. 167 AEUV) ergänzt, der den audiovisuellen Bereich explizit nennt. Allerdings erhält die Gemeinschaft dadurch nur die Kompetenz, Fördermaßnahmen durchzuführen. Sämtliche über Fördermaßnahmen hinaus gehenden Tätigkeiten der EU im Rundfunkbereich werden deshalb mit der Dienstleistungsfreiheit oder den Wettbewerbsregeln begründet (vgl. Dörr 2009: 45; 2005: 334; Henle 1998: 11f.; Donges 2002a: 210f.).

Die Tätigkeit der Europäischen Union im Bereich der audiovisuellen Medien ist von einem Zielkonflikt geprägt: Auf der einen Seite will die EU einen funktionierenden und wettbewerbsfähigen europäischen Binnenmarkt schaffen, auf der anderen Seite wird gegen unerwünschte Folgen des Wettbewerbs vorgegangen. Die letztlich getroffenen Regeln und Entscheidungen stellen das Resultat der verschiedenen, innerhalb der EU vertretenen Positionen dar. Konfliktlinien verlaufen zwischen den einzelnen Mitgliedstaaten, zwischen Mitgliedstaaten und Union, zwischen Parlament und Kommission aber auch zwischen den verschiedenen Generaldirektionen innerhalb der Kommission:

«The Community's audio-visual policy is not the product of a single and unified Community vision of the audio-visual sector. Rather it is the result of the tortuous interaction of differing priorities and perspectives of several distinct power centres, notably the Member States [...], the European Parliament and rival power centres within the Commission [...] itself» (Collins 1994: 27).

Innerhalb der EU existieren verschiedenste Ansichten darüber, wie die Medien zu regulieren sind. Einige Mitgliedstaaten, das Parlament und Teile der Kommission nehmen sich stärker der Problematik der Medienvielfalt an, können sich aber nur beschränkt gegenüber denjenigen Akteuren durchsetzen, welche Medien unter rein ökonomischen Gesichtspunkten betrachten.

Insgesamt können sechs Bereiche europäischer Medienregulierung unterschieden werden: die *Richtlinie über audiovisuelle Mediendienste*, die *Förderung der audiovisuellen Industrie*, Richtlinien bezüglich der *elektronischen Kommunikationsinfrastruktur*, die Anwendung der *Wettbewerbsregeln* und der Vorschriften über *staatliche Beihilfen* auf Medien- und Telekommunikationsunternehmen sowie der Rechtsrahmen und Förderprogramme für die *europäische Informationsgesellschaft*.

Richtlinie über audiovisuelle Mediendienste

Die Richtlinie über audiovisuelle Mediendienste (AVMD; Richtlinie 2010/13/EU), die in revidierter Form im Dezember 2007 in Kraft trat, ist der wohl wichtigste Rechtsakt der EU im audiovisuellen Sektor. Als die erste Fassung 1989 verabschiedet wurde, bezog sich die Richtlinie lediglich auf traditionelle Fernsehsender und hieß entsprechend EG-Fernsehrichtlinie. Das Aufkommen der Satellitentechnologie, welche grenzüberschreitendes Fernsehen flächendeckend ermöglichte und zur Entstehung international ausgerichteter Programme führte, stellte für die Gemeinschaft in den 1980er Jahren eine Herausforderung dar. Grundlegendes Ziel der Richtlinie war die Etablierung eines Binnenmarktes im Fernsehbereich, was durchaus auch zur Stärkung der europäischen audiovisuellen Industrie beitragen sollte (vgl. Collins 1994: 58; 1999: 161; Wheeler 2004: 351f.).

Seither hat sich der Mediensektor stark gewandelt. Die Kommission begann deshalb 2003 mit einer Revision der Richtlinie. Viele Vorschriften wurden modifiziert, die Werbevorschriften stark dereguliert. Kernstück der AVMD-Richtlinie ist aber ein technologieneutraler Regulierungsansatz, der nicht zwischen verschiedenen Distributionskanälen, sondern zwischen *linearen und nicht-linearen Diensten* unterscheidet. Unter linearen Diensten werden klassische Fernsehsender verstanden, d. h. Programme mit festem Sendeschema. Bei nicht-linearen Diensten dagegen bestimmt der Rezipient den Zeitpunkt des Abrufs und der Nutzung von Inhalten, womit Video-on-Demand-Angebote gemeint sind. Elektronische Ausgaben von Zeitungen und Zeitschriften werden von der Richtlinie aber nicht erfasst. Der Anwendungsbereich wurde folglich über herkömmliche Fernsehsender hinaus ausgeweitet. Fernsehsender werden aber weitaus stärker reguliert als Video-on-Demand-Angebote, die sich lediglich an gewisse Mindestvorgaben halten müssen (vgl. Dörr 2009: 54f.).

Wichtigste Bestimmung ist das *Sendestaatsprinzip* (Art. 2 und 3), welches sich aus der Dienstleistungsfreiheit im AEUV ableitet: Mediendiensteanbieter unterliegen der Regulierung des Sendestaates und die Weiterverbreitung von Sendungen in andere Mitgliedstaaten der EU darf von diesen nicht behindert werden (vgl. Donges 2002b: 195; Henle 1998: 16). Somit unterliegt beispielsweise der private Sender TV3, der aus London für die skandinavischen Länder sendet, der britischen Gesetzgebung und muss sich nicht an die Regulierung Schwedens, Norwegens und Dänemarks halten.

Für *alle audiovisuellen Mediendienste* sind gemäß AVMD-Richtlinie folgende Bestimmungen verbindlich:

- Verbot der Aufstachelung zu Hass aufgrund von Rasse, Geschlecht, Religion oder Staatsangehörigkeit (Art. 6; siehe Kapitel 10.4.2);
- Beschränkungen und Verbote für die audiovisuelle kommerzielle Kommunikation (z. B. Verbot von Tabakwerbung[4]), also Werbung und Sponsoring (Art. 9-11; siehe Kapitel 10.2.2).

Die weiteren Vorschriften unterscheiden sich nach Art des Mediendienstes. *Video-on-Demand-Angebote*, welche die Entwicklung von Minderjährigen beeinträchtigen könnten, dürfen für diese nicht zugänglich sein (Art. 12). Für *klassische Fernsehsender* kommt eine Reihe weiterer Vorschriften zur Anwendung:

- Vorgaben für die Übertragung von Großereignissen (Art. 14 und 15; siehe Kapitel 10.4.2);
- Quoten für europäische Inhalte und für europäische Inhalte unabhängiger Produzenten (Art. 16 und 17; siehe Kapitel 10.4.2);
- Regulierung von Fernsehwerbung, insbesondere von Werbedauer und Unterbrecherwerbung (Art. 19-26; siehe Kapitel 10.2.2);
- Maßnahmen zum Schutz von Kindern und Jugendlichen (Art. 27; siehe Kapitel 10.4.2);
- Recht auf Gegendarstellung (Art. 28).

Diese Vorschriften dienen der *Harmonisierung* nationaler Regulierung. Diese ist eine Voraussetzung für einheitliche Wettbewerbsbedingungen in der ganzen EU (vgl. Collins 1994: 58). Die Harmonisierung komme, so wird kritisiert, in weiten Teilen einer Liberalisierung gleich. Daneben finden sich in der AVMD-Richtlinie aber auch gewisse protektionistische Maßnahmen, um unerwünschte Folgen des gemeinsamen europäischen Marktes zu verhindern (Wheeler 2004: 366). Dieser Kompromiss zwischen Liberalisierung und Protektionismus verdeutlicht, dass innerhalb der EU verschiedenste Positionen vertreten werden.

---

[4]   Durch die Tabakwerberichtlinie (Richtlinie 2003/33/EG) ist Werbung für Tabakerzeugnisse auch im Hörfunk und in der Presse untersagt.

Die einheitlichen Regeln in der Richtlinie gelten zwar für alle Mitgliedstaaten, stellen aber lediglich Mindeststandards dar (vgl. Palzer/Hilger 2001: 3). Die sogenannte *Inländerdiskriminierung* ist gestattet: Mitgliedsländer können für Mediendiensteanbieter unter ihrer Rechtshoheit strengere Bestimmungen erlassen als in der Richtlinie vorgesehen (Art. 4).

Die AVMD-Richtlinie ist dem Übereinkommen des Europarates (siehe Kapitel 6.1.2) inhaltlich sehr ähnlich. Trotzdem gibt es einige Unterschiede. Anders als das EÜGF resp. EÜGAM gilt die Richtlinie erstens für die Fernsehtätigkeit insgesamt und nicht nur für grenzüberschreitendes Fernsehen (vgl. Henle 1998: 43; Sandberg 1998: 62). Zweitens fehlen dem Europarat die Sanktionsmöglichkeiten der EU (vgl. Collins 1994: 128; Henle 1998: 44). Drittens gelten die beiden Dokumente für unterschiedliche Länder. Die AVMD-Richtlinie betrifft die Mitgliedstaaten der EU und die Mitgliedstaaten des Europäischen Wirtschaftsraums (EWR; namentlich Island, Liechtenstein und Norwegen). Gewisse Artikel besitzen aufgrund eines bilateralen Abkommens zur Teilnahme am Filmförderprogramm ‹MEDIA 2007› (siehe unten) auch für die Schweiz Geltung. Das EÜGF resp. EÜGAM dagegen wurde noch von weiteren Ländern unterzeichnet, womit es vor allem für die Beziehungen von EU-Staaten zu Drittstaaten und die Beziehungen zwischen Letzteren rechtliche Bedeutung besitzt (vgl. Dörr 2009: 61f.; Sandberg 1998: 60ff.; Henle 1998: 43; Kleinsteuber 1990: 38). Und viertens legt der Europarat aufgrund seiner Ziele einige Akzente anders: So wird etwa die Ausgewogenheit von Nachrichten verlangt oder besonderes Gewicht auf die Sicherstellung von Medienvielfalt gelegt (vgl. Standing Committee on Transfrontier Television 2009: para 77-84).

Förderung der audiovisuellen Industrie

Mit der EG-Fernsehrichtlinie von 1989 den europäischen Fernsehmarkt zu deregulieren war risikoreich: «The principal beneficiaries [...] were likely to be those producers who already had a dominant worldwide market position and who were therefore able to sell or distribute programmes at a competitively low price – in other words, American producers» (Humphreys 1996: 278). Deshalb wurden protektionistische Gegenmaßnahmen ergriffen. Neben den Quoten in der Fernsehrichtlinie wurde basierend auf dem Kulturartikel (Art. 167 AEUV) ein Förderprogramm für die audiovisuelle Industrie in Europa etabliert, um diese wettbewerbsfähig zu machen. Mit den sogenannten *MEDIA-Programmen* fängt die EU die finanziellen Risiken ab, welche durch ihre wirtschaftsfreundliche Medienpolitik entstanden sind (vgl. Kleinsteuber 1990: 47f.).

2007 begann bereits das vierte Förderprogramm ‹MEDIA 2007› mit einer Laufzeit bis 2013. Das Programm ist dotiert mit € 755 Millionen (vgl. Europäische Kommission 2007). Die Beträge der europäischen Filmförderung sind im Vergleich mit nationalen Förderprogrammen allerdings gering (vgl. Holtz-Bacha 2006: 282). Anders als das Programm Eurimages des Europarates (siehe Kapitel 6.1.2) verzichtet die EU auf die Unterstützung von Produktionen. Die Förderschwerpunkte liegen in der Projektentwicklung, in der Aus- und Weiterbildung und v. a. im Vertrieb. Allerdings werden ausschließlich Koproduktionen unterstützt (vgl. Graber 2003: 245; Altendorfer 2004: 97f.). An ‹MEDIA 2007› ist neben den EU- und EWR-Staaten auch die Schweiz beteiligt (Art. 1 MEDIA-Abkommen).

Elektronische Kommunikationsinfrastruktur

Seit 2003 existiert ein *einheitlicher europäischer Rechtsrahmen für die elektronische Kommunikationsinfrastruktur*. Die zuvor geltenden Vorschriften bezogen sich lediglich auf den Telekommunikationssektor und dessen Umstellung von einem staatlichen Monopol zu einem Wettbewerb. Die neuen Richtlinien, die eine Harmonisierung der Regulierung in den EU-Staaten bezwecken, sind dagegen technologieneutral: Die technische Konvergenz wird insofern berücksichtigt, als dass die Vorschriften nun für die gesamte elektronische Kommunikationsinfrastruktur Anwendung finden. Damit ist der Rechtsrahmen auch für die Rundfunkdistribution von Bedeutung. Die Regulierung bezieht sich aber explizit nur auf die Infrastruktur und klammert die Inhalte aus (vgl. Eijk 2003: 2; Dörr 2009: 57; Larouche 2004: 396).

Über die nachträgliche (‹ex-post›) Missbrauchskontrolle des Wettbewerbsrechts hinausgehende Regulierung (‹ex-ante›) kommt nur in Teilmärkten zum Einsatz, in denen ein Unternehmen über beträchtliche Marktmacht verfügt (vgl. Dörr 2009: 57; Larouche 2004: 397; Klotz 2003: 292f.). Die Schwelle liegt mit 40 bis 50 % Marktanteil relativ hoch (vgl. Eijk 2003: 6). Das Vertrauen in einen durch das Wettbewerbsrecht gesicherten freien Markt ist offensichtlich. In der Zwischenzeit wurde der Rechtsrahmen bereits überarbeitet, um ihn an veränderte Marktbedingungen anzupassen. Konkret bedeutet dies einen Verzicht auf Ex-ante-Regulierung in Teilmärkten, in denen der Wettbewerb von der Kommission inzwischen als funktionierend beurteilt wird. Im Dezember 2009 trat der revidierte Rechtsrahmen in Kraft; die Mitgliedstaaten haben bis Juni 2011 Zeit, diesen in nationales Recht umzusetzen. Der Rechtsrahmen besteht u. a. aus folgenden Rechtsakten (vgl. Dörr 2009: 56f.; Europäische Kommission 2009a; Holznagel/Dörr/Hildebrand 2008: 227; Schweda 2009):

- Mit Verordnung 1211/2009 wir das *Gremium Europäischer Regulierungsstellen für elektronische Kommunikation (GEREK)* gegründet, um die Zusammenarbeit zwischen nationaler und europäischer Ebene zu fördern. Der Vorstand des GEREK besteht aus je einem Vertreter der nationalen Regulierungsbehörden für Telekommunikation.

- Die *Rahmenrichtlinie* (Richtlinie 2002/21/EG) legt die wesentlichen Ziele und Grundsätze der Regulierung fest. Auch die Rolle der Kommission ist darin definiert. Sie bestimmt, in welchen Teilmärkten der Wettbewerb noch nicht ausreichend funktioniert und damit die sogenannte Ex-ante-Regulierung gerechtfertigt ist (Art. 15 Abs. 1), und hat ein Mitspracherecht bei von nationalen Regulierungsbehörden beschlossenen Regulierungsmaßnahmen (Art. 7 und 7a).

- Die *Zugangsrichtlinie* (Richtlinie 2002/19/EG) legt fest, wie Unternehmen mit beträchtlicher Marktmacht Zugang zu ihren Netzen gewähren müssen. Damit soll Drittanbietern ermöglicht werden, eigene Dienste über Netze anderer Unternehmen anbieten zu können.

- Die *Genehmigungsrichtlinie* (Richtlinie 2002/20/EG) will eine Vereinfachung der Genehmigungsvorschriften für elektronische Kommunikationsnetze und -dienste, indem nicht Einzellizenzen vergeben werden, sondern Allgemeingenehmigungen.

- Die *Universaldienstrichtlinie* (Richtlinie 2002/22/EG) soll garantieren, dass die Nutzerinnen und Nutzer in allen Mitgliedstaaten unabhängig vom geografischen Standort und zu erschwinglichen Preisen Zugang zu einem bestimmten Mindestangebot haben (z. B. Telefonnetz oder Radio- und Fernsehsender).

- Die *Datenschutzrichtlinie für elektronische Kommunikation* (Richtlinie 2002/58/EG) dient in erster Linie dem Schutz der Privatsphäre.

Zusätzlich existieren eine Wettbewerbsrichtlinie (Richtlinie 2002/22/EG), eine Frequenzentscheidung (Entscheidung 676/2002/EG), eine Roaming-Verordnung (Verordnung 717/2007) und eine GSM-Richtlinie (Richtlinie 1987/327/EWG).

Dem Ziel einer technologieneutralen Regulierung entsprechend gelten die Vorschriften für sämtliche Mediensektoren (siehe Kapitel 12.2). Doch eine Reihe von Vorgaben sind dennoch sektorspezifisch auf die Telekommunikation (siehe Kapitel 9.2), die Rundfunkdistribution (siehe Kapitel 10.3.3) oder das Internet (siehe Kapitel 11.3) ausgelegt. Entsprechend wird dieser Rechtsrahmen für die elektronische Kommunikationsinfrastruktur in mehreren Kapiteln ein Thema sein.

Wettbewerb: Kartelle, Missbrauch und Fusionen

Für Medien- und Telekommunikationsunternehmen sind auch die europäischen Wettbewerbsregeln von Relevanz. So sind wettbewerbsbeschränkende Vereinbarungen (Art. 101 AEUV, *Kartellverbot*) und der Missbrauch einer marktbeherrschenden Stellung (Art. 102 AEUV, *Missbrauchskontrolle*) verboten (siehe Kapitel 12.1). Zudem hat der Rat (basierend auf Art. 103 und Art. 352 AEUV) eine Verordnung zur *Fusionskontrolle* erlassen (FKVO; Verordnung 139/2004). Auch Zusammenschlüsse im Medienbereich sind damit meldepflichtig, wenn gewisse Umsätze erreicht werden (siehe Kapitel 12.3). Ziel dieser Wettbewerbsvorschriften ist die Durchsetzung und Sicherung des Binnenmarktes. Im Zentrum steht damit die Aufrechterhaltung eines funktionierenden ökonomischen Wettbewerbs. Die Besonderheiten der Medien indes werden nicht berücksichtigt. Die Bemühungen, eine Richtlinie zum Thema Medienkonzentration zu erlassen, welche sich speziell mit Zusammenschlüssen im Mediensektor befassen sollte, sind in den 1990er Jahren gescheitert.

Wettbewerb: Staatliche Beihilfen

Staatliche Beihilfen, die durch die Begünstigung bestimmter Unternehmen den Wettbewerb verfälschen, sind grundsätzlich verboten – zumindest, sofern dadurch der Handel zwischen den Mitgliedstaaten beeinträchtigt wird (Art. 107 Abs. 1 AEUV). Dies gilt auch für die Schweiz (Art. 13 EWG-Abkommen).

Allerdings existieren Ausnahmen. So sind Beihilfen zur Förderung der Kultur explizit zulässig (Art. 107 Abs. 3 lit. d AEUV), worunter auch die Fördermaßnahmen für die *audiovisuelle Industrie* fallen (vgl. Harrison/Woods 2001: 488). Staatliche Beihilfen für Kino- und Fernsehproduktionen gelten als zulässig, wenn sie einem kulturellen Produkt zugutekommen, der Produzent mindestens 20 % des Budgets in anderen Staaten ausgeben darf, die Beihilfe 50 % des Produktionsbudgets nicht übersteigt und keine zusätzlichen Beihilfen für besondere Filmarbeiten (wie Postproduktion) gesprochen werden (vgl. Europäische Kommission 2001).

Presseförderung (siehe Kapitel 8) gilt ebenfalls als staatliche Beihilfe. Allerdings hat die finanzielle Unterstützung von Zeitungen auf den Wettbewerb außerhalb eines Nationalstaates kaum Auswirkungen, da nur wenige Titel grenzüberschreitend vertrieben werden (vgl. European Commission 2004: 101). Allenfalls innerhalb von Sprachräumen werden auch ausländische Printmedien genutzt. Angesichts des unbedeutenden grenzüberschreitenden Handels sah die Kommission keinen Anlass, sich eingehender mit dem Thema zu beschäftigen:

«Nach Auffassung der Kommission sind Beihilfen für die Presse mit dem Gemeinsamen Markt [...] im allgemeinen nicht unvereinbar, da es sich hierbei nicht um einen Wirtschaftsbereich handelt, in dem es einen echten Wettbewerb zwischen den Herstellern der verschiedenen Mitgliedstaaten gibt» (Europäische Kommission 1977: Rn. 239).

Zudem verzichteten Presseunternehmen, die keine Presseförderung erhielten, darauf, sich gegen diese Benachteiligung zu wehren – vermutlich, da die Subventionen zu unbedeutend sind (vgl. Picard 2006: 215).

Inzwischen hat sich dies geändert. Einerseits argumentiert die Kommission, dass Presseförderung sich auch auf Werbe-, Druck- und Distributionsmärkte auswirke. Somit habe sie das Potenzial, den Handel zwischen Mitgliedstaaten zu beeinträchtigen, weshalb die EU-Beihilfevorschriften anzuwenden seien (vgl. Commission Européenne 2004; Dios 2006: 207f.). Andererseits gingen bei der Kommission auch Beschwerden von Verlagen gegen die Presseförderung in ihren Heimatstaaten ein. Doch auch wenn die Beihilfevorschriften des AEUV nun auf Presseförderung angewendet werden, hält die Kommission Presseförderung weiterhin für zulässig. Denn die Förderung von Medienpluralismus und Meinungsvielfalt sei ein Ziel von gemeinsamem europäischem Interesse. Bedingung für die Zulässigkeit ist allerdings die Verhältnismäßigkeit der Subventionen (vgl. Europäische Kommission 2009e).

Unzulässig sind Presseförderungsmaßnahmen aber dann, wenn inländische Zeitungen, die im Ausland gedruckt werden, von der Förderung ausgeschlossen werden (vgl. Prognos 1998: 75). Dies verfälscht nicht nur den Wettbewerb zwischen in- und ausländischen Druckereien (Art. 107 AEUV), sondern verstößt auch gegen das Verbot mengenmäßiger Einfuhrbeschränkungen (Art. 34 AEUV). Diese Regeln gelten nicht nur für die Mitgliedstaaten der EU, sondern aufgrund eines Abkommens zwischen der Schweiz und der EWG von 1972 auch für die Eidgenossenschaft (Art. 13 und Art. 23 Abs. 1 (iii)).

Die zuständige Generaldirektion ‹Wettbewerb› geht auch davon aus, dass die *Gebührenfinanzierung öffentlicher Rundfunkorganisationen* (siehe Kapitel 10.2.1) den Tatbestand der Beihilfe erfüllt (vgl. Bark 2005: V; Dörr 2009: 51). Deshalb komme der Kommission aus wettbewerbsrechtlicher Perspektive eine Aufsichtsfunktion zu (vgl. Harrison/Woods 2001: 478f.). «Dabei geht es um die Frage, inwieweit der [AEUV] der Gebührenfinanzierung bzw. der staatlichen Finanzierung des öffentlich-rechtlichen Rundfunks Grenzen setzt» (Dörr 2009: 49). Der Spielraum der Kommission ist allerdings eng, denn das *Amsterdamer Protokoll*, welches integraler rechtsverbindlicher Bestandteil des Vertrages ist, bestätigt klar die Zuständigkeit der Mitgliedstaaten für die Festlegung von Auftrag und Art der Finanzierung des öffentlichen Rundfunks:

«Die Bestimmungen der Verträge berühren nicht die Befugnis der Mitgliedstaaten, den öffentlich-rechtlichen Rundfunk zu finanzieren, sofern die Finanzierung der Rundfunkanstalten dem öffentlich-rechtlichen Auftrag, wie er von den Mitgliedstaaten den Anstalten übertragen, festgelegt und ausgestaltet wird, dient und die Handels- und Wettbewerbsbedingungen in der Union nicht in einem Ausmaß beeinträchtigt, das dem gemeinsamen Interesse zuwiderläuft, wobei den Erfordernissen der Erfüllung des öffentlich-rechtlichen Auftrags Rechnung zu tragen ist» (Protokoll über den öffentlich-rechtlichen Rundfunk in den Mitgliedstaaten).

Zwar stuft die Kommission die Gebührenfinanzierung des öffentlichen Rundfunks als Beihilfe ein. Auch wird eine Zulässigkeit der Beihilfe unter Zuhilfenahme der Kulturförderungsausnahme (Art. 107 Abs. 3 lit. d AEUV) abgelehnt. Aber die Kommission wendet eine andere Ausnahmeregelung an. Unternehmen, die Dienste von allgemeinem wirtschaftlichen Interesse (Art. 14 AEUV) erbringen, können Beihilfen erhalten (Art. 106 Abs. 2 AEUV), wenn bestimmte Voraussetzungen erfüllt sind (vgl. Europäische Kommission 2009c; Wheeler 2004: 361f.; Bark 2005: VI; Holtz-Bacha 2006: 249ff.):

- Definition: Die Mitgliedstaaten müssen den Auftrag des öffentlichen Rundfunks definieren. Der Auftrag darf auch neue digitale Dienste (z. B. Onlineangebote) umfassen.
- Beauftragung und Kontrolle: Die öffentliche Rundfunkorganisation muss vom Mitgliedstaat mit der Erfüllung des Auftrags betraut und entsprechend kontrolliert werden.
- Verhältnismäßigkeit: Die Finanzierung muss der Erfüllung des öffentlichen Auftrags dienen und darf die Wettbewerbsbedingungen auf dem Binnenmarkt nicht übermäßig beeinträchtigen. Um zu verhindern, dass rein kommerzielle Tätigkeiten mit Gebührengeldern quer subventioniert werden, verlangt die *Transparenz-Richtlinie* (Richtlinie 2006/111/EG) eine getrennte Buchführung (vgl. Dörr 2009: 53f.).

Die Kommission ist also der Ansicht, dass der öffentliche Rundfunk auch neue digitale Angebote mit Gebühren finanzieren und auf allen Verbreitungsplattformen präsent sein darf. Indes verlangt sie von den Mitgliedstaaten bei ‹wesentlichen neuen Diensten› eine vorgängige Prüfung mit öffentlicher Konsultation, um den gesellschaftlichen Nutzen gegen die Auswirkungen auf den Markt abzuwägen (vgl. Europäische Kommission 2009c). In Großbritannien wurde hierzu der ‹Public Value Test›, in Deutschland der ‹Drei-Stufen-Test› eingeführt.

Während private Sender die Zuständigkeit der Kommission begrüßen, wehren sich öffentliche Rundfunkorganisationen und viele Mitgliedstaaten gegen eine Einstufung der Rundfunkgebühren als staatliche Beihilfe (vgl. Holtz-

Bacha 2006: 249). Im Kern dreht sich die Beihilfendiskussion um die Kompetenz der Mitgliedstaaten, den öffentlichen Auftrag zu definieren und die dafür notwendige Finanzierung zu ermöglichen. Die Anwendung der Beihilfevorschriften auf die Finanzierung des öffentlichen Rundfunks dürfte dessen Existenz indes kaum gefährden. Letztlich geht es darum zu prüfen, ob der öffentliche Rundfunk die öffentlichen Mittel auch tatsächlich für die Erfüllung seines öffentlichen Auftrages einsetzt (vgl. Bark 2005: VII; Harrison/Woods 2001: 493). «The Commission will only intervene in cases where there is a distortion of competition arising from the aid which cannot be justified with the need to perform the public service as defined by the member state and to provide for its funding [...]» (Wheeler 2004: 362).

Die Beihilferegeln werden auch auf die *öffentliche Finanzierung von Breitbandnetzen* (‹Next Generation Access Networks› auf Basis von Glasfaserkabeln oder Mobilfunk) angewendet (siehe Kapitel 9.2). Wo der Wettbewerb funktioniert und private Firmen in die Infrastruktur investieren, sind staatliche Beihilfen nicht erlaubt (‹schwarze Flecken›). Dagegen sind Subventionen in Gebieten zulässig, in denen der Ausbau von Breitbandnetzen unrentabel ist (‹weiße Flecken›) oder die in dieser Hinsicht unversorgt sind (‹graue Flecken›). Damit soll die Breitbandförderung mit den EU-Beihilfevorschriften in Einklang gebracht werden (vgl. Europäische Kommission 2009d).

Europäische Informationsgesellschaft

Die *Förderung der europäischen Informationsgesellschaft* stellt ein wichtiges Ziel der EU dar. Als Teil ihrer neuen Wachstumsstrategie ‹Europa 2020› hat die Kommission auch die Leitinitiative ‹Eine digitale Agenda für Europa› verabschiedet. Diese zielt darauf ab, das soziale und wirtschaftliche Potenzial des Internets zu nutzen. Die Agenda umfasst mehrere Punkte, so etwa die Schaffung eines digitalen Binnenmarktes für Onlineinhalte durch die europaweite Lizenzierung audiovisueller Inhalte (z. B. für Musikdownloads) und die Vereinfachung grenzüberschreitender Onlinetransaktionen, die Stimulation von Investitionen und Innovationen im Bereich der Informations- und Kommunikationstechnologien, die Schaffung von Sicherheit und Vertrauen durch die Bekämpfung von Cyberkriminalität und den Schutz personenbezogener Daten oder auch den Ausbau der Kommunikationsinfrastruktur und die Förderung digitaler Kompetenzen. Die letzten Punkte beinhalten den Anschluss aller Bürgerinnen und Bürger an Breitbandnetze bis 2013 und damit die Verringerung des ‹Digital Divide› zwischen verschiedenen Bevölkerungsschichten (vgl. Europäische Kommission 2010a: 8-32; 2010b: 16f.).

Dem *Schutz Minderjähriger* dient das ‹Safer Internet Programme›, welches illegale und schädliche Inhalte zu bekämpfen versucht, Kinder, Eltern und Lehrer ausbildet und sich für eine sichere Onlineumgebung einsetzt. Zu diesem Zweck werden beispielsweise das ‹European Internet Safety Network› (Insafe) finanziert oder Selbstregulierungsinitiativen unterstützt (siehe Kapitel 6.4). Das derzeitige Programm läuft von 2009 bis 2013 und ist mit € 55 Millionen dotiert (vgl. European Commission 2009).

Mehrere Richtlinien dienen der Stärkung der *Rechtssicherheit bei E-Commerce* im europäischen Binnenmarkt, indem ein gemeinschaftsweiter Rahmen geschaffen wird, um bei den Konsumenten Vertrauen für die elektronische Abwicklung geschäftlicher Transaktionen zu erwecken. Die Richtlinien befassen sich mit dem Verbraucherschutz bei Vertragsabschlüssen im Fernabsatz (Richtlinie 97/7/EG), elektronischen Signaturen (Richtlinie 1999/93/EG) und elektronischem Geschäftsverkehr (Richtlinie 2000/31/EG) (vgl. Dörr 2009: 58f.; Smith 2002: 444-448; Schneider/Werle 2007).

> Die AVMD-Richtlinie harmonisiert die Regulierung in den Mitgliedstaaten und legt Mindeststandards für audiovisuelle Mediendienste fest. Zudem fördert die EU die audiovisuelle Industrie, wendet die Wettbewerbsregeln auf Medien- und Telekommunikationsunternehmen an und beschäftigt sich mit der für elektronische Kommunikation notwendigen Infrastruktur.

6.4 Selbst- und Co-Regulierungsorganisationen

Selbst- und Co-Regulierungsorganisationen sind auf europäischer Ebene u. a. in den Bereichen Standardisierung, Werbung, Marketing und Konsumentenschutz tätig (vgl. Latzer/Saurwein 2008).

- CENELEC und ETSI sind Co-Regulierungsorganisationen, die für die Standardisierung von Rundfunk und Telekommunikation tätig sind.
- Mit EuroISPA existiert ein europäischer Dachverband der Internet-Service-Provider. Die Verbände der Provider aus neun EU-Mitgliedstaaten sowie aus Norwegen sind in dieser Organisation vertreten.
- Im Rahmen der Interactive Software Federation of Europe wurde ein Pan European Game Information System (PEGI) entwickelt, das Altersempfehlungen für Computerspiele abgibt.
- Die European Advertising Standards Alliance (EASA) fördert und koordiniert nationale Selbstregulierung im Bereich Werbung und Marketing; für die PR-Branche ist der European Code of Conduct in Public Relations in Kraft.

Zudem gibt es neuere, vom ‹Safer Internet Programme› der EU initiierte Selbstregulierungsinitiativen. Das 2007 verabschiedete ‹Framework for Safer Mobile Use by Young Teenagers and Children› hat das Ziel, den Zugang Minderjähriger zu bestimmten Inhalten auf ihren Mobiltelefonen zu verhindern; die 2009 unterzeichneten ‹Safer Social Networking Principles› dienen dem Schutz von Kindern und Jugendlichen in sozialen Netzwerken.

> Neben Europarat, OSZE und EU kümmern sich auch mehrere Selbst- und Co-Regulierungsorganisationen auf europäischer Ebene um medienrelevante Fragen. Einige davon wurden von der EU initiiert.

Übungen

1. Was hat die Europäische Menschenrechtskonvention des Europarates mit Medien und EÜGF resp. EÜGAM zu tun?
2. Erläutern Sie die Grundprinzipien der AVMD-Richtlinie.
3. Wie unterscheiden sich das EÜGF resp. EÜGAM des Europarates und die AVMD-Richtlinie der EU?

Literatur

Collins, Richard (1994): Broadcasting and Audio-Visual Policy in the European Single Market. London/Paris/Rome [Kapitel 4, 8].

Analyse der Entstehung der EG-Fernsehrichtlinie und der beteiligten Akteure. Behandelt als einer der wenigen Texte auch den Europarat.

Dörr, Dieter (2009): Die europäische Medienordnung. In: Hans-Bredow-Institut (Hrsg.): Internationales Handbuch Medien. Baden-Baden, S. 41-63.

Umfassende und dennoch kurz gehaltene Erläuterung der Tätigkeit der EU im Mediensektor.

Holtz-Bacha, Christina (2006): Medienpolitik für Europa. Wiesbaden.

Ausführliche Darstellung der verschiedenen Tätigkeitsbereiche der EU mit Bedeutung für die Medien.

Wheeler, Mark (2004): Supranational Regulation. Television and the European Union. In: European Journal of Communication, 19(3), S. 349-369.

Überblick über medienrelevante Aktivitäten und Zielkonflikte innerhalb der EU.

7   Globale Akteure der Medienregulierung

Inhalt und Lernziele

Immer größer sind die Auswirkungen der globalen Ebene auf die nationale Medienregulierung. Das folgende Kapitel stellt mit ITU, WIPO, UNESCO und WTO die für Medien zentralen internationalen Organisationen vor. Zudem werden die für den Mediensektor relevanten Selbst- und Co-Regulierungsorganisationen diskutiert.

Nach diesem Kapitel können Sie
- Funktionsweise und Tätigkeiten internationaler Organisationen im Medienbereich beschreiben.
- den Einfluss globaler Akteure auf die nationale und europäische Medienregulierung beurteilen.
- darlegen, welche Konsequenzen eine Liberalisierung des audiovisuellen Sektors im Rahmen des GATS haben könnte.

Medienorganisationen und die massenmediale öffentliche Kommunikation sind nicht nur von Regulierung auf nationaler und europäischer, sondern auch auf globaler Ebene betroffen. Dabei ist insbesondere die Zusammenarbeit von Nationalstaaten in ‹International Governmental Organizations› (IGOs) von Interesse (siehe Abb. 21). Mitglieder von IGOs sind die einzelnen Nationalstaaten und in der Regel verfügt jedes Land über eine Stimme. Dabei darf allerdings nicht übersehen werden, dass die Staaten auch dadurch Macht ausüben können, dass sie wichtige Posten in den Leitungsgremien besetzen oder die Zahlung ihrer Mitgliedsbeiträge von einer ihnen genehmen Regulierung abhängig machen (vgl. Ó Siochrú/Girard 2002: 144f.). Private Akteure – v. a. Unternehmen – arbeiten mit den nationalstaatlichen Delegationen in der Ausarbeitung von Vorschlägen häufig eng zusammen. «[…] the interests of the private sector are closely aligned by some governments with the general national interest» (Ó Siochrú/Girard 2002: 147). Regulierung auf globaler Ebene hat allerdings in den meisten Fällen ein großes Manko: Ein Großteil der internationalen Übereinkommen (Deklarationen, Resolutionen) ist nicht verbindlich. Damit entfalten sie nur eine Wirkung, wenn die einzelnen Staaten sich an ihre Versprechen halten. Zwar existieren auch bindende Instrumente wie Verträge, doch fehlt es an durchsetzbaren Sanktionen, so besteht auch bei diesen die

Gefahr, dass sie nicht eingehalten werden (vgl. Ó Siochrú/Girard 2002: 20, 136f.).

Interdependenzen zwischen Nationalstaaten und der grenzüberschreitende Charakter von Kommunikation bedingen auch im Bereich der Medien und Telekommunikation internationale Kooperationen (vgl. Tietje 2009: 17). Vor dem 19. Jahrhundert existierten allerdings keine internationalen Organisationen (vgl. Hamelink 1994: 5; Ó Siochrú/Girard 2002: 17). Die Entstehung der internationalen Regulierung im Kommunikationsbereich kann in drei Phasen unterteilt werden.

In der *ersten Phase* ging der Impuls für internationale Zusammenarbeit und die Gründung von IGOs von der wirtschaftlichen Entwicklung aus. Die Erfindung von Telegrafie und Telefonie sowie der Schutz geistigen Eigentums führten zu ersten multilateralen Abkommen. Unter anderem wurden die ITU (siehe Kapitel 7.1) und Vorgängerorganisationen der WIPO (siehe Kapitel 7.2) gegründet (vgl. Ó Siochrú/Girard 2002: 119f.).

Die *zweite Phase* setzte mit dem Ende des Zweiten Weltkrieges ein. Mit der Gründung der Vereinten Nationen (United Nations Organization, UNO) entstand ein neues Forum für die internationale Zusammenarbeit. Die von der UNO verabschiedete ‹Allgemeine Erklärung der Menschenrechte› ist für den Mediensektor relevant. In Artikel 19 wird das Recht auf Meinungsfreiheit und freie Meinungsäußerung postuliert. Dieses schließt die Freiheit ein, über Medien Informationen zu suchen, zu empfangen und zu verbreiten. Die Erklärung ist nicht völkerrechtlich verbindlich. Erst 1966 verabschiedete die UNO-Generalversammlung zwei verbindliche internationale Pakte über wirtschaftliche, soziale und kulturelle sowie über bürgerliche und politische Rechte. Letzterer enthält in Artikel 19 auch das Recht auf Meinungsfreiheit und freie Meinungsäußerung. Von Bedeutung ist zudem die UNESCO (siehe Kapitel 7.3), eine Unterorganisation der UNO, die sich kulturellen Themen verschrieben hat (vgl. Ó Siochrú/Girard 2002: 120ff.; Hamelink 1994: 23, 27, 155).

Die *dritte Phase* der internationalen Medienregulierung ist geprägt durch eine starke Gewichtung internationalen Freihandels und ökonomischer Kriterien. Die UNO und ihre Unterorganisationen haben gegenüber den reichen Nationen und den in diesen beheimateten Großkonzernen sowie gegenüber einer IGO außerhalb der UN-Familie – der WTO (siehe Kapitel 7.4) – an Boden verloren. Daneben jedoch gewinnen zivilgesellschaftliche Akteure (International Nongovernmental Organizations, INGOs), die keine ökonomischen Interessen verfolgen, an Bedeutung (vgl. Ó Siochrú/Girard 2002: 124ff., 151, 160f.; Hamelink 1994: 28; McQuail 2005: 269).

Neben diesen IGOs existieren, v. a. im Internetsektor, zahlreiche Selbst- und Co-Regulierungsorganisationen auf globaler Ebene (siehe Kapitel 7.5).

Abb. 21: Internationale Organisationen von Bedeutung für die Medienregulierung

---

International Telecommunication Union (ITU)

globale Koordination der
Allokation von Frequenzen
und Satellitenpositionen;
technische Standardisierung;
Entwicklungshilfe im Bereich
Telekommunikation

World Intellectual Property Organization (WIPO)

globaler Schutz geistigen Eigentums; medienrelevant ist v. a.
die Durchsetzung von Ur-
heberrechten (Copyrights)

United Nations Educational, Scientific and Cultural Organization (UNESCO)

internationale Zusammenarbeit
in Bildung, Wissenschaft, Kultur
und Kommunikation;
medienrelevant sind v. a. die
Entwicklungshilfe beim Aufbau
von Kommunikationsinfra-
strukturen und in der
Journalistenausbildung sowie
die Förderung der kulturellen
Vielfalt

United Nations
Educational, Scientific and
Cultural Organization

World Trade Organization (WTO)

Liberalisierung des Welt-
handels; medienrelevant sind
v. a. das Dienstleistungs-
abkommen GATS und das
TRIPS-Abkommen über
handelsbezogene Aspekte
geistigen Eigentums

Logos benutzt mit Genehmigung der jeweiligen Organisation

7.1 ITU

7.1.1 Entstehung und Struktur

Die *International Telecommunication Union* (ITU, dt. Internationale Fernmeldeunion) ist die einzige Unterorganisation der UNO, welche sich exklusiv mit Kommunikationsfragen befasst.

Die eine der Vorgängerorganisationen der ITU wurde 1865 von zwanzig europäischen Ländern unter den Namen *International Telegraph Union* (dt. Welttelegrafenverein) gegründet. Damit ist die ITU die erste internationale Organisation überhaupt. Bis Mitte des 19. Jahrhunderts war Telegrafie eine nationale Angelegenheit. Grenzüberschreitende Nachrichten mussten an der Grenze abgeschrieben und im Netz des Nachbarlandes neu übermittelt werden. Der Telegrafenverein sollte nicht nur diesem Problem Abhilfe verschaffen, sondern auch die Tarife regeln. Später wurde mit der Erfindung und Bedeutungszunahme der Telefonie auch diese einbezogen und reguliert. Damit war der Telegrafenverein für beide kabelgebundenen Kommunikationstechnologien zuständig. Die Radiotechnologie hingegen, welche zuerst für drahtlose Telegrafie eingesetzt wurde und eine Allokation der knappen Frequenzen bedingte, wurde in der 1906 gegründeten *International Radiotelegraph Union* (IRU, dt. Weltrundfunkverein) reguliert. 1932 fusionierten die beiden Organisationen und bekamen den heutigen Namen: International Telecommunication Union. Zu einer Unterorganisation der UNO wurde die ITU 1947. Ende der 1960er Jahre gewannen Kommunikationssatelliten an Bedeutung, was wiederum eine Allokation von Orbitalpositionen und von Frequenzen bedingte (vgl. Ó Siochrú/Girard 2002: 38ff.; Drake 2000: 126f.).

Technologische, politische und ökonomische Veränderungen, insbesondere die Deregulierung der Telekommunikation in den 1980er und 1990er Jahren, führten die ITU an ihre Grenzen. Große Unternehmen, die in neue Technologien investierten, konnten und wollten nicht auf die langwierigen Standardisierungsentscheidungen warten. Und das Abrechnungssystem für internationale Telefongespräche war für die Ära ohne staatliche Telekommonopole nicht gerüstet. «Mit fortschreitender Liberalisierung, der zunehmenden Zahl von Dienste- und Infrastrukturanbietern und der Konkurrenz durch andere Normungsgremien ist die zentrale Rolle der ITU gefährdet» (Latzer 1997: 214). Die ITU wurde deshalb reorganisiert. Dabei wurden drei Ziele verfolgt: die Beschleunigung der Prozesse, die stärkere Einbeziehung privater Unternehmen und eine stärkere Unterstützung von Entwicklungsländern (vgl. Ó Siochrú/Girard 2002: 41ff.). Die Mitgliedschaft privater Akteure ist durchaus sinnvoll, da die nicht bindenden Regeln der ITU ohne ihre Beteiligung bedeutungslos wären (vgl. Ó Siochrú/Girard 2002: 148). Allerdings ist das große Gewicht, das die Unternehmen so bekommen, auch nicht unproblematisch: «The ITU's internal reforms reflected the subordination of conventional communication policy issues to the market [...] as members of the private sector were endowed with new voting privileges alongside national governments [...]» (Winseck 2002: 395). Kommt hinzu, dass das bisherige Tarif- und Abrechnungssystem für internationale Telekommunikationsdienste zugunsten eines marktbasierten Mechanismus aufgegeben wurde. Dies hatte zur Folge, dass seither weniger Geld in Entwicklungsländer fließt (vgl. Ó Siochrú/Girard 2002: 126).

Heute sind 191 Staaten und – dies eine Besonderheit – über 700 private Akteure (Unternehmen und NGOs) Mitglied der ITU (vgl. ITU 2007: 4), welche ihren Sitz in Genf hat. Oberstes Gremium ist die *Plenipotentiary Conference* (Generalbevollmächtigte Konferenz), welche sich aus Delegationen der Mitgliedstaaten zusammensetzt und alle vier Jahre tagt. Zu den Aufgaben gehören u. a. die Festlegung der allgemeinen Ziele, die Wahl des General-sekretärs und der Direktoren der drei ITU-Büros und der im Council ver-tretenen Länder. Der *ITU Council* (Rat) besteht aus Delegierten von 46 Ländern, trifft sich jährlich und vertritt die Konferenz zwischen deren Treffen. Das vom Generalsekretär geleitete Generalsekretariat ist für alle administrativen Angelegenheiten zuständig (vgl. Ó Siochrú/Girard 2002: 47; ITU 2004: 21f., 37). Unterhalb dieser Ebene ist die ITU in drei Sektoren unterteilt, welche ihre drei Hauptaufgabengebiete widerspiegeln:

- ITU Radiocommunication Sector (ITU-R) ist zuständig für die Allokation von Frequenzen und Satellitenpositionen;
- ITU Telecommunications Standardization Sector (ITU-T) ist für die ältesten Aufgaben der ITU zuständig: für Standardisierung und Abrechnungsfragen;
- ITU Development Sector (ITU-D) ist zuständig für Entwicklungshilfe.

In diesen drei Sektoren bestimmen Konferenzen und Versammlungen, die zwischen den Treffen der Plenipotentiary Conference stattfinden, die allgemeine Ausrichtung und welche Themen behandelt werden sollen. Zur Behandlung der einzelnen Themen werden jeweils Study Groups eingerichtet:

> «Each of the three ITU Sectors works through conferences and meetings, where members negotiated the agreements which serve as the basis for the operation of global telecommunication services. Study groups made up of experts drawn from leading telecommunication organizations worldwide carry out the technical work of the Union [...]» (ITU 2004: 11).

Der Großteil der Arbeit wird folglich in diesen Study Groups erledigt, welche auch die eigentliche Macht innehaben, da hier die Empfehlungen, welche die

Konferenzen letztlich verabschieden, vorbereitet werden (vgl. Ó Siochrú/Girard 2002: 48f.). Zwar sind Empfehlungen rechtlich nicht bindend, doch haben jene von ITU-R und ITU-T großes Gewicht, da für die Beteiligten viel auf dem Spiel steht. Alle drei Sektoren verfügen als ausführendes Organ über ein Büro, welches von einem von der Generalbevollmächtigten Konferenz gewählten Direktor geleitet wird. Eine Besonderheit bietet ITU-R, denn hier existiert zusätzlich noch ein Radio Regulations Board. Dieses bereitet rechtlich bindende internationale Verträge über die Nutzung des Frequenzspektrums vor, welche von der Plenipotentiary Conference verabschiedet werden.

7.1.2   Tätigkeiten im Bereich der Medien

Zu den Hauptaufgaben der ITU gehören die Allokation von Frequenzen und Satellitenpositionen, die Entwicklung einheitlicher technischer Standards, die Koordination der Tarifierung von Telefon und Telegraf sowie Dienstleistungen für Entwicklungsländer (vgl. Ó Siochrú/Girard 2002: 36; ITU 2007: 3).

Die *Allokation von Frequenzen und von Satellitenpositionen* ist notwendig, da es von beiden nur eine begrenzte Zahl gibt und mehrere Akteure an einer Nutzung interessiert sind (siehe Kapitel 3 und 10.3.1). Voraussetzung für grenzüberschreitende Telekommunikation ist eine *Standardisierung*, d. h. eine Abstimmung der verwendeten Technik, damit die verschiedenen nationalen Kommunikationsnetze auch zusammengeschaltet werden können (vgl. Latzer 1997: 213). Weltweite Standards sollen die Unternehmen dazu bewegen, die gleiche Technologie zu benutzen und damit verhindern, dass sich für die Nutzerinnen und Nutzer Inkompatibilitäten aufgrund verschiedener rivalisierender Technologien ergeben (vgl. ITU 2004: 16). Allerdings haben konkurrierende Unternehmen häufig ein Interesse daran, die von ihnen erfundene Technologie durchzusetzen, was die Einigung auf gemeinsame Standards erschwert (Ó Siochrú/Girard 2002: 40). Die *Festlegung von Tarifen* für internationale Telefongespräche und die Verteilung der daraus resultierenden Einnahmen zwischen den beteiligten Telekommunikationsunternehmen war über lange Zeit ebenfalls ein wichtiges Thema (vgl. Ó Siochrú/ Girard 2002: 37). Zudem soll das Ungleichgewicht bezüglich Zugang zu Telekommunikation zwischen Industrie- und *Entwicklungsländern* vermindert werden (vgl. ITU 2004: 18). Die Bedeutung eines freien Zugangs zur Telekommunikation für alle Menschen auf dieser Welt wird betont (vgl. Tonnemacher 2003: 276). Damit befasst sich die ITU vorwiegend mit technischen Aspekten, welche für die Regulierung der Rundfunkdistribution und der Telekommunikation von Bedeutung sind.

Neuerdings versucht sich die ITU auch zum Thema Informationsgesellschaft zu profilieren. Auf Vorschlag der ITU hat die Generalversammlung der UNO 2001 beschlossen, einen zweiteiligen ‹World Summit on the Information Society› (WSIS) durchzuführen (vgl. United Nations/ITU 2002: 4; Hepp 2006: 119ff.; Weber 2009: 31-36). Ziel war es, Unternehmen, Regierungen, Zivilgesellschaft und UN-Organisationen an einen Tisch zu bringen, um die Rolle von Informations- und Kommunikationstechnologien für die Gesellschaft zu diskutieren (siehe Kapitel 7.5). Das erste Gipfeltreffen fand im Dezember 2003 in Genf, das Zweite im November 2005 in Tunis statt. Auf der Tagesordnung standen Themen wie die Regulierung des Internets oder der wachsende ‹Digital Divide› zwischen armen und reichen Ländern.

Die ITU beschäftigt sich erstens mit der Allokation von Funkfrequenzen und Satellitenpositionen. Zweitens fallen die technische Standardisierung und die Festlegung von Tarifen – beides Voraussetzungen für internationale Telekommunikation – in die Zuständigkeit. Die Organisation kümmert sich drittens um Entwicklungshilfeprojekte im Bereich der Telekommunikation.

7.2   WIPO

7.2.1   Entstehung und Struktur

Wie bei der ITU reicht die Geschichte der *World Intellectual Property Organization* (WIPO, dt. Weltorganisation für geistiges Eigentum) bis ins 19. Jahrhundert zurück. Der fehlende weltweite Schutz geistigen Eigentums stellte ein Hindernis für ökonomische und technologische Entwicklungen dar. Die Besitzer geistigen Eigentums mussten fürchten, dass ihre Ideen in anderen Ländern gestohlen werden.

1884 trat die *Pariser Konvention zum Schutz industriellen Eigentums* (Paris Convention for the Protection of Industrial Property) in Kraft, welche dafür sorgt, dass industrielle Erfindungen auch im Ausland geschützt sind. Patente, Marken (Trademarks) und industrielles Design waren damit nicht nur im Heimatland des Erfinders geschützt, sondern auch in den anderen Vertragsstaaten. «Patents and trademarks focus on ideas relating to industry, the former covering new inventions and processes, the latter the use of sign or symbols that identify goods and services» (Ó Siochrú/Girard 2002: 85). Für die Erfüllung administrativer Aufgaben wurde ein internationales Büro eingerichtet.

Autoren und Künstler kämpften mit ähnlichen Problemen: Der Verkauf und die Nutzung ihrer Werke (z. B. Literatur, Musik, Bilder etc.) waren im Ausland nicht geregelt, d. h. ihr Urheberrecht (Copyright) war nicht geschützt. «Copyright protects the right to control the use or expression of creative works, such as writing, songs, music, drawings, and sculptures» (Ó Siochrú/Girard 2002: 85). Hierfür wurde die *Berner Konvention zum Schutz von Werken der Literatur und Kunst* (Berne Convention for the Protection of Literary and Artistic Works) verabschiedet, welche 1886 in Kraft trat und ebenfalls ein Büro erhielt.

1893 wurden die beiden Büros zusammengelegt und bildeten fortan die Bureaux Internationaux Réunis pour la Protection de la Propriété Intellectuelle (BIRPI) – die Vorgängerorganisation der WIPO. 1970 trat die WIPO-Konvention in Kraft. Damit wurden die BIRPI in die WIPO umgewandelt. 1974 wurde die WIPO zu einer Unterorganisation der UNO mit Sitz in Genf (vgl. Ó Siochrú/Girard 2002: 87ff.).

Heute sind 184 Staaten Mitglieder der WIPO, welche insgesamt 24 internationale Verträge administriert. Die Organisation ist folglich nicht nur für die Pariser und die Berner Konvention zuständig, sondern über die Jahre sind viele weitere Verträge hinzugekommen. Schon 1961 trat das *Internationale Abkommen über den Schutz der ausübenden Künstler, der Hersteller von Tonträgern und der Sendeunternehmen* in Kraft. Als Reaktion auf die Digitalisierung und die Verbreitung des Internets wurden zudem 1996 der *WIPO-Urheberrechtsvertrag* und der *WIPO-Vertrag über Darbietungen und Tonträger* verabschiedet.

Innerhalb der WIPO gibt es zwei Ebenen der Mitgliedschaft. Einerseits gibt es WIPO-Mitgliedstaaten, die eine oder mehrere der von ihr administrierten Konventionen unterzeichnet haben. Andererseits kann ein Staat Mitglied der WIPO sein, ohne eine Konvention unterzeichnet zu haben. Diese Unterscheidung ist relevant bezüglich der Teilnahme in den beiden obersten Gremien der WIPO, die zweijährlich tagen:

- Die *Generalversammlung* (General Assembly) besteht aus denjenigen Mitgliedstaaten, welche mindestens eine Konvention unterzeichnet haben. Die Generalversammlung ernennt unter anderem den Generaldirektor.
- Der *Konferenz* (Conference) gehören auch diejenigen Mitgliedstaaten der WIPO an, welche keine Konvention unterzeichnet haben.

Für beide Gremien bereitet das jährlich zusammentretende *Koordinationskomitee* (Coordination Committee) die Geschäfte vor. Zudem nominiert das Komitee den Generaldirektor. Das *Internationale Büro* schließlich ist für das Tagesgeschäft zuständig und wird vom Generaldirektor geführt.

7.2.2   Tätigkeiten im Bereich der Medien

Die WIPO hat zum Ziel, geistiges Eigentum weltweit zu schützen. Hierzu zählen Patente, Markenzeichen und Urheberrechte (Copyrights). Letztere sind für den Mediensektor von großer Bedeutung, da Medieninhalte aus Ideen bestehen. Deshalb muss auch die Regulierung der Nutzung geistigen Eigentums betrachtet werden.

Als Entschädigung für ihre Investition in einen kreativen Prozess gehören die Urheberrechte in der Regel nicht dem eigentlichen Erfinder, sondern einem Medienunternehmen. Diese Medienkonzerne haben ein großes Interesse daran, dass sie kontrollieren können, wie eine bestimmte Idee – z. B. ein neuer Film – genutzt wird. Schließlich ist der Eigentümer für jede Nutzung zu entschädigen. Die Entstehung neuer Reproduktionstechnologien wie Fotokopierer oder CD- und DVD-Brenner sowie die Digitalisierung erschweren allerdings die Durchsetzung von Urheberrechten, und den Medienunternehmen gehen dadurch beträchtliche Einnahmen verloren. An der WIPO wird kritisiert, dass in erster Linie den Interessen der Industrienationen und der großen Weltkonzerne Referenz erwiesen werde. Andererseits ist kein Unternehmen bereit, in einem Land zu investieren, welches geistige Eigentumsrechte nicht respektiert.

Die WIPO hat keine Möglichkeit, Konventionen selbst durchzusetzen, sondern die Mitgliedstaaten sollten die eingegangenen Verpflichtungen in nationale Gesetze überführen (vgl. Ó Siochrú/Girard 2002: 95ff.). Damit stellt sich die Frage der Wirksamkeit, weshalb sich auch die WTO (siehe Kapitel 7.4.4) dem internationalen Schutz geistigen Eigentums angenommen hat.

> Die WIPO hat den weltweiten Schutz geistigen Eigentums (Patente, Markenzeichen, Urheberrechte) zum Ziel. Für den Mediensektor ist insbesondere die Durchsetzung von Urheberrechten (Copyrights) relevant.

7.3   UNESCO

7.3.1   Entstehung und Struktur

Die *United Nations Educational, Scientific and Cultural Organization* (UNESCO, dt. Organisation der Vereinten Nationen für Bildung, Wissenschaft, Kultur und Kommunikation) ist eine Unterorganisation der UNO (vgl. UNESCO Constitution). Ziel der 1945 gegründeten Organisation ist es, durch die Förderung internationaler Zusammenarbeit in den Bereichen Bildung,

Wissenschaft, Kultur und Kommunikation, einen Beitrag zum Weltfrieden zu leisten (vgl. Ó Siochrú/Girard 2002: 71).

Heute hat die UNESCO 193 Mitgliedstaaten und 7 Länder sind assoziierte Mitglieder. Die Mitgliedschaft in der UNO ist keine Voraussetzung für eine Mitgliedschaft in der UNESCO. So ist die Schweiz etwa seit 1949 dabei – lange vor dem Beitritt zur UNO im Jahre 2002. Primäres Entscheidungsorgan ist die *Generalkonferenz* (General Conference), welche sich aus Vertretern aller Mitgliedstaaten zusammensetzt. Diese tritt alle zwei Jahre zusammen und legt Richtlinien, Programm und Haushalt der UNESCO fest. Der von der Generalkonferenz gewählte *Exekutivrat* (Executive Board) besteht aus 58 Vertretern der Mitgliedstaaten. Er trifft sich zweimal jährlich und überwacht die Umsetzung des von der Generalkonferenz verabschiedeten Programms.

Der *Generaldirektor*, der dem *Sekretariat* in Paris vorsteht, wird für vier Jahre ebenfalls von der Generalkonferenz gewählt. Er ist für die praktische Umsetzung des Programms zuständig. Zudem agieren *UNESCO-Kommissionen* in den einzelnen Mitgliedstaaten als nationale Verbindungsstelle in allen Arbeitsbereichen der UNESCO. Zurzeit existieren fünf Hauptprogramme, welche für die verschiedenen Aufgabenbereiche zuständig sind: Bildung, Naturwissenschaften, Sozial- und Humanwissenschaften, Kultur sowie Kommunikation und Information (vgl. Ó Siochrú/Girard 2002: 81; UNESCO 2009). Finanziert wird die UNESCO aus Beiträgen der Mitgliedsländer. Als Regulierungsinstrumente stehen der UNESCO verbindliche Konventionen, die mit Zweidrittelmehrheit verabschiedet werden müssen, sowie unverbindliche Empfehlungen und Deklarationen (Erklärungen) zur Verfügung (vgl. Graber 2003: 85).

7.3.2 Tätigkeiten im Bereich der Medien

Von Beginn an beschäftigte sich die UNESCO mit Medienfragen. Die Verfassung der UNESCO war das erste multilaterale Instrument, welches die Informationsfreiheit verankerte. «Die Mitgliedstaaten befürworteten in ihrer Mehrheit die Informationsfreiheit, international gesprochen: das Prinzip des freien Informationsflusses (‹Free Flow of Information›) über Staatsgrenzen hinweg» (Breunig 1996: 69). Mit dem Beitritt der Sowjetunion und anderer kommunistischer Diktaturen in den 1950er Jahren bahnten sich erste Konflikte über diesen ‹Free Flow› an.

Bald verlagerte sich der Konflikt jedoch: Die Auseinandersetzung fand weniger zwischen Ost und West als zwischen Industrie- und Entwicklungsländern statt (vgl. Tietje 2009: 22). Viele europäische Kolonien erlangten in den

1960er Jahren ihre Unabhängigkeit und brachten ihre Anliegen in IGOs ein. Die Entwicklungsländer waren über mögliche Auswirkungen importierter Medieninhalte und der mit diesen verbreiteten westlichen Werten auf die nationale Identität besorgt und befürchteten eine kulturelle Überfremdung. Sowohl die Kontrolle des Westens über Nachrichtenflüsse als auch die Dominanz westlicher Unterhaltungsprogramme wurden kritisiert. Der Ostblock machte sich von Anfang an zum Anwalt der Dritten Welt. Doch während die Anliegen der ehemaligen Kolonialstaaten durchaus berechtigt waren, standen hinter dem Engagement der kommunistischen Länder andere Motive: Ziel war die Kontrolle des Nachrichtenflusses, um so unerwünschte Meldungen verhindern zu können (vgl. Breunig 1996: 71; Ó Siochrú/Girard 2002: 77; Tonnemacher 2003: 270ff.; Sinclair 2004: 71; Hepp 2006: 104ff.).

In den 1970er Jahren wurden in der UNESCO folglich erbitterte Debatten über die von Entwicklungsländern geforderte *Neue Weltinformations- und Kommunikationsordnung* (NWICO) geführt. Um einen Ausweg zu finden, wurde 1976 die nach ihrem Vorsitzenden benannte MacBride-Kommission eingesetzt, welche Probleme der globalen Kommunikation untersuchen sollte. Zudem wurde 1978 als Kompromiss zwischen den drei Staatengruppen eine *Deklaration über die Massenmedien* verabschiedet. Darin war nicht mehr nur von einem freien Informationsfluss, sondern von «free-flow and wider and better balanced dissemination of information» (Art. 1 Resolution 20C/4/9.3/2) die Rede. 1980 schließlich präsentierte die MacBride-Kommission (vgl. UNESCO 1980; deutsche Version: Deutsche UNESCO-Kommission 1981) ihren Abschlussbericht mit einer Reihe von Vorschlägen.

In der Folge jedoch traten 1984 die USA und 1985 Großbritannien (sowie Singapur) aus der UNESCO aus: «The decisions were taken partly because of NWICO, but probably represented also the United States' and the United Kingdom's broader rejection of multilateralism for which UNESCO was a key component» (Ó Siochrú/Girard 2002: 78). Dies bedeutete nicht nur eine finanzielle Schwächung der Organisation – die beiden Staaten bestritten zusammen fast 30 % des Budgets –, sondern unterminierte auch ihre Legitimität und Repräsentativität (vgl. Sinclair 2004: 72; Breunig 1996: 68). In der Folge war immer weniger von NWICO die Rede. Beide Staaten sind in der Zwischenzeit übrigens wieder beigetreten (Großbritannien 1997, USA 2003).

Heute sind für den Medienbereich die Tätigkeiten der UNESCO innerhalb der beiden Hauptprogramme ‹Kommunikation und Information› sowie ‹Kultur› von Relevanz. Innerhalb des Hauptprogramms ‹Kommunikation und Information› geht es erstens um den freien Informationsfluss. Die Pressefreiheit soll gefördert, Informationszugang gewährleistet und die Herausforderung Informationsgesellschaft gemeistert werden. Von Bedeutung ist das *Information for All Programme* (IFAP), welches den Zugang zu Informationen und damit den ‹Digital Divide› zwischen armen und reichen Ländern zum Thema hat. Das *International Programme for the Development of Communication* (IPDC) hat zum Ziel, Entwicklungsländer beim Aufbau der Kommunikationsinfrastruktur und der Journalistenausbildung zu unterstützen (vgl. UNESCO 2009: 22; Offenhäußer 1999: 81). Das IPDC finanziert sich aus freiwilligen Beiträgen der Mitgliedstaaten. Allerdings lässt das finanzielle Engagement der reichen Länder zu wünschen übrig (vgl. Breunig 1996: 81, 84; Tonnemacher 2003: 273).

Das Hauptprogramm ‹Kultur› arbeitet an der Erhaltung des kulturellen Erbes, hat sich aber auch die Förderung der kulturellen Vielfalt zum Ziel gesetzt. 2001 wurde von der Generalkonferenz die unverbindliche *Allgemeine Erklärung zur kulturellen Vielfalt* (Universal Declaration on Cultural Diversity, Resolution 31C/25) verabschiedet, welche die kulturelle Vielfalt als gemeinsames Erbe der Menschheit bezeichnet. In den Jahren seither wurde die verbindliche *Convention on the Protection and Promotion of the Diversity of Cultural Expression* (CCD; Resolution 33C/41) erarbeitet. Diese wurde im Oktober 2005 durch die Generalkonferenz angenommen und trat im März 2007 in Kraft (vgl. UNESCO 2002; 2007). Für die Medienregulierung ist die Konvention hoch relevant (vgl. Puppis 2008: 416ff.):

- Die CCD betont, dass kulturelle Aspekte für die Entwicklung genauso wichtig sind wie ökonomische (Art. 2 Abs. 5).
- Den Unterzeichnerstaaten wird das Recht zuerkannt, Maßnahmen zum Schutz und zur Förderung der kulturellen Vielfalt zu ergreifen (Art. 2 Abs. 2; Art. 5 Abs. 1). Hierzu gehören die Unterstützung der Produktion und Distribution kultureller Güter und Dienstleistungen (z. B. Must-Carry-Verpflichtungen), Subventionen (z. B. Förderprogramme) und Maßnahmen zur Förderung der Medienvielfalt, was auch den öffentlichen Rundfunk umfasst (Art. 6 Abs. 2).

Durch die Konvention werden Maßnahmen zum Schutz und zur Förderung der kulturellen Vielfalt erstmals durch internationales Recht legitimiert (vgl. Bernier 2004b: 65, 71; Graber 2006: 559f.; Schorlemer 2005: 50). Die Konvention ist auch eine Antwort auf die drohende Liberalisierung des Kultur- und Mediensektors im Rahmen der WTO (siehe Kapitel 7.4), welche gewisse medienpolitische Maßnahmen verunmöglichen könnte.

> Die UNESCO leistet einerseits Entwicklungshilfe beim Aufbau der Kommunikationsinfrastruktur und in der Journalistenausbildung. Andererseits soll die kulturelle Vielfalt gefördert werden. Zu diesem Zweck wurde eine verbindliche Konvention verabschiedet.

7.4   WTO

7.4.1   Entstehung und Struktur

Die *World Trade Organization* (WTO, dt. Welthandelsorganisation) ist eine sehr junge internationale Organisation. Sie wurde erst 1995 gegründet, doch ihre Vorgeschichte reicht zurück bis in die Nachkriegszeit.

Nach dem Zweiten Weltkrieg begannen Verhandlungen zur Gründung einer Unterorganisation der UNO, der International Trade Organization (ITO, dt. Internationale Handelsorganisation). Diese sollte sich nicht nur um den Welthandel kümmern, sondern auch um Beschäftigungs- und Wirtschaftspolitik, Wettbewerbsregeln etc. Gegründet wurde die ITO nie. 1950 gab die US-Regierung bekannt, dass sie auf eine Ratifizierung der Gründungscharta durch den Kongress verzichte – womit die Idee beerdigt wurde. Ein Aspekt der ITO hingegen, die Reduktion von Zöllen, wurde zum Gegenstand eines 1947 von 23 Staaten unterzeichneten Vertrages namens *General Agreement on Tariffs and Trade* (GATT, dt. Allgemeines Zoll- und Handelsabkommen). Der Vertrag befasste sich allerdings vor allem mit Gütern, bei deren Produktion die reichen Industrieländer einen Vorsprung innehatten, während die Textilindustrie und die Landwirtschaft – zwei wichtige Wirtschaftszweige in den Entwicklungsländern – größtenteils nicht erfasst wurden. Das GATT trat im Sommer 1948 in Kraft. Mit dem Scheitern der ITO blieb das GATT für fast 50 Jahre das einzige multilaterale Instrument, welches den Welthandel betraf (vgl. Ó Siochrú/Girard 2002: 53; WTO 2008: 15f.).

Die Liberalisierung des Welthandels wurde in der Folge durch multilaterale Handelskonferenzen – sogenannte Runden – vorangetrieben. Die umfangreichste dieser Verhandlungsrunden startete im Herbst 1986 in Punta del Este, Uruguay (Uruguay-Runde) und endet erst 1994. Zu diesem Zeitpunkt hatte der Dienstleistungssektor in den reichen Ländern bereits einen wichtigen Stellenwert. Neben weiteren Liberalisierungsschritten im Warenhandel wurde deshalb auch über den Dienstleistungshandel und über handelsbezogene Aspekte des Schutzes geistigen Eigentums verhandelt. Gleichzeitig wurde entschieden, die Ad-hoc-Strukturen des GATT durch eine neue internationale Organisation zu ersetzen, die WTO (vgl. Ó Siochrú/Girard 2002: 53f.; Pauwels/Loisen 2003: 293-296). Zurzeit laufen mit der Doha-Runde bereits wieder Verhandlungen über eine weitere Handelsliberalisierung, die wegen unvereinbarer Gegensätze aber auf unbestimmte Zeit ausgesetzt wurden.

Heute sind 153 Staaten Mitglied der Welthandelsorganisation (darunter alle EU-Mitgliedstaaten, die EU selbst und die Schweiz). Diese vereinen 97 % des

Welthandels auf sich. Gegen 30 weitere Länder haben Beobachterstatus. Die WTO agiert außerhalb der UN-Familie. Ziel ist die Beseitigung von Handelsbarrieren, womit die WTO ausschließlich auf handelsliberalisierende Aspekte fokussiert – anders als dies für die ITO vorgesehen war. Inhaltlich befasst sich die WTO also mit Regeln für den internationalen Handel, wobei drei Bereiche unterschieden werden können: der Handel mit Waren, der Handel mit Dienstleistungen und handelsbezogene Aspekte des Schutzes geistigen Eigentums.

Die von der WTO verwalteten Abkommen lassen sich in sechs Bereiche unterteilen (siehe Abb. 22):

Abb. 22: Struktur der WTO-Abkommen

Rahmen-abkommen	Agreement establishing the World Trade Organization		
Handels-abkommen	GATT (Güter)	GATS (Dienstleistungen)	TRIPS (geistiges Eigentum)
	basic principles	basic principles	basic principles
	other goods agreements and annexes	services annexes	
	countries' schedules of market access commitments	countries' schedules of market access commitments and MFN exemptions	
Streit-beilegung	Dispute Settlement Understanding		
Transparenz	Trade Policy Review Mechanism		

Quelle: basierend auf WTO (2008: 24)

- ein Rahmenabkommen, welches die WTO gründet (Agreement establishing the World Trade Organization);
- drei Abkommen für die drei Arbeitsbereiche der WTO, für Waren das *General Agreement on Tariffs and Trade* (GATT), für Dienstleistungen das *General Agreement on Trade in Services* (GATS) und für geistiges Eigentum das *Agreement on Trade-Related Aspects of Intellectual Property Rights* (TRIPS);
- ein Streitbeilegungsverfahren (Dispute Settlement Understanding);
- ein Mechanismus zur Überprüfung der Handelspolitik (Trade Policy Review Mechanism).

GATT und GATS bestehen aus allgemeinen Regeln, Anhängen für spezifische Sektoren und detaillierten Listen (Schedules), welche die eingegangenen Verpflichtungen der einzelnen Mitgliedstaaten aufführen (vgl. WTO 2008: 23).

Die Organe der WTO sind Plenarorgane, was bedeutet, dass jeder Mitgliedstaat in jedem Organ Einsitz hat und stimmberechtigt ist. Entschieden wird im Konsensverfahren (vgl. Krajewski 2005: 5). Oberstes Organ ist die *Ministerial Conference* (Ministerkonferenz), die alle zwei Jahre zusammentritt. Zentrales operatives Organ ist der *General Council* (Allgemeiner Rat), welcher zwischen den Ministerkonferenzen deren Aufgaben wahrnimmt und sich aus den ständigen Vertretern der Mitgliedstaaten zusammensetzt. Der General Council trifft sich auch in Gestalt des *Dispute Settlement Body* (DSB) und des *Trade Policy Review Body* – lediglich die Aufgaben sind dann andere, nämlich die Schlichtung von Streitfällen und die Prüfung der Handelspolitik der Mitgliedstaaten. Mit dem DSB verfügt die WTO über große Macht. Bricht ein Mitgliedstaat seine eingegangenen Verpflichtungen, können die anderen Staaten dagegen klagen. Kommt keine Einigung zustande, so können Handelssanktionen ergriffen werden. Zudem existieren sektorspezifische Räte für die drei Arbeitsbereiche der WTO (Güter, Dienstleistungen, geistiges Eigentum). Das in Genf angesiedelte *WTO-Sekretariat* wird von einem *Generaldirektor* geleitet, den die Ministerkonferenz bestimmt (vgl. Ó Siochrú/Girard 2002: 51, 65ff.; WTO 2008: 101ff.; 2009: 7; Tietje 2000: XIV).

Im Folgenden werden die drei Abkommen GATT, GATS und TRIPS sowie ihre Auswirkungen auf die Medienregulierung betrachtet.

7.4.2   GATT und Medien

Das GATT befasst sich mit dem internationalen Warenhandel. Das Abkommen basiert auf Nichtdiskriminierung und offenem Marktzugang für ausländische Waren (vgl. Graber 2003: 150-163; Tietje 2000: XV; WTO 2008: 10f.):

- Das *Meistbegünstigungsprinzip* (Most-Favoured-Nation Treatment, MFN) verbietet die Diskriminierung zwischen Dritten. Vorteile, die ein Mitgliedstaat einem Handelspartner einräumt, müssen allen WTO-Mitgliedern gewährt werden (Art. I GATT). Ausnahmen gelten für Zollunionen und Freihandelsabkommen (Art. XXIV), womit z. B. die EU umfassende Ausnahmen von der Meistbegünstigung geltend machen kann. Das Prinzip der *Inländerbehandlung* (National Treatment) verbietet die Diskriminierung ausländischer Produkte gegenüber inländischen Produkten (Art. III). Durch die Anwendung beider Prinzipien soll ein fairer Wettbewerb für alle Produkte gewährleistet werden.

- Damit es überhaupt zu einem Wettbewerb kommt, müssen die ausländischen Güter aber erst Marktzugang erhalten. Die Mitgliedstaaten haben sich deshalb erstens zu *Zollsenkungen* in verschiedenen Warensektoren verpflichtet, die in Listen (Schedules) festgehalten werden (Art. II). Zweitens haben die WTO-Mitglieder auf *mengenmäßige Beschränkungen* bei Import und Export zu verzichten (Art. XI).

Für den Medienbereich ist das GATT in zweierlei Hinsicht relevant. Erstens gelten die Vorschriften für den grenzüberschreitenden Handel mit kulturellen Gütern, womit auch *Bücher, Zeitungen und Zeitschriften* betroffen sind (siehe Kapitel 8.1). Da Printmedienmärkte aber in der Regel Sprachraummärkte sind (bei den meisten Zeitungen und vielen Zeitschriften sogar nationale oder regionale Märkte), ist es unwahrscheinlich, dass es außerhalb eines homogenen Sprachraumes zu Konflikten innerhalb der WTO kommt (vgl. Graber 2003: 40f.). Einmal indes musste sich die WTO-Streitbeilegungsbehörde mit Zeitschriften befassen. Kanada versuchte seine Zeitschriftenindustrie gegen amerikanische Titel zu schützen, welche kanadische Publikationen auf dem Werbemarkt konkurrierten (sogenannte ‹Split-Run-Zeitschriften›). So wurde eine Steuer auf kanadische Werbung in amerikanischen Zeitschriften verhängt und der Postvertrieb kanadischer Zeitschriften subventioniert. Letztlich wurde entschieden, dass die reduzierten Posttarife keine zulässige Ausnahme von der Inländerbehandlung darstellen (vgl. Graber 2003: 232, 289f.). Weiter muss bedacht werden, dass Zeitschriftentitel ohne spezifisch nationale Inhalte und mit hohem Bildanteil (was die Übersetzung erleichtert) wie etwa Modezeitschriften sich im Gegensatz zu Zeitungen auch international etablieren konnten (vgl. Doyle 2002: 134-140).

Zweitens enthält das Abkommen eine Ausnahme von der Inländerbehandlung für die Vorführung von *Kinofilmen* im Inland (Art. III Abs.10, Art. IV). Danach sind Spielzeitquoten (screen quotas) unter bestimmten Voraussetzungen erlaubt, was die bevorzugte Behandlung inländischer Filme ermöglicht. Auf Spielfilme ist das GATT nur anwendbar, da diese als Träger von Bild- und Tonsequenzen physisch greifbar sind. Heute sind Spielzeitquoten weitgehend ohne praktische Bedeutung (vgl. Seelmann-Eggebert 1998: 80; Graber 2003: 175f.).

7.4.3   GATS und Medien

Folgenreicher für den Mediensektor ist das GATS. Dieses findet auf sämtliche staatlichen Maßnahmen, welche Dienstleistungen jeglicher Sektoren betreffen,

Anwendung (Art. I Abs. 1, Art. I Abs. 3 lit. b GATS) – und damit auch auf staatliche Maßnahmen bezüglich audiovisueller Dienstleistungen sowie Telekommunikationsdienstleistungen.

Anders als bei Waren kann bei Dienstleistungen der Marktzutritt nicht durch die Erhebung von Zöllen an der Landesgrenze reguliert werden. Vielmehr wird der Marktzutritt durch den direkten Zugriff auf den Dienstleistungsanbieter selbst beschränkt (vgl. Schorlemer 2000: 301; Graber 2003: 160; 2004a: 172). Auch wenn sich das GATS am GATT anlehnt, waren also Modifikationen nötig, weshalb zwischen allgemeinen und spezifischen Verpflichtungen differenziert wird (vgl. Luff 2004: 35-40; WTO 2008: 34f.; Graber 2003: 185f.; Pauwels/Loisen 2003: 16; Tietje 2000: XVIf.). Das Abkommen besteht erstens aus allgemeinen (horizontalen) Verpflichtungen, welche unmittelbar für alle Dienstleistungssektoren gelten:

- Wie im Warenhandel müssen gemäß dem *Meistbegünstigungsprinzip* (Most-Favoured-Nation Treatment, MFN) alle Vorteile, die ein Mitgliedstaat Dienstleistungen und Dienstleistungsanbietern aus einem Land einräumt, automatisch an alle Dienstleistungen und Dienstleistungsanbieter aus allen WTO-Mitgliedern weitergegeben werden (Art. II GATS). Ausnahmen sind auch hier für Zollunionen und Freihandelsabkommen möglich (Art. V). Zudem wurde den Mitgliedstaaten gestattet, für eine beschränkte Zeit gewisse Dienstleistungssektoren von der Meistbegünstigung auszunehmen. Diese Sektoren sind in Negativlisten für jedes Land festgehalten (sogenannte MFN-Ausnahmen).
- Aufgrund der *Transparenzverpflichtung* müssen WTO-Mitglieder Regulierungsmaßnahmen, welche Dienstleistungen betreffen, veröffentlichen (Art. III).

Zweitens besteht das GATS aus spezifischen (vertikalen) Verpflichtungen, die nur dann Anwendung finden, wenn ein Mitgliedstaat den betroffenen Dienstleistungssektor liberalisiert hat. Diese Verpflichtungen sind für jedes Land in Positivlisten (sogenannte Schedules of Market Access Commitments) aufgeführt:

- Der *Grundsatz des Marktzugangs* (Market Access) soll sicherstellen, dass Staaten keine Maßnahmen ergreifen, um den Zugang ausländischer Dienstleistungen und Dienstleistungsanbieter zu ihrem Markt zu verhindern (Art. XVI).
- Das Prinzip der *Inländerbehandlung* (National Treatment) besagt, dass Dienstleistungen und Dienstleistungsanbieter aus anderen Ländern nicht ungünstiger behandelt werden als inländische Dienstleistungen und Dienstleistungsanbieter (Art. XVII).

Das Meistbegünstigungsprinzip alleine ist noch keine Garantie für den Marktzugang, sondern ausländische Dienstleistungen und Dienstleistungsanbieter können durch strengere Regulierung immer noch gegenüber inländischen Dienstleistungen und Dienstleistungsanbietern benachteiligt werden. Der Grund, weshalb im GATS anders als im GATT die Inländerbehandlung nicht automatisch gilt, liegt darin, dass damit – anders als im Warenbereich, wo Zölle als Marktzutrittsschranken bestehen – zugleich ein umfassender Marktzutritt gewährt würde (vgl. Pauwels/Loisen 2003: 298). Erst wenn Positivlisten (spezifische Verpflichtungen der Länder zur Gewährung von Marktzutritt und Inländerbehandlung) und Negativlisten (Ausnahmen von der Meistbegünstigung) betrachtet werden, wird klar, welches Land in welchen Dienstleistungssektoren welche Verpflichtungen eingegangen ist. Ein weiterer Unterschied zum GATT besteht darin, dass für Dienstleistungen anders als für Waren noch keine Einschränkungen für staatliche Subventionen bestehen, sofern diese nicht diskriminierend sind und sich an Meistbegünstigung und Inländerbehandlung halten.

Welche Auswirkungen hat das GATS nun für *audiovisuelle Dienstleistungen*, zu denen Film- und Videoproduktion und -vertrieb, Filmvorführung, Radio- und Fernsehen, Radio- und Fernsehübertragung sowie Tonaufnahmen gehören? Zwar fallen Film- und Fernsehmärkte unter das GATS, die Auswirkungen sind derzeit indes gering. Dies liegt daran, dass weder die EU und ihre Mitgliedstaaten noch die Schweiz spezifische Verpflichtungen eingegangen sind und zugleich umfangreiche Ausnahmen von der Meistbegünstigung in ihre Listen eingetragen haben. Folglich gilt für den audiovisuellen Sektor in Europa momentan lediglich die Transparenzverpflichtung (vgl. Puppis 2008: 411; Pauwels/Loisen 2004: 490f.; Graber 2003: 192, 195; König 2002: 272; Wheeler 2000: 256). Dies dürfte sich aber in künftigen Verhandlungsrunden ändern (siehe Kapitel 7.4.5).

Bezüglich der *Telekommunikationsdienstleistungen* hat das GATS eine weitaus größere Wirkung entfaltet. Zwar hatten sich, als das Abkommen 1995 in Kraft trat, nur wenige Länder zu einer Liberalisierung von Basisdiensten wie Sprachtelefonie verpflichtet, weshalb entschieden wurde, die Verhandlungen für den Telekommunikationsbereich auch nach der Uruguay-Runde weiterzuführen. 1997 unterzeichneten 69 Staaten das *Agreement on Basic Telecommunication*, welches 1998 als *viertes Protokoll zum GATS* in Kraft trat und den Anwendungsbereich des GATS auf den Telekommunikationssektor erweiterte. Darin verpflichteten die Unterzeichnerstaaten sich nicht nur auf eine Liberalisierung der Basistelekommunikation, sondern auch auf die Einhaltung bestimmter Regulierungsprinzipien, die in einem sogenannten *Reference Paper* enthalten sind. Dieses soll einerseits ehemalige oder gegenwärtige Monopolbetriebe daran hindern, ihre marktbeherrschende Stellung zu missbrauchen. Andererseits werden allgemeine Prinzipien für die Telekommunikations-regulierung aufgestellt und den Staaten das Recht eingeräumt, den Anbietern Universaldienstverpflichtungen aufzuerlegen. Unterdessen sind rund 100 Staaten im Telekommunikationssektor Konzessionen eingegangen, darunter sämtliche Industriestaaten. Dies bedeutet, dass mit dem vierten Protokoll weit über 90 % des Welthandels mit Telekommunikationsdienstleistungen abgedeckt wird (vgl. Luff 2004: 45-48; Geradin/Kerf 2004: 130, 144f.; Ó Siochrú/Girard 2002: 56f.; Tietje 2009: 30; Graber 2003: 199-204).

Da der Telekommunikationssektor nicht nur ein eigener Wirtschaftssektor ist, sondern auch Grundlage für die grenzüberschreitende Lieferung weiterer Dienstleistungen, wurde ein *Annex on Telecommunications* (Anlage betreffend Telekommunikationsdienstleistungen) verfasst, der fester Bestandteil des GATS ist. Darin wird der gleichberechtigte Zugang zu und die Nutzung von öffentlichen Telekommunikationsnetzen und -diensten für ausländische Dienst-leistungsanbieter (in Sektoren, in denen spezifische Verpflichtungen ein-gegangen wurden) geregelt. Auf die Verbreitung von Radio- und Fernseh-programmen findet der Annex explizit keine Anwendung (vgl. Graber 2003: 200f.; Geradin/Luff 2004: 15; Luff 2004: 43f.; Schorlemer 2000: 324ff.).

7.4.4   TRIPS und Medien

Mit dem TRIPS wird der Schutz geistigen Eigentums in das Welthandelsrecht einbezogen. Ausgangspunkt sind die Inländerbehandlung (Art. 3 TRIPS) und das Meistbegünstigungsprinzip (Art. 4). Das TRIPS-Abkommen verpflichtet die WTO-Mitglieder auf die Berner und die Pariser Konvention, welche von der WIPO administriert werden (siehe Kapitel 7.2). Für Medien ist die Berner Kon-vention von Interesse, welche dem Urheberrechtsschutz gewidmet ist, und mit Art. 9 Abs. 1 für alle Mitglieder der WTO verbindlich wird – unabhängig davon, ob diese Vertragsstaaten der Konvention sind oder nicht (vgl. Graber 2003: 209f.; WTO 2008: 39f.; Tietje 2009: 32).

In einem Punkt weicht das TRIPS jedoch von der Berner Konvention ab. Die moralischen Rechte des Autors (Art. 6b Berner Konvention) wurden nicht übernommen. Die ökonomischen Rechte der Eigentümer – also der Medien-unternehmen – wurden folglich weitaus stärker gewichtet als die moralischen Rechte des Erfinders und die sozialen Rechte der Öffentlichkeit, wie es der angelsächsischen Copyright-Tradition entspricht (vgl. Ó Siochrú/Girard 2002: 91ff.; Pauwels/Loisen 2003: 303; Graber 2003: 213f.).

Als Gründe für die Verabschiedung des TRIPS gelten die eher langsame Funktionsweise der WIPO und deren fehlenden Sanktionsmöglichkeiten. Die Großkonzerne – auch in der Medienbranche – setzten sich deshalb für eine effizientere Bekämpfung von Copyright- und Patentverletzungen in den Entwicklungsländern ein (vgl. Pauwels/Loisen 2003: 303). Während die WIPO-Konventionen durch die einzelnen Vertragsparteien durchgesetzt werden, kann die Verletzung geistiger Eigentumsrechte nun auch über das Streitbeilegungsverfahren der WTO geahndet werden. Das Potenzial drastischer Handelssanktionen verbessert die Möglichkeiten großer Unternehmen, ihre Rechte durchzusetzen. Auch wenn die Medienindustrie hiervon profitiert: Von großer Bedeutung ist das TRIPS in erster Linie für Patente auf Lebensformen und Medikamenten (vgl. Ó Siochrú/Girard 2002: 90f.).

7.4.5   Künftige Probleme und Entwicklungen

Die WTO ist eine der wichtigsten und mächtigsten internationalen Organisationen. Bereits heute hat sie für den Telekommunikationssektor große Bedeutung. Und in den kommenden Jahren dürfte sich der Einfluss auf die audiovisuellen Medien vergrößern:

> «[...] the WTO now plays a major role in the global governance of telecommunications equipment, infrastructure, and services, and is the power ‹in-waiting› in the area of cultural products such as books, films, television and other media. Combined with its decisive influence in IPRs [Intellectual Property Rights], the WTO can reasonably claim to be the single most powerful player in media and communications governance globally» (Ó Siochrú/Girard 2002: 56).

2001 wurde in Doha, Qatar, mit der Doha-Runde die nächste Verhandlungsrunde mit Ziel einer weiteren Liberalisierung des Welthandels initiiert. Auch wenn die Runde aufgrund großer Differenzen suspendiert wurde: Weitere Liberalisierungen werden sich auch im audiovisuellen Sektor kaum vermeiden lassen. Vor allem die USA mit ihrer starken audiovisuellen Industrie drängen auf eine Liberalisierung des audiovisuellen Sektors, während die EU, ihre Mitgliedstaaten, die Schweiz und Kanada den Status quo beibehalten möchten. Drei Aspekte sind von Relevanz (vgl. Puppis 2008: 412f.; Pauwels/Loisen 2003: 300-304; 2004: 492f.; Graber 2003: 142-145; 2004a: 207-210; 2004b: 57-60):

- Das GATS beruht auf dem Prinzip der *fortschreitenden Liberalisierung* (Art. XIX), womit der audiovisuelle Sektor automatisch Gegenstand neuer Verhandlungsrunden ist. Zum einen sind die Ausnahmen vom Meistbegünstigungsprinzip im Prinzip auf zehn Jahre beschränkt, womit sie auszulaufen drohen. Zum anderen verlangt die US-Regierung von der EU und deren Mitgliedstaaten Konzessionen bei den spezifischen Verpflichtungen (Inländerbehandlung und Marktzugang). Die EU hat sich bisher zu keinerlei Zugeständnissen bereit erklärt.

- *Staatliche Subventionen* in den Dienstleistungssektoren sind ein zweiter Streitpunkt zwischen den USA und der EU. Derzeit sind solche Subventionen generell zulässig, sofern sie nicht gegen die allgemeinen und die allenfalls eingegangenen spezifischen Verpflichtungen in einem Sektor verstoßen. Die USA drängen auf die Verabschiedung eines Abkommens, das wie im Warenhandel die Zulässigkeit von Subventionen beschränkt.
- Weiter tritt die US-Regierung für gewisse *Reklassifikationen* ein. Zum einen stellt sie die Abgrenzung zwischen GATT und GATS infrage. Der Vorschlag lautet, Produkte, die über das Internet geliefert und herunter geladen werden können (z. B. Filme, Fernsehsendungen oder Musik), als ‹virtuelle Güter› zu klassifizieren, da sie ein greifbares Äquivalent haben (z. B. DVD oder CD). Damit würden diese Dienstleistungen nicht mehr unter das GATS, sondern unter das GATT fallen, was eine starke Liberalisierung zur Folge hätte. Zum anderen wird das bisherige Klassifizierungssystem innerhalb des GATS kritisiert. Mit dem Argument der technischen Konvergenz zwischen Rundfunk- und Telekommunikationssektor haben die USA vorgeschlagen, gewisse Bereiche, die bisher zu den audiovisuellen Dienstleistungen gezählt werden, neu dem Telekommunikationssektor zuzuordnen, der weitaus stärker liberalisiert ist.

Die europäische und die nationale Medienregulierung wären von einer fortschreitenden Liberalisierung, von einem Verbot staatlicher Subventionen und von Reklassifikationen unmittelbar betroffen (vgl. Puppis 2008: 413ff.; Pauwels/ Loisen 2004: 498; 2003: 306; Ó Siochrú/Girard 2002: 64; Graber 2003: 241-283; Krajewski 2005: 13-16; Bernier 2004a: 226-231):

Eine *fortschreitende Liberalisierung*, also das Auslaufen der Ausnahmen vom Meistbegünstigungsprinzip sowie die Gewährung von Inländerbehandlung und Marktzugang, beinhaltet folgende Probleme:[5]

- Bilaterale und multilaterale *Koproduktionsabkommen* wie das Europäische Übereinkommen über die Gemeinschaftsproduktion von Kinofilmen (EÜGK) stehen in Konflikt mit dem Meistbegünstigungsprinzip.

---

[5] Zwar sind für Zollunionen (und damit auch für die EU) Ausnahmen vom Meistbegünstigungsprinzip vorgesehen (Art. V GATS). Doch die Quotenvorgaben für europäische Inhalte in der AVMSD können nicht nur mit Inhalten aus EU-Staaten erfüllt werden, und am MEDIA-Programm sind nicht nur EU-Staaten beteiligt. Damit wären Dienstleistungen aus gewissen Nicht-EU-Staaten besser behandelt als aus anderen WTO-Mitgliedstaaten.

- Europäische *Filmförderprogramme* (Eurimages, MEDIA) sind inkompatibel mit dem Meistbegünstigungsprinzip; nationale Filmförderprogramme widersprechen der Inländerbehandlung.
- *Quoten* für europäische Inhalte im Rundfunk (wie in AVMD-Richtlinie und EÜGF resp. EÜGAM enthalten) konfligieren mit dem Meistbegünstigungsprinzip, solche für nationale Inhalte (z. B. einheimische Musik oder Fernsehproduktionen) mit der Inländerbehandlung. Beide Formen von Quoten sind mit einem Eingehen von Marktzugangsverpflichtungen unvereinbar.
- *Must-Carry-Verpflichtungen*, welche die Distribution nationaler Radio- und Fernsehsender begünstigen (z. B. in Kabelnetzen), widersprechen der Inländerbehandlung.

Die Verabschiedung eines Abkommens, das *staatliche Subventionen* in den Dienstleistungssektoren verbietet, könnte nicht nur Filmförderprogramme, sondern auch die öffentliche Finanzierung des Public Service bedrohen.

Reklassifikationen könnten zudem dazu führen, dass neue Angebote wie Video-on-Demand, Podcasts, Anwendungen im digitalen Fernsehen oder sogar die Ausstrahlung von Rundfunksendern im Internet entweder als ‹virtuelle Güter› gelten und unter das GATT fallen oder als Telekommunikationsdienste betrachtet werden – beide Optionen würden zur einer weitgehenden Liberalisierung führen. Eine Regulierung der neuen digitalen Medienwelt könnte dadurch genauso verhindert werden wie digitale Angebote des öffentlichen Rundfunks und dessen Präsenz auf allen Verbreitungsplattformen.

Die weiteren Entwicklungen und die potenziellen Auswirkungen auf die europäische und die nationale Medienregulierung lassen sich aber nur schwer vorhersagen. Eine ungeklärte Frage ist auch, wie die neue *UNESCO-Konvention zur kulturellen Vielfalt* (CCD; siehe Kapitel 7.3.2) mit dem GATS zu vereinbaren ist und inwiefern das Abkommen eine weitere Liberalisierung des audiovisuellen Sektors zu verhindern vermag.

Solange die Ausnahmen vom Meistbegünstigungsprinzip nicht auslaufen und Staaten keine spezifischen Verpflichtungen eingehen, entstehen zwischen GATS und CCD keine Konflikte. Andernfalls sind zwei Konflikte möglich (vgl. Puppis 2008: 418-421; Voon 2006: 639f.; Bernier 2004b: 71; vgl. Krajewski 2005: 32f.; Schorlemer 2005: 50):

- Die Inländerbehandlung (Art. XVII GATS) und die Rechte von Staaten, Maßnahmen zum Schutz der kulturellen Vielfalt zu ergreifen (Art 6. Abs. 2 CCD), widersprechen sich.
- In Konflikt stehen auch das Meistbegünstigungsprinzip (Art. II GATS) und die in der Konvention vorgesehenen Koproduktions- und Vertriebsab-

kommen (Art. 12 CCD) sowie die geforderte bevorzugte Behandlung von Entwicklungsländern (Art. 16 CCD).

Aber was passiert, wenn es tatsächlich zu einem solchen Konflikt kommen sollte? Der wahrscheinlichste Fall ist, dass ein Staat, der die Medien in Einklang mit der UNESCO-Konvention reguliert, dabei aber seine GATS-Verpflichtungen verletzt, beim ‹Dispute Settlement Body› der WTO eingeklagt wird. Mehr als eine Interpretationshilfe für dieses Gremium dürfte die CCD nicht sein – und selbst dies ist umstritten. Die Konvention ist eben eher von politischer denn von rechtlicher Bedeutung. Trotzdem sollte man ihr Signal für künftige WTO-Verhandlungsrunden nicht unterschätzen. Für die europäischen Staaten, welche sich gegen eine Liberalisierung des audiovisuellen Sektors wehren, ist die Konvention eine willkommene Rückendeckung.

> Für den Medien- und Telekommunikationssektor ist insbesondere das GATS relevant. Dieses reguliert den Handel mit Dienstleistungen, worunter auch Rundfunk und Telekommunikation fallen. Während die Mitgliedstaaten im Telekommunikationssektor weitgehende Zugeständnisse eingegangen sind, bewirkt das GATS noch keine Liberalisierung im audiovisuellen Bereich. Ferner verpflichtet das TRIPS die WTO-Mitglieder auf die WIPO-Konventionen zum Schutz des geistigen Eigentums.

7.5 Selbst- und Co-Regulierungsorganisationen

7.5.1 ICANN

Bei der *Internet Corporation for Assigned Names and Numbers* (ICANN) handelt es sich nicht um eine IGO, sondern um eine private Non-Profit-Organisation nach kalifornischem Recht. Diese kümmert sich um die Verwaltung der technischen Infrastruktur des Internets.

Von den 1970er Jahren bis zur Gründung der ICANN wurden die technischen Fragen des Internets ‹bottom up› von den Entwicklern und Nutzern des Netzes selbst reguliert (vgl. Kleinwächter 2004: 235; Holitscher 2003: 77). Diese informelle Praxis war allerdings der Internationalisierung und Kommerzialisierung des Internets nicht gewachsen. Mit Einführung des WWW gingen immer mehr private Unternehmen online. Die Vergabe von Domainnamen (wie z. B. disney.com) nach dem ‹first come, first served›-Prinzip kollidierte mit wirtschaftlichen Interessen und der Regulierung bezüglich

Warenzeichen (Trademarks): Ein Domainname hat für ein Unternehmen natürlich auch einen ökonomischen Wert, weshalb Namensstreitigkeiten zunahmen. Schnell war klar, dass die Regulierung der Internetkernressourcen einer neuen Lösung bedurfte (vgl. Holitscher 2003: 11, 81f., 85; Hofmann/Holitscher 2004: 421, 426; Kleinwächter 2000: 457).

Der Vorschlag, eine eng mit der ITU zusammenarbeitende Organisation nach Schweizer Recht mit den Aufgaben zu betreuen, wurde von den USA vehement abgelehnt (vgl. Kleinwächter 2000: 459; Ó Siochrú/Girard 2002: 110). Das Modell der US-Regierung, eine private Non-Profit-Organisation unter ihrer Aufsicht zu gründen, fand keine Unterstützung. Trotzdem hielten die USA an den Grundsätzen des Vorschlages – Selbstregulierung durch eine private US-Organisation und Einführung von Wettbewerb bei der Domainnamenvergabe – fest (vgl. Holitscher 2003: 126). Die amerikanische Regierung plädierte nicht nur für diese Lösung, weil sie an deren Effizienz glaubten, sondern auch, weil sie gute Rahmenbedingungen für die eigene Internetindustrie schaffen und sich eine Kontrolle über die neue Organisation verschaffen wollte (vgl. Hofmann/Holitscher 2004: 429; Kleinwächter 2004: 239). «Thus, in the ICANN regime, the United States succeeded in establishing a governance regime dominated by itself and by nonstate actors» (Mueller/Mathiason/Klein 2007: 240).

Im Herbst 1998 schließlich wurde die ICANN gegründet. Zu den Aufgaben der Organisation gehört die Verwaltung des Domain Name System (DNS), die Verteilung von IP-Adressen und die Organisation des Root-Server-Systems (siehe Kapitel 11.1). Zudem kümmert sich die ICANN um die Einführung neuer Top Level Domains, beispielsweise ‹.travel› oder ‹.eu›, sowie um Verfahren zur Schlichtung von Streitigkeiten über Domainnamen (vgl. Ó Siochrú/Girard 2002: 108; Kleinwächter 2000: 451; Holitscher 2003: 12, 140, 142). Ihre Autorität leitete die ICANN bis 2009 aus ihrer offiziellen Anerkennung durch das US-amerikanische Department of Commerce (DoC, Handelsministerium) ab (vgl. Ó Siochrú/Girard 2002: 110; Holitscher 2003: 140, 142).

Die noch junge Organisation sah sich aber mit Kritik konfrontiert. Insbesondere die mangelnde Transparenz und die Vereinnahmung durch wirtschaftliche Interessen wurden moniert. 2002 wurde eine Reform unausweichlich (vgl. Holitscher 2003: 155f.; Hofmann/Holitscher 2004: 430f.). Seither besteht die ICANN aus einem Direktorium (Board of Directors) mit 14 Mitgliedern und einem Präsidenten, der zugleich CEO der ICANN ist. Drei unterstützende Ausschüsse beraten das Direktorium in ihrem speziellen Fachgebiet. Jeder dieser Ausschüsse wählt zwei der Direktoren; die restlichen acht Mitglieder werden von einem speziellen Nominationskomitee bestimmt (vgl. Holitscher 2003: 169f.; Kleinwächter 2000: 462). Zusätzlich verfügt die

ICANN über mehrere Beratungskomitees, von denen das Governmental Advisory Committee (GAC) das Wichtigste ist. In diesem haben die Vertreter nationaler Regierungen sowie internationaler Organisationen (z. B. ITU und WIPO) Einsitz. Bisher machen davon aber nur etwas mehr als 100 Regierungen Gebrauch. Das GAC besitzt keine Entscheidungskompetenzen (vgl. Hofmann 2003: 46f.; Kleinwächter 2004: 244; 2000: 465).

Trotz der Reorganisation wurde unvermindert Kritik an der ICANN geäußert. Ein Grund hierfür war, dass die US-Regierung bis 2009 eine Sonderrolle einnahm. Sie war nicht nur, wie die Regierungen anderer Länder, Mitglied des GAC, sondern zusätzlich Vertragspartner und Aufsichtsbehörde der ICANN. Im Rahmen des von der ITU organisierten ‹World Summit on the Information Society› (WSIS; siehe Kapitel 7.1.2) war Internet Governance denn auch ein heftig debattiertes Thema. Zwar besaßen Vertreter der Unternehmen und der Zivilgesellschaft am WSIS nicht dieselben Mitbestimmungsrechte wie die Regierungen, doch entwickelte sich insbesondere die Zivilgesellschaft zu einem wichtigen Verhandlungspartner (vgl. Hepp 2006: 127). Auf dem ersten Gipfeltreffen in Genf 2003 prallten verschiedene Interessen aufeinander. Während vornehmlich die USA und europäische Regierungen an der Selbstregulierung durch die ICANN festhalten und die Regulierung des Internets auf technische Fragen beschränken wollten, forderten einige Mitglieder der G20 wie China, Indien, Brasilien oder Südafrika ein breiteres Verständnis von Governance und eine stärkere Rolle für die ITU. Trotz ihrer Skepsis gegenüber der ICANN fand dieser Vorschlag keine Unterstützung durch zivilgesellschaftliche Akteure, da die Zuständigkeit einer internationalen Organisation auch den Einfluss von (teils autoritären) Regierungen auf das Internet verstärken würde (vgl. Kleinwächter 2004: 233f.; Weber 2009: 32; 2008: 2435).

Da ein Kompromiss nicht möglich war, wurde die ‹Working Group on Internet Governance› (WGIG) eingesetzt, welche bis zum zweiten Gipfeltreffen in Tunis 2005 weiter arbeiten sollte. Die Gruppe schlug die Schaffung eines globalen ‹Internet Governance Forum› (IGF) vor (vgl. Kleinwächter 2008: 2436). Der WSIS begrüßte diese Idee, und so wurde 2006 das IGF vom UN-Generalsekretär ins Leben gerufen. Das IGF bietet Regierungen, Wirtschaft und Zivilgesellschaft eine Plattform für gleichberechtigte Debatten über Internet Governance: «The IGF was constituted for five years, was designed as a multistakeholder forum with no decision-making capacity, and substituted for the proposed intergovernmental body. It was anticipated it would produce important input to official organizations» (Kleinwächter 2008: 2436). Im Rahmen des IGF werden nicht nur technische Fragen, sondern auch Zugang, Vielfalt, Offenheit und Sicherheit des Internets thematisiert. Das IGF gilt als ein erfolgreiches und innovatives Modell für Debatten zwischen allen an Internet

Governance interessierten Akteuren (vgl. Weber 2009: 71). Das Mandat des IGF sollte ursprünglich im Jahr 2010 enden. Noch ist unklar, ob es verlängert wird und welche verbindlichen Resultate das IGF hervorbringen wird.

Bereits Ende September 2009 ist der Vertrag zwischen der ICANN und dem US-Handelsministerium ausgelaufen. Seither ist die ICANN weitaus unabhängiger von der US-Regierung (vgl. ICANN 2009).

7.5.2 Weitere Organisationen

ICANN ist nicht die einzige Selbstregulierungsorganisation auf globaler Ebene im Internetbereich. Eine Reihe weiterer Akteure ist von Bedeutung (vgl. Donges/Puppis 2010; Weber 2009: 42-50).

Das *Family Online Safety Institute* (FOSI) hat sich dem Schutz Minderjähriger vor schädlichen Inhalten verschrieben. Zu den Mitgliedern gehören etwa Google, Microsoft oder Yahoo! sowie diverse große Telekommunikationsanbieter und Websites (z. B. MySpace). So können Internetnutzer (in erster Linie Eltern) mittels einer Filtersoftware den Zugang zu Websites kontrollieren. Die Websites werden dabei nicht durch das FOSI bewertet, sondern die Filterung basiert auf der Selbstdeklaration teilnehmender Internetangebote.

In einem ähnlichen Themengebiet wie das FOSI ist auch *INHOPE*, die internationale Vereinigung nationaler Internet-Hotlines, tätig. Ursprünglich auf Europa beschränkt, sind in der 1999 gegründeten Organisation heute auch einige Beschwerdestellen für Internetnutzer aus außereuropäischen Ländern vertreten. Über INHOPE haben die Selbstregulierungsorganisationen in den einzelnen Ländern (z. B. die FSM in Deutschland oder Stopline in Österreich; siehe Kapitel 5.3) die Möglichkeit, Beschwerden an die jeweils zuständige Partnerorganisation weiterzuleiten.

Eine weitere Selbstregulierungsorganisation ist das seit 1998 existierende *Spamhaus*, welches sich der Bekämpfung von Spam widmet. Die Organisation stellt Providern eine Datenbank mit Informationen über bekannte Spammer bereit, setzt sich für Gesetze gegen Spam ein und unterstützt Strafverfolgungsbehörden (vgl. Mifsud Bonnici 2008: 48).

Bezüglich der technischen Standardisierung des Internets sind weitere Organisationen bedeutsam. Zum einen ist dies das 1994 gegründete *World Wide Web Consortium* (W3C), welches für die Standardisierung der das WWW betreffenden Techniken zuständig ist (z. B. HTML, XML, CSS oder RSS). Die *Internet Society* (ISOC) ist eine Non-Profit-Organisation, die seit 1992 als organisatorisches Dach für verschiedene Gruppen besteht, die für die technische Standardisierung des Internets verantwortlich sind. Zentral ist in diesem Zusammenhang die ‹Internet Engineering Task Force› (IETF), welche sich in erster Linie mit der Standardisierung der im Internet eingesetzten Kommunikationsprotokolle befasst (z. B. IP, TCP, HTTP). Von der Taskforce entwickelte Standards müssen von der ‹Internet Engineering Steering Group› (IESG), die ebenfalls unter der Schirmherrschaft der ISOC arbeitet, genehmigt werden. Der gesamte Standardisierungsprozess wird vom ‹Internet Architecture Board› (IAB) überwacht, das sich auch der strategischen Weiterentwicklungen des Internets widmet (vgl. ISOC 2009).

Die ICANN, eine private Non-Profit-Organisation, ist für die Verwaltung der technischen Infrastruktur des Internets (DNS, IP-Adressen, Root-Server) verantwortlich. Die Zukunft der Internet Governance wird im Rahmen des IGF diskutiert. Daneben existieren weitere Selbstregulierungsorganisationen, viele davon im Bereich des Jugendschutzes und der Standardisierung.

Übungen

1. Wie hat sich die internationale Medienregulierung seit dem 19. Jahrhundert entwickelt?
2. Erläutern Sie die vier Grundprinzipien (allgemeine und spezifische Verpflichtungen) des GATS.
3. Derzeit gelten nicht alle vier dieser Grundprinzipien auch für den Fernsehsektor. Warum?
4. Welche potenziellen Konsequenzen hätte eine weitere Liberalisierung des audiovisuellen Dienstleistungssektors für die Rundfunkregulierung? Denken Sie dabei auch an die Rolle der UNESCO.

Literatur

Ó Siochrú, Seán/Girard, Bruce (2002): Global Media Governance. A Beginner's Guide. Lanham/Boulder/New York/Oxford.

Systematische Einführung in die globale Medienregulierung mit detaillierter Darstellung der verschiedenen internationalen Organisationen.

Pauwels, Caroline/Loisen, Jan (2004): Von GATT zu GATS und darüber hinaus. Die Bedeutung der WTO für die audiovisuelle Politik. In: Media Perspektiven, Nr. 10, S. 489-499.

Erläuterung möglicher Auswirkungen des GATS auf die europäische und nationale Medienregulierung.

Graber, Christoph Beat (2003): Handel und Kultur im Audiovisionsrecht der WTO. Völkerrechtliche, ökonomische und kulturpolitische Grundlagen einer globalen Medienordnung. Bern [Kapitel 4, 5, 6].

Umfassende Aufarbeitung des Einflusses von WTO-Abkommen auf die Medien-regulierung.

Geradin, Damien/Luff, David (2004) (Hrsg.): The WTO and Global Convergence in Telecommunications and Audio-Visual Services. Cambridge [Kapitel 1, 3, 7].

Sammelband mit Beiträgen zum Einfluss der WTO auf die Rundfunk- und Tele-kommunikationsregulierung.

Kleinwächter, Wolfgang (2000): ICANN as the «United Nations» of the Global Information Society? The Long Road towards Self-Regulation of the Internet. In: Gazette, 62(6), S. 451-476.

Darstellung der Entwicklung der Internetregulierung sowie der Entstehung der ICANN.

Teil III

Modelle der Medienregulierung

In den folgenden fünf Kapiteln stehen die verschiedenen Modelle der Medienregulierung im Fokus. Nacheinander werden die Regulierung von Presse, Telekommunikation, Rundfunk sowie Internet betrachtet. Ein weiteres Kapitel widmet sich sektorübergreifenden Regulierungsmaßnahmen. Die Kapitel beginnen jeweils mit einer systematischen Behandlung theoretischer Grundlagen, bevor verschiedene westeuropäische Länder miteinander verglichen werden. Die Auswahl der verglichenen Länder erfolgt dabei bewusst: Neben der Betrachtung der deutschsprachigen Länder (Deutschland, Österreich, Schweiz) ist es das Anliegen, Länder einzubeziehen, welche besonders interessante Lösungen für bestimmte medienpolitische Probleme gewählt haben. Anhand konkreter Beispiele werden wir sehen, wie breit das Spektrum der Medienregulierung ist und welche Unterschiede und Gemeinsamkeiten sich zwischen den verglichenen Ländern offenbaren.

Presseregulierung: Das achte Kapitel nimmt sich der Regulierung der Presse an. Den einzigen Bereich staatlicher Presseregulierung stellt aufgrund der Pressefreiheit die Presseförderung dar, welche die Aufrechterhaltung der Pressevielfalt zum Ziel hat.

Telekommunikationsregulierung: Die Regulierung der Telekommunikation, die Gegenstand des neunten Kapitels ist, steht in der Tradition des Common-Carrier-Modells. Entsprechend befasst sich die Regulierung hauptsächlich mit der elektronischen Kommunikationsinfrastruktur.

Rundfunkregulierung: Der Regulierung des Rundfunks widmet sich das zehnte Kapitel. Behandelt werden die Regulierung der Rundfunkorganisationen (Gründung eines öffentlichen Rundfunks, Zulassung privater Sender), der Rundfunkfinanzierung (Gebühren, Werbung), der Rundfunkdistribution sowie der Rundfunkinhalte (inhaltliche Anforderungen und Beschränkungen).

Internetregulierung: Das elfte Kapitel setzt sich mit der Internetregulierung auseinander. Neben technischen Fragen, welche für das Funktionieren des Netzes zentral sind, bedürfen auch Nutzerverhalten und Onlineinhalte einer Regulierung.

Sektorübergreifende Regulierung: Ob Presse, Rundfunk oder Internet – gewisse Regulierungsmaßnahmen gelten für alle Medien. Das zwölfte Kapitel betrachtet die Regulierung von Wettbewerb, Kommunikationsinfrastruktur und Medienkonzentration, Schranken der Medienfreiheit sowie ethische Richtlinien für die journalistische Arbeit.

8   Presseregulierung

Inhalt und Lernziele

Zeitungen und Zeitschriften werden aufgrund der Pressefreiheit nur sehr zurückhaltend reguliert. In demokratischen Ländern existieren weder inhaltliche Vorgaben oder Zensurmaßnahmen, noch benötigen Herausgeber von Printmedien eine staatliche Lizenz. Hingegen findet sich mit der Presseförderung eine Regulierung auf Ebene der Medienstrukturen.

Nach diesem Kapitel können Sie
- verschiedene Formen der Presseförderung beschreiben.
- Merkmale der Presseförderung in Europa darlegen.

Die Presseregulierung ist von einer starken Zurückhaltung staatlicher Akteure geprägt. Die geringe Regulierung, gerade im Vergleich zum Rundfunk, lässt sich historisch erklären. Die *Pressefreiheit* ist einer der Grundpfeiler moderner demokratischer Staaten und eng verbunden mit dem Niedergang vordemokratischer Eliten (‹Ancien Régime›) und dem Aufstieg der Bourgeoisie (vgl. Humphreys 1996: 18). In absolutistischen Staaten dagegen wurden Zeitungen durch Lizenzierung und Zensur streng kontrolliert.

Pressefreiheit ist letztlich die Umwandlung des Rechtes auf individuelle Meinungsfreiheit in das (wirtschaftliche) Recht, ein Verlagsunternehmen zu betreiben. Neben diesem Verzicht auf die Einschränkung der Publikationsfreiheit meint Pressefreiheit aber auch einen Verzicht auf Zensur der Inhalte. Beides sind Voraussetzungen für freie politische Debatten in den Zeitungen und damit für politische Partizipation (vgl. McQuail 2005: 236; 1992: 103; Humphreys 1996: 21f.). Die Erklärung allerdings, dass Pressefreiheit sich mit dem Sieg liberaler Kräfte über absolutistische Herrscher vollumfänglich ausbreiten konnte, ist eine starke Vereinfachung. Während die Emanzipation vom Staat durchaus gelungen ist, bestehen bedeutende Abhängigkeiten von der Wirtschaft: Zeitungen werden von Unternehmen mit eigenen ökonomischen und politischen Interessen herausgegeben und die Vielfalt der Meinungen steht durch Konzentrationsprozesse erheblich unter Druck.

In der *Schweiz* begann mit dem Einmarsch der Franzosen 1798 der 50 Jahre dauernde Übergang zu einem liberalen demokratischen Nationalstaat. Ein Bürgerkrieg, der Sonderbundskrieg, führte 1848 zur Gründung des Schweizer

Bundesstaates und damit zur Ausdehnung der Pressefreiheit auf alle Kantone. «It followed from the rise of commercial and/or industrial middle classes, and their successful challenge to the established political power of traditional, authoritarian, pre-democratic elites» (Humphreys 1996: 21). Mit dem Erstarken des Bürgertums in der zweiten Hälfte des 19. Jahrhunderts wurden Pressegesetze sogar in Ländern gelockert, die weiterhin autoritär regiert wurden. In der *Donaumonarchie* wurde die Vorzensur 1862 abgeschafft. Im *Wilhelminischen Kaiserreich* wurden die Lizenzierung von Zeitungen und die Vorzensur 1874 beseitigt[6]. Diese Maßnahmen waren wichtige Schritte auf dem Weg zur Pressefreiheit und widerspiegelten die zunehmende soziale und ökonomische Bedeutung der kapitalistischen Mittelklasse (vgl. Humphreys 1996: 21).

Heute ist die Pressefreiheit in Deutschland in Art. 5 des Grundgesetzes, in Österreich in Art. 13 des Staatsgrundgesetzes und in der Schweiz in Art. 17 der Bundesverfassung garantiert. Folglich ist die Presse kaum reguliert und die Inhalte werden gänzlich der Selbstregulierung überlassen (siehe Kapitel 12.4.2). Auf struktureller Ebene aber wird mit Regulierungsmaßnahmen versucht, die Pressevielfalt entweder zu erhalten oder gar zu fördern, denn eine Vielzahl an Medienorganisationen wird als notwendige, wenn auch nicht hinreichende Bedingung für Meinungsvielfalt erachtet (siehe Kapitel 1.1.2). Die strukturelle Vielfalt kann einerseits durch eine Regulierung der Pressekonzentration (siehe Kapitel 12.3), andererseits durch Presseförderung, also Subventionen, beeinflusst werden (vgl. Kopper et al. 1994a: 47f.; Humphreys 1996: 102).

8.1 Grundlagen der Presseförderung

8.1.1 Formen der Presseförderung

Primäres Ziel der Presseförderung ist es, durch finanzielle Unterstützungsmaßnahmen die strukturelle Vielfalt in der Presse zu erhalten oder zu fördern. «Generally, press subsidies aim at strengthening the economics of newspapers in order to counteract current negative industry trends in advertising and circulation» (Murschetz 1998: 294). Ganz allgemein kann Presseförderung definiert werden als die Gesamtheit der staatlichen *Regulierungsmaßnahmen, die zu einer finanziellen Besserstellung von Presseunternehmen führen* (vgl. Hari 2005: 23). Hierbei müssen allerdings verschiedene Formen unterschieden werden: So lässt sich die direkte von der indirekten Presseförderung differenzieren, welche beide wiederum nach allgemeinen und selektiven Maßnahmen unterteilt werden

---

[6] Im Ersten und Zweiten Weltkrieg wurde die Pressefreiheit allerdings eingeschränkt.

können (siehe Abb. 23). Viele der Maßnahmen begünstigen lediglich Tages-
und Wochenzeitungen, nicht aber Zeitschriften.

Abb. 23: Formen der Presseförderung

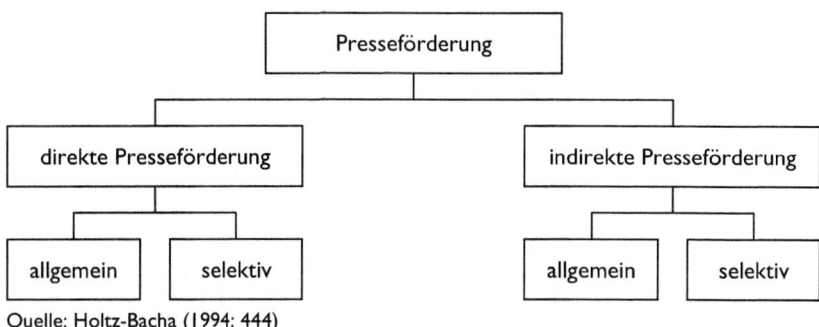

Quelle: Holtz-Bacha (1994: 444)

Direkte Presseförderung bezeichnet eine direkte finanzielle Zuwendung des
Staates an die Presseunternehmen, während *indirekte Presseförderung* diese nur
mittelbar begünstigt, ihnen aber einen wirtschaftlichen Vorteil verschafft (vgl.
Holtz-Bacha 1994: 444; Picard/Grönlund 2003: 105; Hari 2005: 29). «Indirect
subsidies imply the promotion of a more favourable economic environment»
(Murschetz 1998: 297). Indirekte Presseförderung sei konsensfähiger, politisch
unverdächtiger und deshalb auch verbreiteter als direkte Formen der Presseförderung (vgl. Humphreys 1996: 103).

Die Unterscheidung zwischen *allgemeinen und selektiven Hilfen* verweist auf
die Empfänger der Presseförderung. Allgemeine Maßnahmen kommen allen
Zeitungen zugute, während selektive Formen der Presseförderung nur bestimmte Zeitungstitel begünstigen (vgl. Holtz-Bacha 1994: 444; Sparks 1992:
49; Picard/Grönlund 2003: 105). Allgemeine Förderungsmaßnahmen haben das
Ziel, die wirtschaftliche Lage der Presse als Ganzes zu verbessern. Indessen
dürfen zwei Probleme nicht übersehen werden. Erstens haben allgemeine Hilfen
nur den Anschein der Gleichbehandlung und wirken ebenfalls diskriminierend.
Auch hier müssen Förderungskriterien aufgestellt werden, die den Kreis der
anspruchsberechtigten Titel festlegen (vgl. Holtz-Bacha 1994: 445). Zweitens
erhalten große wie kleine Titel diese finanzielle Unterstützung. Häufig werden
Zeitungen in Abhängigkeit von der Auflage gefördert, was Titel mit hohen
Auflagen folglich stärker begünstigt (vgl. Gustafsson 1981: 384; Sparks 1992:
49). Die selektiven Hilfen haben explizit das Ziel, Pressekonzentration zu verhindern und dem Erhalt oder dem Ausbau der strukturellen Vielfalt zu dienen.
Dementsprechend wird die Vergabe von Geldern an der wirtschaftlichen

Situation eines Zeitungstitels festgemacht (vgl. Holtz-Bacha 1994: 451). «Selective subsidies [...] cannot even pretend to avoid the central problem of who is to decide which products are to benefit» (Sparks 1992: 49). Als Kriterien dienen meist die Auflagenhöhe und die Höhe des Anzeigenaufkommens.

Zuerst zu den *Maßnahmen indirekter Presseförderung* (siehe Abb. 24). Sehr verbreitet sind in erster Linie *indirekte allgemeine Maßnahmen* der Presseförderung. So gewähren die meisten Staaten zumindest den Tageszeitungen einen reduzierten Mehrwertsteuersatz oder eine völlige Befreiung von der Mehrwertsteuer (vgl. Holtz-Bacha 1994: 445). Bestrebungen der EU-Kommission, die Handhabung der Mehrwertsteuer europaweit zu harmonisieren, stoßen bei den Verlegerverbänden allerdings auf Ablehnung. Sie befürchten, dass den Presseunternehmen dadurch Nachteile entstehen könnten (vgl. European Commission 2004: 99). Ferner existieren weitere Steuererleichterungen für Verlage.

Zu den indirekten allgemeinen Maßnahmen zählen auch reduzierte Tarife für den Postzeitungsdienst und den Bahntransport. Mit der Post ausgelieferte Zeitungen profitieren in vielen Ländern von günstigen Konditionen. «Inwieweit eine einzelne Zeitung davon profitieren kann, ist abhängig von dem Anteil an der Gesamtauflage, der auf diesem Vertriebsweg abgesetzt wird» (Holtz-Bacha 1994: 447). Denn die Post ist nicht der einzige Distributionskanal. So können drei Wege unterschieden werden, auf denen Zeitungen und Zeitschriften zu den Rezipienten gelangen können, wobei die ersten beiden dem Abonnementsvertrieb vorbehalten sind: Erstens existieren eigene Zustellsysteme (Vertriebsorganisationen) von Verlagen, zweitens werden Printmedien mit der Post zugestellt und drittens ist der Kauf im Einzelhandel (z. B. Kiosk) möglich (vgl. Ludwig 2009: 107). «Aufgrund unterschiedlicher kultureller Traditionen, die das Verhältnis von Einzelverkauf und Abonnement bestimmen, sowie geografischer Gegebenheiten [...]» (Holtz-Bacha 1994: 447) unterscheidet sich der Stellenwert der drei Vertriebswege je nach Land und Art des Mediums beträchtlich. Überregionale Zeitungen nutzen in der Regel den Postzeitungsdienst (vgl. Geretschlaeger/Leinschitz 1994: 570). Der Vorteil liegt im flächendeckenden Zustellsystem der Post. Für Tageszeitungen ist aber der Nachteil der späten Zustellzeit gravierend. In Städten und Agglomerationen dagegen haben viele Verlage eigene Zustellorganisationen aufgebaut, welche die Auslieferung vor dem Frühstück garantieren sollen. Der Einzelhandel wird meist von Pressegrossisten beliefert. Wegen der hohen Fixkosten und der starken Fixkostendegression (siehe Kapitel 3.1.1) existieren im Bereich der Printmediendistribution jedoch starke Konzentrationstendenzen. In Deutschland haben sich deshalb flächendeckend Distributionsregionen herausgebildet, welche von einem einzigen Unternehmen kontrolliert werden, während in der Schweiz mit den

Kiosken von Valora (Deutschschweiz; Tessin) und Naville (französischsprachige Schweiz) Großunternehmen den Markt beherrschen (vgl. Ludwig 2009: 110f., 116f.). Die Verlage sind folglich auf diese Unternehmen angewiesen.

Weitere indirekte allgemeine Presseförderungsmaßnahmen sind reduzierte Tarife für Telekommunikationsdienstleistungen (z. B. Fax und Telefon), niedrig gehaltene Preise und Zölle für Zeitungspapier, die finanzielle Unterstützung von Nachrichtenagenturen und Zeitungsverkaufsstellen sowie der Journalistenaus- und -weiterbildung. Die Unterstützung der Nachrichtenagenturen soll diesen erlauben, niedrigere Preise zu kalkulieren, während die Aus- und Weiterbildung der inhaltlichen Qualität der Presse zugutekommen soll. Einzige Maßnahme auf Seite der Rezipienten ist die Leseförderung, die Personen in die Lage versetzen soll, Zeitungen zu kaufen und zu lesen (vgl. Holtz-Bacha 1994: 447ff.). Teilweise werden auch Werbebeschränkungen im Rundfunk als Presseförderung bezeichnet, da diese die Attraktivität der Presse als Werbeträger steigern und so ein gewisses Anzeigenaufkommen garantieren sollen. Indirekte selektive Maßnahmen sind seltener und an die Auflagenhöhe gekoppelt.

Weniger verbreitet sind *Maßnahmen direkter Presseförderung* (siehe Abb. 24). Zu den *direkten allgemeinen Maßnahmen* gehören finanzielle Zuwendungen, die allen Zeitungen zugutekommen und Unterstützungen von Kooperationen in Druck und Vertrieb, von Investitionen und des Exports von Zeitungen ins (fremdsprachige) Ausland. Vor allem die Kooperation im Vertrieb ermöglicht es kleineren Zeitungen, Zugang zu Vertriebsorganisationen zu erhalten (vgl. Holtz-Bacha 1994: 450). Investitionshilfen können den Zeitungen den Übergang zu neuen Technologien oder Geschäftsmodellen erleichtern (vgl. Picard/Grönlund 2003: 106). Einige Autoren führen auch Inserate staatlicher Stellen als direkte allgemeine Maßnahmen auf. Es darf allerdings bezweifelt werden, ob es sich hierbei immer um eine systematische Presseförderung handelt.

Selektive Maßnahmen sind bei der direkten Presseförderung weitaus häufiger als bei der indirekten. Hierbei werden nur bestimmte Zeitungen gefördert. In der Regel handelt es sich um wirtschaftlich schwächere Publikationen, deren Überleben gesichert werden soll (z. B. Zweitzeitungen in lokalen und regionalen Zeitungsmärkten). «Direct aid [...] tended to be far more selective than indirect aid in that it was directed towards financially weak papers or papers handicapped by their non-commercial character» (Humphreys 1996: 103). Ob ein Titel Anspruch auf finanzielle Zuwendungen hat, kann an der Auflage und am Anzeigenaufkommen festgemacht werden (vgl. Holtz-Bacha 1994: 451). Speziell gefördert werden können aber auch Zeitungen in Minderheitensprachen (vgl. Picard/Grönlund 2003: 106). Eine weitere Form direkter selektiver Presseförderung sind Kredite zu Vorzugskonditionen.

Abb. 24: Maßnahmen der Presseförderung

	allgemein	selektiv
indirekt	Steuererleichterungen (v. a. Mehrwertsteuer) reduzierte Post- und Bahntarife reduzierte Telekomtarife Förderung Nachrichtenagenturen Förderung Verkaufsstellen Förderung Aus-/Weiterbildung Leseförderung Preis- und Zollreduktion für Zeitungspapier	Steuererleichterungen in Abhängigkeit von der Auflagenhöhe reduzierte Post- und Bahntarife für Titel mit kleiner Auflage
direkt	Subventionierung aller Zeitungen Unterstützung von Druck- und Vertriebskooperationen Unterstützung von Investitionen Exportsubventionen	Subventionierung bestimmter Zeitungen Kreditvergabe zu günstigen Konditionen

Quellen: Holtz-Bacha (1994: 445-452), Hari (2005: 31-38) und Murschetz (1998: 296)

8.1.2 Folgen der Presseförderung

Presseförderung kann aufgrund ihrer ökonomischen und publizistischen Folgen bewertet werden. Hat die Förderung dazu beigetragen, benachteiligte Zeitungen zu stärken und Konzentration zu verhindern? Und konnten die implementierten Maßnahmen die inhaltliche Vielfalt erhalten oder sogar verbessern? Drittens muss aber auch betrachtet werden, ob die Pressefreiheit – also die Unabhängigkeit der einzelnen Verlage vom Staat – durch die Presseförderung eingeschränkt wird (vgl. Holtz-Bacha 1994: 453; Humphreys 1996: 107).

Bezüglich der *ökonomischen Folgen* der Presseförderung ist festzustellen, dass zumindest die allgemeinen Maßnahmen Konzentrationsprozesse nicht verhindern können. Dies liegt daran, dass wie erwähnt auflagenstarke Zeitungen von diesen Maßnahmen genauso wie kleine Zeitungen profitieren. Selektive Maßnahmen sind schon eher geeignet, wirtschaftlich schwachen Blättern einen Vorteil zu verschaffen und ihr Ausscheiden aus dem Markt zu verhindern (vgl. Holtz-Bacha 1994: 453f.). Allerdings könnten selektive Maßnahmen die Probleme der schwächeren Zeitungen nicht lösen; am ehesten würden sie zum

Erhalt des Status quo beitragen, den Marktzutritt für neue Titel aber nicht erleichtern (vgl. Gustafsson 1980: 121f.). Das Urteil fällt ernüchternd aus:

«As a result, most subsidies in Europe have had little effect on the financial situations of newspapers and do not provide a mechanism for real long-term viability of subsidised newspapers. [...] If subsidies are not used to restructure an operation, to expand markets or to acquire cost-saving technology, they cannot solve the difficulties of failing newspapers. [...] Based on the available studies, it appears that state support can be successful in the long run only if it is utilised as more than operating aid, if it results in a change in managerial and market strategies, or if it is accompanied by a restructuring of the costs of operation» (Picard/ Grönlund 2003: 107).

Presseförderung ist offenbar dazu geeignet, schwache Zeitungen am Leben zu erhalten, doch entwickelt sie sich zur permanenten Hilfe (vgl. Holtz-Bacha 1994: 515). Maßnahmen wären aber vor allem dann sinnvoll, wenn sie den Verlagen beim Übergang hin zu Erfolg versprechenden Geschäftsmodellen helfen, nicht aber eine dauernde Abhängigkeit von öffentlichen Geldern verursachen. Eine ökonomische Wirkung dürften direkte selektive Maßnahmen dann entfalten, wenn sie bereits frühzeitig im Konzentrationsprozess zum Einsatz kommen (vgl. Trappel 2005: 95). So kann eine Abnahme der Zahl unabhängiger Verlage verhindert werden, jedoch ist der Markteintritt neuer Zeitungen eher die Ausnahme.

Die *publizistischen Folgen* der Presseförderung abzuschätzen gestaltet sich schwierig, da der Zusammenhang zwischen struktureller und inhaltlicher Vielfalt komplex ist. Vor allem den direkten selektiven Maßnahmen wird zugetraut, sich vorteilhaft auf den publizistischen Wettbewerb auszuwirken (vgl. Holtz-Bacha 1994: 456).

Zu den Auswirkungen der Presseförderung auf die *Unabhängigkeit* der Verlage vom Staat liegen kaum empirische Untersuchungen vor, was eine Einschätzung erschwert. Die Existenz oder Inexistenz von Presseförderung jedenfalls ist noch kein Maßstab für staatliche Einflussnahme: «Just as subsidy does not necessarily mean government intervention in the content of the press, neither does its absence guarantee non-intervention» (Sparks 1992: 48). Vor allem die direkte Presseförderung löst die Befürchtung einer staatlichen Einflussnahme auf die Verlage (vgl. Kopper et al. 1994b: 192) oder einer wohlwollenden Berichterstattung finanziell vom Staat abhängiger Zeitungen über diesen aus (vgl. Humphreys 1996: 107). Kommt hinzu, dass der Staat mit Presseförderung bestimmen könne, welche Zeitungsinhalte förderungswürdig seien und welche nicht (vgl. Saxer 1992: 44f.). Das Gremium, welches über den Kreis der Empfänger und die Höhe der Förderung entscheidet, ist damit von großer

Relevanz (vgl. Hari 2005: 28). Das Gebot der Staatsferne der Medien ließe sich aber einhalten, wenn die Förderung weitgehend automatisiert erfolgt und der Vergabekommission nur ein Minimum an Ermessensspielraum zukommt (vgl. Trappel 2005: 84; Kopper et al. 1994b: 192).

> Mit Presseförderung werden Regulierungsmaßnahmen bezeichnet, die zu einer finanziellen Besserstellung von Presseunternehmen führen. Direkte Presseförderung kommt den Verlagen unmittelbar, indirekte Presseförderung nur mittelbar zugute. Allgemeine Maßnahmen begünstigen alle Zeitungstitel, während selektive Maßnahmen nur bestimmten Titeln zustehen.

8.2 Presseförderung in Europa

Wird ein Vergleich der Presseförderung durchgeführt, so ist ein kurzer Blick auf die *Pressemärkte* der verglichenen Länder sinnvoll. Die wohlhabenden und stärker industrialisierten Staaten Nord- und Mitteleuropas haben traditionell sehr ausdifferenzierte Pressemärkte. In den Mittelmeerländern dagegen gibt es weitaus weniger Zeitungstitel (vgl. Wilke 1990: 11). Vor allem in den nordischen Ländern, Luxemburg und der Schweiz ist die Anzahl Zeitungen im Verhältnis zur Bevölkerung außerordentlich hoch (siehe Abb. 57 im Anhang). Auch höhere Auflagezahlen sind typisch für Nordeuropa (vgl. Hallin/Mancini 2004: 22). Die Auflage pro 1.000 Einwohner ist in Schweden, Norwegen und Finnland deutlich am höchsten (siehe Abb. 57 im Anhang). Zwischen der Auflage pro 1.000 Einwohner und dem Stellenwert der Tageszeitungen als Werbeträger gibt es einen engen Zusammenhang (vgl. European Commission 2004: 21). In Ländern mit einer hohen Tageszeitungsauflage ist auch der Anteil der Tageszeitungen am Werbemarkt größer. So dominiert in den nordischen und in den deutschsprachigen Ländern weiterhin die Tagespresse, während in einigen mediterranen Ländern das Fernsehen der wichtigste Werbeträger ist (siehe Abb. 58 im Anhang).

Indirekte Presseförderungsmaßnahmen finden sich in allen westeuropäischen Ländern (siehe Abb. 25). In ganz Westeuropa profitieren die Presseunternehmen von einer Befreiung von oder einer Reduktion der Mehrwertsteuer. In den deutschsprachigen Ländern gilt für den Zeitungsvertrieb ein reduzierter Mehrwertsteuersatz. In Großbritannien, Belgien, Norwegen und Finnland (nur Abonnementvertrieb) wird sogar ganz auf eine Besteuerung verzichtet. Die sich aus den Mehrwertsteuerprivilegien ergebenden Einsparungen für die Verlage sind erheblich (vgl. Humphreys 1996: 102). Steuererleichterungen stellen finanziell gesehen die bedeutendste Presseförderungsmaßnahme dar.

Abb. 25: Indirekte Presseförderung (2008)

Land	indirekte Presseförderung
AT	reduzierte Mehrwertsteuer
BE	Befreiung von Mehrwertsteuer; reduzierte Post-/Bahntarife und Telefontarife; reduzierte Papierpreise
CH	reduzierte Mehrwertsteuer und Posttarife
DE	reduzierte Mehrwertsteuer
DK	Befreiung von Mehrwertsteuer
ES	reduzierte Mehrwertsteuer und Posttarife
FI	Befreiung von Mehrwertsteuer
FR	reduzierte Mehrwertsteuer und reduzierte Post-/Bahntarife
GR	reduzierte Mehrwertsteuer, Posttarife und Telekomtarife
IE	reduzierte Mehrwertsteuer
IS	reduzierte Mehrwertsteuer
IT	reduzierte Mehrwertsteuer, Posttarife und Telefontarife
LU	reduzierte Mehrwertsteuer und Posttarife
NL	reduzierte Mehrwertsteuer
NO	Befreiung von Mehrwertsteuer
PT	reduzierte Mehrwertsteuer
SE	reduzierte Mehrwertsteuer
UK	Befreiung von Mehrwertsteuer

Quellen: WAN (2009: 410, 444, 604, 1011, 1014), Hari (2005: 54-105) und Holtz-Bacha (1994: 547); ergänzt durch eigene Recherchen

Die Subvention des Postzeitungsdienstes dagegen hat stark an Bedeutung verloren. In erster Linie in Frankreich, Italien, Belgien und der Schweiz spielen ermäßigte Posttarife noch eine wichtige Rolle (vgl. Holtz-Bacha 1994: 465f.). Ermäßigungen existieren aber auch in einigen weiteren Ländern. In der Schweiz beispielsweise ist die Post verpflichtet, abonnierte Tages- und Wochenzeitungen sowie Zeitungen und Zeitschriften nicht gewinnorientierter Organisationen (Mitgliedschaftspresse) zu einem Vorzugspreis zu befördern (Art. 15 PG), wofür sie vom Bund entschädigt wird. Der Bundesbeitrag beläuft sich derzeit auf CHF 30 Millionen jährlich (vgl. Künzler 2010).

Abb. 26: Direkte Presseförderung (2008)

Land	direkte Presseförderung	Höhe (in Mio. €)
AT	Subventionen für Vertrieb, regionale Vielfalt und Qualitätsförderung	12.8
BE/CF	Subvention für Anstellung von Journalisten (48 %), Tageszeitungen mit tiefem Anzeigenvolumen (40 %), Neugründungen (5 %), Leseförderung (5 %) und technologische Innovationen (2 %)	6.7
DK	Subventionen für Vertrieb von Tages- und Wochenzeitungen sowie für Neugründungen und Zeitungen in finanziellen Schwierigkeiten	45.5 (2009; DKK 339.0)
FI	Subventionen für Zeitungen in Minderheitensprachen	0.5
FR	Subventionen für Vertrieb (In- und Ausland) und Tageszeitungen mit wenigen Anzeigen; Onlinefonds und Modernisierungsfonds	92.0
IT	Subventionen für Parteipresse; verbilligte Kredite	150.0
LU	Subventionen allgemeiner Art	0.4
NL	Kredite für Zeitungen in finanziellen Notlagen und für Neugründungen	k. A.
NO	Subventionen für kleine Monopolzeitungen und Zweitzeitungen, für Vertrieb sowie für Zeitungen in Minderheitensprachen (Sami und immigrierte Minderheiten)	26.9 (NOK 267.4)
PT	Subventionen für Modernisierung (z. B. technologische Innovationen) und Professionalisierung	0.3
SE	Subventionen für Betrieb und Vertrieb	45.8 (SEK 502.8)

Quellen: WAN (2009: 399, 755, 1015), Hari (2005: 54-105), Sénat français (2004: 16ff., 30f.), Fernández Alonso/Blasco Gil (2006), Holtz-Bacha (1994: 547); eigene Recherchen, insbesondere Art. 8.1-8.21 Mediawet und Décret du 31 mars 2004

Die skandinavischen Länder, Finnland, die Beneluxstaaten, Österreich, Frankreich, Italien und Portugal haben neben indirekten auch *direkte Presseförderungsmaßnahmen* implementiert (siehe Abb. 26). Häufigste Maßnahme sind Subventionen, also direkte Zahlungen an die Verlage. In den meisten Fällen handelt es sich um selektive Zuwendungen, die nicht allen Titeln zugutekommen (vgl. Holtz-Bacha 1994: 488). Zwischenzeitlich befasste sich die Europäische Kommission mit der Frage, unter welchen Bedingungen solche staatlichen Beihilfen an Verlage zulässig sind (siehe Kapitel 6.3.2). Bezüglich des Umfangs unterscheidet sich die direkte Presseförderung deutlich. Vor allem in Österreich, Frankreich, Schweden, Norwegen, Dänemark und Italien sind die Beträge beachtlich.

Unterschiedlich geregelt ist auch, welche Stelle über die Vergabe der Gelder entscheidet. Nur in wenigen Ländern existieren ausschließlich für Presseförderung zuständige Organisationen (siehe Abb. 27):

Abb. 27: Zuständigkeit für direkte Presseförderung

Regierung/Ministerium	Regulierungsbehörde	spezialisiertes Gremium
BE/CF, FI, FR, LU	AT, IT, NO (teilweise), PT	DK, NL, NO (teilweise), SE

Quelle: eigene Recherchen

Im Folgenden werden die Presseförderungsmaßnahmen einiger ausgewählter Länder genauer vorgestellt. Vor allem die nordischen Staaten begannen schon sehr früh mit einer direkten Presseförderung. Dies mag mit ein Grund dafür sein, dass die Presse in diesen Ländern auch heute noch über die höchste Auflage pro 1.000 Einwohner in ganz Europa verfügt (siehe Abb. 57 im Anhang).

Als Vorbild für die Presseförderung gilt häufig *Schweden*, wo bereits Mitte der 1960er Jahre direkte Presseförderungsmaßnahmen implementiert wurden. Verteilt werden die Gelder vom ‹Presstödsnämnden› (Press Subsidies Council), der von der Regierung eingesetzt wird. Zwei Arten von Maßnahmen können unterschieden werden (Kapitel 2 und 4 Presstödsförordning):

- Betriebszuschüsse haben das Ziel, Zeitungen mit weniger als 30 % Haushaltsabdeckung in ihrem Erscheinungsgebiet selektiv zu fördern und so ihre benachteiligte Position auf dem Werbemarkt zu kompensieren. Durch eine genaue Definition der Förderungskriterien ist eine automatische Vergabe der Gelder möglich. Dies garantiert auch die Unabhängigkeit der Zeitungen vom Staat. «Since the rules do not allow any leeway for interpretation, recipient newspapers cannot be penalized for carrying ‹inappropriate› content» (Hadenius/Weibull 1999: 142).

- Die Vertriebsförderung setzt bei Kooperationen in der Distribution an. Wenn Zeitungen auf eigene Vertriebssysteme verzichten und sich spezialisierter Vertriebsunternehmen bedienen, können sie von einer staatlichen Förderung profitieren. Wettbewerbsnachteile kleiner Zeitungen sollen so ausgeglichen werden. Die Höhe der Förderung wird auf Basis der Auflage ermittelt (vgl. Prognos 1998: 54; Holtz-Bacha 1994: 493).

Dem schwedischen Presseförderungssystem wird zugutegehalten, dass das Ausscheiden gewisser Zeitungen aus dem Markt verhindert und die Neugründung einiger Titel ermöglicht werden konnte (vgl. Sparks 1992: 48; Gustafsson 1980: 125). «Die Zeitungslandschaft hat sich nicht nur stabilisiert, sondern die Zahl der Erscheinungsorte ist wieder angestiegen und die unterstützten Zeitungen konnten ihre Stellung auf dem Markt verbessern» (Holtz-Bacha 1994: 495). Zwar machen die Förderbeiträge gemessen an den Gesamteinnahmen weniger als 5 % aus, die geförderten Titel jedoch bestreiten bis zu einem Drittel ihrer Einnahmen aus staatlichen Mitteln (vgl. Hadenius/Weibull 1999: 142).

In *Norwegen* finden sich Subventionen für den Zeitungsvertrieb sowie für an indigene (Sami) und immigrierte Sprachminderheiten gerichtete Zeitungen. Den Kern der Presseförderung macht aber die Produktionsförderung aus: Vereinfacht dargestellt sind zwei Typen von Zeitungen förderungswürdig: einerseits Monopolzeitungen, die nicht mehr als 6.000 Exemplare verbreiten, andererseits Zweitzeitungen, die nicht mehr als 80.000 Exemplare verbreiten. Zeitungen sind von der Produktionsförderung ausgeschlossen, wenn mehr als 50 % des Umfangs aus Werbung besteht (§§ 3 und 4 Forskrift 1409/2009). Es wird davon ausgegangen, dass größere Monopolzeitungen respektive größere Zweitzeitungen rentabel sein können (vgl. Prognos 1998: 58f.). Für die Verteilung der Gelder werden Auflage und Anzahl Ausgaben pro Jahr berücksichtigt. Über die Verteilung der Gelder entscheidet die Medienregulierungsbehörde Medietilsynet auf Empfehlung des ‹Støtteutvalget for dagsavisene› (Support Committee for Newspapers), dessen Mitglieder vom Kulturministerium ernannt werden. Während das System marktorientiert und transparent sei und den Verlagen eine gewisse Planungssicherheit biete, führe die Berechnung der Förderung auf Basis der verbreiteten Auflage zu einer stärkeren Förderung größerer Zeitungen (vgl. Prognos 1998: 62f.). Zudem wird kritisiert, dass die Festlegung des Förderungsumfangs der Regierung einen zu starken Einfluss verleihe: Je nach Regierungspartei werden die Mittel gestrichen oder wieder angehoben. Trotz der gezielten Förderung der Zweitzeitungen ist deren Anzahl drastisch zurückgegangen. Mit der norwegischen Presseförderung konnten aber letztlich einige Zweitzeitungen und Lokalblätter am Leben erhalten und Neugründungen nationaler und lokaler Wochentitel stimuliert werden (vgl. Høst 1999: 119f.).

Dänemark unterstützt den Pressesektor in erster Linie mit Subventionen für den Vertrieb von Zeitungen. So wird die Distribution nationaler und regionaler Tageszeitungen unterstützt, sofern der Inhalt zu mindestens 50 % aus redaktionellen Beiträgen besteht und mindestens ein Drittel davon von einer eigenständigen Redaktion verfasst wurde. Die Höhe der Förderung wird basierend auf Auflage und Art der Zeitung (national/regional; Morgen-/Abendzeitung) berechnet. Zeitungen, die sich entweder an die deutschsprachige Minderheit richten oder nationale Zeitungen, die zu mindestens 75 % aus redaktionellen Inhalten bestehen und eine Auflage von weniger als 50.000 Exemplaren haben, erhalten eine zusätzliche Unterstützung (Art. 1-6 Bekendtgørelse 1310/2007). Zudem wird die Distribution nicht täglich erscheinender nationaler Zeitungen unterstützt (Art. 8 Bekendtgørelse 636/2008). Darüber hinaus existiert eine projektbezogene Förderung für Neugründungen von Zeitungen oder für Zeitungen in ernsthaften finanziellen Schwierigkeiten. Während für die Vertriebsförderung ein vom Kulturministerium eingesetzter und bei der Medienregulierungsbehörde angesiedelter ‹Fordelingsudvalg› (Distribution Committee) zuständig ist, vergibt der von der Regierung eingesetzte ‹Dagbladsnævnet› (Daily Newspaper Board) diese Projektgelder.

Das einzige deutschsprachige Land, das eine direkte Presseförderung implementiert hat, ist *Österreich*. Das ganze System wurde 2004 einer Reform unterzogen. Das heutige System besteht aus drei Säulen (vgl. Laiß 2004: 168-171; Trappel 2005: 92ff.):

- Mit der Vertriebsförderung werden Tages- und Wochenzeitungen gefördert die eine Mindestauflage von 10.000 resp. 5.000 Exemplaren haben und von mehr als nur lokalem Interesse sind. Folglich gelten praktisch alle Zeitungen als förderungswürdig. Alle geförderten Tageszeitungen erhalten denselben Betrag.
- Die ‹Besondere Förderung zur Erhaltung der regionalen Vielfalt der Tageszeitungen› kann als Existenzprämie für Zweitzeitungen bezeichnet werden und ist Tageszeitungen vorbehalten (vgl. Trappel 2005: 92ff.). Die als förderungswürdig erachteten Zeitungen dürfen keine marktführende Stellung innehaben und erhalten neben einem fixen Betrag von € 500.000 eine zusätzliche Förderung, die auf Grundlage der verkauften Auflage berechnet wird. Ziel der Förderung ist die Aufrechterhaltung der Zeitungsvielfalt in den Bundesländern (vgl. Laiß 2004: 169f.).
- Maßnahmen zur ‹Qualitätsförderung und Zukunftssicherung› unterstützen Projekte in der Journalistenausbildung, Forschung und Leseförderung.

Die Höhe der Beiträge wurde vom Parlament im Presseförderungsgesetz (PresseFG) festgelegt. Eine Presseförderungskommission entscheidet offene Fragen und die Regulierungsbehörde KommAustria verteilt schließlich die Gelder. Erscheint eine Publikation weniger als 41mal pro Jahr, fällt sie nicht unter das Presseförderungs-, sondern unter das Publizistikförderungsgesetz (PubFG). Hier besitzt die KommAustria weitergehende Kompetenzen, indem sie die Höhe der an die einzelnen Titel vergebenen Beiträge festlegt und den Kreis der förderungswürdigen Publikationen bestimmt (vgl. Hari 2005: 91ff.). Trotz der erst kürzlich erfolgten Reform finden sich kritische Stimmen zur österreichischen Presseförderung: «Sie löst keinen publizistischen Anspruch ein, sie fördert weiterhin die marktbeherrschenden Tageszeitungen und sie schafft keinen Anreiz, mit den Fördermitteln entweder in die Qualität oder aber in die ökonomische Tragfähigkeit zu investieren» (Trappel 2005: 94).

In den westeuropäischen Ländern wurden verschiedenste Presseförderungsmaßnahmen implementiert. Während die Verlage in ganz Europa von Mehrwertsteuerreduktionen profitieren, existieren nicht in allen Ländern direkte Subventionen für die Presse.

Übungen

1. Welche Formen der Presseförderung werden unterschieden?
2. Nachdem Sie nun theoretische Grundlagen und Presseförderungsmaßnahmen in verschiedenen europäischen Ländern kennengelernt haben: Welche Formen der Presseförderung halten Sie für erfolgreich, welche nicht? Begründen Sie Ihre Antwort.

Literatur

Holtz-Bacha, Christina (1994): Presseförderung im westeuropäischen Vergleich. In: Bruck, Peter A. (Hrsg.): Medienmanager Staat. Von den Versuchen des Staates, Medienvielfalt zu ermöglichen. Medienpolitik im internationalen Vergleich. München, S. 443-567.

Überblick über Formen der Presseförderung und deren Verbreitung in Europa.

9   Telekommunikationsregulierung

Inhalt und Lernziele

Dieses Kapitel widmet sich der Entwicklung und den Bereichen der Telekommunikationsregulierung in Europa. Zwar befasst sich das Common-Carrier-Modell der Medienregulierung hauptsächlich mit technischen Infrastrukturen. Doch über diese wird auch eine Vielzahl von Inhalten mit Relevanz für die öffentliche Kommunikation distribuiert (Radio, TV, ‹Neue Medien›). Medienpolitik muss sich deshalb auch mit der Kommunikationsinfrastruktur auseinandersetzen.

Nach diesem Kapitel können Sie
- beschreiben, wie sich die Telekommunikationsregulierung von der Institutionalisierung bis heute verändert hat.
- erklären, welche ökonomischen und sozialen Ziele mit der Regulierung der Telekommunikation verfolgt werden.

In den 1830er Jahren begann die Epoche der Telegrafie; mit den 1870er Jahren erlangte das Telefon die Marktreife. «In den meisten europäischen Ländern wurde die Telekommunikation organisatorisch mit der bereits weitaus früher institutionalisierten Briefpost zusammengelegt» (Latzer 1997: 51). Damit wurde für Telegrafie und Telefonie das *Common-Carrier-Modell* übernommen, welches sich wie bei der Briefpost lediglich mit der Distribution befasst, nicht aber mit den übermittelten Inhalten (vgl. McQuail 2005: 238; Garnham 2000: 173f.). Im Vordergrund dieses Regulierungsmodells steht die Errichtung einer flächendeckenden Infrastruktur, zu der alle Bürgerinnen und Bürger einen fairen Zugang zu angemessenen Preisen haben sollen.

Während Jahrzehnten beschränkte sich die Telekommunikationsregulierung im Kern auf das *Telefon- und Telegrafienetz* (d. h. die Infrastruktur) und einige wenige über diese beiden Netze angebotene Dienstleistungen wie Telegramme, Sprachtelefonie (Festnetz), Telefax oder einfache Datenübertragungsdienste (z. B. Telex). Hinzugekommen sind seither das Mobilfunknetz und über dieses angebotene Dienstleistungen (mobile Sprachtelefonie, SMS).

Über die Telekommunikationsinfrastruktur – sowohl Fest- als auch Mobilnetz – können heute aber nicht nur solche Basisdienste angeboten werden. Auch die Übermittlung von sogenannten Mehrwertdiensten ist unterdessen technisch möglich. Dazu zählen beispielsweise Voicemail-Dienste, elektronischer Zahlungsverkehr, Internetangebote oder auch klassische Rundfunksender (vgl. Schorlemer 2000: 26; Schneider/Werle 2007). Die technische Infrastruktur wird heute also für jegliche Form der elektronischen Kommunikation genutzt – nicht nur für Telekommunikation, sondern auch für Radio, Fernsehen oder ‹Neue Medien›. Eine Auseinandersetzung mit der Telekommunikationsregulierung ist deshalb von großer Bedeutung.

9.1 Grundlagen der Telekommunikationsregulierung

9.1.1 Entwicklung der Telekommunikationsregulierung

Zum Zeitpunkt der Erfindung von Telegrafie und Telefonie im 19. Jahrhundert war das Postwesen in der Regel als staatliches Monopol institutionalisiert. Grund hierfür war die hohe militärische und sicherheitspolitische Relevanz, die dem Briefverkehr zugeschrieben wurde. Diese staatliche Lösung erlaubte eine direkte Kontrolle über die Kommunikationsflüsse in den einzelnen Ländern. Unter diesem Aspekt ist die Einführung der *Telegrafie* in den 1830er Jahren zu sehen: «Als sich im 19. Jahrhundert der Telegraf herausbildete, wurde dieser auf dem Kontinent fast ausschließlich als militärisches Kommunikationsinstrument wahrgenommen» (Schneider 1999: 253). Lediglich in Nordamerika und Großbritannien entstanden privatwirtschaftliche Telegrafieunternehmen, während auf dem europäischen Festland die Telegrafie von Beginn an eine Organisationseinheit innerhalb der Militär- oder der allgemeinen Staatsverwaltung bildete. Nach dieser ersten Startphase wurde die Telegrafie in fast allen Ländern mit dem Postwesen zusammengelegt, was bei privaten Unternehmen zu Verstaatlichungen führte (vgl. Schneider 1999: 248; 1997: 254f.).

Bei der *Telefonie* war ein institutioneller Start außerhalb des staatlichen Bereichs dagegen die Regel. Dies lag auch daran, dass das Telefon vom Staat erst später als ein funktionales Äquivalent zur Telegrafie erkannt wurde (vgl. Schneider 1999: 253). Die Tatsache, dass private Märkte auch im Telefonbereich nur ein vorübergehender Zustand waren, hatte allerdings einen weiteren Grund: Aufgrund der hohen Fixkosten für den Aufbau der Infrastruktur kam es zu einem Marktversagen. Der private Wettbewerb mehrerer Unternehmen endete immer in einem privaten Monopol. «Reine Privatmonopole waren auf lange Sicht politisch inakzeptabel. Sie verlangten überhöhte Gebühren, orientierten ihren Netzausbau nur an Gewinnerwartungen und vernachlässigten bestimmte infrastrukturelle Bedürfnisse» (Schneider 1999: 254). So wurden die privaten Monopolunternehmen in den USA stark reguliert und in Europa verstaatlicht (siehe Kapitel 2.3).

Trotz unterschiedlicher Startpunkte näherten sich die Regulierungsmodelle in den verschiedenen Ländern sowohl in der Telegrafie als auch in der Telefonie einander also sehr stark an. Seit Beginn des 20. Jahrhunderts kann damit ein Grundmodell der Telekommunikationsregulierung mit zwei unterschiedlichen Ausprägungen beobachtet werden (vgl. Cuilenburg/McQuail 2003: 187f.; Latzer 1997: 54; Schneider 1999: 245, 249; Drake 2000: 128): In Europa war ein *staatliches Monopol* in Form der staatlichen Post-, Telefon- und Telegrafengesellschaft (PTT) die Regel, während in den USA ein *staatlich reguliertes Privatmonopol* existierte. «This was in keeping with the wider pattern of American exceptionalism – little soccer and socialism, no PTT» (Drake 2000: 129).

Die europäischen PTTs deckten einerseits das gesamte Spektrum an Kommunikationsdiensten (Post, Telegraf und Telefon), andererseits wurden auch Infrastruktur, Dienstleistungen und Endgeräte vom Monopolisten bereitgestellt. Telekommunikation war in Zeiten des Monopols zudem eine nationale Angelegenheit. Nicht nur der Handel mit Endgeräten, auch der Betrieb von Netzen und das Angebot von Diensten endeten an den Staatsgrenzen. Einzige Ausnahme war die für den internationalen Fernmeldeverkehr notwendige Kooperation bezüglich technischer Standards, die im Rahmen der ITU stattfand (siehe Kapitel 7.1), und eine Voraussetzung für die Zusammenschaltung nationaler Netze darstellt.

Mit der Regulierung privater Monopole respektive der Etablierung staatlicher Monopole wurden ökonomische und soziale Ziele verfolgt. Einerseits sollten die ökonomischen Ineffizienzen unregulierter Privatmonopole verhindert werden. So wurden beispielsweise Telefonpreise staatlich festgelegt, um eine willkürliche Preissetzung durch den Monopolisten zu verhindern. Zudem wurde der Aufbau einer flächendeckenden Infrastruktur gefördert, welche das gesamte Staatsgebiet abdeckt. Andererseits sollte aber auch das öffentliche Interesse geschützt werden. Die Verwirklichung eines sogenannten Universaldienstes sollte allen Bürgerinnen und Bürgern einen fairen Zugang zu angemessenen Preisen ermöglichen (vgl. Latzer 1997: 57). Diesen Universaldienst zu Preisen, die unter den eigentlichen Kosten lagen, konnten die Monopolunternehmen nur dank einer Quersubventionierung durch sehr rentable Geschäftsbereiche (nationale Ferngespräche und internationale Gespräche) verwirklichen.

Aufgrund technischer Gegebenheiten, die die Versorgung mit Telekommunikationsdiensten sehr teuer machten, blieb diese monopolistische Marktstruktur trotz beträchtlicher Nachteile über einen langen Zeitraum bestehen. Doch in den 1970er und 1980er Jahren kam es zu einem institutionellen Umbruch: Politische und technologische Veränderungen setzten dem Monopol ein Ende. Der gesamte Telekommunikationssektor wurde durch Deregulierung und Privatisierung liberalisiert. Sowohl in den USA als auch in Europa wird heute auf einen regulierten Wettbewerb privater Anbieter vertraut (vgl. Schneider 1999: 252; 1997: 255).

Die *Gründe* für diese Liberalisierung sind erstens technischer Art. Technologischer Fortschritt veränderte die Kostenstruktur der Telekommunikation maßgeblich. Die starken Monopolisierungstendenzen spielen in der Telekommunikation nur noch in Teilbereichen – etwa den Hausanschlüssen (‹Letzte Meile›) – eine Rolle. In den meisten Bereichen ist Wettbewerb dagegen problemlos möglich. Fortschritte in der Informationstechnologie haben zudem die Zusammenschaltung verschiedener Netze und den Wechsel des Telekomanbieters für die Endkunden erleichtert (vgl. Collins/Murroni 1996: 18; Geradin/Kerf 2004: 132f.; Schneider 1999: 256).

Zweitens erhofften sich Telekommunikationsunternehmen von einer Liberalisierung die Erschließung neuer Geschäftsfelder und eine Expansion auf dem Weltmarkt (vgl. Latzer 1997: 66; Drake 2000: 147). «The privatization and deregulation of communication has also been stimulated by the desire for profits by telecommunication firms and the investment bankers who coordinate these privatizations» (Herman/McChesney 1997: 111).

Ein ideologischer Wandel in der Politik war drittens ebenfalls von Bedeutung (siehe Kapitel 2.3): «The global telecom industry between the early 1980s and early 21st century was an exemplary case of the neoliberal transformation thesis» (Jin 2005: 290). Die Politiker waren einerseits davon überzeugt, dass sich auch mit privaten Unternehmen die sozialen Ziele der Telekommunikationsregulierung verwirklichen lassen würden und es dazu kein (staatliches) Monopol brauche (vgl. Geradin/Kerf 2004: 133). Andererseits erhofften sich die Regierungen von Deregulierung und Privatisierung in der Telekommunikation eine Ankurbelung der gesamtwirtschaftlichen Entwicklung (vgl. Drake 2000: 147f.; Jin 2005: 291; Herman/McChesney 1997: 111). In Europa spielte zudem eine Rolle, dass die Europäische Union im Rahmen der Verwirklichung des gemeinsamen Binnenmarktes eine Liberalisierung ebenfalls vorantrieb (vgl. Drake 2000: 148).

Für eine Liberalisierung sprach viertens, dass Monopole ineffizient, wenig benutzerfreundlich und bezüglich neuer Angebote nicht sonderlich innovativ sind. Die Leistung der Monopolunternehmen erwies sich als enttäuschend (vgl. Majone 1994: 57; Schorlemer 2000: 96; Geradin/Luff 2004: 3; Geradin/Kerf 2004: 133). Ein Wettbewerb mehrerer Anbieter dagegen soll nicht nur sicherstellen, dass die Unternehmen dynamisch und innovativ sind, sondern auch, dass sie ihre Dienste zu tieferen Preisen anbieten: «The experience […] shows that competitive pressures can force telecommunications prices down, while improving the quality and range of services on offer [...]» (Collins/Murroni 1996: 19).

Während die Liberalisierung in Nordamerika eine Deregulierung – d. h. die Zulassung von Konkurrenzunternehmen – beinhaltete, war in Europa zusätzlich eine Privatisierung der staatlichen Monopolbetriebe notwendig (siehe Kapitel 2.3). Dies bedeutete in einem ersten Schritt die Ausgliederung aus der staatlichen Verwaltung und die Überführung in eine private Rechtsform (formelle Privatisierung). Erst in einem zweiten Schritt fand ein teilweiser oder vollständiger Verkauf der staatlichen Anteile an diesem Unternehmen im Sinne einer Vermögensprivatisierung statt (vgl. Schneider 1999: 251; Hudson 2002: 370; Jin 2005: 295). Auch in den deutschsprachigen Ländern wurde die Privatisierung der ehemaligen PTTs vollzogen:

- Die staatliche *Deutsche Bundespost* wurde 1989 in Folge der ersten Postreform in drei öffentliche Unternehmen aufgeteilt: Postdienst, Postbank und Telekom. Die drei Unternehmen wurden mit der zweiten Postreform auf Anfang 1995 formell privatisiert und in Aktiengesellschaften umgewandelt (Deutsche Post AG, Postbank und Deutsche Telekom AG). Noch heute hält der Staat direkt und indirekt rund 32 % der Aktien der Deutschen Telekom. Mit der Privatisierung wurde auch das Bundesministerium für Post und Telekommunikation in eine Regulierungsbehörde umgewandelt, die heutige Bundesnetzagentur.
- Die *österreichische Post- und Telegrafenverwaltung* wurde 1996 in die Post und Telekom Austria AG umgewandelt. Das Unternehmen wurde 1998 aufgespalten in die Österreichische Post AG und in die Telekom Austria. Die Österreichische Industrieholding AG, welche die Beteiligungen der Republik Österreich verwaltet, hält rund 28 % der Aktien der Telekom Austria.
- Die *schweizerische* PTT wurde auf Anfang 1998 in die Schweizerische Post AG und die Swisscom AG aufgeteilt. Die Eidgenossenschaft hält derzeit noch rund 57 % der Aktien der Swisscom.

Diese Transformation des Telekommunikationssektors verlief in den verschiedenen Ländern jedoch ungleichzeitig. Ausgangspunkt der Liberalisierung waren die USA, welche eine internationale Liberalisierung der Telekommärkte als im eigenen nationalen Interesse liegend erachteten. «Danach breitet sich der Wandel als Reformwelle über Druck und Sog auf die übrigen Länder aus» (Schneider 1999: 258). Reformen sind für jene Länder, die ihre Märkte zuerst öffnen, am Anfang von Nachteil, da sie international gesehen eine asymmetrische Marktstruktur bewirken (vgl. Latzer 1997: 67). Ausländische Firmen hatten bereits die Möglichkeit, im US-Markt zu investieren, während dies US-Unternehmen im Ausland noch versagt blieb. Aus diesem Grund übten die USA politischen und wirtschaftlichen Druck auf die anderen Länder aus, damit diese ihre Telekommärkte ebenfalls liberalisieren (vgl. Schneider 1997: 260; 1999: 258; Latzer 1997: 67; Jin 2005: 289; Drake 2000: 145f.). Druck wurde auch im Rahmen der WTO ausgeübt. So verpflichtet das 1998 in Kraft getretene Agreement on Basic Telecommunication die Unterzeichnerstaaten zur Marktöffnung im Bereich der Basistelekommunikationsdienste (siehe Kapitel 7.4.3). Je mehr Länder den Telekomsektor bereits liberalisiert haben, desto größer wird der Privatisierungssog für die verbliebenen Länder. Staatliche Monopolbetriebe haben gegenüber privaten Unternehmen deutliche Wettbewerbsnachteile (vgl. Schneider 1999: 258; 1997: 260).

Wettbewerb wurde in der Regel als Erstes bei den Endgeräten eingeführt, bevor die Märkte für Mehrwertdienste (z. B. Internet) und Mobilfunk geöffnet wurde. Als Letztes wurde Wettbewerb bei den klassischen Basisdiensten im Festnetz (v. a. Sprachtelefonie) zugelassen (vgl. Schneider 1999: 7; Schorlemer 2000: 104f.; Drake 2000: 148; Geradin/Kerf 2004: 132). Bei den Hausanschlüssen (‹Letzte Meile›), welche in der Hand des ehemaligen Monopolunternehmens sind, entfaltet sich der Wettbewerb indes nur langsam. So sind die Konkurrenzunternehmen hier noch auf die Netze des Ex-Monopolisten angewiesen, um die Endkunden zu erreichen. Eine Ausnahme stellen lediglich Kabelnetzbetreiber dar, welche heute ebenfalls Telekommunikationsdienste über ihre Netze anbieten (vgl. Collins/Murroni 1996: 19, 191f.).

Die Telekommunikationsregulierung hat sich seit Mitte des 19. Jahrhunderts mehrmals radikal verändert (siehe Abb. 28).

Abb. 28: Institutioneller Wandel der Telekommunikationsregulierung

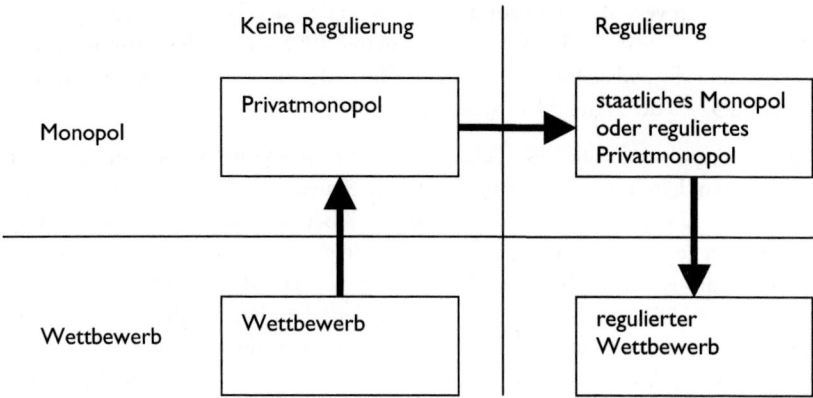

Von verschiedenen institutionellen Startpunkten aus konvergierten die Regulierungsmodelle in den verschiedenen Ländern – teils über Umwege – zu einem staatlichen oder staatlich regulierten privaten Monopol. Eine Kombination von Gründen führte dann zu Deregulierung und Privatisierung und resultierte in einem regulierten Wettbewerb privater Anbieter (vgl. Schneider 1997: 252; 1999: 251f.). Dort, wo die Liberalisierung zu mehr Wettbewerb geführt hat, hat sich für die Endkunden tatsächlich eine Reihe von Vorteilen ergeben. Nicht nur profitieren sie von tieferen Preisen, auch sind das Angebot an Dienstleistungen und deren Qualität angestiegen. In Bereichen allerdings, wo die neuen Unternehmen auf die Infrastruktur des Ex-Monopolisten angewiesen sind (Hausanschlüsse), hat sich bisher wenig Wettbewerb entfaltet (vgl. Geradin/Kerf 2004: 133ff.).

Deregulierung und Privatisierung haben indes auch Schattenseiten offenbart. Die Öffnung der Telekommunikationsmärkte hatte erstens hohe Investitionen von Telekomunternehmen in anderen Ländern zur Folge. Dies führte nicht nur zu einer Zunahme transnationaler Konzentrationsprozesse durch Allianzen, Fusionen und Übernahmen, sondern auch zu einer hohen Verschuldung der einzelnen Unternehmen. Zweitens blieb die Nachfrage hinter den Erwartungen zurück. Da jedoch viele Firmen Netze aufgebaut haben, existierte nun eine riesige Überkapazität. Um Marktanteile zu gewinnen, trugen die Unternehmen einen Preiskampf aus. Die hohen Schulden und der desaströse Wettbewerb führten zu einer Krise der Telekomindustrie. Deshalb waren die Unternehmen zu einer Restrukturierung gezwungen, die häufig Massenentlassungen beinhaltete (vgl. Jin 2005: 296-301).

> «In sum, the liberalization and privatization process beginning in the mid-1980s has increased the supply of infrastructure and services; however, the overcompetition and overcapacity expedited by deregulation have become the real culprits behind the telecom crisis in recent years. Liberalization and privatization of telecom industries in many countries were carried out too fast and too far [...]» (Jin 2005: 301).

Seit der Erfindung von Telegraf und Telefon haben sich Marktstrukturen, Eigentumsverhältnisse und Regulierung mehrfach drastisch verändert. Von verschiedenen institutionellen Startpunkten aus bewegte die Regulierung in den verschiedenen Ländern sich hin zu einem staatlichen oder staatlich regulierten privaten Monopol. Dies änderte sich erst ab den 1970er Jahren, als in den USA mit der Liberalisierung der Telekommunikationsmärkte begonnen wurde. Deregulierung und Privatisierung resultierten in einem staatlich regulierten Wettbewerb privater Unternehmen.

9.1.2   Bereiche der Telekommunikationsregulierung

Die meisten Wirtschaftssektoren werden lediglich ex-post durch das Wettbewerbsrecht reguliert (siehe Kapitel 12.1). Dieses soll einen funktionierenden ökonomischen Wettbewerb sicherstellen – eine weitergehende sektorspezifische Regulierung existiert nicht. Der neu entstandene Wettbewerb im Telekommunikationssektor dagegen wird zusätzlich reguliert.

Ökonomisch gesehen reichen die Zulassung mehrerer Anbieter und die Privatisierung des Monopolisten alleine nicht aus, damit der Markt funktioniert. Denn der Ex-Monopolist verfügt über eine große *Marktmacht,* die er zum Nachteil seiner Konkurrenten und der Konsumenten einsetzen kann (vgl. Geradin/Kerf 2004: 130, 135; Meierhofer 1997: 211f.).

> «In a liberalized telecommunications environment the regulator invariably has to contend with peculiar problems posed by the inheritance from the past. The regulator does not inherit a ‹level playing field› on which new firms of equal power compete freely, but a playing field on which one of the players – the old incumbent – is larger, richer and in almost all respects more powerful than the others» (Collins/Murroni 1996: 19).

Um einen chancengleichen Wettbewerb zu fördern und wettbewerbswidriges Verhalten zu verhindern, ist deshalb eine asymmetrische Ex-ante-Regulierung notwendig, welche dem Ex-Monopolisten weitergehende Pflichten auferlegt (vgl. Collins/Murroni 1996: 19-26, 51; Geradin/Kerf 2004: 136 140; Holznagel/Dörr/Hildebrand 2008: 141f.; Schorlemer 2000: 168-173):

- *Zugangsverpflichtung:* Die ehemaligen Monopolisten können verpflichtet werden, ihre Netze für Anbieter zu öffnen, welche über keine eigene Infrastruktur verfügen. Dies ist eine wesentliche Voraussetzung dafür, dass diese Drittanbieter überhaupt Zugang zu den Endkunden erlangen. Ein Beispiel etwa wäre der Zugang zur ‹Letzten Meile› (Hausanschlüsse) oder die Nutzung des Mobilfunknetzes eines Konkurrenten.
- *Interkonnektionsverpflichtung:* Kunden eines Anbieters sollen auch Kunden eines anderen Anbieters anrufen können. Der dominante Anbieter hat allerdings kein Interesse an einer solchen Interkonnektion (Zusammenschaltung), da damit seine Konkurrenten zu einer Alternative für die eigenen Kunden werden. Zudem hat der Ex-Monopolist die Möglichkeit, von seinen Konkurrenten überteuerte Interkonnektionsgebühren zu verlangen.
- *Preisregulierung:* Der dominante Anbieter hat die Möglichkeit, in Bereichen, in denen der Wettbewerb noch nicht entfaltet ist (z. B. ‹Letzte Meile›), überhöhte Preise zu verlangen und so in Bereichen mit Wettbewerb seine Dienstleistungen zu Dumpingpreisen anzubieten. Zum Schutz von Endkunden und

Konkurrenten kann die Regulierungsbehörde deshalb die Preise des Ex-Monopolisten selbst festlegen, Obergrenzen setzen ('Price-Cap-Regulierung') oder zumindest die Preise überwachen.

- *Nummernportabilität und Wählparität:* Eine weitere Möglichkeit, die eigenen Kunden von einer Abwanderung zur Konkurrenz abzuhalten, besteht bei den Telefonnummern. Eine Aufgabe der Regulierung ist es sicherzustellen, dass Kunden nicht daran gehindert werden, ihre Nummer bei einem Anbieterwechsel zu behalten (Nummernportabilität), und dass bei Nutzung anderer Anbieter (Carrier Pre Selection) keine längeren Nummern gewählt werden müssen (Wahlparität).

Mit der Telekommunikationsregulierung werden aber nicht nur ökonomische, sondern auch soziale Zielsetzungen verfolgt. Insbesondere die Sicherstellung eines sogenannten *Universaldienstes* (Universal Service) stellt einen wichtigen Regulierungsbereich dar. Mit Universaldienstverpflichtungen (Universal Service Obligation, USO) soll verhindert werden, dass sich alle Telekommunikationsunternehmen nur auf lukrative Bereiche und Gebiete konzentrieren. Die Idee dahinter ist, sozialen Ausschluss zu verhindern, indem jeder Bürger unabhängig von seinem Wohnort und seinem Einkommen Zugang zu einem Telekommunikationsnetz und zu bestimmten Telekommunikationsdiensten hat (vgl. Collins/Murroni 1996: 93; Napoli 2001: 186; Schorlemer 2000: 178f.). Bestimmte Dienste sollen folglich auch an Orten, deren Versorgung unprofitabel ist, und Personen, die über wenig Einkommen verfügen, zugänglich sein. Mit der Liberalisierung und der technologischen Entwicklung haben sich für den Universaldienst allerdings zwei wichtige Veränderungen ergeben:

- Unter Monopolbedingungen wurde der Monopolist beauftragt, unabhängig von den Kosten einen Universaldienst anzubieten und alle Haushalte zu erreichen. Möglich war dies nur dank einer Quersubventionierung. Die hohen Kosten für den Universaldienst (Telefonanschluss zu tiefen Preisen) wurden durch sehr rentable Geschäftsbereiche wie nationale Ferngespräche und internationale Anrufe gedeckt, wo die Preise über den Kosten lagen. Dies ist im Wettbewerb nicht mehr möglich. Die neuen Konkurrenten ohne USO unterbieten in den profitablen Bereichen des Telekommunikationsmarktes die Preise des Ex-Monopolisten, womit diesem die Mittel für die Quersubventionierung fehlen (vgl. Napoli 2001: 196ff.; Hudson 2002: 377; Geradin/Kerf 2004: 137; Collins/Murroni 1996: 76, 84f.).
- Traditionell wurde unter dem Universaldienst eine Grundversorgung mit einem Festnetzanschluss verstanden. In Westeuropa und Nordamerika verfügt heute praktisch jeder Haushalt über einen Telefonanschluss. Man könnte also meinen, das Thema gehöre der Vergangenheit an, doch mit der

wachsenden Bedeutung des Internets gewinnt der Universaldienst neue Relevanz. Heute ist der Universaldienst mehr als ein Telefonanschluss in jedem Haushalt und so stellt sich die Frage, ob die USO auf einen Breitband-anschluss ausgedehnt werden müsste, um einen ‹Digital Divide› zwischen gut und schlecht Verdienenden zu verhindern (vgl. Napoli 2001: 26, 178f.; Hudson 2002: 369, 372; Collins/Murroni 1996: 76).

Das Ausmaß der USO ist letztlich eine von der Politik zu beantwortende Frage. Collins/Murroni (1996: 91) schlagen vor, dass ein neuer Dienst dann Teil der USO wird, wenn er von einem Großteil der Bevölkerung benutzt wird und ein Ausschluss soziale Folgen hätte.

Von Bedeutung für die Regulierung ist es auch, die *Aufrechterhaltung und den Ausbau der Infrastruktur* sicherzustellen (vgl. Collins/Murroni 1996: 20). Da Auf- und Ausbau eines Kommunikationsnetzes, die bisher vom staatlichen Monopolisten gewährleistet wurden, sehr teuer ist, stellt sich für die Regulierung ein großes Problem (vgl. Schorlemer 2000: 188). Langfristige Investitionen in die Errichtung, den Erhalt und den Ausbau von technischen Infrastrukturen stellen den empfindlichsten Schwachpunkt des Regulierungsstaates dar. Unter-nehmen mit kurzfristigem Gewinndenken haben schlicht kein Interesse daran, die Infrastruktur zu bezahlen, was zu chronischen Unterinvestitionen führt. Auch mit Regulierung lassen sich hierfür nicht genügend Anreize setzen. Ein beeindruckendes Beispiel ist etwa die Privatisierung der britischen Eisenbahnen, welche in einer drastischen Vernachlässigung des Schienennetzes resultierte. Welche Auswirkungen das auf die künftige Telekommunikationsinfrastruktur haben wird, ist noch offen. Denkbar wäre, dass Unternehmen nur in be-völkerungsreichen und lukrativen Gegenden in den Ausbau der Netze in-vestieren. Doch Breitbandnetze der nächsten Generation (‹Next Generation Access Networks›) sind eine Voraussetzung für viele neue Dienste und An-wendungen (z. B. Rundfunk und interaktive Dienste über das Telefonnetz).

Zudem ist der Staat für die *Allokation* knapper Güter verantwortlich. Einerseits gilt es, ähnlich wie im Rundfunk (siehe Kapitel 10.3), Frequenzen für Mobiltelefonie und mobiles Internet (z. B. GSM- und UMTS-Netze) sowie Orbitalpositionen für Telekommunikationssatelliten zu vergeben. Andererseits müssen aber an die verschiedenen Anbieter von Telekommunikationsdiensten auch Telefonnummern vergeben werden. Insbesondere leicht merkbare Nummern, die an die Endkunden verkauft werden können, sind knapp (vgl. Geradin/Kerf 2004: 136f.; Collins/Murroni 1996: 29). Die Allokation kann aufgrund bestimmter Kriterien oder im Zuge einer Auktion erfolgen.

Letztlich beschäftigt sich die Regulierung auch mit der *technischen Standardisierung*. Dies ist nur schon deshalb notwendig, damit die Interkonnektion der Netze verschiedener Anbieter technisch überhaupt möglich ist. Nur so ist gewährleistet, dass von jedem Telefon aus jedes andere Telefon angerufen werden kann – unabhängig davon, über welchen Anbieter der Angerufene telefoniert. Daran haben die Ex-Monopolunternehmen aber nur wenig Interesse: «There is [...] a clear regulatory role in ensuring that the dominant player does not impose proprietary standards [...]» (Collins/Murroni 1996: 51). Damit die Interkonnektion auch für grenzüberschreitende Anrufe funktioniert, braucht es eine internationale Kooperation. Wie das Management des Frequenzspektrums findet die Einigung auf gemeinsame Standards im Rahmen der ITU statt (siehe Kapitel 7.1). Ferner spielen *sicherheitspolitische Ziele* eine Rolle, die sich in etlichen Ländern in Beschränkungen des ausländischen Besitzes von Telekommunikationsunternehmen äußern.

Der Telekommunikationssektor wird über das Wettbewerbsrecht hinaus reguliert. Ökonomisch gesehen gilt es zu verhindern, dass der Ex-Monopolist seine Marktmacht missbrauchen kann. Aus sozialer Perspektive ist eine Universaldienstverpflichtung von Bedeutung. Zudem sind die Sicherstellung einer flächendeckenden modernen Infrastruktur und die Allokation knapper Ressourcen zentrale Regulierungsaufgaben.

9.2   Telekommunikationsregulierung in Europa

Die Telekommunikationsregulierung in den einzelnen europäischen Ländern ist viel stärker als die Rundfunkregulierung von Vorgaben der WTO und der EU geprägt. Damit unterscheidet sich die nationale Regulierung weitaus weniger.

Rund 100 Länder, darunter sämtliche Industriestaaten, sind im Rahmen des *GATS* spezifische Verpflichtungen bezüglich Telekommunikationsdienstleistungen eingegangen. Durch die Unterzeichnung des ‹Agreement on Basic Telecommunication› (viertes Protokoll zum GATS) verpflichten sie sich erstens zur vollständigen Liberalisierung der Basistelekommunikationsdienste. Für den gesamten Telekommunikationssektor gelten damit das Meistbegünstigungsprinzip (Most-Favoured-Nation Treatment), die Transparenzverpflichtung, die Marktzugangsverpflichtung und das Prinzip der Inländerbehandlung (National Treatment) uneingeschränkt. Zweitens verpflichten sich die Länder zur Einhaltung gewisser Regulierungsprinzipien. Dafür wird ihnen aber das Recht eingeräumt, eine USO aufzuerlegen (siehe Kapitel 7.4.3).

Bereits 1987 wurde auf *europäischer Ebene* ein Grünbuch zur Liberalisierung des Telekommunikationssektors veröffentlicht. Ziel war dabei nicht nur eine

Deregulierung und Privatisierung von Infrastruktur und Dienstleistungen, sondern auch die Verwirklichung eines europäischen Binnenmarktes, indem die Telekommunikationsregulierung europaweit harmonisiert wurde. Am 1. Januar 1998 wurde die Telekommunikation in den meisten Mitgliedstaaten der EU vollständig liberalisiert, indem nicht nur die Basisdienste für Wettbewerb geöffnet wurden, sondern auch der Netzzugang ermöglicht wurde. In diesem Rechtsrahmen spielte die Sprachtelefonie noch eine zentrale Rolle, da weder die Entwicklung des Mobilfunks noch des Internets vorhersehbar war (vgl. Eijk 2003: 2). Die damals gültigen Regeln wurden 2003 durch ein mehrere Richtlinien zu elektronischen Kommunikationsnetzen ersetzt, welche seither bereits revidiert wurden (siehe Kapitel 6.3.2 und 12.2). Der neue Rechtsrahmen gilt nicht mehr nur für die Telekommunikation, sondern für die elektronische Kommunikation insgesamt (vgl. Eijk 2003: 3-6). Dennoch finden sich mehrere Vorschriften, welche sich explizit auf die Telekommunikation beziehen:

- Hat ein Netzbetreiber beträchtliche Marktmacht, so ist über die wettbewerbsrechtliche Missbrauchskontrolle hinaus asymmetrische Ex-ante-Regulierung zulässig. Mitgliedstaaten können also Maßnahmen ergreifen, um den *Netzzugang* von Konkurrenten zu erleichtern (Art. 8-13a Richtlinie 2002/19/EG).
- Mit einer *Universaldienstverpflichtung* wird sichergestellt, dass alle Bürger unabhängig vom geografischen Standort und zu erschwinglichen Preisen Zugang zu einem öffentlichen Kommunikationsnetz haben, welches Sprachtelefonie und Telefax genauso wie Internetverbindungen ermöglicht (Art. 3 Abs. 1 und Art. 4 Richtlinie 2002/22/EG). Diese USO umfasst aber keinen Breitbandzugang. Die Mitgliedstaaten können Preisobergrenzen für den Universaldienst vorschreiben (Art. 9 Abs. 4).
- Für Endkunden muss der *Wechsel des Telekommunikationsanbieters* (Festnetz- und Mobiltelefonie) unter Beibehaltung der Telefonnummer innerhalb eines Arbeitstages möglich sein (Art. 30 Richtlinie 2002/22/EG).
- Zum *Schutz der Privatsphäre* muss die Rufnummernanzeige unterdrückbar sein (Art. 8 Abs. 1 Richtlinie 2002/58/EG). Auch bedürfen unerbetene automatische Anrufe der Einwilligung (Art. 13 Abs. 1).
- Geregelt wird zudem die Vergabe von *Nutzungsrechten für Telefonnummern* an Telekommunikationsunternehmen (Art. 5 Richtlinie 2002/20/EG).
- Ferner wird die Nutzung des 900-MHz-Bands des *Frequenzspektrums für die Mobilfunktechnologien* GSM und UMTS geregelt (Art. 1 Abs. 1 Richtlinie 87/327/EWG).

Bei der Umsetzung dieser Richtlinien in nationales Recht zeigen sich in Abhängigkeit von den institutionellen Unterschieden der einzelnen Länder durchaus Differenzen. Diese beschränken sich allerdings im Wesentlichen auf die

Geschwindigkeit der Anpassung (vgl. Schneider/Werle 2007). Eine Anpassung an die Vorschriften der EU ist im Übrigen nicht auf die Mitgliedstaaten beschränkt. Durch bilaterale Verträge und einseitige Annäherung haben auch andere Staaten die Liberalisierung mitgemacht. So zeigt sich mit Blick auf die Schweiz, dass nicht nur die Reformvorschläge, sondern auch der Rhythmus der Entscheidungen deutliche Parallelen zur europäischen Entwicklung aufweisen (vgl. Schneider/Werle 2007).

Durch die *EU-Beihilferegeln* sind zudem staatliche Subventionen für den Bau von Breitbandnetzen der nächsten Generation (‹Next Generation Access Networks›) nur in Gebieten erlaubt, in denen private Firmen nicht in die Infrastruktur investieren (siehe Kapitel 6.3.2). Weiter hat die Kommission zum Schutz der Nutzer *Preisobergrenzen für Roaming in ausländischen Mobilfunknetzen* (abgehende und ankommende Anrufe, SMS und Datenkommunikation) erlassen (Verordnung 717/2007).

Die Regulierung von WTO und EU haben zu einer starken Harmonisierung der Telekommunikationsregulierung in Europa geführt. Heute sind alle Märkte vollständig liberalisiert und die ehemals staatlichen Monopolisten zumindest formell privatisiert.

Übungen

1. Weshalb wird eine asymmetrische (d. h. stärkere) Regulierung des Ex-Monopolisten ökonomisch für gerechtfertigt erachtet?
2. Wie hat sich der Universaldienst unter Wettbewerbsbedingungen verändert?

Literatur

Schneider, Volker (1999): Staat und technische Kommunikation. Die politische Entwicklung der Telekommunikation in den USA, Japan, Großbritannien, Deutschland, Frankreich und Italien. Opladen/Wiesbaden [Kapitel 9].

Analyse der Entwicklung der Telekommunikationsregulierung vom 19. Jahrhundert bis zur Gegenwart.

Collins, Richard/Murroni, Christina (1996): New Media, New Policies. Media and Communications Strategies for the Future. Cambridge [Kapitel 1, 2, 4].

Darstellung der Grundlagen der Telekommunikationsregulierung inklusive Universaldienstverpflichtung.

10   Rundfunkregulierung

Inhalt und Lernziele

Radio und Fernsehen unterliegen umfangreicher Regulierung. Der erste Teil des Kapitels widmet sich der Regulierung von Rundfunkorganisationen. Dabei interessieren besonders die Rolle des öffentlichen Rundfunks und die Einführung seiner privaten Konkurrenz. Der zweite Teil des Kapitels betrachtet die Rundfunkfinanzierung durch Werbung und Gebühren. Die Regulierung der Rundfunkdistribution steht im dritten Teil im Zentrum, bevor im vierten Teil die Regulierung der Rundfunkinhalte dargestellt wird.

Nach diesem Kapitel können Sie
- die wichtigsten Unterschiede von öffentlichem und privat-kommerziellem Rundfunk nennen.
- erklären, warum privater Rundfunk zugelassen wurde und welche Folgen dies hatte.
- Veränderungen in der Rundfunkdistribution und sich daraus ergebende Konsequenzen für die Distributionsregulierung nennen.
- erläutern, welche Möglichkeiten zur Regulierung von Rundfunkinhalten bestehen.
- Merkmale der Einführung von Privatrundfunk und der Regulierung von Rundfunkorganisationen, -finanzierung, -distribution und -inhalten in Europa darlegen.

Während die Printmedien aufgrund der Pressefreiheit kaum reguliert werden und die Telekommunikationsregulierung sich hauptsächlich mit der technischen Infrastruktur und der Sicherstellung eines funktionierenden Wettbewerbs befasst, spielten bei Radio und Fernsehen von Beginn an soziale, kulturelle und politische Gründe eine wichtige Rolle (siehe Kapitel 3.2).

Zwischen und nach den Weltkriegen wurde, auch aufgrund des perzipierten Erfolgs mit Rundfunkpropaganda, in den meisten Ländern Westeuropas entschieden, dass der Rundfunk nicht privat organisiert sein soll. Die Erfahrungen aus der Kriegszeit und die Befürchtung einer einseitigen politischen Berichterstattung führten zur Institutionalisierung öffentlicher Rundfunkorganisationen. In den USA hatten sich die historischen und politischen Rahmenbedingungen ebenfalls verändert, weshalb der Rundfunk strikt reguliert wurde (vgl. Cuilenburg/McQuail 2003: 192ff.; Latzer 1997: 57f.). Erst ab den 1980er Jahren kam es zu einer großen Umwälzung in der europäischen Rundfunklandschaft: Kommerzielle Radio- und Fernsehsender wurden in immer mehr europäischen Ländern in Folge einer Deregulierung zugelassen und neben den etablierten öffentlichen Rundfunk traten private Konkurrenten. Heute existiert in praktisch allen europäischen Staaten ein sogenanntes duales System mit öffentlichen und privaten Rundfunkorganisationen.

Die Rundfunkregulierung befasst sich mit vier verschiedenen Bereichen. Erstens werden *Rundfunkorganisationen* auf eine bestimmte Weise institutionalisiert und reguliert. So wurde entschieden, öffentliche Rundfunkorganisationen (Public Service) zu institutionalisieren und – später – privaten Rundfunk zuzulassen. Während die Organisationsform des öffentlichen Rundfunks staatlich reguliert wird, benötigen private Rundfunksender vom Staat eine Sendegenehmigung in Form einer Lizenz oder Konzession (siehe Kapitel 10.1). Zweitens unterliegt die *Finanzierung* der Rundfunkorganisationen durch Gebühren und Werbung staatlicher Regulierung (siehe Kapitel 10.2). Ein dritter Bereich der Regulierung betrifft die *Distribution* von Rundfunkprogrammen (siehe Kapitel 10.3). Viertens unterliegen auch die in Radio und Fernsehen übertragenen *Inhalte* gewissen Vorschriften, wobei zwischen Beschränkungen und Anforderungen unterschieden werden kann (siehe Kapitel 10.4).

10.1 Regulierung der Rundfunkorganisationen

Die meisten westeuropäischen Rundfunkmärkte waren lange Zeit monopolistisch organisiert, und eine öffentliche Rundfunkorganisation war mit der Bereitstellung von Radio- und Fernsehprogrammen betraut. Ab den 1980er Jahren traten neben die etablierten öffentlichen Sender jedoch neue, private Konkurrenten. Heute wird von ‹dualen› Rundfunksystemen, bestehend aus einer öffentlichen und einer privaten Säule, gesprochen. Beim Privatrundfunk ist weiter zwischen kommerziellen und nichtkommerziellen Sendern (alternative Medien oder ‹community media›) zu unterscheiden.

10.1.1 Öffentlicher und privater Rundfunk

Die hinter öffentlichem Rundfunk stehende normative Idee ist, dass die Gesellschaft vom Rundfunk mehr erhalten sollte, als durch ökonomischen Wettbewerb bereitgestellt würde. Die Erfüllung bestimmter sozialer, kultureller und politischer Funktionen – beispielsweise Integration, Vermittelung von Werten oder ein Beitrag zum Funktionieren des politischen Prozesses – wird vom öffentlichen Rundfunk erwartet (vgl. Blumler/Hoffmann-Riem 1992: 32f.; McQuail 2005: 179). Allerdings werden hierfür verschiedenste Begriffe benutzt.

Im Folgenden wird von *öffentlichem Rundfunk* gesprochen, was die geeignete Übersetzung des weltweit gebräuchlichen englischsprachigen Begriffs des Public Service Broadcasting, kurz *Public Service*, ist. In Zusammenhang mit der Bedeutungzunahme des Internets wird auch vermehrt von Public Service Media gesprochen. Damit wird betont, dass der Public Service nicht auf klassische Radio- und Fernsehsender beschränkt sein soll. Daneben findet insbesondere in Deutschland häufig auch die Bezeichnung *öffentlich-rechtlicher Rundfunk* Verwendung, womit eine besondere Organisationsform bezeichnet wird (Anstalten des öffentlichen Rechts). Keinesfalls gleichzusetzen ist öffentlicher Rundfunk aber mit staatlichem Rundfunk. Öffentlicher Rundfunk wird nicht innerhalb der staatlichen Verwaltung produziert, sondern von einer eigenen Organisation, die unabhängig vom Staat sein soll. In der Schweiz ist der französischsprachige Begriff des *Service public* gebräuchlich. Trotz unterschiedlicher historischer Herkunft von Public Service (Dienst für die Gesellschaft) und Service public (Grundversorgung durch den Staat) werden die beiden Begriffe heute synonym verwendet (vgl. Jarren et al. 2001: 35, 38f.; Jarren/Donges 2005: 179). Im Folgenden wird von Service public nur die Rede sein, wenn es speziell um die Schweiz oder Frankreich geht.

Konzeptionen von öffentlichem Rundfunk

Für die Konzeption des Begriffs Public Service können drei Herangehensweisen differenziert werden: eine Konzeption anhand inhaltlicher Elemente, eine Konzeption anhand organisatorisch-struktureller Elemente und eine Konzeption als Beziehung zur Gesellschaft.

Eine Konzeption von Public Service anhand *inhaltlicher Elemente* betrachtet öffentlichen Rundfunk unter dem Aspekt der von diesem zu erfüllenden Aufgaben. Public Service wird folglich an bestimmten Programmleistungen festgemacht ohne eine Aussage über eine bestimmte Institutionalisierung der Rundfunkorganisation zu treffen (vgl. Jarren/Donges 2005: 180; Harrison/Woods 2001: 484). Es existiert eine Reihe unterschiedlichster inhaltlicher Auflistungen, was Public Service sei. McQuail (2005: 179f.) beispielsweise nennt geografische Grundversorgung, vielfältige Programme, Angebote für Minderheiten, Berücksichtigung nationaler Kultur, Sprache und Identität, Erfüllung einer politischen

Funktion, ausgewogene und unparteiische Informationsvermittlung, hohe Programmqualität sowie Programme im öffentlichen Interesse.

Bei einer Konzeption von öffentlichem Rundfunk anhand *organisatorisch-struktureller Elemente* wird der Begriff an eine bestimmte Organisationsform gekoppelt (vgl. Jarren/Donges 2005: 180; Harrison/Woods 2001: 484). McQuail (2005: 180) etwa meint, dass eine (teilweise) öffentliche Finanzierung, die Unabhängigkeit von der Regierung sowie Verantwortlichkeitsmechanismen gegenüber Gesellschaft, Öffentlichkeit und Publikum notwendig sind.

Beide Herangehensweisen haben ihre Schwächen. Wird Public Service nur über Inhalte gefasst, so schwebt über den Angeboten des öffentlichen Rundfunks ständig ein Damoklesschwert – ist das nun Public Service oder nicht? Eine Liste mit bestimmten Genres, die als Public Service gelten, dürfte zudem je nach Land, Sprach- und Kulturraum unterschiedlich ausfallen und auch nicht in Stein gemeißelt sein. Die Ansicht darüber, was öffentlicher Rundfunk ist, kann sich nicht dem gesellschaftlichen Wandel entziehen. Zusätzlich stellt sich die Frage, ob eine reine Betrachtung der Inhalte ausreicht. Können die geforderten Inhalte tatsächlich von jeder Organisation erbracht werden? Public-Service-Leistungen könnten nach einer inhaltlichen Konzeption auch von privaten Unternehmen erbracht werden. Dies ist nicht ausgeschlossen und war in Großbritannien auch längere Zeit der Fall (siehe Kapitel 10.1.2). Doch unter Bedingungen der Konkurrenz auf Publikums- und Werbemarkt dürfte dies problematisch sein:

> «[...] while commercial broadcasters may occasionally produce types of programming which achieve PSB end goals, commercial broadcasters cannot be relied on to do so, nor, in these days of subscription television, would any such programming be available to all» (Harrison/Woods 2001: 485).

Konzeptionen anhand organisatorisch-struktureller Elemente binden den Public Service deshalb an eine bestimmte Organisationsform. Allerdings liegt es dann letztlich in der Hand der Rundfunkorganisation selbst zu bestimmen, was Public Service inhaltlich bedeutet.

Eine völlig andere Herangehensweise wählt Søndergaard (1999), der Public Service als *Beziehung zur Gesellschaft* konzipiert. «The concept of ‹public service› primarily refers to a set of relationships between electronic media and the society they operate in and are mandated to serve» (Søndergaard 1999: 22). Die konkrete Ausgestaltung von Public Service ist folglich abhängig von den spezifischen Gegebenheiten der jeweiligen Gesellschaft, welche wiederum dem sozialen Wandel unterliegen. Gesellschaftliche Veränderungen führen auch zu veränderten Ansprüchen an den öffentlichen Rundfunk, worauf dieser reagieren muss. Dadurch, dass Public Service nicht auf bestimmte inhaltliche oder strukturelle Aspekte festgelegt und beschränkt wird, wird ein Prozess ermöglicht, in dessen Verlauf Aufgaben, Leistungen und Organisation des Public Service immer wieder neu und gesellschaftsspezifisch ausgehandelt werden können (vgl. Jarren/Donges 2005: 182). Die relevanten Umwelten des Public Service können mit Politik, Ökonomie und Gesellschaft (im Sinne von Rezipienten und Bürgern) genauer bestimmt werden (vgl. Jarren/Donges 2005: 183). Zu allen drei Umwelten müsse der Public Service eine Beziehung aufbauen: Es brauche eine Bindung zu den Rezipienten in ihrer Rolle als Bürger, Public Service habe eine von der Politik zugewiesene Aufgabe und es bestünden gewisse Beziehungen zu und Abhängigkeiten von ökonomischen Akteuren (siehe Abb. 29).

Abb. 29: Public Service als Beziehungsnetzwerk

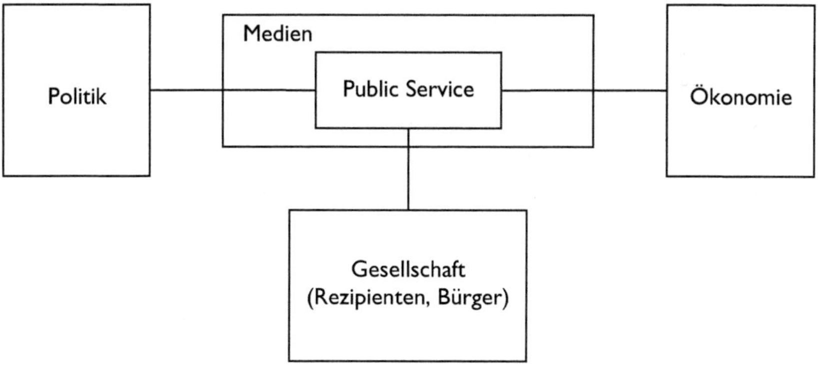

Quelle: Jarren/Donges (2005: 183)

Jarren/Donges (2005: 183) gehen von der These aus, dass eine zu enge Anbindung des öffentlichen Rundfunks an eine der drei Umwelten seine Leistungsfähigkeit beeinträchtigen würde. So besteht die Gefahr, dass bei einer zu großen Nähe zur *Politik* politische Akteure aus Macht- und anderen Partialinteressen heraus versuchen, auf Organisation und Programm des öffentlichen Rundfunks Einfluss auszuüben. Bei einer zu engen Anbindung an die *Ökonomie* würden öffentliche Sender lediglich massenattraktive Programme für die werberelevante Zielgruppe verbreiten. Zudem besteht die Gefahr der Einflussnahme ökonomischer Akteure auf Organisation und Programminhalte. Schwierig zu institutionalisieren ist insbesondere die Beziehung des öffentlichen Rundfunks zur *Gesellschaft*, da das Publikum kein Akteur ist (siehe Kapitel 1.3.2). Werden keine neuen Akteure institutionalisiert, welche die Publikumsinteressen vertreten (z. B. Stiftung Medientest, Medienobservatorium etc.), fließen diese lediglich indirekt in das Rundfunksystem ein. Folgen einer fehlenden oder unausgewogenen Anbindung des Public Service an die Gesellschaft seien entweder eine Entfremdung oder eine überproportionale Einflussnahme bestimmter gesellschaftlicher Gruppen. Folglich müssten gleichwertige Beziehungen zu allen drei Umwelten des Public Service sichergestellt werden.

> Public Service kann konzipiert werden anhand von inhaltlichen Elementen, aufgrund organisatorisch-struktureller Elemente oder als Beziehung zur Gesellschaft.

Öffentlicher, privat-kommerzieller und alternativer Rundfunk

Bis in die 1980er Jahre hinein existierten in den meisten westeuropäischen Ländern lediglich öffentliche Radio- und Fernsehsender. Heute haben sich überall duale Rundfunksysteme etabliert. Lediglich in einigen Kleinstaaten ohne exklusive Sprache offenbaren sich wegen der beschränkten Refinanzierungsmöglichkeiten Schwierigkeiten bei der Gründung privater Rundfunksender (vgl. Collins 2000: 113; Hallin/Mancini 2004: 274).

Öffentliche und *privat-kommerzielle Rundfunkorganisationen* unterscheiden sich deutlich (siehe Abb. 30). Öffentliche Rundfunkveranstalter sind Non-Profit-Organisationen, während privat-kommerzielle Medienunternehmen gewinnorientiert arbeiten. Damit steht beim Public Service nicht die Gewinnmaximierung durch eine Maximierung des Marktanteils in der angeblich werberelevanten Zielgruppe im Interesse der Shareholder im Mittelpunkt, sondern die Erfüllung eines wie auch immer ausgestalteten Programmauftrages bei gleichzeitig wirtschaftlicher Haushaltsführung im Interesse der Gesellschaft. Anders als private Medienunternehmen muss sich der Public Service nicht (alleine) am Markt und den Präferenzen von werbetreibender Wirtschaft und Zielgruppe orientieren, sondern hat einen Programmauftrag zu erfüllen und für eine Vollversorgung (geografisch und inhaltlich: ökonomisch uninteressante Zielgruppen; Vielfalt an Themen, Meinungen und Genres) der Bürgerinnen und Bürger zu sorgen. Für diese Leistungen erhält der Public Service öffentliche Gelder (vgl. Kiefer 2001: 368-373).

Unter den privaten Sendern sind die kommerziellen Anbieter zwar dominant, doch existiert auch ein ‹Dritter Sektor›, die nichtkommerziellen oder alternativen Sender. Oftmals ist auch von offenen Kanälen oder Bürgermedien die Rede; in der englischsprachigen Literatur dominiert die Bezeichnung *community media* (vgl. Jankowski 2003: 7).

Abb. 30: Öffentlicher und privat-kommerzieller Rundfunk im Vergleich

Parameter	privat-kommerziell	öffentlich
Organisationsform	For-Profit-Organisation	Non-Profit-Organisation
Organisationszweck - Sachziel - Formalziel - Zielhierarchie	- Maximierung Zielgruppe - Gewinnmaximierung - Dominanz Formalziel	- Erfüllung Programmauftrag - Wirtschaftlichkeit - Dominanz Sachziel
normative Zielsetzung	individuelle Nutzenmaximierung	gesellschaftliche Nutzenmaximierung
Leistung/Angebot	nachfrageorientiert: Orientierung an Präferenzen von Werbung und Zielgruppe	auftragsorientiert: Orientierung am Programmauftrag
Versorgungsgrad	gemäß Rentabilität	Vollversorgung
Leistungsempfänger	Kunde (Rezipient und/oder Werbekunde)	Bürger
Finanzierung	Werbung	öffentliche Mittel (z. T. auch Werbung)

Quelle: vereinfachte Darstellung basierend auf Kiefer (2001: 367; 1996: 9)

Gemeint sind damit Radio- oder Fernsehsender, die als Non-Profit-Organisationen institutionalisiert sind, ihre Berichterstattung auf eine lokale Gemeinschaft ausrichten und deren Programme von Freiwilligen bestritten werden. Diese alternativen Sender tragen mit ihren Programmen zur Medienvielfalt, Meinungsäußerungsfreiheit und Bürgerbeteiligung bei (vgl. Jankowski 2003: 7f.; Reguero Jiménez/Sanmartín Navarro 2009: 187ff.; Council of Europe 2008: 12f.; European Parliament 2007: 5-10). Verglichen mit den kommerziellen spielen die alternativen Sender aber in den meisten Ländern nur eine untergeordnete Rolle.

In ganz Europa haben sich heute duale Rundfunksysteme etabliert. Neben die öffentlichen Sender traten private (kommerzielle wie alternative) Anbieter.

10.1.2 Liberalisierung des Rundfunks in Europa

Ursachen der Liberalisierung

Der Übergang von einem öffentlichen Monopol zu einem dualen System mit privaten und öffentlichen Sendern vollzog sich durch eine weitgehende *Liberalisierung* des Rundfunkmarktes (siehe Kapitel 2.3). Für diese Liberalisierung gab es drei Gründe: die technische Entwicklung, ökonomische Veränderungen und einen politischen Kurswechsel.

Erstens beeinflusste die Entstehung neuer *Distributionstechnologien* den Rundfunk unmittelbar. Zwar kann technologischer Fortschritt alleine die politische Entscheidung, privaten Rundfunk einzuführen, nicht erklären. Aber ohne neue Vertriebswege wie Kabelnetze und Fernsehsatelliten wären die Kapazitäten gar nicht vorhanden gewesen, um neue Sender zu übertragen (vgl. Dyson/Humphreys 1989: 141; Hallin/Mancini 2004: 275; Brants/De Bens 2000: 10; Herman/McChesney 1997: 39).

Die zunehmende Verkabelungsdichte und die Möglichkeit, Radio und Fernsehen über Satellit zu empfangen, bedeuteten gleichzeitig den Beginn einer neuen Ära des grenzüberschreitenden Rundfunks. In Grenzregionen gab es schon zuvor einen Overspill, der für Kleinstaaten ein gewichtiges Problem darstellte (siehe Kapitel 4.3.3). Doch erst mit der Einführung von Satellitenfernsehen und der Weiterverbreitung der Satellitensignale in Kabelnetzen bot sich für Unternehmen die Möglichkeit, einen Sender unter Umgehung inländischer Regulierung zu starten. «Operating from the most favourable regulatory base, they could access more strictly regulated markets» (Humphreys 1996: 170). Im Inland den Rundfunk weiterhin stark zu regulieren beinhaltete die Gefahr, dass Rundfunkunternehmen in Länder mit vorteilhafteren Bedingungen abwandern. Die Regierungen in Westeuropa beteiligten sich deshalb an einer beinahe kompetitiven Deregulierung (vgl. Humphreys 1996: 164-170; Dyson/ Humphreys 1989: 142f.; Levy 1999: 15; McQuail 2005: 259). Dank technischer Innovationen sendeten auch illegale Piratensender von Schiffen auf hoher See oder aus dem Ausland ihre Programme in die einzelnen Länder, was die Regierungen unter zusätzlichen Druck setzte (vgl. Ó Siochrú/Girard 2002: 27; Hallin/Mancini 2004: 275).

Die Entscheidung, privaten Rundfunk zuzulassen, wurde zweitens auch von *ökonomischen Faktoren* geprägt. Ein freier Rundfunkmarkt versprach Investoren anzulocken, welche ihre Geschäfte natürlich im Land mit den günstigsten Bedingungen tätigen. Um im internationalen Standortwettbewerb bestehen zu können, verzichteten viele Regierungen auf strikte Rundfunkregulierung (vgl. Humphreys 1996: 172). Zudem übten inländische Lobbys Druck auf die

Regierungen aus. Die werbetreibende Wirtschaft und die Werbeindustrie waren an zusätzlichen Werbeträgern interessiert. «In many cases advertising interests were joined in the push for commercial broadcasting by media companies hungry to expand into electronic media» (Hallin/Mancini 2004: 275f.). So waren auch Verleger, Kabelfernsehunternehmen, Film- und Fernsehproduzenten und andere Akteure an einem neuen, lukrativen Markt interessiert (vgl. Humphreys 1996: 170-174; Dyson/Humphreys 1989: 140ff.; Hallin/Mancini 2004: 275f.; Benz 1997: 448).

Neben technischen Entwicklungen und ökonomischen Faktoren spielte aber drittens ein *ideologischer Wandel in der Politik* eine bedeutende Rolle für die Dualisierung. Das politische Klima wandelte sich in vielen Ländern mit der Regierungsübernahme rechter Parteien in den 1970er und 1980er Jahren. Neoliberale Politik, welche stark auf Markt und Wettbewerb setzt und ökonomische Kriterien in den Vordergrund stellt, gewann an Bedeutung. Deshalb wurde Rundfunk vermehrt unter ökonomischen Gesichtspunkten betrachtet. Zudem erhofften sich die Regierungen von mehr Wettbewerb und der Beseitigung von Regulierung auch bessere Leistungen von Radio und Fernsehen – dies, obwohl ökonomischer und publizistischer Wettbewerb nicht dasselbe sind (vgl. Humphreys 1996: 162f.; Dyson/Humphreys 1989: 14f.; Herman/McChesney 1997: 37f.; Dahlgren 2000: 25). Die Liberalisierung (siehe Kapitel 2.3) beschränkte sich im Rundfunksektor aber in den meisten Ländern auf eine Zulassung privater Anbieter; auf eine Privatisierung des Public Service wurde zumeist verzichtet.

Die Liberalisierungsentscheidungen der zumeist rechten Regierungen waren aber nicht nur von Marktideologie, ökonomischer Logik oder Nähe zu Unternehmen, sondern auch von *parteipolitischen Erwägungen* beeinflusst. Der Public Service wurde oft als links wahrgenommen und von der privaten Konkurrenz wurde eine größere Empathie für die politischen Positionen der Rechtsparteien erwartet (vgl. Humphreys 1996: 174; Dyson/Humphreys 1989: 141).

Nicht vergessen werden sollten auch *soziokulturelle Veränderungen* in den 1970er Jahren. Durch diese ist auch ein Bedürfnis nach mehr Rundfunksendern entstanden, um die verschiedensten Interessen zu bedienen. Gleichzeitig suchten soziale Bewegungen nach neuen Medien, in denen sie sich ausdrücken konnten (vgl. Hallin/Mancini 2004: 275f.; Cuilenburg/McQuail 2003: 197).

Ein letzter Faktor, der die Deregulierung des Rundfunks begünstigte, war schließlich auch die Entwicklung hin zu einem *europäischen Binnenmarkt* (vgl. Dyson/Humphreys 1989: 143). Die EU verfolgte das Ziel einer Harmonisierung der Rundfunkregulierung in allen Mitgliedstaaten, was mit der EG-Fernsehrichtlinie 1989 auch erreicht wurde (siehe Kapitel 6.3.2).

> Neue Distributionstechnologien wie Satelliten und Kabelnetze ermöglichten die Übertragung neuer Rundfunksender. Ökonomische Faktoren wie der internationale Standortwettbewerb und Lobbying inländischer Wirtschaftskreise sind ein zweiter Grund für die politische Entscheidung, Privatrundfunk zuzulassen. Drittens gewannen rechte Parteien, welche sich ideologisch durch ein Vertrauen in den Markt auszeichnen, in vielen Ländern die Wahlen und drängten auf mehr Wettbewerb im Rundfunksektor.

Ablauf der Liberalisierung

Die Liberalisierung des Rundfunksektors erfolgte nicht in ganz Westeuropa gleichzeitig (siehe Abb. 31). Zwar begünstigten technische, ökonomische und ideologische Faktoren eine ähnliche Medienpolitik. Doch verschiedene politische Traditionen und institutionelle Besonderheiten der einzelnen Länder vermögen Unterschiede zu erklären (vgl. Humphreys 1996: 177).

Abb. 31: Zulassung von Privatfernsehen im Zeitablauf

	1980	1990	2000
öffentliches Monopol	AT, BE, CH, DE, DK, ES, FI, FR, GR, IE, IS, NL, NO, PT, SE	AT, CH, DK, IE, IS, NL, PT	AT
nur private Sender	LU	LU	LU
duales System	IT, UK	BE, DE, ES, FI, FR, GR, IT, NO, SE, UK	BE, CH, DE, DK, ES, FI, FR, GR, IE, IS, IT, NL, NO, PT, SE, UK

Quelle: Siune/Hultén (1998: 27); ergänzt durch eigene Recherchen

Erstens lässt sich feststellen, dass Kleinstaaten privaten Rundfunk eher zögerlich zugelassen haben. Aufgrund kleinstaatlicher Strukturmerkmale (siehe Kapitel 4.3.3) spielt der Public Service eine noch wichtigere Rolle als in anderen Ländern. Die Deregulierung in ihren großen, teils gleichsprachigen Nachbarstaaten und die durch die neuen Distributionstechnologien entstandene Möglichkeit der Umgehung inländischer Regulierung, haben dann zu einer importierten Deregulierung geführt. «Victims of the wide scale ‹imported deregulation›, in fact, most small countries, bowed during the 1980s to the inevitable and introduced their own deregulation and liberalisation designed to encourage a response from indigenous commercial interests» (Humphreys 1996: 189). Eine Ausnahme stellt Luxemburg dar: Während 60 Jahren, von 1931 bis 1991, verfügte die Vorgängerin der RTL Group, die Compagnie Luxembourgeoise de Télédiffusion (CLT) über ein privates Monopol. Die Regierung wollte damit das Wachstum der Rundfunkindustrie fördern. Neben der CLT profitierte von dieser Politik auch die Société Européenne des Satellites (SES), welche die ASTRA-Satelliten betreibt (vgl. Humphreys 1996: 178; Hirsch 2009: 438).

Auffallend ist zweitens, wie früh in Großbritannien und Italien bereits privates Fernsehen eingeführt wurde. Während in Italien ein unregulierter Wildwuchs lokaler Sender zu beobachten war, zeichnete sich *Großbritannien* bis in die 1990er Jahre hinein durch ein stark reguliertes Duopol aus. Schon im Herbst 1955 startete das ITV-Network, das aus 15 regionalen Fernsehgesellschaften bestand, die in ihrem Verbreitungsgebiet außer der BBC keine Konkurrenz hatten. Privater Lokalhörfunk wurde 1972 eingeführt (vgl. Hoffmann-Riem 1996b: 71f.; Humphreys 2009: 337, 341f.). Trotz des Sendestarts von ITV konnte eine Verschlechterung der Programmqualität verhindert werden, denn das Duopol von BBC und ITV kannte keine Konkurrenz auf der Einnahmenseite. Während die BBC sich gänzlich aus Gebühren finanzierte, hatten die ITV-Gesellschaften ein regionales Werbemonopol. Das Duopol habe einen Wettbewerb um Einnahmen verhindert und einen Wettbewerb um Programmqualität ermöglicht. Zudem wurde ITV auch stark reguliert und sah sich mit vielen inhaltlichen Vorgaben konfrontiert (vgl. Humphreys 1996: 125-129, 229; Feintuck/Varney 2006: 41f.; Hoffmann-Riem 1996b: 71-80; Prosser 1992: 180). «The point here is not that advertising *per se* is bad for public-service broadcasting […]. Rather, it is competition for commercial sources of revenue that is pernicious on the quality of service provision» (Humphreys 1996: 244).

An dieser Situation änderte sich grundsätzlich nichts, als 1982 mit Channel 4 ein weiterer werbefinanzierter Kanal eingerichtet wurde. Diesem wurde ein spezieller Programmauftrag auferlegt, d. h., er sollte sich an Minderheiten richten und innovative Sendungen entwickeln (vgl. Humphreys 2009: 341).

Zu starken Veränderungen in der britischen Rundfunklandschaft, welche auch das Ende des Duopols bedeuteten, kam es mit der konservativen Regierung unter Margaret Thatcher. Zwar wurde eine radikale Liberalisierung letztlich vom Parlament verhindert, doch brachte das Rundfunkgesetz von 1990 weitreichende Änderungen mit sich. Die fünf analogen terrestrischen Sender (BBC 1 und 2, ITV, Channel 4 und five) sahen sich in der Folge zunehmend mit Konkurrenz durch kaum regulierte Satellitensender konfrontiert (vgl. Humphreys 1996: 182ff., 235f.; Hoffmann-Riem 1996b: 101; Steemers 1998: 288; Prosser 1992: 184-187).

Anders verlief die Liberalisierung in *Frankreich*. 1981 wurde François Mitterrand französischer Präsident und seine sozialistische Partei gewann die Wahlen. Die von der sozialistischen Regierung in Gang gesetzte Deregulierung begann mit der Zulassung privaten Lokalhörfunks 1981. Werbung wurde allerdings erst 1984 gestattet. Im selben Jahr startete auch der Pay-TV-Sender Canal Plus (vgl. Missika 1986: 527f.; Meise 1995: 85-88). Im Bereich des frei empfangbaren Fernsehens dauerte es bis zur Deregulierung etwas länger. Kurz vor den Wahlen im Frühjahr 1986 vergab die Regierung Lizenzen für das Vollprogramm La 5 und für den Musikkanal TV 6 (vgl. Teidelt 1986: 533; Meise 1995: 191f., 199f.). Ziel dieser Hektik vor den Wahlen war es, die zukünftige Gestalt der Fernsehlandschaft noch beeinflussen zu können (vgl. Meise 1995: 209). Die Sozialisten verloren denn auch die Wahlen, und der Gaullist Jacques Chirac wurde für zwei Jahre Premierminister. Mitterrand und Chirac mussten bis 1988 in einer sogenannten ‹Cohabitation› regieren.

Die neue konservative Regierung hatte andere medienpolitische Vorstellungen. Beiden privaten Sendern wurde die Lizenz entzogen, und es erfolgte eine Neuvergabe an La Cinq und M 6 (vgl. Teidelt 1986: 537; Meise 1995: 225). Kernstück der neuen Medienpolitik war aber die Vermögensprivatisierung des ersten öffentlichen Rundfunksenders TF 1. Die Privatisierung von TF 1 hat die französische Rundfunklandschaft durchgeschüttelt. Die beiden übrig gebliebenen öffentlichen Sender A2 und FR3 (heute F2 und F3) haben sich nur langsam von diesem Schlag erholt. Und der private Sender La Cinq ging 1992 Konkurs, weil er im Kampf mit dem übermächtigen Konkurrenten TF 1 kapitulieren musste (vgl. Humphreys 1996: 182, 232f.; Meise 1995: 268; Hoffmann-Riem 1996b: 187f.). Ende der 1980er Jahre stellte Frankreich das am meisten deregulierte und kommerzialisierte Fernsehsystem Europas dar (vgl. Humphreys 1996: 232). Letztlich ist es eine «Paradoxie, dass ausgerechnet die sozialistische Regierung die erste private Konkurrenz [...] zugelassen und somit der nur schwer steuerbaren kommerziellen Eigendynamik auch auf dem Fernsehsektor den Weg bereitet hatte» (Meise 1995: 211).

Einen völlig anderen, nichtkommerziellen Weg wählte *Schweden* – zumindest im Hörfunk. Seit 1979 sind lokale, nichtkommerzielle Radiosender zugelassen. Bei diesen Närradios (Nachbarschaftsradios) handelt es sich um eine schwedische Version der alternativen Radios. Werbung war den Närradios damals noch verboten, Sendungen verbreiten durften lediglich lokale Non-Profit-Organisationen und die Reichweite war auf fünf Kilometer beschränkt.

Mitte der 1980er Jahre veränderten sich viele Närradios von Vereinsradios hin zu stark Musik geprägten Sendern – letztlich eine Vorstufe der heutigen privat-kommerziellen Lokalradios (vgl. Haaß 2002: 32, 76; Hedman 1992: 62, 65f.). Dieser wurde erst 1993 zugelassen. Im Fernsehsektor behielt der Public Service von SVT lange ein Monopol. Faktisch beendet wurde dieses mit dem Sendestart von TV3 aus London zum Jahreswechsel 1987/1988. Dieser neue Kanal unter-lief die nationale Regulierung Dänemarks, Schwedens und Norwegens. Unter diesem Druck vergab die schwedische Regierung 1991 eine Lizenz an den Sender TV4, der als damals einziger terrestrisch verbreiteter Privatsender ein Werbemonopol hatte (vgl. Haaß 2002: 41; Jönsson/Weibull 2009: 586f.).

Wie aber gingen die deutschsprachigen Länder mit Privatrundfunk um? In *Deutschland* spielten parteipolitische Motive eine gewichtige Rolle.[7] Die konservativen Unionsparteien CDU und CSU erachteten den öffentlich-rechtlichen Rundfunk, insbesondere die ARD, als zu links und sprachen deshalb von ‹Rotfunk›. Sie erhofften sich vom privaten Rundfunk eine stärkere Berück-sichtigung ihrer eigenen Standpunkte und damit ein Gegengewicht zum Public Service (vgl. Schwarzkopf 1999: 30; Eifert/Hoffmann-Riem 1999: 55; Kiefer 2004: 558). Die von der Union regierten Bundesländer drängten auf eine De-regulierung des Rundfunks. Dem widersetzten sich die SPD-regierten Länder. Wegen dieser Unversöhnlichkeit befand sich das politische System in einer weit-gehenden Selbstblockade. Zumindest einigten sich die Ministerpräsidenten der Bundesländer 1978 auf Kabelpilotprojekte. Mit diesen sollten Technik, Organisation und Inhalte des Kabelfernsehens getestet werden (vgl. Eifert/ Hoffmann-Riem 1999: 55f.; Schwarzkopf 1999: 34).

Als 1982 die neue konservative Bundesregierung unter Helmut Kohl an die Macht kam, wurde mit einer massiven Verkabelung (West-)Deutschlands be-gonnen. Dies war trotz der fehlenden Kompetenzen der Bundesregierung im Medienbereich möglich, da Kabelnetze als Infrastruktur in die Zuständigkeit des Bundes fallen. Zu diesem Zeitpunkt hatte noch keines der vereinbarten Kabel-pilotprojekte begonnen. Das erste Pilotprojekt startete Anfang 1984 in Ludwigs-hafen. Noch bevor die Pilotprojekte beendet waren, hatten viele konservativ regierte Bundesländer bereits Fakten geschaffen, indem sie Landesmediengesetze erließen und auf ihrem Gebiet private Radio- und Fernsehsender lizenzierten (vgl. Schwarzkopf 1999: 38ff.; Eifert/Hoffmann-Riem 1999: 57-60; Bourgeois 1999: 436). Als erster privater Fernsehsender ging 1984 der Vorgänger von Sat.1 auf Sendung; der erste private Radiosender startete im Sommer 1986. Nieder-

---

[7] Chronologische Darstellungen der medienpolitischen Entwicklung (und damit auch der Einführung von Privatrundfunk) in Deutschland haben Kopper (1992) und Schütz (1999) zu-sammengestellt.

sachsen war das erste Bundesland, das ein Landesrundfunkgesetz erließ, gegen welches SPD-Abgeordnete beim Bundesverfassungsgericht klagten.

Das Gericht entschied in seinem 4. Rundfunkurteil (‹Niedersachsen-Urteil›) von 1986, dass privater Rundfunk zulässig ist, solange der öffentlich-rechtliche Rundfunk eine Grundversorgung sicherstelle. 1987 schließlich wurde von den Bundesländern der erste Rundfunkstaatsvertrag verabschiedet, welcher den Startschuss für die bundesweite Zulassung von Radio und Fernsehen bedeutete (vgl. Humphreys 1996: 186; Bourgeois 1999: 436).

> «Die ‹Medienwende› […] wurde im wesentlichen von der […] nicht zuständigen Bundesregierung vollzogen, indem sie im Rahmen ihrer Zuständigkeit für das Post- und Fernmeldewesen durch massive Verkabelung die Voraussetzungen (und die Notwendigkeit) der Betätigung privatrechtlicher Programmveranstalter schuf» (Schwarzkopf 1999: 46).

Bis privater Rundfunk in *Österreich* eingeführt wurde, dauerte es viele Jahre länger. Regionale Privatradios sind seit Anfang 1994 erlaubt. Da allerdings die unterlegenen Bewerber um eine Radiolizenz beim Obersten Gerichtshof Beschwerde einlegten, konnten 1995 nur zwei Stationen auf Sendung gehen. Erst 1998 starteten weitere Sender und setzten dem ORF-Monopol im Radiosektor ein Ende. Seit 2001 sieht das Gesetz auch ein bundesweites privates Radio vor. Privatfernsehen dagegen ist erst seit 2001 zulässig. Dies, obwohl der Europäische Gerichtshof für Menschenrechte bereits 1993 festgehalten hatte, dass die Monopolstellung des ORF gegen die in der Europäischen Menschenrechtskonvention verankerte Medienfreiheit verstößt. Seit 2003 ist mit ATV ein terrestrisches nationales Programm auf Sendung (vgl. Steinmaurer 2009: 511f.; 2002: 52-55; Künzler 2009: 203-223, 278-294; Künzler/Schade 2007: 96f.).

Auch in der *Schweiz* wurde Privatrundfunk nur zögerlich zugelassen. Die Kabelrundfunkverordnung von 1977 ermöglichte die Verbreitung lokaler Radio- und Fernsehprogramme über Gemeinschaftsantennenanlagen (Kabelnetze) zu Versuchszwecken. Allerdings blieben Werbung und eine terrestrische Verbreitung untersagt. Parallel zu diesem offiziellen Versuchsbetrieb breitete sich auch eine intensive Radiopiraterie aus. Bekanntestes Beispiel ist der von Roger Schawinski gegründete Sender Radio 24, der von einem italienischen Berg, dem Pizzo Groppera, direkt nach Zürich sendete. Auf Anfang 1983 setzte der Bundesrat deshalb die ‹Verordnung über lokale Rundfunk-Versuche› (RVO) in Kraft. Diese ließ terrestrisch verbreiteten, werbefinanzierten Rundfunk auf lokaler und regionaler Ebene zu. Ende 1987 waren 33 Radio- und fünf Fernsehsender in Betrieb (vgl. Bonfadelli/Meier 2007; Künzler 2009: 179-202, 251-277; Künzler/Schade 2007: 98f.; Dumermuth 2007: 358-364; Saxer 1989: 29).

«Zusammenfassend kann konstatiert werden, dass die Idee der Werbefinanzierung von elektronischen Medien im Laufe der Versuchsphase vom
Bundesrat immer stärker betont wurde, dass er immer mehr Verleger-
beteiligungen und damit die Entwicklung zu Multimedia-Unternehmen förderte,
[...] und dass er der Idee eines strikte lokalen Radios [...] keine Nachachtung
verschaffte» (Meier 1993: 209f.).

Mit der RVO sei folglich vor allem eine kontrollierte Deregulierung und
Etablierung privater elektronischer Medien in der Schweiz verfolgt worden (vgl.
Meier 1993: 210). Der ursprünglich auf fünf Jahre angelegte Versuch wurde bis
Anfang 1991 verlängert, als das erste Radio- und Fernsehgesetz (RTVG) in
Kraft trat und privates Radio und Fernsehen offiziell eingeführt wurde.

Die Zulassung privaten Rundfunks seit den 1980er Jahren lief in Westeuropa nicht nach einem einheitlichen Muster ab. Auch stand nicht in allen
Ländern von Beginn an der kommerzielle Rundfunk im Vordergrund. In
den großen Staaten fand die Deregulierung zudem früher statt als in den
meisten Kleinstaaten.

Folgen der Liberalisierung

Durch die Dualisierung haben sich die europäischen Rundfunkmärkte grund-
legend verändert. Heute stehen sich öffentliche und privatwirtschaftlich
organisierte Rundfunkorganisationen gegenüber und der Public Service
dominiert nur noch in wenigen Ländern den Fernsehmarkt (siehe Abb. 32).

Abb. 32: Marktanteile des Public Service (2008)

Anzahl TV-Haushalte	MA < 30 %	MA 30-50 %	MA > 50 %
> 10 Mio. TV-Haushalte	–	DE, ES, FR, IT, UK	–
< 10 Mio. TV-Haushalte	BE/CF, GR, PT	AT, BE/VG, CH, FI, IE, IS, NL, NO, SE	DK

Quelle: Europäische Audiovisuelle Informationsstelle (2009b: 159); die isländischen Zahlen
stammen von IP (2009: 224)

Die Fragmentierung des Marktes hat durch die Liberalisierung deutlich zugenommen: Es zeigt sich, dass in den meisten Staaten der Zuschauermarkt eher

stark fragmentiert ist und eine große Zahl von Sendern konkurrieren (siehe Abb. 56 im Anhang). Nur noch in wenigen Ländern wie Frankreich oder den nordischen Staaten findet sich eine Vorherrschaft einiger weniger Sender (siehe Abb. 33).

Abb. 33: Prime-Time-Marktanteile der vier führenden TV-Sender (2008) (Fragmentierung des Marktes)

Anzahl TV-Haushalte	MA < 60 %	MA 60-70 %	MA > 70 %
> 10 Mio. TV-Haushalte	DE	ES, IT, UK	FR
< 10 Mio. TV-Haushalte	AT, CH, LU, NL	BE/CF, GR, IE, SE	BE/VG, DK, FI, IS, NO, PT

Quelle: Europäische Audiovisuelle Informationsstelle (2009a: 17-244)

Die Dualisierung des Rundfunks hat diesen zu einem Wirtschaftsgut gemacht (vgl. Humphreys 1996: 160; Jarren/Donges 2005: 177). Häufig ist deshalb von einer *Kommerzialisierung* oder auch einer Ökonomisierung des Rundfunks die Rede. Dies bedeutet, «dass ökonomische Prinzipien und Handlungsrationalitäten einen wachsenden Einfluss bei der Institutionalisierung, Diversifizierung, Produktion und Konsumption von Medien bzw. deren Inhalten haben» (Meier/ Jarren 2001: 146). Marktorientiertes Denken und Handeln haben folglich an Bedeutung gewonnen.

Zum einen hat sich ein *intensiver Wettbewerb der privaten Rundfunksender auf dem Werbemarkt* entwickelt: Bei begrenztem Werbevolumen konkurrieren immer mehr Sender um immer kleinere Anteile des Werbekuchens. Dies hat auch Auswirkungen auf die Medieninhalte. Zwar hat die Anzahl Sender und damit die Auswahl für die Rezipienten deutlich zugenommen. Inhaltlich jedoch ist eine Homogenisierung festzustellen (vgl. Feintuck/Varney 2006: 42f.; Humphreys 1996: 229f.; Hallin/Mancini 2004: 277-282; Brants/De Bens 2000: 21). Private Rundfunksender haben jeden Grund, sich auf Programme zu beschränken, welche eine Maximierung des Marktanteils auf dem Publikumsmarkt versprechen und zugleich mit relativ tiefen Kosten verbunden sind. Wie Roger Schawinski (2007: 181), der Ex-Geschäftsführer von Sat.1 betont, besteht das Ziel einzig in der Gewinnsteigerung – publizistische Ideale sind irrelevant. «Es ist evident, dass es sinnvoll ist, teure Sendungen durch preiswertere zu ersetzen, wenn diese ähnlich hohe Einschaltquoten und damit vergleichbare Einnahmen generieren und dem Senderprofil nicht abträglich sind» (Schawinski 2007: 186).

Doch das Gewinnstreben gehe heute so weit, dass ‹Controller-Fernsehen› betrieben wird: Mit Archiv-Sendungen, die nichts kosten, nimmt man tiefere Einschaltquoten in Kauf, kann aber gleichzeitig die Gewinne erhöhen (vgl. Schawinski 2007: 190-194). Inhaltliche Erwartungen an privat-kommerzielle Sender sind unter diesen Bedingungen zunehmend illusionär.

Zum anderen hat sich das *Umfeld für den Public Service verändert:* Der öffentliche Rundfunk steht mit privaten Sendern auf dem Publikums- und vielfach auch auf dem Werbemarkt in Konkurrenz (vgl. Dahlgren 2000: 24; Humphreys 1996: 231; Herman/McChesney 1997: 43; Meier/Jarren 2001: 155ff.). Zudem hat die neue Konkurrenzsituation den Zwang zur Legitimation von Organisationsform und Finanzierung des öffentlichen Rundfunks erhöht. Der Public Service sieht sich zunehmend mit der Forderung nach mehr Effizienz und mit der Infragestellung der Gebührenfinanzierung wenn nicht gar seiner Existenz konfrontiert. Ökonomische Kriterien haben in der Bewertung des Public Service deutlich an Bedeutung gewonnen.

Öffentliche Rundfunkorganisationen in ganz Europa waren gezwungen, auf diese gesellschaftlichen Veränderungen zu reagieren. Verschiedene Anpassungsstrategien können unterschieden werden (vgl. Hultén/Brants 1992: 118; Achille/Miège 1994: 34):

- *Adaption* (oder Identifikation) meint die Anpassung an die kommerzielle Konkurrenz durch die Ausstrahlung leichter, kostengünstig zu produzierender Unterhaltung. Allerdings besteht das Risiko, nicht mehr von kommerziellen Programmen unterscheidbar zu sein.
- Unter *Purifikation* wird die Konzentration auf Inhalte, welche private Sender nicht anbieten, verstanden. Diese Strategie führt indes zu einer Marginalisierung des öffentlichen Rundfunks: Sie beinhaltet die Gefahr, dass der Public Service ein ‹Service ohne Public› und somit bedeutungslos wird.
- *Kompensation* bezeichnet einen Mittelweg zwischen traditionellen Werten des Public Service und der Notwendigkeit, auf dem Rundfunkmarkt zu bestehen. Damit soll auf den Stärken des öffentlichen Rundfunks (z. B. Informationsprogramme) aufgebaut und gleichzeitig den Bedürfnissen des Publikums Rechnung getragen werden – «without falling into the trap of commercialism» (Hultén/Brants 1992: 118).

Zumeist wird für eine Kompensationsstrategie plädiert. «Without public interest goals there is no rationale for continuing, but, without audiences, public service goals cannot really be achieved» (McQuail 2005: 180). Wenn nun aber der Public Service stärker auf die Bedürfnisse des Publikums eingeht, so heißt dies noch nicht zwingend, dass er sich nicht mehr von seiner privaten Konkurrenz unterscheidet. Syvertsen (1999: 10) argumentiert, dass sich öffentliche und private Sender an unterschiedliche Publika richten: Anders als private Sender würden öffentliche Rundfunkveranstalter sich nicht nur an werberelevante Zielgruppen wenden, sondern das Gesamtpublikum bedienen. Public Service sei so das letzte verbleibende wirkliche Massenmedium.

Die Zukunft des öffentlichen Rundfunks hängt aber nicht nur davon ab, ob dieser sich erfolgreich an gesellschaftliche Veränderungen anpasst, sondern auch davon, ob er genügend Unterstützung durch die Politik erfährt (vgl. Siune/ Hultén 1998: 36).

Die Einführung des privaten Rundfunks hat zwar zu einer Angebotsausweitung geführt, doch viele der mit der Dualisierung verbundenen Hoffnungen wurden nicht erfüllt. Rückblickend fällt die Bewertung eher kritisch aus: «Mit der Dualisierung der Rundfunkordnung wurde bewusst die Marginalisierung des öffentlichen Rundfunks betrieben und zugleich eine neue Wirtschaftsbranche etabliert [...]» (Meier/Jarren 2001: 155f.). Und diese neue Branche hat auch neue Aufgaben für die Regulierung mit sich gebracht.

Die Einführung privaten Rundfunks hatte eine Kommerzialisierung zur Folge. Diese führte nicht nur zu einem intensiven Wettbewerb privater Sender, sondern hat auch den Public Service zu einer Anpassung gezwungen.

10.1.3   Regulierung der Rundfunkorganisationen in Europa

Regulierung des Public Service

In Europa existiert eine Vielzahl von öffentlichen Rundfunkorganisationen, die zumeist sowohl Radio- als auch Fernsehsender umfassen (siehe Abb. 62 im Anhang). Gewisse Vorgaben bezüglich der internen Organisationsstruktur und die Wahl der strategischen Leitung, die zugleich internes Aufsichtsgremium ist, obliegen dem Staat – genauso wie die Regulierung der Finanzierung und die Formulierung des Programmauftrages (siehe Kapitel 10.2 und 10.4.2). In den meisten Ländern sind Regierung und Parlament an der Ernennung der Leitung beteiligt. Teilweise findet sich eine Einbeziehung von gesellschaftlichen Gruppen und von Mitarbeitern des öffentlichen Rundfunks. Nur in Frankreich ist die Regulierungsbehörde auch hierfür mit zuständig (siehe Abb. 34).

Abb. 34: Wahl der strategischen Leitung des öffentlichen Rundfunks

Land	Gremium	gewählt durch
AT	ORF-Stiftungsrat	Bundesregierung, Bundesländer, Publikumsrat, ORF-Mitarbeiter
CH	SRG: Delegierten-versammlung	Bundesrat, Trägergesellschaften sowie Kooption
DE	ARD-Rundfunkräte ZDF-Fernsehrat	Regionale Parlamente und Gruppen
FR	France TV: Conseil d'administration	Regierung, Parlament, Regulierungsbehörde, Personal
IT	RAI: Consiglio di amministrazione	Parlamentskommission, Finanzministerium
UK	BBC Trust	Queen (auf Empfehlung der Regierung)

Quelle: eigene Recherchen

Zu den Aufgaben der strategischen Leitung gehört die Wahl der operativen Leitung, d. h. des Generaldirektors, welcher für das Tagesgeschäft zuständig ist.[8] Zudem ist das Gremium als eine Art internes Aufsichtsgremium für die Selbst-regulierung des Public Service verantwortlich. Insofern hat es sicherzustellen, dass der öffentliche Rundfunk seinen Auftrag erfüllt. Gleichzeitig hat das Gremium gegen außen über die Tätigkeit der Organisation Rechenschaft abzu-legen. Hierzu zählen die Veröffentlichung von Jahresberichten, Transparenzvor-schriften oder auch die Gründung von Gremien, in denen Vertreter der Öffentlichkeit Einsitz haben (vgl. Jarren et al. 2002: 183-192).

Die *British Broadcasting Corporation* (BBC) ist heute noch ein Vorbild für den Public Service weltweit. Auf Anfang 2007 wurde die interne Organisation der BBC reformiert (vgl. Humphreys 2009: 339f.). ‹BBC Trust› ist das oberste Organ des Senders. Die zwölf Mitglieder werden formal von der Queen er-nannt. Sie sollen die strategische Ausrichtung der BBC festlegen und dafür sorgen, dass die BBC ihren öffentlichen Auftrag wahrnimmt. Zudem wird der Vorsitzende der operativen Leitung (Executive Board) von ‹BBC Trust› be-stimmt. Bei der Regulierung der BBC kann von einer Form der Co-Regulierung gesprochen werden. Erstens setzen eine Royal Charter und ein zugehöriges Agreement (Lizenzvertrag) den Rahmen für die Selbstregulierung durch ‹BBC

---

[8] In Frankreich ist der vom Staatspräsidenten ernannte Direktor des ‹Conseil d'administration› zugleich Generaldirektor des Fernsehens.

Trust> und legen den Programmauftrag der BBC fest. Zweitens werden die Mitglieder von ‹BBC Trust› von der Queen ernannt und die Gebührenhöhe von der Regierung festgelegt. Drittens gelten die von der Regulierungsbehörde Ofcom erlassenen Programmkodizes nicht nur für private Rundfunksender, sondern auch für die BBC (siehe Abb. 35).

Abb. 35: Struktur der Regulierung der BBC

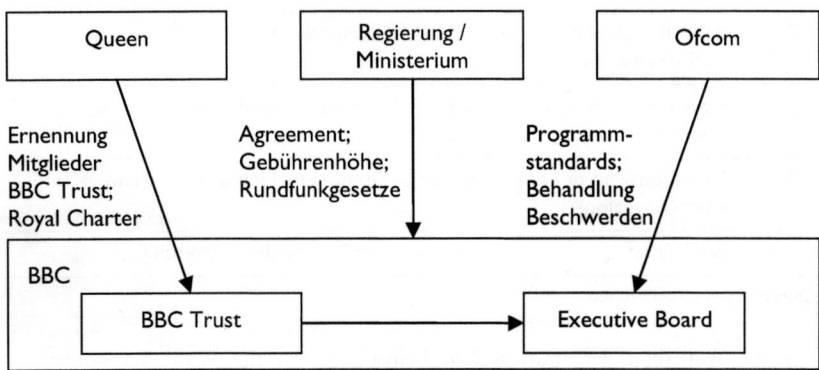

In *Deutschland* verfügt jede öffentlich-rechtliche Rundfunkorganisation über einen Rundfunk- (ARD) oder einen Fernsehrat (ZDF), in welchem verschiedene gesellschaftlich relevante Gruppen vertreten sind. Die Rundfunkräte wählen auch den Intendanten, der die Rundfunkorganisation leitet und für das operative Geschäft verantwortlich ist, sowie den Verwaltungsrat, der die Geschäftsführung des Intendanten überwacht (vgl. Strohmeier 2004: 257-260). In den letzten Jahren kamen die Rundfunkräte wegen einer zunehmenden Verpolitisierung stark in die Kritik (vgl. Held/Sankol 2002).

Der *Österreichische Rundfunk* (ORF) ist eine Stiftung öffentlichen Rechts. Der Stiftungsrat als internes Aufsichtsgremium der Organisation besteht aus 35 Mitgliedern, die von Regierung, Bundesländern, Publikumsrat und Zentralbetriebsrat bestellt werden. Der Generaldirektor wird vom Stiftungsrat gewählt. Zur Wahrung der Interessen des Publikums existiert neben dem Stiftungsrat auch ein Publikumsrat (vgl. Steinmaurer 2009: 511).

Die Schweizerische Radio- und Fernsehgesellschaft *SRG SSR* ist zwar als privatrechtlicher Verein organisiert, nimmt aber einen öffentlichen Auftrag wahr. Formell ist die aus 41 Mitgliedern bestehende Delegiertenversammlung (DV) oberstes Gremium. Die DV setzt sich aus Delegierten der vier Regionalgesellschaften, aus denen die SRG besteht (SRG.D für die Deutschschweiz,

RTSR für die französische Schweiz, CORSI für die italienische Schweiz und SRG.R für die rätoromanische Schweiz), sowie den Mitgliedern des SRG-Verwaltungsrats zusammen. Der Verwaltungsrat besteht aus den Präsidenten der vier Regionalgesellschaften, zwei vom Bundesrat ernannten Mitgliedern und drei von der DV gewählten Mitgliedern. Der Verwaltungsrat wählt auch die operative Leitung (den Generaldirektor) der SRG (vgl. Künzler 2010).

Regulierung des Privatrundfunks

In der Regel benötigen private Rundfunkveranstalter eine Sendeerlaubnis, d. h. eine *Lizenz oder Konzession* vom Staat. Nicht in allen Ländern liegt die Lizenzvergabe in der Kompetenz der Regulierungsbehörde für Rundfunk (siehe Kapitel 5.2). Teilweise werden Lizenzen direkt von der Regierung oder dem zuständigen Ministerium vergeben (siehe Abb. 36).

Abb. 36: Lizenzvergabe für Privatrundfunk: Zuständigkeiten

Regierung/Ministerium	Regulierungsbehörde
CH, ES, FI, IT, LU (Sat-/Kabelradio; TV), NO, SE (terrestrisches TV; nationales/ regionales Radio)	AT, BE, DE, DK (national/regional), FR, GR, IE, IS, LU (terrestrisches Radio), NL, PT, SE (Lokalradio), UK

Quellen: Jarren et al. (2002: 111-143) und EPRA (o.J.); ergänzt durch eigene Recherchen

In Deutschland ist die neu geschaffene ‹Kommission für Zulassung und Aufsicht› (ZAK) zuständig für die Lizenzvergabe an bundesweite Privatsender (vgl. ALM 2009: 357). Weiterhin in den Aufgabenbereich der Landesmedienanstalten fällt die Zulassung von Sendern in den Bundesländern.

In Österreich gehört die Vergabe von Lizenzen für private Radio- und Fernsehsender in die Kompetenz der Regulierungsbehörde KommAustria.

In der Schweiz wurde die Konzessionierungspflicht abgeschafft. Die Meldung der Sendetätigkeit bei der Regulierungsbehörde BAKOM reicht nun aus. Lediglich diejenigen privaten Anbieter, die einen Anteil der Rundfunkgebühren oder Verbreitungsprivilegien (z. B. UKW-Frequenz) möchten, bedürfen einer Konzession (Art. 3, 40, 53, 59 RTVG).

> Während private Sender in der Regel eine Lizenz oder Konzession benötigen (Sendegenehmigung), wird der öffentliche Rundfunk stärker reguliert (Wahl der strategischen Leitung; Vorgaben zur Organisationsweise).

10.2 Regulierung der Rundfunkfinanzierung

10.2.1 Finanzierung des Rundfunks in Europa

Der *Public Service* finanziert sich hauptsächlich aus öffentlichen Mitteln. In einigen Ländern werden dem öffentlichen Rundfunk aber anstelle von Rundfunkgebühren Steuermittel zugewiesen (siehe Abb. 37). Rundfunkgebühren sind durchaus umstritten. Die Europäische Kommission behandelt Gebühren als staatliche Beihilfen, die nur unter bestimmten Bedingungen zulässig sind (siehe Kapitel 6.3.2).

In vielen Ländern finanziert sich der Public Service aber auch teilweise aus Werbung. Nur in Großbritannien und den nordischen Ländern wird getreu dem Public-Service-Gedanken ganz auf Werbeeinnahmen verzichtet, auch um eine Abhängigkeit von der Werbewirtschaft zu vermeiden. In den meisten westeuropäischen Ländern aber existiert eine Mischfinanzierung (siehe Abb. 37).

Abb. 37: Formen der Finanzierung des Public Service

	Gebühren	Steuermittel
Werbung	AT, BE/CF, CH, DE, FR, GR, IE, IS, IT	BE/VG, ES, NL, PT
keine Werbung	DK, FI, NO, SE, UK	–

Quelle: Europäische Audiovisuelle Informationsstelle (2009a: 16-243)[9]

Das Verhältnis zwischen Gebühren und Werbung unterscheidet sich von Land zu Land stark. Der Anteil der öffentlichen Mittel ist in den nordischen Ländern am höchsten. In vielen anderen westeuropäischen Ländern bewegt sich der Anteil öffentlicher Mittel an den Gesamteinnahmen zwischen rund 60 und rund 80 Prozent. Aus dem Muster fallen Spanien und Irland, wo Werbung mehr als die Hälfte der Einnahmen ausmacht. Bei der BBC ist zu beachten, dass diese zwar keine Werbung ausstrahlen darf, aber durch kommerzielle Aktivitäten (im Ausland oder Verkauf von Merchandising) trotzdem noch über andere Einnahmen als die Rundfunkgebühren verfügt (siehe Abb. 38).

---

[9] In der flämischen Gemeinschaft Belgiens ist im öffentlichen Fernsehen lediglich Sponsoring, jedoch keine Werbung erlaubt. Die Informationen für Dänemark beziehen sich auf Danmarks Radio (DR). Der zweite öffentliche Sender, TV2, bekommt, außer für Regionalprogramme, keine Gebühren. In Griechenland existiert keine Rundfunkgebühr im herkömmlichen Sinne, sondern die Gelder werden über die Elektrizitätsrechnung erhoben.

Abb. 38: Anteil öffentlicher Mittel an Gesamteinnahmen des Public Service (2008)

40-50 %	50-60 %	60-70 %	70-80 %	80-90 %	>90 %
ES, IE	AT, IT	BE/VG, CH, NL	BE/CF, FR, IS, PT	DE, GR, UK	DK, FI, NO, SE

Quelle: Europäische Audiovisuelle Informationsstelle (2009a: 16-243)[10]; siehe auch Abb. 60 im Anhang

In den letzten Jahren hat die Werbefinanzierung, die ebenfalls staatlich reguliert wird, an Bedeutung gewonnen (siehe Kapitel 10.2.2). «Over time, public service systems have become more and more dependent on advertising revenue, as a rise in the licence fee was not considered viable in light of growing number of commercial channels that were (relatively) freely available» (Brants/De Bens 2000: 12). Je tiefer der Anteil der Werbung an den Gesamteinnahmen, desto kleiner auch die Gefahr, dass sich das Programm an rein ökonomischen Erwägungen orientiert. Doch auch die Finanzierung aus öffentlichen Mitteln birgt Gefahren, etwa die Abhängigkeit vom politischen System, welches über die Höhe der Gebühren entscheidet. Dies kann zur Disziplinierung des Public Service missbraucht werden: Die geringere Abhängigkeit vom Werbemarkt geht insofern einher mit einer höheren Abhängigkeit von der Politik.

Während der Public Service zumindest teilweise öffentlich finanziert wird, sind frei empfangbare *privat-kommerzielle Sender* gänzlich auf Werbung und Sponsoring angewiesen; Pay-TV und -Radio finanzieren sich durch Abonnements. Alternative Anbieter verfügen neben Werbeeinnahmen meist auch über Spenden und/oder eine Unterstützung vonseiten des Staates (vgl. European Parliament 2007: 31).

Zwar unterscheiden sich die Ausgaben für Werbung in den Medien von Land zu Land überaus deutlich (siehe Abb. 59 im Anhang), doch der Anteil des Fernsehens ist seit Einführung des Privatrundfunks stark angestiegen. Während in den mediterranen Ländern teilweise über 50 % der Medienwerbung in das Fernsehen investiert wird, sind es in Deutschland immerhin 23 % und in Österreich 20 %. In der Schweiz ist der Werbeträger Fernsehen mit nur rund 16 % weit abgeschlagen (siehe Abb. 58 im Anhang).

> In vielen Ländern finanziert sich der Public Service nicht ausschließlich aus öffentlichen Mitteln, sondern generiert zusätzlich Werbeeinnahmen.

---

[10]   Die Zahlen für Finnland, die Niederlande und Norwegen stammen aus dem Jahr 2007.

10.2.2 Regulierung der Rundfunkfinanzierung in Europa

Regulierung der Rundfunkgebühren

Die *Höhe der Rundfunkgebühren* lässt sich zwar vergleichen, doch ist die Aussagekraft sehr begrenzt – die Länder unterscheiden sich hinsichtlich der Anzahl Gebührenzahler, der Kaufkraft und der Angebote des Public Service deutlich.

Abb. 39: Höhe der Rundfunkgebühren (2009)

Land	Gebühren/Haushalt (in Landeswährung)	Gebühren/Haushalt (in €)	Gebühren in % des BIP/Kopf
AT	EUR 277.00	277.00	0.82
BE/CF	EUR 100.00	100.00	0.32
CH	CHF 462.00	303.00	0.64
DE	EUR 215.80	215.80	0.73
DK	DKK 2220.00	298.00	0.74
FI	EUR 224.30	224.30	0.70
FR	EUR 118.00	118.00	0.39
IE	EUR 160.00	160.00	0.44
IS (2008)	ISK 35940.00	282.00	0.88
IT	EUR 107.50	107.50	0.43
NO	NOK 2334.00	237.80	0.42
SE	SEK 2076.00	190.50	0.62
UK	GBP 142.50	167.50	0.58

Quellen: Gebühren: Europäische Audiovisuelle Informationsstelle (2009b: 34), für Island: Nordicom (2010), für die Schweiz: Billag (2009); die Zahlen für Österreich beziehen sich auf das Bundesland Wien; BIP zu Marktpreisen in Euro je Einwohner 2009: Eurostat (NAMA_GDP_C)

Werden die Gebühren in absoluten Zahlen pro Haushalt betrachtet, fallen als Erstes die tiefen Werte in Italien, Frankreich und neuerdings Belgien auf. In beiden Ländern ist Werbung denn auch eine wichtige Einnahmequelle für den Public Service. Zudem zeigt sich, dass Kleinstaaten tendenziell höhere Gebühren erheben. Eine Berechnung der Gebühren in Prozent des Bruttoinlandsproduktes/Kopf relativiert die Unterschiede zum Teil deutlich (siehe Abb. 39).

Die höheren Gebühren in Kleinstaaten lassen sich also damit erklären, dass die Bevölkerung zwar kleiner ist, sich die Produktionskosten aber nicht proportional dazu entwickeln. In absoluten Zahlen gehören etwa die Schweizer Gebühren zu den Höchsten überhaupt – sie sind auch höher als in Österreich. Die Höhe der Schweizer Rundfunkgebühren wird durch die Aufteilung des Landes in verschiedene Sprachregionen relativiert: Der schweizerische Service public, die SRG SSR, muss Radio- und Fernsehprogramme in vier Sprachen veranstalten. Ein Großteil der Gebühreneinnahmen stammt aus der Deutsch-schweiz als bevölkerungsreichstem Landesteil. Damit aber auch gleichwertige Programme für die französisch- und italienischsprachige Schweiz produziert werden können, werden die Gelder intern – im Sinne der Föderalismus- und Minderheitenpflege – umverteilt (vgl. Meier 2009: 598; Künzler 2010). Übrigens kennt auch Deutschland einen Finanzausgleich zwischen den Rund-funkanstalten, da deren Gebühreneinzugsgebiete unterschiedlich groß sind.

Öffentliche Rundfunkorganisationen in großen Ländern, z. B. die BBC oder ARD und ZDF, können mit niedrigeren Gebühren pro Kopf auskommen, und auch die Bedeutung allfälliger Werbeeinnahmen ist bei Weitem kleiner. In Kleinstaaten ist Werbung für die öffentlichen Sender dagegen wichtig. Ein Werbeverbot würde – da eine Gebührenerhöhung im selben Ausmaße politisch kaum durchsetzbar wäre – die Einnahmen rapide sinken lassen. Zudem ist zweifelhaft, ob das Ziel hinter dieser manchmal geäußerten politischen Forderung, nämlich die Umverteilung von Werbegeldern vom Public Service zu privaten inländischen Sendern, erreicht würde. In Irland wurde eben dies An-fang der 1990er Jahre versucht. Doch die Werbegelder wanderten nicht zur privaten inländischen Konkurrenz, sondern in Werbefenster auf ausländischen Sendern, die im Inland empfangen werden können und höhere Marktanteile als inländische Privatsender haben (vgl. Jarren et al. 2002: 358).

Von politischer Seite kann durch die *Festlegung der Höhe der öffentlichen Mittel* auf den Public Service Einfluss genommen werden (siehe Abb. 40). In vielen Ländern fällt der Entscheid über die Gebührenhöhe in die Zuständigkeit der Regierung und/oder des Parlaments. Einige Länder sind dazu übergegangen, die Rundfunkfinanzierung stärker vom politischen System zu entkoppeln. In *Deutschland* obliegt die Entscheidung zwar den Regierungen und Parlamenten der Bundesländer, doch ist eine Kommission zur Ermittlung des Finanzbedarfs der Rundfunkanstalten (KEF) zwischengeschaltet, die aus unabhängigen Sach-verständigen besteht. Die KEF hat die Aufgabe, den von den öffentlich-rechtlichen Sendern angemeldeten Finanzbedarf zu überprüfen und erstattet den Landesregierungen darüber Bericht, ob und gegebenenfalls in welcher Höhe eine Gebührenerhöhung nötig ist (vgl. Strohmeier 2004: 253; Heinrich 1999: 93; Jarren et al. 2002: 178f.). In *Großbritannien* wird die Gebührenhöhe von der

Regierung für mehrere Jahre im Voraus festgelegt und ist zum Ausgleich der Teuerung an den Verbraucherpreisindex angelehnt. Dieses Vorgehen ermöglicht dem Public Service eine gewisse Planungssicherheit. In der *Schweiz* bestehen keine entsprechenden Bestrebungen zur Entpolitisierung, womit über die Finanzierung eine gewisse Abhängigkeit von der Regierung besteht. Einen Spezialfall stellen die Rundfunkgebühren in *Österreich* dar, deren Höhe sich je nach Bundesland unterscheidet. Nur rund zwei Drittel der Gebühren kommen dem ORF zugute (Programmentgelt). Über die Höhe des Programmentgelts entscheidet übrigens der ORF-Stiftungsrat (unter Zustimmung des Publikumsrats) selbst, doch seit Inkrafttreten des neuen ORF-Gesetzes hat die KommAustria jeweils zu prüfen, ob der verlangte Betrag gerechtfertigt ist.

Abb. 40: Festlegung der Höhe öffentlicher Mittel: Zuständigkeiten

Land	zuständiges Gremium
AT	ORF-Stiftungsrat unter Zustimmung des ORF-Publikumsrates; Prüfung durch KommAustria
CH	Bundesrat (Regierung)
DE	Staatsvertrag der Bundesländer nach Stellungnahme der Kommission zur Ermittlung des Finanzbedarfs der Rundfunkanstalten (KEF)
DK	Kulturminister unter Zustimmung des Parlaments
FI	Valtioneuvosto (Regierung)
FR	Parlament
IE	Regierung
IT	Ministerium für wirtschaftliche Entwicklung
NL	Regierung
NO	Storting (Parlament)
SE	Riksdag (Parlament)
UK	Regierung für mehrere Jahre im Voraus und angelehnt an Verbraucherpreisindex (zum Teuerungsausgleich)

Quellen: Jarren et al. (2001: 133-154), Jarren et al. (2002: 176) und Donges (2002b: 221); ergänzt durch eigene Recherchen

Eine Besonderheit der Schweiz ist das sogenannte *Gebührensplitting*: Lokale und regionale private Sender können einen Anteil der Rundfunkgebühren erhalten.

Dies gilt für privat-kommerzielle Radio- und Fernsehsender in Gebieten ohne ausreichende Finanzierungsmöglichkeiten, die sich zur Erbringung eines Leistungsauftrages verpflichten (umfassende Berichterstattung über lokale und regionale Ereignisse), wie auch für nichtkommerzielle alternative Radiosender (Art. 38 Abs. 1 RTVG). Ziel dieser Maßnahme ist es, Nachteile von Programmanbietern in Randregionen auszugleichen. Insgesamt 4 % der Gebührenmittel stehen hierfür zur Verfügung (Art. 40 Abs. 1), was etwa CHF 28 Millionen für Fernseh- und CHF 16 Millionen für Radiosender entspricht.

Auch in Österreich können sich private Rundfunksender seit 2009 um einen Gebührenanteil bewerben. Anders als in der Schweiz ist diese Finanzierung jedoch nicht fest an die erhaltene Lizenz gebunden. Vielmehr können sich alle privaten Radio- und Fernsehsender bei zwei Fonds um die Förderung bestimmter Sendungen bewerben, welche zu einem vielfältigen und hochwertigen Programmangebot beitragen. Für kommerzielle Sender stehen derzeit € 5 Millionen, für nichtkommerzielle Sender € 1 Million zur Verfügung. Vergeben werden die Gelder von der KommAustria nach Anhörung eines Fachbeirates (§§ 9i-9l KOG).

> Die Festlegung der Gebührenhöhe ermöglicht der Politik potenziell eine Einflussnahme auf den öffentlichen Rundfunk. Kleinstaaten erheben aufgrund ihrer strukturellen Besonderheiten höhere Gebühren.

Werberegulierung in Europa

Die Fernsehwerberegulierung der einzelnen Staaten ist stark durch die Vorgaben auf europäischer Ebene beeinflusst. Die AVMD-Richtlinie der EU und das entsprechende Übereinkommen des Europarates (EÜGF resp. EÜGAM) beinhalten nahezu identische Regeln. Allerdings ist das über 20 Jahre alte EÜGF teilweise strenger: Eine Ablösung des EÜGF durch das EÜGAM würde die Vorschriften an die seit Inkrafttreten der AVMD-Richtlinie liberalere Werberegulierung der EU angleichen (siehe Kapitel 6.1.2 und 6.3.2). Folgende Vorschriften sind in den Dokumenten enthalten (Art. 9-11, 19-26 Richtlinie 2010/13/EU, Art. 11-18 EÜGF resp. Art. 13-22 EÜGAM):

- Fernsehwerbung und Teleshopping müssen klar erkennbar und von anderen Programmteilen durch optische und/oder akustische Mittel getrennt sein;
- Werbung (und Teleshopping) dürfen 20 % der Sendezeit pro Stunde (also 12 Minuten) nicht überschreiten – im EÜGF sind zusätzlich tägliche Obergrenzen für Werbung (15 % der täglichen Sendezeit) enthalten;

- Unterbrecherwerbung ist nur unter bestimmten Bedingungen gestattet;
- Werbung für Tabakerzeugnisse, rezeptpflichtige Medikamente, Schleichwerbung und unterschwellige Beeinflussungstechniken sind verboten;
- Werbung für alkoholische Getränke unterliegt bestimmten Beschränkungen;
- Product Placement muss gewisse Voraussetzungen erfüllen;
- Fernsehwerbung darf Minderjährigen keinen Schaden zufügen, die Menschenwürde nicht verletzen und keine Diskriminierung beinhalten;
- Sponsoring ist offen zu legen und hat gewisse Bedingungen zu erfüllen.

Die Vorschriften für *Werbeunterbrechungen* sind in AVMD-Richtlinie und EÜGAM identisch; das EÜGF ist hierbei strenger (siehe Abb. 41).

Abb. 41: Regulierung der Unterbrecherwerbung auf europäischer Ebene

	AVMD-Richtlinie/EÜGAM	EÜGF
Filme	1mal/30 Minuten	1mal/45 Minuten
Nachrichten	1mal/30 Minuten	sofern länger als 30 Minuten
Kindersendungen	1mal/30 Minuten, sofern länger als 30 Minuten	sofern länger als 30 Minuten
andere Sendungen (z. B. Serien)	keine Einschränkungen	in Pausen (z. B. Sport); sonst max. alle 20 Minuten
Gottesdienste	nicht erlaubt	nicht erlaubt

Quellen: Art. 20 Richtlinie 2010/13/EU, Art. 14 EÜGF und Art. 17 EÜGAM

EÜGF (Art. 16) und EÜGAM (Art. 20) beschäftigen sich zudem mit sogenannten *Werbefenstern*. Mit Werbefenster wird bezeichnet, wenn die Werbung auf ausländischen Fernsehsendern durch inländische Werbung ersetzt wird (vgl. Weber/Spacek 2004: 24). So kann auf vielen deutschen Privatsendern Werbung für Österreich oder die Schweiz geschaltet werden (während die deutschen Zuschauer gleichzeitig deutsche Werbung sehen), was den inländischen Sendern zusätzliche Konkurrenz auf dem Werbemarkt beschert. Das Übereinkommen legt fest, dass Werbung, die sich an Zuschauer in einem anderen Staat richtet, die Werberegulierung dieses Landes nicht umgehen darf. Allerdings dürfen ausländische Werbefenster nicht strenger reguliert werden als Werbung auf inländischen Sendern. Zwischen EU-Staaten gilt diese Vorschrift nicht, da das Sendestaatsprinzip in der AVMD-Richtlinie Vorrang hat (siehe Kapitel 6.3.2).

Für die Schweiz hingegen war diese Regelung bis 2009 eine Garantie dafür, dass politische, religiöse und Alkoholwerbung, welche lange verboten waren, auch auf Werbefenstern nicht zu sehen sind. Doch um am Filmförderprogramm ‹MEDIA 2007› der EU teilnehmen zu können, musste sich die Schweiz zu einer Übernahme des Sendestaatsprinzips verpflichten (Art. 1 Anhang I MEDIA-Abkommen). Um inländische Sender gegenüber Werbefenstern nicht zu benachteiligen, hat die Schweiz deshalb Werbung für Bier und Wein zugelassen. Religiöse und politische Werbung sowie Werbung für hochprozentige Alkoholika bleiben verboten. Sollten Werbefenster sich zur Ausstrahlung solcher Werbespots entscheiden, könnte dies aber kaum verhindert werden (vgl. Graber/Kerekes 2009).

Die Werberegulierung in den einzelnen Staaten orientiert sich stark an den europäischen Mindeststandards – obwohl strengere nationale Regulierung erlaubt wäre. Doch die Nationalstaaten sind zurückhaltend, wenn es darum geht, den in ihren Ländern ansässigen Rundfunkunternehmen einen Wettbewerbsnachteil zu bescheren und damit die Attraktivität des Standortes zu schmälern. Die Werberegulierung von privaten und öffentlichen Sendern dagegen unterscheidet sich in vielen Ländern, weshalb auch von einer sogenannten *asymmetrischen Werberegulierung* die Rede ist (siehe Abb. 42). Der Public Service unterliegt, sofern er sich nicht nur über öffentliche Gelder finanziert, bei der Ausstrahlung von Werbung also strengerer Regulierung als private Fernsehprogramme:

- In Deutschland dürfen von den öffentlich-rechtlichen Sendern nur ARD und ZDF Werbung ausstrahlen – jedoch nur vor 20 Uhr und nicht an Sonn- und Feiertagen. Zudem ist die tägliche Werbedauer auf 20 Minuten begrenzt.
- Der ORF darf täglich lediglich 42 Minuten Werbung ausstrahlen. Auch gelten striktere Vorschriften für Unterbrecherwerbung.
- Auch in der Schweiz ist die tägliche Obergrenze für Werbung im Public Service niedriger als bei den privaten Sendern. Zudem wird Unterbrecherwerbung stärker reguliert. Die Werbevorschriften für private Sender gelten übrigens nicht für Sender ohne Konzession, die im Ausland nicht empfangbar sind (d. h. Verbreitung nur über Kabel). Einzig die Unterbrechung von Kindersendungen und Gottesdiensten ist auf diesen Sendern untersagt (Art. 18 Abs. 5 und Art. 19 Abs. 5 RTVV).
- Die BBC finanziert ihren Public Service gänzlich über Gebührengelder; Werbung ist den privaten Sendern vorbehalten. Die terrestrisch verbreiteten Programme von ITV, Channel 4 und five unterliegen dabei strengerer Regulierung als reine Kabel- und Satellitensender.
- Wie in Großbritannien wird auch in Frankreich Kabel- und Satellitenrundfunk weniger streng reguliert als terrestrische Sender. Für den Service public von France Télévisions gelten weitere Einschränkungen und Werbung ist neuerdings nur zwischen 6 und 20 Uhr erlaubt.

Abb. 42: Asymmetrische Werberegulierung

Land		pro Tag	pro Stunde	Unterbrecherwerbung
AT	privat	–	12 Min. (20 %)	wie AVMD
	öffentlich	42 Min.	12 Min. (20 %)	nur in Sendungen mit eigenständigen Teilen/ Pausen (z. B. Sport)
CH	privat	15 %	12 Min. (20 %)	wie AVMD; Verbot in Kindersendungen
	öffentlich	8 %	12 Min. (20 %)	1mal wenn Sendung länger als 90 Minuten
DE	privat	–	12 Min. (20 %)	wie AVMD; Verbot in Kindersendungen
	öffentlich	Mo-Sa 20 Min vor 20 Uhr (ARD/ZDF)	12 Min. (20 %)	wie AVMD; Verbot in Kindersendungen
FR	privat	–	12 Min. (20 %) (terrestrische Sender: 9 Min. im Tagesschnitt)	wie AVMD; 20 Min. Abstand zwischen Werbeblöcken; in Filmen max. 6 Min.
	öffentlich	–	8 Min. (6 Min. im Tagesschnitt); nur von 6-20 Uhr	zusätzlich in Filmen verboten
UK	privat	–	ITV/Channel 4/five: 7 Min. (Prime Time: 8 Min.); andere Sender: 9 Min. (mit Tele- shopping 12 Min.)	wie AVMD für Nach- richten, Filme und Kindersendungen; für andere Sendungen ist die Anzahl zulässiger Unterbrechungen in Abhängigkeit von der Sendungslänge definiert
	öffentlich	verboten	verboten	verboten

Quellen: RStV, AMD-G, ORF-G, RTVG, RTVV, Ofcom (2009), Loi 86-1067, Décret 92-280, Décret 2009-796 und Donges (2002b: 248)

Unterschiedlich gehen die einzelnen Länder zudem mit Alkoholwerbung um. Diese ist, unter gewissen Auflagen (sie darf sich beispielsweise nicht an Minderjährige richten), in AVMD-Richtlinie und EÜGF resp. EÜGAM grundsätzlich erlaubt. Aus gesundheitspolitischen Motiven verbieten aber viele Länder zumindest Werbung für hochprozentige Alkoholika.

Nicht nur im Fernsehen, auch im *Radio* werden Werbung und Sponsoring reguliert. Sofern auf öffentlichen Sendern überhaupt Werbung ausgestrahlt werden darf, findet sich auch im Hörfunkbereich in der Regel eine asymmetrische Werberegulierung. Anders als im Fernsehsektor aber existieren keine Mindestvorschriften der EU oder des Europarates.

> Fernsehwerbung ist in Europa weitgehend einheitlich reguliert. In vielen Ländern wird zudem der öffentliche Rundfunk stärker als der private Rundfunk reguliert (asymmetrische Werberegulierung).

10.3   Regulierung der Rundfunkdistribution

Radio- und Fernsehsender müssen nach der Produktion innerhalb bestimmter Medienorganisationen – unabhängig davon, ob diese öffentlich oder privat institutionalisiert sind oder wem sie gehören – irgendwie zu den Rezipienten gelangen. Die der Rundfunkdistribution zugrunde liegende Technologie hat sich in den letzten Jahren massiv gewandelt. Drei wichtige Veränderungen sind zu betrachten: die Entstehung neuer Distributionskanäle, die Digitalisierung und Fortschritte in der Verschlüsselungstechnologie.

- In den 1970er und 1980er Jahren entstanden mit Satelliten und Kabelnetzen völlig *neue Distributionskanäle*. Die neuen Vertriebswege schafften überhaupt erst die Kapazitäten, um private Fernsehsender in großer Zahl übertragen zu können, was die Zulassung privater Anbieter begünstigte (siehe Kapitel 10.1.2). Die Satellitenübertragung schuf gleichzeitig die Möglichkeit, inländische Regulierung zu umgehen und setzte Staaten mit einer strengen Rundfunkregulierung unter Druck, eine Deregulierung vorzunehmen.
- Die *Digitalisierung* (also der Übergang von der analogen zur digitalen Technologie) führt einerseits zu einer Konvergenz der hinter Rundfunk und Telekommunikation stehenden Technologien, was die Übertragung jeden Inhaltes über jeden Verbreitungskanal ermöglicht (siehe Kapitel 2.5.2). Andererseits ermöglicht die digitale Übertragung eine starke Kompression der Fernsehsignale, weshalb sich die Zahl der übertragbaren Sender nach der Einführung von Kabel und Satellit ein weiteres Mal stark erhöht (vgl. Doyle 2002: 75; Galperin 1999: 629). Die Digitalisierung stellt die Rundfunkregulierung vor neue Herausforderungen, die es zu meistern gilt.

- Fortschritte in der *Verschlüsselungstechnologie* haben zur Folge, dass ein Ausschluss nicht-zahlender Konsumenten heute möglich ist. Rundfunk wird so von einem öffentlichen Gut zu einem Clubgut (siehe Kapitel 3.1.1). Ein großer Teil der digital distribuierten Rundfunksender ist denn auch zahlungswilligen und zahlungsfähigen Kunden vorbehalten, was zu einer Fragmentierung des Publikums beiträgt (vgl. Doyle 2002: 76, 141).

Für die Politik stellt sich nicht nur die Frage, wie neue Technologien reguliert werden sollen, sondern auch, ob die potenziellen sozialen Folgen unter Umständen als unerwünscht erachtet und Gegenmaßnahmen ergriffen werden. Dabei darf nie vergessen werden, dass Medienpolitik immer das Ergebnis einer Mischung technischer, politischer und ökonomischer Faktoren ist und technologischer Fortschritt alleine keine bestimmte Regulierung bedingt.

10.3.1 Distributionskanäle im Rundfunk

Bis in die 1970er Jahre hinein wurden Radio- und Fernsehsender ausschließlich über Zimmer- oder Hausantenne empfangen. Bei diesem *terrestrischen* Empfang von Rundfunk werden die Sendesignale über erdgebundene Sender (Sendeantennen) verbreitet (vgl. Negrine 1996: 184; Scheuer/Knopp 2004: 14). Im Hörfunk dominiert noch heute – im Gegensatz zum Fernsehen – der terrestrische Empfang. Dabei muss unterschieden werden zwischen UKW (Ultrakurzwelle), der heute in Europa üblichen Übertragungsnorm für Radiosender auf nationaler und regionaler Ebene, und Lang-, Mittel- sowie Kurzwelle, welche sich nur durch mäßige Ton- und Empfangsqualität auszeichnen (vgl. Senger 2009: 121f.). Diese spielen in erster Linie in ärmeren Ländern und für die internationale terrestrische Radiodistribution eine Rolle.

Kabelnetze bestehen aus einer Kabelkopfstation, wo die Fernseh- und Radioprogramme empfangen und zusammengestellt werden, und einem Kabel, über welches die Programme gegen eine Gebühr an die angeschlossenen Haushalte weiterverbreitet werden (vgl. Senger 2009: 124; Negrine 1996: 184; Scheuer/ Knopp 2004: 13). Der Auf- und Ausbau von Kabelnetzen ist kostenintensiv. Kabelnetzbetreiber treten gegenüber den Endkunden immer als Monopolisten auf, da es in jeder Gegend nur ein Kabelnetz gibt.

Geostationäre *Satelliten* stehen in einem Orbit in 36.000 Kilometer Höhe über dem Äquator. Diese spezielle Orbitalposition hat den großen Vorteil, dass die Satelliten von der Erde aus gesehen immer am selben Ort bleiben. Damit können die zum Empfang benötigten Satellitenschüsseln fest installiert werden. Ähnlich wir terrestrische Frequenzen sind auch Positionen im geostationären

Orbit überaus knapp und begehrt. Der Satellitenbetreiber überträgt die Programme von einer Zuspielstation zum Satelliten (Uplink). Dort werden die Signale verstärkt und an die einzelnen Empfänger zurückgesendet (Downlink). Ein Satellit verfügt über mehrere Übertragungskanäle, sogenannte Transponder, die bei analoger Übertragung einen Fernsehsender und bis zu acht Radiosender übertragen können (vgl. Senger 2009: 125f.; Hilmes 2004: 488; Negrine 1996: 184). Wichtigste Satellitenbetreiber in Europa sind die luxemburgische Société Européenne des Satellites (SES) mit ihren ASTRA-Satelliten und EUTELSAT. Empfänger von Satellitenprogrammen sind nicht nur die Endkunden, sondern auch die Kabelnetzbetreiber.

Durch die Digitalisierung werden jegliche Inhalte in Einsen und Nullen übersetzt, womit jeder Inhalt über jeden Verbreitungskanal transportiert werden kann. Diese technische Konvergenz führt dazu, dass zu Terrestrik, Kabelnetz und Satellitensystemen ein vierter Übertragungsweg hinzukommt: Sofern das *Telefonnetz* modernisiert wurde (Glasfaserkabel) und über ausreichende Kapazitäten verfügt, können Rundfunkprogramme auch von Telekommunikationsunternehmen via DSL distribuiert werden (siehe Abb. 43). Ferner ist denkbar, dass in Zukunft auch eine Übertragung von Radio- und Fernsehprogrammen über das Stromnetz möglich ist.

Abb. 43: Distributionskanäle im Rundfunk

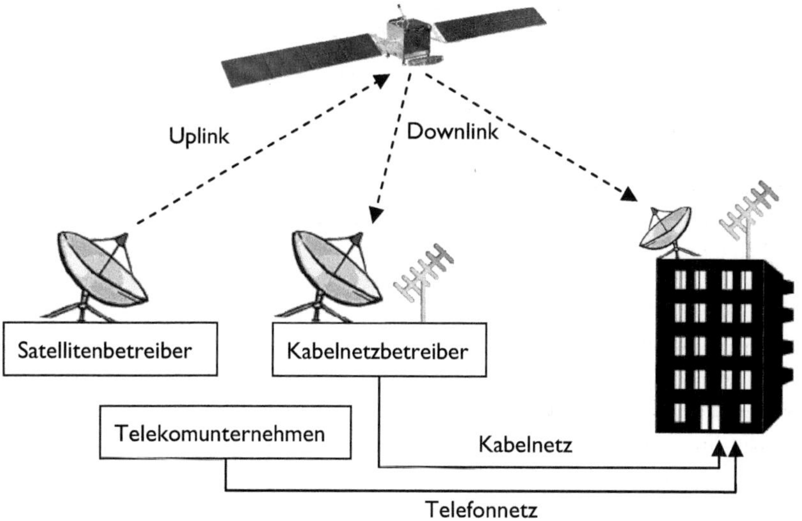

Quelle Satelliten-Bild: SES ASTRA

Durch diese Entwicklung entsteht für die Kabelnetzbetreiber eine neue Konkurrenz, die, wie sie selbst, über direkte Kabel in alle Haushaltungen verfügt (vgl. Senger 2009: 125). Allerdings gilt dies auch umgekehrt, denn Kabelnetzbetreiber bieten vermehrt auch Internet- und Telekommunikationsdienste über ihre Netze an. In der Branche gilt das sogenannte ‹Triple Play› – Rundfunk, Telefon und Internet aus einer Hand – als wichtiges Ziel.

Die Bedeutung der verschiedenen Distributionskanäle unterscheidet sich von Land zu Land teilweise deutlich. Gründe für diese Unterschiede können unter anderem politischer (Förderung der Kabeltechnologie) oder geografischer Natur (Topografie, Besiedelungsdichte) sein. Eine hohe Verkabelungsdichte weisen in erster Linie Kleinstaaten auf, so beispielsweise die Schweiz oder auch die Beneluxländer. In diesen Ländern wurde bereits früh mit der Verkabelung begonnen und stark in die Kabeldistribution investiert. Der Aufbau von Kabelnetzen ist in dicht bevölkerten Kleinstaaten weitaus einfacher und günstiger als in großflächigen Ländern. Der einzige Großstaat mit einem hohen Anteil an Kabelhaushalten ist Deutschland. In Haushalten mit Kabel-, Satelliten- oder DSL-Empfang ist eine Vielzahl an Sendern verfügbar. In den deutschsprachigen und den nordischen Ländern ist der Anteil dieser Haushalte besonders hoch (siehe Abb. 44).

Abb. 44: Anteil Haushalte mit Kabel-/Satelliten-/DSL-Empfang (2009)

TV-Haushalte	> 80 %	50-80 %	< 50 %
> 10 Mio. TV-Haushalte	DE	FR, UK	ES, IT
< 10 Mio. TV-Haushalte	AT, BE, CH, DK, LU, NL, NO	IE, PT, SE	FI, GR

Quelle: SES ASTRA (2010); siehe auch Abb. 53 und Abb. 54 im Anhang

Durch die Digitalisierung entstand mit dem Telefonnetz aber nicht nur ein neuer Distributionskanal für Radio und Fernsehen. Darüber hinaus ermöglicht die Digitalisierung eine *Kompression* der Rundfunksignale, womit sich die Anzahl übertragbarer Programme stark erhöht. Auf einem Kanal, der analog nur ein Fernsehprogramm transportieren konnte, ist jetzt die Übertragung von bis zu zehn Sendern möglich. Dabei können digitale Signale über alle herkömmlichen Distributionskanäle verbreitet werden (vgl. Scheuer/Knopp 2004: 1; Senger 2009: 120): «Digital compression technologies – which currently allow up to ten digital channels to be squeezed into the space previously occupied by one analogue channel – are reducing the impact of spectrum scarcity in limiting the number of broadcast TV channels» (Levy 1999: 4). Trotz der zusätzlichen Übertragungskapazität bleibt das Frequenzspektrum aber letztlich begrenzt.

Im Bereich des *Hörfunks* bringt die Digitalisierung neben der zusätzlichen Übertragungskapazität in erster Linie eine bessere Klang- und Empfangsqualität mit sich. Digital Audio Broadcasting (DAB) und die Weiterentwicklung DAB+ sollen die analoge terrestrische Übertragung von Radiosendern in Europa ablösen. Bisher setzt sich DAB aber nur zögerlich durch. Zusätzlich existiert HD Radio, das eine digitale Verbreitung zusätzlich zum bestehenden analogen Signal eines Radiosenders erlaubt. In Entwicklungsländern wird die Digitalisierung mit einer Technik namens Digital Radio Mondiale (DRM) vorangetrieben (vgl. Senger 2009: 122f.; Altendorfer 2004: 217-220).

Im *Fernsehen* erfolgt die Umstellung auf die digitale Technologie mittels Digital Video Broadcasting (DVB). Dabei muss unterschieden werden zwischen DVB-T (Terrestrik), DVB-C (Kabel), DVB-S (Satellit) und DVB-H (Handgeräte). In mehreren europäischen Ländern wurde die Umstellung auf DVB-T bereits vollzogen und die analoge terrestrische Übertragung eingestellt, so auch in Deutschland, Österreich und der Schweiz. Dabei stellt sich die Frage, ob der Kapazitätsgewinn durch die Digitalisierung («digitale Dividende») nur dem Fernsehen zugutekommen soll oder ob ein Teil der Frequenzen auch für andere Angebote (z. B. mobiles Breitbandinternet) zur Verfügung stehen soll.

DVB-T erlaubt nicht nur die terrestrische Distribution einer größeren Anzahl von Sendern, sondern erhöht auch die Übertragungsqualität und erlaubt die mobile Empfangbarkeit. Die Störungen» beim analogen Antennenempfang gehören so der Vergangenheit an (vgl. Berger/Schoenthal 2005: 14, 16; Murdock 2000: 45). Der Ausbau von Kabelnetzen für die Umstellung auf digitale Übertragung (DVB-C) benötigt hohe Investitionen. Ist dieser aber einmal vollzogen, können nicht nur riesige Datenmengen in die Haushalte transportiert werden, sondern Kabelnetze sind dann auch rückkanalfähig. Dies erlaubt die Nutzung neuer interaktiver Angebote wie beispielsweise Near-Video-On-Demand. Das Fernsehgerät kann potenziell zu einem Multimedia-Terminal werden, welches den Zuschauern erlaubt, ihr eigenes Programm zusammenzustellen und zusätzliche Dienste (z. B. Shopping) zu nutzen. DVB-H erlaubt den Empfang von Fernsehen auf mobilen Geräten wie Handys und stellt somit eine Alternative zur Übertragung von Fernsehsendern über den Mobilfunkstandard UMTS dar.

Digitales Fernsehen hat sich in Europa bisher unterschiedlich gut durchgesetzt (vgl. Berger/Schoenthal 2005: 28). So reicht der Anteil von Fernsehhaushalten mit digitalen Empfangsgeräten von rund 12 % in Griechenland bis zu 100 % in Finnland. In den deutschsprachigen Ländern ist der Stellenwert von Digitalfernsehen insbesondere in der Schweiz mit knapp 50 % der Haushalte eher niedrig (siehe Abb. 55 im Anhang). Für diese Unterschiede gibt es zwei Gründe. Zum einen war das Interesse an Digitalfernsehen (und Pay-TV) in Ländern, in denen der analoge terrestrische Empfang dominierte und maximal fünf Sender empfangen werden konnten (z. B. Frankreich oder Großbritannien), weitaus größer als in Ländern mit vielen Kabel- und Satellitenhaushalten. Zum anderen spielen auch die anfallenden Kosten für Set-Top-Boxen und Abonnementsgebühren eine Rolle.

Doch wie gelangen nun die digitalen Fernsehsignale zu den Rezipienten? In einem sogenannten *Playout-Center* werden die Programme und die ergänzend übertragenen Zusatzdaten für die Distribution vorbereitet. Hier finden die Digitalisierung, die Komprimierung und die allfällige Verschlüsselung statt (vgl. Scheuer/Knopp 2004: 7). Zum Empfang digitaler Fernsehsender wird entweder eine *Set-Top-Box* oder ein Fernsehgerät der neusten Generation mit DVB-Tuner benötigt, damit das digitale Signal wieder entschlüsselt und dekomprimiert werden kann (vgl. Scheuer/Knopp 2004: 17).

Ein Großteil der digitalen Fernsehsender sind Pay-TV-Kanäle: Nur diejenigen Zuschauer, welche ein Abonnement für einen Sender haben oder für eine bestimmte Sendung bezahlt haben, sind zum Empfang berechtigt. Damit die Zugangskontrolle (*Conditional Access*) funktioniert, d. h. nur zahlende Kunden Zugang zu den Pay-TV-Sendern haben, muss der Sender erstens verschlüsselt sein und zweitens muss das Empfangsgerät (Set-Top-Box oder Fernseher) mit dem Zugangsberechtigungssystem (Conditional Access System, CAS) zurechtkommen (vgl. Scheuer/Knopp 2004: 9; Berger/Schoenthal 2005: 32; Levy 1999: 6). Zwar existieren noch Empfangsgeräte, in denen ein Entschlüsselungsmodul fest eingebaut ist und die folglich auf eine einzige Verschlüsselungstechnologie beschränkt sind (*Embedded Conditional Access*), die meisten Set-Top-Boxen und Fernsehgeräte verfügen aber über ein *Common Interface* (CI). Damit wird ein standardisierter Steckplatz bezeichnet, in welchen Entschlüsselungsmodule für verschiedenste Verschlüsselungstechnologien passen. Um also Pay-TV-Angebote verschiedener Unternehmen empfangen zu können, braucht der Endnutzer so nicht mehrere Set-Top-Boxen oder Fernseher, sondern er muss lediglich ein anderes Entschlüsselungsmodul in das Gerät stecken. In das Entschlüsselungsmodul wird dann eine Plastikkarte, die *Smartcard*, geschoben, welche jeder Abonnent erhält und die seiner Identifizierung dient (vgl. Scheuer/Knopp 2004: 11, 18-22; Berger/Schoenthal 2005: 33).

Unterdessen versuchen Medienunternehmen und Hersteller von Unterhaltungselektronik mit *CI+* eine umstrittene Weiterentwicklung durchzusetzen. Diese neue Technik erlaubt es den Sendern und Distributionsunternehmen, die Möglichkeiten der Rezipienten zur Aufnahme von Fernsehsendungen stark einzuschränken. Aufnahmen können gänzlich unterbunden, die Wiedergabe von Aufnahmen zeitlich begrenzt sowie Vorspulen und Überspringen von Werbung verhindert werden. CI+ ist nur in ganz neue Geräte eingebaut; bisherige Geräte mit CI-Steckplatz sind nicht kompatibel.

Dieses Problem ist aber nicht auf Pay-TV beschränkt, denn viele Kabelnetzbetreiber verschlüsseln bei der digitalen Übertragung auch bisher frei empfangbare Sender (sogenannte Grundverschlüsselung). Dies erlaubt den Unternehmen eine bessere Kontrolle ihrer Kundinnen und Kunden.

Damit Set-Top-Boxen und Fernsehgeräte verschiedenster Hersteller alle Anwendungen empfangen können, wird eine Anwendungsprogrammierschnittstelle (*Application Programming Interface*, API) benötigt. Diese funktioniert als eine Art Betriebssystem und übersetzt die Sprache der verschiedenen Anwendungen (Software) in die Sprache des jeweiligen Empfangsgeräts (Hardware). Fernsehsender müssen also nicht die Besonderheiten jedes Gerätes kennen, damit ihre Anwendung kompatibel ist, sondern lediglich das API (vgl. Scheuer/Knopp 2004: 17, 19; Berger/Schoenthal 2005: 31).

Eine wichtige solche Anwendung sind *Navigatoren*. Die Zuschauerinnen und Zuschauer sind mit einer riesigen Zahl von Fernsehsendern konfrontiert und brauchen deshalb Unterstützung bei der Auswahl eines Programms (vgl. Levy 1999: 6). *Basisnavigatoren* sind im Empfangsgerät fest installiert und werden zum Auffinden der Programme benötigt. Sie listen die empfangbaren Sender ohne weitere Aufbereitung alphabetisch oder nach Kanalbelegung auf. Ein *Electronic Programme Guide* (EPG) enthält dagegen Echtzeitinformationen über das laufende und kommende Programm. EPGs erfüllen die Funktion einer elektronischen Programmzeitschrift (vgl. Scheuer/Knopp 2004: 21ff.; Berger/ Schoenthal 2005: 30).

Von der ‹normalen› digitalen Verbreitung ist *High Definition Television* (HDTV, dt. hochauflösendes Fernsehen) zu unterscheiden. Dieses bietet eine weitaus größere Bildauflösung. Immer mehr Sender sind über Kabel oder Satellit zusätzlich zur normalen Auflösung in hochauflösender Qualität empfangbar. Zum Empfang wird aber ein spezielles HD-fähiges Empfangsgerät (Set-Top-Box oder Fernseher) benötigt.

Rundfunkprogramme können über Antenne, Kabelnetz, Satellit oder Telefonnetz (DSL) empfangen werden. Die Distributionskanäle in Westeuropa unterscheiden sich stark. Vor allem kleinere Länder zeichnen sich durch eine hohe Verkabelungsdichte aus. Durch die Digitalisierung wird die Übertragungskapazität deutlich erhöht. Digitales Fernsehen hat sich in Europa bisher unterschiedlich stark durchgesetzt.

10.3.2 Grundlagen der Distributionsregulierung

Zu Zeiten analogen Rundfunks musste sich die Rundfunkregulierung kaum um die Distribution kümmern. Im terrestrischen Rundfunk galt es, zumeist anhand publizistischer Kriterien, die *Allokation knapper Frequenzen* vorzunehmen (siehe Kapitel 3) und die Frequenzvergabe auch international abzustimmen. Letzteres geschieht im Rahmen der ITU (siehe Kapitel 7.1). Was den Satellitenrundfunk betrifft, müssen ebenfalls Frequenzen vergeben (Uplink und Downlink) sowie *Positionen im geostationären Orbit* verteilt werden. Auch hierfür ist die ITU verantwortlich. Für Kabelnetzbetreiber sind zudem ‹Must-Carry-Verpflichtungen› möglich. Diese Verbreitungspflichten verlangen, dass bestimmte Programme – z. B. die öffentlichen Rundfunksender oder nichtkommerzielle Privatsender – im Kabelnetz verbreitet werden müssen (vgl. Berger/Schoenthal 2005: 18; Graber 2003: 280).

Mit der Digitalisierung ändert sich an diesen Regulierungsaufgaben nichts. Doch wirft die *technische Konvergenz* (siehe Kapitel 2.5.2) die Frage auf, ob eine nach Distributionskanal getrennte Regulierung weiterhin aufrechterhalten werden soll. Und in der digitalen Umwelt bedürfen zahlreiche neue Probleme der staatlichen Regulierung:

> «Technological change on its own does not require a change in regulatory objectives. But technological change when accompanied by changes in the market and in consumer behaviour can raise new regulatory issues and call into question some of the existing approaches to broadcasting regulation» (Levy 1999: 12).

Ein erstes wichtiges Problem in der digitalen Rundfunkdistribution ist der *Zugang von Anbietern* zu den verschiedenen Kanälen und Technologien. Einzelne Unternehmen kontrollieren die Infrastruktur, auf welche alle Rundfunkanbieter angewiesen sind, um ihr Publikum zu erreichen. Die Distributionsunternehmen haben deshalb die Möglichkeit, sich als Gatekeeper zu verhalten: Sie bestimmen, welche Anbieter Zugang zu ihrem Netz, zu ihrem Conditional Access System, zu ihrem API, zu ihrem EPG und damit letztlich zu den Rezipienten erhalten. Sie bestimmen, wer was und wann übertragen darf (vgl. Doyle 2002: 168, 170; Feintuck/Varney 2006: 260f.; Collins/Murroni 1996: 37ff.).

Das Problem verschärft sich in der Regel dadurch, dass die Distributionskanäle häufig zu vertikal integrierten Unternehmen gehören, welche auch selbst Programme anbieten (vgl. Levy 1999: 13). «The problem is that vertically integrated gatekeepers have both the means and the incentive to favour their own services and to exclude rivals» (Doyle 2002: 171). Damit besteht die Gefahr, dass Distributionsunternehmen ihre Marktmacht ausüben und Konkurrenten benachteiligen. Immer mehr Kabelnetzbetreiber bieten auch eigene Pay-TV-

Kanäle an und haben unter Umständen kein Interesse, Konkurrenzangebote ebenfalls zu übertragen.

Konkurrenten können schon beim EPG benachteiligt werden. So besteht die Gefahr, dass über die zum eigenen Unternehmen gehörenden Programme ausführlich informiert wird, während Konkurrenzsender diskriminiert und marginalisiert werden. Ob die Zuschauer einen Sender auswählen, hängt maßgeblich davon ab, wie prominent dieser präsentiert wird (vgl. Scheuer/Knopp 2004: 23; Berger/Schoenthal 2005: 30; Levy 1999: 7). Ebenso folgenreich ist der Einsatz sogenannter proprietärer Systeme bei API und Conditional Access. Das Unternehmen, das die Distributionsinfrastruktur kontrolliert, kann dann ein bestimmtes API und ein bestimmtes Verschlüsselungssystem durchsetzen. Sofern Drittanbietern überhaupt Zugang gewährt wird, müssen diese sich in ein technisches Abhängigkeitsverhältnis begeben und die Technologie des Infrastrukturinhabers verwenden (vgl. Scheuer/Knopp 2004: 9, 17, 19).

Einer über das Wettbewerbsrecht hinausgehenden Ex-ante-Regulierung von Unternehmen mit beträchtlicher Marktmacht kommt deshalb große Bedeutung zu (siehe Kapitel 12.2). Nur so kann ein fairer und nicht diskriminierender Zugang zu Netzen und zugehörigen Infrastrukturen gewährleistet werden. «Regulation of technical standards (to ensure open access) and close supervision of the behaviour of dominant players are important means of avoiding problems that arise from bottlenecks and gateway monopolies» (Doyle 2002: 172).

Ein zweites Problem stellt die *Verringerung der Anzahl frei empfangbarer Rundfunksender* dar. Ein großer Teil der neuen Angebote muss bezahlt werden – was zahlungswillige und vor allem zahlungsfähige Konsumenten voraussetzt (vgl. Feintuck/Varney 2006: 26f.; Levy 1999: 13; Murdock 2000: 52f.).

> «The problem of access, however, is not simply a matter of how many people are excluded from full participation in the new digital environment. It is also a question of what they will be left with. In order to sell their new services, digital entrepreneurs have to offer people something they can't get from free-to-air channels» (Murdock 2000: 54).

Letztlich ist es eine politische Entscheidung, ob diese Entwicklung hingenommen oder ob mittels Regulierung eingegriffen wird. Wenn sichergestellt werden soll, dass alle Bürgerinnen und Bürger zu einem vielfältigen und kostenlosen Programm Zugang haben (vgl. Collins/Murroni 1996: 79, 184), so scheinen ‹Must-Carry-Verpflichtungen› aus Sicht der Rezipienten notwendig zu sein. Diese können sicherstellen, dass auf allen Distributionskanälen – ob digitales terrestrisches Fernsehen oder Kabelnetz – nicht nur Pay-TV-Angebote, sondern auch frei empfangbare Sender übertragen werden (vgl. Feintuck/Varney 2006: 27f.; Graber 2003: 280-283; Berger/Schoenthal 2005: 18f., 37).

Ein neues Feld für die Rundfunkregulierung stellt drittens der *Datenschutz* dar. Je mehr Fernsehen zu einem interaktiven Medium wird, desto mehr erfahren die Anbieter und Distributionsunternehmen über die Vorlieben ihrer Kunden. Damit stellt sich die Frage, wie Privatsphäre und Daten geschützt werden können (vgl. Levy 1999: 7, 14).

> Die Digitalisierung bringt eine Reihe neuer Probleme für die Regulierung der Rundfunkdistribution mit sich. So müssen der Zugang von Anbietern zu den verschiedenen Distributionskanälen und -technologien und der Zugang der Rezipienten zu den verschiedenen Angeboten sichergestellt werden.

10.3.3 Regulierung der Rundfunkdistribution in Europa

Inwiefern wird die Rundfunkdistribution in Europa reguliert? Im Folgenden werden einerseits die Maßnahmen auf europäischer Ebene, andererseits die Regulierung in den deutschsprachigen Ländern näher betrachtet.

Die Richtlinien der *Europäischen Union*, welche sich mit der elektronischen Kommunikationsinfrastruktur befassen, sind technologieneutral formuliert (siehe Kapitel 6.3.2 und 12.2). Die Vorschriften gelten für die gesamte elektronische Kommunikation (also alle Übertragungskanäle oder Plattformen). Für die Rundfunkdistribution existieren einige spezifische Vorschriften:

- Die Mitgliedstaaten sind verpflichtet, sich für die *Verwendung eines offenen Application Programming Interface (API)* einzusetzen (Art. 18 Abs. 1 Richtlinie 2002/21/EG). Allerdings wird die Verwendung nicht verbindlich vorgeschrieben.
- Der Zugang der Anbieter zur Distributionsinfrastruktur wird je nach Engpass unterschiedlich reguliert. Für *Conditional Access Systeme* besteht eine Zugangsverpflichtung unabhängig davon, ob der Netzbetreiber eine beträchtliche Marktmacht hat oder nicht (Art. 6 Abs. 1 Richtlinie 2002/19/EG). Die Betreiber von Zugangsberechtigungssystemen müssen also allen Anbietern digitaler Radio- und Fernsehprogramme Zugang gewähren. Zudem können die nationalen Regulierungsbehörden die Betreiber von *APIs* und *EPGs* dazu verpflichten, den Anbietern von digitalen Radio- und Fernsehprogrammen Zugang zu gewähren, sofern dies zur Sicherstellung des Zugangs für Endnutzer notwendig ist (Art. 5 Abs. 1 lit. b). Eine verbindliche, europaweite Zugangsverpflichtung besteht allerdings nicht (vgl. Eijk 2003: 5; Schulz 2004: 53; Helberger 2004: 127ff.).

- *Must-Carry-Verpflichtungen* sind erlaubt, sofern eine erhebliche Zahl von Nutzern das entsprechende Netz zum Empfang von Radio und Fernsehen nutzt (Art. 31 Abs. 1 Richtlinie 2002/22/EG). Generelle Verbreitungspflichten sind aber nicht zulässig (vgl. Eijk 2003: 6).
- Für *terrestrischen Rundfunk* dürfen die Mitgliedstaaten weiterhin einen Teil des Frequenzspektrums reservieren (Art. 9 Abs. 4 lit. d Richtlinie 2002/21/EG) und Lizenzen nach besonderen Kriterien vergeben (Art. 5 Abs. 2 Richtlinie 2002/20/EG). Insbesondere der Förderung der kulturellen und sprachlichen Vielfalt sowie des Medienpluralismus darf Rechnung getragen werden (vgl. Schweda 2009: 13). Die ‹digitale Dividende› soll also auch für den Rundfunk genutzt werden können.
- Ferner wird die *Interoperabilität von Digitalfernsehgeräten* vorgeschrieben (Art. 24 Richtlinie 2002/22/EG).

In *Deutschland* enthalten die einzelnen Landesmediengesetze Regeln für analoge Kabelnetze (§ 51b Abs. 3 RStV). Hier sind verschiedene Modelle zu finden wie gesetzliche Belegungsregeln oder eine Auswahl der Sender durch die Landesmedienanstalt. Die digitale Rundfunkdistribution wird auf allen Plattformen (Kabel, DVB-T, DSL etc.) einheitlich durch den Rundfunkstaatsvertrag reguliert. Für den für digitalen Rundfunk genutzten Teil des Netzes gilt ein dreistufiges Übertragungspflichtenmodell (vgl. Kuch 2002: 249f.; Holznagel/ Dörr/Hildebrand 2008: 260-263):

- Für die öffentlich-rechtlichen Sender, für private Sender mit Regionalfenstern sowie für regionale oder lokale Sender und offene Kanäle ist die erforderliche Übertragungskapazität (höchstens ein Drittel) frei zuhalten, d. h., es gilt eine ‹Must-Carry-Verpflichtung› (§ 52b Abs. 1).
- Die Belegung eines gleich großen Teils der für Digitalfernsehen genutzten Übertragungskapazität erfolgt durch den Kabelnetzbetreiber. Allerdings hat er dabei eine Vielzahl von Sendern und ein vielfältiges Angebot an frei empfangbaren Vollprogrammen zu berücksichtigen (§ 52b Abs. 2; z. T. als ‹Can-Carry› bezeichnet).
- Die restliche Übertragungskapazität des Netzes, die für Digitalfernsehen genutzt wird, kann durch den Kabelnetzbetreiber frei belegt werden (§ 52b Abs. 3; ‹Non-Must-Carry›).

Zudem muss Rundfunkanbietern ein chancengleicher, angemessener und nicht diskriminierender Zugang zu Conditional Access Systemen, APIs und Navigatoren gewährt werden (§ 52c Abs. 1).

In *Österreich* besitzen die öffentlichen Hörfunk- und Fernsehsender des ORF einen ‹Must-Carry-Status› und müssen in Kabelnetzen verbreitet werden (§ 20 Abs. 1 AMD-G). Die Kabelnetzbetreiber müssen zudem Sender, die einen besonderen Beitrag zur Meinungsvielfalt im Verbreitungsgebiet leisten (z. B. Ausstrahlung von Sendungen mit österreichischem, regionalem oder lokalem Bezug), zu angemessenen Bedingungen übertragen. Maximal drei solcher Übertragungspflichten sind möglich (§ 20 Abs. 2, 3 und 6). Für Betreiber von Sendeanlagen für digitales terrestrisches Fernsehen (DVB-T) gelten ebenfalls Auflagen. So ist erstens digitalen Programmen und Zusatzdiensten zu fairen, gleichberechtigten und nicht diskriminierenden Bedingungen Zugang zu gewähren (§ 25 Abs. 2 Ziff. 1). Zweitens sind die beiden Fernsehprogramme des ORF und der bundesweite analoge terrestrische Privatfernsehsender (ATV) gegen ein angemessenes Entgelt zu verbreiten (§ 25 Abs. 2 Ziff. 2 und 3). Für die Verbreitung von Digital-TV über sämtliche Distributionskanäle gilt zudem, dass Anbieter zu fairen, ausgewogenen und nicht diskriminierenden Bedingungen Zugang zu Plattformen, zugehörigen Einrichtungen (APIs, Navigatoren) und Conditional Access Systemen zu gewähren ist (§ 27 Abs. 1, § 27a Abs. 1 und 2, § 27b Abs. 1).

Das *schweizerische* Radio- und Fernsehgesetz sieht eine technologieneutrale Regulierung vor. Für den Service public der SRG und private Anbieter mit einem Leistungsauftrag besteht terrestrisch eine Verbreitungspflicht (Art. 53 RTVG). Diese ‹Must-Carry-Verpflichtung› gilt auch für die leitungsgebundene Verbreitung (Kabelnetz, Telekom), die kostenlos zu erfolgen hat. Die Übertragungspflicht gilt jedoch nur für das Distributionsunternehmen, welches die meisten Haushalte versorgt. Bis auf Weiteres dürften dies die Kabelnetzbetreiber sein. Zudem kann ausländischen Sendern ein ‹Must-Carry-Status› für die leitungsgebundene Verbreitung zugesprochen werden (Art. 59). Derzeit müssen in der Schweiz arte, 3sat, TV5, ARD, ORF 1, France 2, Rai Uno und Euronews verbreitet werden (Anhang 3 RTVV). Mit ‹Must-Carry-Verpflichtungen› soll sichergestellt werden, dass Programme mit besonderen Leistungen das Publikum auch erreichen. Aus diesem Grund kann Sendern mit ‹Must-Carry-Status› auch ein bevorzugter Platz im Kabelnetz zugeordnet werden, damit die praktische Wirkung der Verbreitungspflicht nicht umgangen und der Zugang des Publikums erschwert wird (Art. 62 RTVG). Den übrigen Rundfunkanbietern haben die Distributionsunternehmen zu chancengleichen, angemessenen und nicht diskriminierenden Bedingungen Zugang anzubieten (Art. 51 Abs. 2). Ein chancengleicher, angemessener und nicht diskriminierender Zugang ist auch zu zugehörigen Einrichtungen (CAS, Navigatoren) zu gewährleisten (Art. 63). Verzichtet wurde hingegen darauf, eine offene Schnittstelle (API) verbindlich vorzuschreiben.

Neben ‹Must-Carry-Verpflichtungen›, welche zumindest die Verbreitung des Public Service in Kabelnetzen sicherstellen sollen, wird der Zugang zu digitalen Distributionskanälen und zugehörigen Einrichtungen für Drittanbieter reguliert.

10.4 Regulierung der Rundfunkinhalte

Haben die Rundfunksender erst einmal die Haushalte und die Rezipienten erreicht, rücken die übertragenen Inhalte in den Fokus. Der Spielraum zur Regulierung von Medieninhalten ist indes eher klein. Dem Staat sind aus guten Gründen enge Grenzen gesetzt, wenn es darum geht, den Rundfunkorganisationen inhaltliche Vorschriften zu machen. Doch auch wenn Medienpolitik vielfach an den Medienstrukturen ansetzt, so beschränkt sich Rundfunkregulierung nicht auf die Einrichtung eines Public Service, die Regulierung privater Rundfunkorganisationen und deren Eigentumsverhältnissen sowie die Regulierung von Infrastruktur und Distributionskanälen. Durchaus zurückhaltend, aber dennoch in vielen Bereichen unterliegen auch die übertragenen Inhalte gewissen Zielvorgaben.

10.4.1 Grundlagen der Inhaltsregulierung

Möglichkeiten der Inhaltsregulierung

Die in Radio und Fernsehen übertragenen Programme können mittels inhaltlicher Anforderungen, inhaltlicher Beschränkungen und der Förderung der Inhaltsproduktion reguliert werden (vgl. Bernier 2004a: 216f.):

- *Inhaltliche Anforderungen* sind positive Verpflichtungen, welche die Rundfunkanbieter einzuhalten haben. Einerseits handelt es sich um sehr allgemein gehaltene inhaltliche Grundsätze wie Ausgewogenheit oder Vielfalt. Andererseits fallen aber auch Ausstrahlungsquoten unter die inhaltlichen Anforderungen. So kann von den einzelnen Sendern verlangt werden, dass ein bestimmter Anteil der Programme im Inland produziert wird oder in der/den nationalen Sprache/n ist. Diese positiven Verpflichtungen schreiben den Sendern indes die genauen Inhalte nicht vor, was aufgrund der Medienfreiheit nicht zulässig wäre, sondern bleiben entweder sehr allgemein oder beziehen sich lediglich auf die Programmstruktur.

- *Inhaltliche Beschränkungen* sind negative Vorschriften. Gewisse Inhalte werden verboten oder sind nur unter bestimmten Bedingungen zulässig. Dadurch soll sichergestellt werden, dass grundlegende Werte nicht verletzt und Rezipienten von für ungeeignet erachteten Inhalten geschützt werden (z. B. rassistische Äußerungen oder pornografische und Gewaltdarstellungen). Von Bedeutung sind insbesondere Jugendschutzvorschriften. Da der Staat aber erst nach der Ausstrahlung einer Sendung eingreifen kann – alles andere wäre Zensur – wird hierbei häufig auf Selbstregulierung gesetzt.

- Mittels der *Förderung der Inhaltsproduktion* sollen finanzielle Anreize geschaffen werden, damit einheimische Programme produziert werden. Auf der einen Seite kann dies durch Förderprogramme für die audiovisuelle Industrie geschehen, welche eher zur Kultur- denn zur Medienpolitik zu zählen sind. Auf der anderen Seite kann aber auch den Rundfunksendern eine Produktionsquote auferlegt werden, sodass sie einen bestimmten Prozentsatz ihrer Einnahmen in die Produktion nationaler Inhalte investieren müssen.

> Der staatlichen Regulierung von Rundfunkprogrammen sind enge Grenzen gesetzt, um eine Einflussnahme des Staates auf die Inhalte zu verhindern. Denkbar sind lediglich inhaltliche Anforderungen allgemeiner Art, inhaltliche Beschränkungen und eine Förderung der Inhaltsproduktion.

Bedeutung nationaler Inhalte

Sowohl inhaltliche Anforderungen in Form von Ausstrahlungsquoten als auch die Förderung der Inhaltsproduktion durch Filmförderprogramme und Produktionsquoten haben das Ziel, die Produktion und Ausstrahlung einheimischer Inhalte zu forcieren. Doch warum wird nationalen Inhalten so große Bedeutung beigemessen? Zwei verschiedene Begründungen werden vorgebracht. Auf der einen Seite wird mit *kulturellen Zielen* argumentiert. Ein zu hoher Anteil ausländischer (vor allem US-amerikanischer) Fernseh- und Radioinhalte wird als Gefahr für einheimische Kulturen, Sprachen und Werte empfunden:

> «Concerns about the need for indigenous programming and the potential harm to indigenous cultures, languages and values that may be caused by high levels of import penetration television have been central to European debates about audiovisual policy» (Doyle 2002: 97).

Auf der anderen Seite spielen *ökonomische Ziele* eine wichtige Rolle. Quoten und Filmförderung dienen auch dem Zweck, eine international wettbewerbsfähige einheimische audiovisuelle Industrie aufzubauen und Arbeitsplätze zu schaffen. Gerade die EU hat es sich zum Ziel gesetzt, nicht nur einen europäischen Kulturraum, sondern auch einen europäischen Medienmarkt mit Unternehmen zu generieren, die mit US-Konzernen mithalten können (vgl. McQuail 2005: 264; Meckel 1996: 155; Hoffmann-Riem 1996b: 314). Die gleichzeitige Verfolgung kultureller und ökonomischer Ziele sorgt allerdings auch immer wieder für Zielkonflikte. An Quoten und Filmförderung wird kritisiert, dass hinter dem Deckmantel der Kultur wirtschaftlicher Protektionismus betrieben werde.

Doch warum sind Quoten und Filmförderung notwendig? Warum werden so viele Filme und Serien aus den USA importiert? Die neuen Distributionskanäle und die Deregulierung in den europäischen Rundfunkmärkten haben zu einem starken Anstieg der Anzahl Fernsehsender geführt. All diese Anbieter benötigen möglichst attraktive Inhalte, weshalb die Nachfrage nach Fernsehprogrammen explosionsartig angestiegen ist (vgl. Doyle 2002: 87; Collins/Murroni 1996: 119; Meckel 1996: 145). Der Großteil dieser Nachfrage wurde mit US-Importen und nicht mit europäischen oder nationalen Produktionen befriedigt. Ein Überblick über den Anteil importierter Programme auf europäischen Fernsehsendern zeigt im Bereich der fiktionalen Sendungen (Spielfilme, Fernsehfilme, Serien) die Dominanz US-amerikanischer Produktionen. Diese machen den Großteil der Importe aus. Sendungen aus europäischen Drittländern spielen nur eine untergeordnete Rolle (siehe Abb. 45).

Abb. 45: Herkunft importierter fiktionaler TV-Sendungen (2008)

Herkunft	Anteil der Sendestunden in %
europäisches Drittland	13.0 %
Koproduktion europäischer Länder	5.0 %
Koproduktion europäischer/nicht-europ. Länder	10.6 %
Koproduktion nicht-europäischer Länder	6.2 %
USA	58.7 %
anderes nicht-europäisches Drittland	6.5 %

Quelle: Europäische Audiovisuelle Informationsstelle (2009b: 166ff.)

Die Gründe für den hohen Stellenwert von Sendungen aus den USA sind in den Besonderheiten der US-Produktionsindustrie und der Zersplitterung des europäischen Binnenmarktes zu sehen. Die Kombination einer großen Bevölkerung mit einer gemeinsamen Sprache und relativ hohem Einkommen hat zur Folge, dass die USA der *größte Fernsehmarkt der Welt* sind. Die Produktions-kosten für Filme und Serien sind bereits eingespielt, wenn ein Programm ex-portiert wird. Die Einnahmen aus dem Exportgeschäft sind für die Produktionsunternehmen ein Zusatzgewinn, weshalb US-Produktionen im Ausland zu einem Preis angeboten werden können, der nicht die Produktions-kosten widerspiegelt. Filme und Serien aus den USA sind also weitaus billiger als nationale Eigen- oder Auftragsproduktionen (vgl. Doyle 2002: 89-92; Collins/ Murroni 1996: 119f.; Hoskins/Mirus 1988: 501f.; Meckel 1996: 147).

Neben der enormen Größe des Heimmarktes profitieren US-Produktionen auch von einem *verminderten ‹Cultural Discount›*. Mit ‹Cultural Discount› wird bezeichnet, dass für einheimische Produktionen ein höherer Preis verlangt werden kann als für ausländische Programme, denn Programme aus einer anderen Kultur sind für die Rezipienten weniger attraktiv (vgl. Hoskins/Mirus 1988: 500; Doyle 2002: 88; McQuail 2005: 265). Hollywood-Produktionen aber unterliegen nur einem verminderten ‹Cultural Discount›. Die US-Film- und Fernsehproduzenten haben langjährige Erfahrung darin, Programme so auszurichten, dass sie ein Massenpublikum ansprechen und kommerziell erfolg-reich sind. Zudem sind die Zuschauer weltweit an amerikanische Programme, Stars und Erzählstrukturen gewöhnt, was die kulturelle Akzeptanz von US-Produktionen erhöht (vgl. Hoskins/Mirus 1988: 504ff.; Vormann 1993: 32).

Der europäischen audiovisuellen Industrie gelingt es offensichtlich nicht, mit den Hollywood-Studios mitzuhalten. Dabei ist der westeuropäische Fernseh-markt mit 130 Millionen Haushalten noch größer als der US-Fernsehmarkt mit 99 Millionen Haushalten (vgl. Doyle 2002: 92). Der Grund ist in der *Zer-splitterung des europäischen Fernsehmarktes* in einzelne Kultur- und Sprachräume zu sehen. Die sprachliche und kulturelle Vielfalt Europas führt zu einem aus-geprägten ‹Cultural Discount›. Programmimporte aus anderen europäischen Staaten sind – außerhalb eines Sprachraumes – eine Seltenheit. 80 % der europäischen Produktionen verlassen nie ihr Produktionsland; bei Fernseh-produktionen sind es gar mehr als 90 %. Kommt hinzu, dass die Produktions-unternehmen wegen dieser Zersplitterung sehr kleine Heimmärkte haben, wes-halb sie gegenüber den großen US-Unternehmen im Nachteil sind (vgl. Doyle 2002: 93, 97; Collins/Murroni 1996: 120f.; Meckel 1996: 150). Die EU weist dementsprechend eine stark negative Handelsbilanz bei den audiovisuellen Produkten auf. Allerdings liegen in allen Ländern Hollywood-Produktionen in der Zuschauergunst nur auf dem zweiten Platz. Beliebter sind einheimische Sendungen (vgl. Doyle 2002: 88, 93, 95f.; McQuail 2005: 265).

Mit Quotenregulierung und Fördermaßnahmen für die audiovisuelle Industrie soll aus kulturellen und ökonomischen Gründen verhindert werden, dass die durch Deregulierung entstandene Nachfrage nach Programminhalten vollumfänglich mit Importen aus den USA befriedigt wird.

10.4.2 Regulierung der Rundfunkinhalte in Europa

Allgemeine inhaltliche Anforderungen und Beschränkungen

Die Richtlinie über audiovisuelle Mediendienste (AVMD) und das Übereinkommen über das grenzüberschreitende Fernsehen (EÜGF) respektive audiovisuelle Mediendienste (EÜGAM) enthalten eine Reihe, größtenteils identischer, inhaltlicher Vorschriften (Art. 6, 7, 14, 15, 27, 28 Richtlinie 2010/13/EU; Art. 7-9bis EÜGF; Art. 6-10 EÜGAM):

- *Achtung der Menschenwürde:* Sendungen dürfen nicht aufgrund von Rasse, Geschlecht, Religion oder Staatsangehörigkeit zu Hass aufstacheln.
- *Schutz Minderjähriger:* Fernsehsendungen dürfen die körperliche, geistige und sittliche Entwicklung Minderjähriger nicht beeinträchtigen, insbesondere nicht durch Pornografie oder grundlose Gewaltdarstellungen. Durch Sendezeit oder technische Maßnahmen müssen Rundfunkorganisationen dafür sorgen, dass entsprechende Sendungen von Minderjährigen nicht rezipiert werden können. Die AVMD-Richtlinie präzisiert, dass bei einer unverschlüsselten Ausstrahlung die Sendung durch akustische Zeichen anzukündigen oder durch optische Mittel während der ganzen Dauer kenntlich zu machen ist.
- *Übertragung von Großereignissen:* Die Nationalstaaten dürfen Maßnahmen ergreifen, damit Veranstaltungen von erheblicher gesellschaftlicher Bedeutung nicht ausschließlich im Pay-TV verbreitet werden.
- *Kurzberichterstattung:* Die Nationalstaaten können ein Recht auf Kurzberichterstattung über Ereignisse von großem gesellschaftlichem Interesse, die auf einem Sender exklusiv übertragen werden, erlassen.
- *Recht auf Gegendarstellung:* Natürliche und juristische Personen, die durch die Behauptung falscher Tatsachen in einer Fernsehsendung beeinträchtigt wurden, haben ein Recht auf Gegendarstellung.
- *Zugang für Hör- und Sehbehinderte:* Die Nationalstaaten sollen darauf hinwirken, dass Sendungen für entsprechend aufbereitet werden (Untertitel, Blindenfassung).

Das Europarats-Übereinkommen setzt darüber hinaus zwei besondere Akzente (Art. 7 Abs. 3 und Art. 10bis EÜGF; Art. 6 Abs. 2 und Art. 12 EÜGAM):

- *Nachrichten:* Nachrichtenprogramme sollen die Ereignisse fair darstellen und die freie Meinungsbildung fördern.
- *Medienvielfalt:* Fernsehsender dürfen nicht die Medienvielfalt gefährden. Das EÜGAM geht hierbei weiter: Die Vertragsparteien sollen eine Offenlegung der Eigentümerstruktur fördern. Zusätzlich soll der Public Service ermuntert werden, zur Integration aller Gruppen in der Gesellschaft beizutragen.

Sowohl AVMD-Richtlinie als auch EÜGF resp. EÜGAM (für grenzüberschreitende Sender) müssen von den einzelnen Staaten in nationales Recht (Rundfunkgesetze sowie Lizenzen oder Konzessionen einzelner Sender) umgesetzt werden. Zudem finden sich in Details auch nationale Sonderregeln.

Beim Thema Jugendschutz wird in einigen Ländern auch auf *Selbstregulierung* gesetzt. In Deutschland beispielsweise prüft die ‹Freiwillige Selbstkontrolle Fernsehen› (FSF) Sendungen vor der Ausstrahlung auf ihre Zulässigkeit (siehe Kapitel 5.3.2). Dem Staat ist dies aufgrund des Zensurverbots richtigerweise untersagt – doch für den Schutz von Kindern und Jugendlichen ist eine vorgängige Prüfung sinnvoller als eine nachträgliche Buße bei einem Verstoß gegen die Regulierung.

Im Bereich des Hörfunks existieren zwar keine europäischen Mindestvorschriften, doch finden sich in nationalen Gesetzen auch für Radiosender allgemeine inhaltliche Anforderungen und Beschränkungen.

Programmauftrag des Public Service

Für den öffentlichen Rundfunk gelten weitergehende inhaltliche Anforderungen als für den Privatrundfunk. Diese können in den allgemeinen Rundfunkgesetzen enthalten sein, teilweise sind diese auch in speziellen Gesetzen oder Staatsverträgen (z. B. in Deutschland und Österreich), Lizenzen (z. B. in der Schweiz und Großbritannien) oder Pflichtenheften (z. B. Frankreich) festgehalten.

Neben einer flächendeckenden geografischen Versorgung geht es in erster Linie um ein inhaltlich umfassendes Programmangebot, doch ist eine präzise Definition des Auftrages wegen der anzustrebenden Staatsferne des Rundfunks problematisch (vgl. Heinrich 1999: 88f.). Auch lassen sich Programmaufträge nur schwer operationalisieren und eine Beurteilung durch das politische System, ob der Programmauftrag eingehalten wird oder nicht, wäre äußerst heikel.

Damit die Gebührenfinanzierung von der Europäischen Kommission als zulässige Ausnahme vom Verbot staatlicher Beihilfen betrachtet wird, ist in EU-

Mitgliedstaaten, eine Definition des Auftrages nötig (siehe Kapitel 6.3.2). Die Kommission akzeptiert allerdings weit gefasste Definitionen. Auch darf der Auftrag neue Angebote (Digitalsender, Internet) umfassen (vgl. Europäische Kommission 2009c).

Inhaltlich ähneln sich die Aufträge an den Public Service in den meisten Ländern stark. Zu den wichtigsten Verpflichtungen gehören ein Beitrag zur demokratischen Gesellschaft, zur nationalen Kultur und Sprache, die Bereitstellung qualitativ hochwertiger Programme und die Einhaltung hoher journalistischer Standards (vgl. Betzel/Ward 2004: 49). In vielen Ländern gehört die Berücksichtigung regionaler Verschiedenheiten und sprachlicher Vielfalt explizit zum Auftrag des öffentlichen Rundfunks (vgl. Humphreys 1996: 130ff.). Hoffmann-Riem (2000: 94f.) hat versucht, diese Verpflichtungen additiv zusammenzufassen. Im Folgenden seien einige genannt: Pluralismus, Vielfalt, Fairness, Unparteilichkeit, sachgerechte Informationssendungen, Aufrechterhaltung der kulturellen und sprachlichen Identität, Herstellung qualitativ hochwertiger Inhalte, Stärkung unabhängiger und inländischer Produktionen, Aufrechterhaltung eines gewissen Niveaus bezüglich Gewalt und Sex sowie Schutz von Kindern und Jugendlichen.

Quotenregulierung

Für Fernsehsender in den Mitgliedstaaten der EU, in den EWR-Staaten und, aufgrund eines bilateralen Abkommens, in der Schweiz gelten die in der AVMD-Richtlinie festgehaltenen Quotenvorgaben. Praktisch identische Vorschriften hat der Europarat erlassen:

- *Ausstrahlungsquote für europäische Inhalte:* Der Hauptanteil der Sendezeit, die nicht aus Nachrichten, Sport, Spielshows und Werbung besteht, ist im Rahmen des praktisch Durchführbaren europäischen Produktionen vorbehalten. Die AVMD-Richtlinie präzisiert, dass der Anteil auf keinen Fall niedriger sein darf als der Durchschnitt im Mitgliedstaat im Jahre 1988 – für Griechenland und Portugal gilt das Jahr 1990 (Art. 16 Richtlinie 2010/13/EU; Art. 10 Abs. 1 EÜGF; Art. 11 Abs. 1 EÜGAM).
- *Ausstrahlungs- oder Produktionsquote für europäische Inhalte unabhängiger Produzenten:* 10 % der Sendezeit, die nicht aus Nachrichten, Sport, Spielshows und Werbung besteht, oder 10 % des Programmbudgets sind im Rahmen des praktisch Durchführbaren europäischen Inhalten unabhängiger Produktionsunternehmen vorbehalten. Davon wiederum ist ein angemessener Anteil neuerer Produktionen (nicht älter als fünf Jahre) vorzubehalten (Art. 17 Richtlinie 2010/13/EU; Art. 11 Abs. 2 EÜGAM).

Die Quoten für europäische Inhalte sehen sich heftiger Kritik ausgesetzt. Vonseiten der USA wird die Quotenregulierung als Protektionismus betrachtet. Ein zweiter Kritikpunkt betrifft die schwammige Formulierung: Weder ‹Hauptanteil der Sendezeit› noch ‹im Rahmen des praktisch Durchführbaren› zeichnen sich durch eine hohe Verbindlichkeit aus und kommen eher einer politischen Absichtserklärung gleich. Zudem ist die Definition dessen, was ein ‹europäisches Werk› ist, sehr breit (Art. 1 Richtlinie 2010/13/EU). Auch legt die Fernsehrichtlinie nicht fest, wann die europäischen Programme ausgestrahlt werden müssen. Einer Ausstrahlung mitten in der Nacht steht nichts im Wege. Drittens lässt sich kritisieren, dass eine Nichterfüllung der Quoten keine Konsequenzen nach sich zieht. Ein Zuwiderhandeln wird zwar offen gelegt, nicht aber sanktioniert. Positiv zu erwähnen ist immerhin, dass Nachrichten- und Sportsendungen sowie Spielshows nicht benutzt werden können, um die Quote kostengünstig zu erfüllen (vgl. Doyle 2002: 95; Meckel 1996: 154; Vormann 1993: 231, 234; Holtz-Bacha 2006: 125f.). Entgegen aller Rhetorik hat die europäische Medienregulierung wenig zur kulturellen Vielfalt beigetragen, sondern war vielmehr mit einer Stärkung der europäischen audiovisuellen Industrie beschäftigt. Die Fragmentierung des europäischen Fernsehmarktes konnte aber nicht überwunden werden (vgl. Galperin 1999: 636f.).

Die Umsetzung der Quoten in der AVMD-Richtlinie unterscheidet sich in den einzelnen Ländern deutlich (vgl. Attentional et al. 2009: 76-103):

- *Formulierungen:* Die meisten, aber nicht alle Länder haben die Formulierungen in der Richtlinie (z. B. ‹im Rahmen des praktisch Durchführbaren›) übernommen. Einige Länder sind aber restriktiver (z. B. Frankreich und Deutschland).
- *Europäische Inhalte:* In einigen Ländern gelten striktere Vorschriften als nur der ‹Hauptanteil der Sendezeit›. In Frankreich gilt eine Quote von 60 % (siehe unten) und in Großbritannien werden bei vielen Sendern in der Lizenz höhere Anteile festgeschrieben.
- *Inhalte unabhängiger Produzenten:* Der Großteil der Länder hat sich für die Ausstrahlungsquote entschieden oder überlässt die Entscheidung den Sendern. Striktere Vorschriften, zumeist für den Public Service, finden sich in mehreren Ländern (so etwa in Finnland, Frankreich, Großbritannien, Italien und den Niederlanden).

Ein Blick auf den Anteil europäischer Produktionen zeigt, dass die Quotenvorgaben in fast allen EU-Staaten eingehalten werden (siehe Abb. 46). Europaweit sind im Jahr 2006 65.1 % aller Sendungen europäischen Ursprungs und 37.6 % stammen von unabhängigen Produzenten. Allerdings handelt es sich um Durchschnittswerte. Werden die einzelnen Sender betrachtet, so halten sich nur

72.9 % der Sender an Artikel 4 und 79.2 % der Sender an Artikel 5 der Fernsehrichtlinie (vgl. Europäische Kommission 2008: 5-8). Kleinere private Fernsehsender liegen zum Teil weit unter den geforderten Anteilen (z. B. Kabel 1, Super RTL oder MTV in Deutschland). Konsequenzen hat dies allerdings kaum, da die meisten Mitgliedstaaten bei der Durchsetzung der Quoten sehr nachsichtig sind (vgl. Holtz-Bacha 2006: 157).

Abb. 46: Anteil europäischer Produktionen im Fernsehen (2006)

Land	europ. Produktionen (in % der Sendezeit)	europ. Produktionen unabh. Produzenten (in % der Sendezeit)	neuere europäische Produktionen unabh. Produzenten (in % der unabh. Produktionen)
EU-25	65.1	37.6	66.8
EU-15	63.6	41.6	65.3
AT	68.4	52.2	73.8
BE	64.0	53.0	83.2
DE	60.7	65.1	64.7
DK	80.9	33.2	64.8
ES	60.5	39.5	69.5
FI	69.6	45.1	76.8
FR	73.3	52.4	56.8
GR	55.5	19.5	34.0
IE	55.2	34.4	24.8
IT	60.9	11.5	67.7
LU	67.1	54.7	57.9
NL	70.3	49.6	86.8
PT	68.6	30.3	93.5
SE	45.4	53.1	55.8
UK	53.0	29.7	69.6

Quelle: European Commission (2008: 8-11)

Studien zeigen zudem, dass öffentliche Fernsehsender weitaus mehr europäische (zumeist nationale) Inhalte ausstrahlen als ihre private Konkurrenz. Werden alle Genres gezählt, so machen inländische Sendungen beim Public Service 80 %, beim Privatfernsehen fast 50 % aus. Werden dagegen nur die fiktionalen Programme betrachtet, welche fast 40 % der Sendezeit ausmachen, so nimmt der Anteil der Importe ganz klar zu. Über 70 % der Filme und Serien im Privatfernsehen stammen aus den USA, im öffentlichen Rundfunk sind es rund 40 %. Ein Großteil der amerikanischen Serien wird allerdings außerhalb der Prime Time ausgestrahlt (vgl. De Bens/Smaele 2001: 52, 54, 57, 60, 64).

Verschiedene europäische Länder haben zusätzlich *Quoten für nationale Inhalte* oder Inhalte in der/den nationalen Sprachen erlassen.

Insbesondere Frankreich vertraut stark auf Quoten. Im Fernsehsektor hatte die Zulassung privater Anbieter eine starke Zunahme des Anteils von US-Sendungen zur Folge. Seit 1987 sind deshalb sowohl Ausstrahlungs- als auch Produktionsquoten in Kraft. Die Ausstrahlungsquoten verlangen, dass 60 % der Sendezeit für europäische Produktionen, 40 % der Sendezeit für Produktionen in französischer Sprache zu reservieren sind. Gleiche Quoten gelten auch für Kinofilme (Art. 27-2 Loi 86-1067; Art. 7 und 13 Décret 90-66). Faktisch bedeutet diese Regelung: 40 % Sendungen in französischer Sprache und 20 % Sendungen aus dem europäischen Ausland. «An dieser Regelung sieht man bereits, dass der französische Gesetzgeber trotz seiner Bekundungen, für die ‹europäische› Identität zu streiten, in erster Linie Frankreich selbst meint» (Machill 1997: 132). Wichtig ist, dass nicht die Nationalität des Produzenten, sondern die französische Sprache das ausschlaggebende Kriterium ist. Die Ausstrahlungsquoten müssen auch zur Prime Time eingehalten werden. Zur Einhaltung der Produktionsquoten müssen die Sender erstens 3.2 % ihres Jahresumsatzes in europäische Kinofilmproduktionen investieren, wobei 2.5 % für Produktionen in französischer Sprache zu reservieren sind. Zweitens haben die Sender auch in Fernsehproduktionen zu investieren. Die Grundregel sieht eine Investition von 16 % des Umsatzes in französischsprachige Produktionen vor. Für Kabel- und Satellitensender sowie digitale terrestrische Kanäle gelten weniger strenge Produktionsquoten als für die den Service public und analoge terrestrische Privatsender (vgl. CSA 2009).

Aber auch für französische Radiosender gelten Quoten. Seit 1996 müssen 40 % der ausgestrahlten Musik (ohne Instrumentalmusik) mit französischen Chansons bestreiten. Unter ‹Chanson d'Expression Française› werden Songs verstanden, die in Französisch oder einer französischen Regionalsprache gesungen werden. Wiederum ist die Nationalität des Interpreten oder des Autors unwichtig. Die Hälfte der französischsprachigen Lieder muss von jungen Talenten stammen. Diese Regelung soll verhindern, dass Musikstücke in französischer Sprache aussterben. Gleichzeitig wurde das Ziel verfolgt, mit den Quoten die französische Musikproduktion zu stärken: «Die Quoten [...] sind ein Beispiel für die Kerngedanken der französischen Medien- und Kulturpolitik: Protektion der eigenen Medien- und Kulturlandschaft und Sendungsbewusstsein über das eigene Land hinaus» (Machill 1996: 151). Die Quote muss auch zu den Hauptnutzungszeiten (6:30-22:30 Uhr) eingehalten werden, was ein Abschieben ins Nachtprogramm verhindert (vgl. Machill 1996: 149ff.; 1997: 192, 202f., 208). Radios, die sich auf traditionelle französische Musik spezialisiert haben, müssen weniger neue Lieder spielen. Auch Spartenradios, welche sich der Förderung junger Talente verschrieben haben, profitieren von einer speziellen Regelung (Art. 28-2bis Loi 86-1067).

Doch auch weitere europäische Länder kennen Quoten: In den Niederlanden beispielsweise bestehen Ausstrahlungsquoten für holländische und friesische Inhalte. Hierfür sind 50 % der Sendezeit im öffentlichen und 40 % der Sendezeit im privaten Rundfunk reserviert (Art. 2.122 und 3.24 Mediawet). In Spanien haben 51 % der Sendezeit aus europäischen Produktionen zu bestehen; die Hälfte davon muss in einer der spanischen Amtssprachen sein. Zusätzlich existieren Produktionsquoten für europäische Produktionen und für europäische Produktionen in einer der spanischen Amtssprachen (Art. 5 Ley 7/2010). Und in Portugal sollen 50 % der Sendezeit (60 % auf dem ersten öffentlichen Fernsehkanal RTP 1) mit Sendungen in portugiesischer Sprache und 20 % der Sendezeit mit fiktionalen Programmen in portugiesischer Sprache bestritten werden (Art. 44 Lei 27/2007; Art. 9 Abs. 8 Contrato de Concessão do Serviço Público de Televisão).

Während in Deutschland und Österreich keine nationalen Quoten existieren, findet sich in der Schweiz eine Co-Regulierung für die Berücksichtigung und Förderung des schweizerischen Filmschaffens im Fernsehen und der schweizerischen Musik im Radio. Die SRG ist zu Vereinbarungen mit der Film- und der Musikbranche verpflichtet; kommen solche nicht zustande, kann das zuständige Departement (Ministerium) Quoten erlassen (Art. 16-18 Konzession SRG). Auf dieser Basis wurden sowohl der ‹Pact de l'Audiovisuel› für die Filmförderung und die ‹Charta der Schweizer Musik›, welche Quotenvorgaben für die einzelnen SRG-Radiosender enthält, entwickelt.

Quoten für nationale Inhalte stammen übrigens ursprünglich aus Kanada. Fernsehquoten wurden bereits 1968, Radioquoten 1970 eingeführt. Diese ‹Canadian Content Rules› wurden und werden als notwendig erachtet, um die kanadische Kultur und Identität vor dem großen Nachbar USA zu schützen. Trotz seiner Größe kämpft Kanada mit typisch kleinstaatlichen Strukturmerkmalen (siehe Kapitel 4.3.3): 80 % der Bevölkerung leben in der Nähe der kanadisch-amerikanischen Grenze. Da weder sprachliche noch große kulturelle

Schranken bestehen, können amerikanische Sender problemlos empfangen und genutzt werden. Zudem strahlen auch kanadische Sender viele amerikanische Songs, Filme und Serien aus. Ein beträchtlicher Teil des Medienkonsums entfällt so auf amerikanische Medienprodukte (vgl. Vormann 1993: 5; Kleinsteuber/Wiesner 1988: 331).

Im Fernsehsektor haben die Sender 60 % ihrer Sendezeit mit kanadischen Produktionen zu füllen (vgl. CRTC 1999; Holznagel 1996: 207ff.). Die Quote wird aber häufig mit vergleichsweise kostengünstigen Inhalten (News, Sport, Spiel- und Talkshows) erfüllt, nicht jedoch mit eigenproduzierten Filmen und Serien (vgl. Kleinsteuber/Wiesner 1988: 334; Holznagel 1996: 208, 210). Um dem ein wenig entgegenzuwirken, zählt die Ausstrahlung kanadischer Film- und Serienproduktion («Canadian Drama») zur Prime Time zu 125 % bis 150 %. Zudem bestehen genügend Möglichkeiten, kanadische Inhalte auf Sendeplätze mit tieferen Einschaltquoten zu verschieben. Die Wirkung der Quoten wird gemischt beurteilt. Kulturelle Ziele, wie die Produktion hochwertiger kanadischer Inhalte, wurden kaum erreicht. Die Förderung der einheimischen Produktionsindustrie und damit die Sicherung von Arbeitsplätzen hingegen scheint gelungen zu sein (vgl. Vormann 1993: 114; Kleinsteuber/Wiesner 1988: 343f.; Holznagel 1996: 217; Hoffmann-Riem 1996b: 314).

Die Ausstrahlungsquoten im Radio legen fest, dass 35 % der pro Woche ausgestrahlten Musik kanadischen Ursprungs sein müssen. Für Québec, den französischsprachigen Teil Kanadas, gilt, dass 65 % der Songs in französischer Sprache gesungen sein müssen (vgl. CRTC 2006). Im Radio hat sich die Ausstrahlungsquote nach anfänglichen Implementationsschwierigkeiten bewährt. Nicht nur die wirtschaftlichen Ziele – die Existenz einer starken kanadischen Musikindustrie – wurden erreicht, sondern auch kulturelle Ziele scheinen verwirklicht worden zu sein. So wird das Programm kanadischer Radiostationen als ausgewogen und vielfältig bezeichnet (vgl. Holznagel 1996: 207; Kleinsteuber/ Wiesner 1988: 333, 344).

Sowohl auf europäischer als auch auf nationaler Ebene finden sich eine Reihe allgemein gehaltener inhaltlicher Anforderungen und Beschränkungen für den Rundfunk. Der Programmauftrag öffentlicher Sender enthält zusätzliche inhaltliche Vorgaben für den Public Service. Die AVMD-Richtlinie und das EÜGF resp. EÜGAM legen zudem Quoten für europäische Inhalte fest. Ansonsten werden die Rundfunkinhalte – z. B. im Jugendschutz – der Selbstregulierung überlassen.

Übungen

1. Warum wurde privater Rundfunk eingeführt? Erläutern Sie verschiedene Gründe.
2. Welche Folgen hatte die Zulassung des privat-kommerziellen Rundfunks für den Public Service?
3. Die Europäische Kommission stuft Rundfunkgebühren als staatliche Beihilfen ein. Welche drei Bedingungen müssen erfüllt sein, damit Rundfunkgebühren von der Kommission als zulässig erachtet werden? Und was bedeuten diese Vorschriften für neue Angebote (digitale Spartenkanäle, EPGs, Onlineangebote etc.) des Public Service?
4. Erläutern Sie die Veränderungen, welche die Digitalisierung für die Rundfunkdistribution bedeutet und welche neuen Regulierungsaufgaben dadurch entstehen.
5. Medienpolitik befasst sich viel stärker mit Strukturen als mit Medieninhalten. Weshalb ist das so? Und welche Möglichkeiten der Inhaltsregulierung existieren im Rundfunk?

 Literatur

Jarren, Otfried/Donges, Patrick (2005): Der öffentliche Rundfunk in der Gesellschaft. Begründung, Wandel und Konflikte um eine Leitidee am Beispiel Schweiz. In: Ridder, Christa-Maria/Langenbucher, Wolfgang R./Saxer, Ulrich/Steininger, Christian (Hrsg.): Bausteine einer Theorie des öffentlich-rechtlichen Rundfunks. Festschrift für Marie Luise Kiefer. Wiesbaden, S. 177-195.

Beschreibung verschiedener theoretischer Zugänge zur Konzeption von öffentlichem Rundfunk.

Humphreys, Peter (1996): Mass Media and Media Policy in Western Europe. Manchester/New York [Kapitel 5, 7].

Darstellung der Gründe für die Liberalisierung des Rundfunksektors in westeuropäischen Ländern.

Dahlgren, Peter (2000): Key Trends in European Television. In: Wieten, Jan/Murdock, Graham/Dahlgren, Peter (Hrsg.): Television Across Europe. A Comparative Introduction. London/Thousand Oaks/New Delhi, S. 23-34.

Beschreibung der Veränderungen im Rundfunk und der sich daraus ergebenden Aufgaben für die Regulierung.

11   Internetregulierung

Inhalt und Lernziele

Das Internet wird immer wichtiger. Doch was ist das Internet überhaupt? Und welche Möglichkeiten der Regulierung gibt es? Das folgende Kapitel befasst sich mit dem Begriff der Internet Governance und unterscheidet drei verschiedene Governance-Schichten: die Kommunikationsinfrastruktur, den Code sowie das Verhalten und die Inhalte im Internet.

Nach diesem Kapitel können Sie
- erklären, was mit Internet Governance gemeint ist.
- verschiedene Schichten der Internet Governance unterscheiden.
- die Bedeutung des sogenannten Codes für Nutzung und Regulierbarkeit des Internets erklären.

Da das Internet auf der Telekommunikationsinfrastruktur aufbaut, steht seine Regulierung in der Tradition des Common-Carrier-Modells. «The Internet has developed in a spirit of de facto freedom from any control and in its early days was considered as a ‹common carrier› medium, using the telecommunications system for the transmission and exchange of messages and information» (McQuail 2005: 238f.). Eine staatliche Regulierung des Internets beschränkte sich in westlichen Demokratien deshalb vielfach darauf, die Infrastruktur auszubauen und einen ‹chancengleichen› Zugang sicherzustellen. Daneben werden bestehende Vorschriften auch auf das Internet angewendet, denn was offline illegal ist, ist auch online illegal. Mit der zunehmenden Bedeutung des Internets als Distributionskanal für Massenmedien und der Entstehung neuer Medienangebote stellt sich aber auch die Frage nach der Notwendigkeit einer darüber hinaus gehenden Regulierung. Doch bevor auf die Regulierung des Internets eingegangen wird, gilt es zu klären, was das Internet überhaupt ist.

11.1   Internet als Kommunikationsraum

Über die Kommunikationsinfrastruktur (Telefon- und Kabelnetz) ist auch der Zugang zum Internet möglich. Beim Internet handelt es sich um ein *weltweites Rechnernetz* – ein Netz bestehend aus vielen miteinander verbundenen Netzen.

Voraussetzung dafür, dass verschiedenste Netzwerke und Computer unabhängig von der benutzten Hardware und Software zusammengeschaltet werden und folglich miteinander kommunizieren können, ist die Einigung auf einen technischen Standard. Das sogenannte ‹Transmission Control Protocol/Internet Protocol› (TCP/IP) legt fest, wie der Datenaustausch zwischen Computern abläuft und wie Rechner adressiert werden (vgl. Hofmann/Holitscher 2004: 412; Holitscher 2003: 10; Kleinwächter 2000: 455).

Die Ursprünge des Internets reichen zurück bis in die 1960er Jahre. Damals standen militärische Überlegungen im Vordergrund und das Ziel der USA war es, ein dezentrales Kommunikationsnetz zu schaffen, das auch im Falle eines Krieges nicht ausfällt. In den folgenden Jahren wurde das Netz von US-Universitäten und Forschungseinrichtungen für wissenschaftliche Zwecke benutzt. In den späten 1980er Jahren begann die Internationalisierung des Internets, doch der Durchbruch kam erst Anfang der 1990er Jahre mit der Entwicklung des World Wide Web (WWW), eine grafische Oberfläche, welche die Navigation stark vereinfachte. Damit änderten sich aber auch die Nutzerstruktur und die Verwendung des Netzes. Wurde das Internet bis zu diesem Zeitpunkt vorwiegend von einer kleinen Gruppe zumeist amerikanischer Computerspezialisten aus dem akademischen Bereich genutzt, wurde es nun einer breiteren Öffentlichkeit zugänglich. Damit hat gleichzeitig eine Kommerzialisierung eingesetzt (vgl. Zimmer 2009: 165f.; Hofmann/Holitscher 2004: 423; Dahinden 2001: 464). In Europa ist der Zugang zum Internet heute bereits weit verbreitet und auch der Anteil der Haushalte mit einem Breitbandanschluss – über das bestehende Telefonnetz (DSL-Standard) oder über das Fernsehkabelnetz – ist im Steigen begriffen (siehe Abb. 53 im Anhang).

Was aber passiert, wenn im Browser – dem Programm zum ‹Surfen› im WWW – eine Adresse (z. B. www.arte.tv) eingegeben wird? Jeder Computer (Server), der am Internet angeschlossen ist, besitzt eine sogenannte *IP-Adresse*. Diese besteht aus vier Zahlenfolgen (z. B. 212.95.67.64) – eine Art Telefonnummer. Da es für die Nutzer viel einfacher ist, sich einen Namen statt einer Nummer zu merken, wurde das *Domain Name System* (DNS) eingeführt. Domainnamen sind die Basis für WWW- und E-Mail-Adressen. Das DNS ist nichts anderes als eine global verteilte und hierarchisch organisierte Datenbank, welche die Übersetzung der leicht merkbaren Domainnamen in die komplexen IP-Adressen vornimmt. Der nutzerfreundliche Domainname (arte.tv) wird vom DNS in die maschinenlesbare IP-Adresse (212.95.67.64) umgewandelt, was die Verbindung zum entsprechenden Server erlaubt (im Beispiel die Website des Fernsehsenders arte). Jeder Domainname besteht aus einer Top Level Domain (TLD) und einer Second Level Domain (SLD). Die TLDs werden unterschieden in generische TLDs (generic top level domain, gTLDs) wie beispielsweise ‹.com›, ‹.org› oder ‹.net› und in länderspezifische TLDs (country code top level domain, ccTLDs) wie etwa ‹.de›, ‹.at› oder ‹.ch›. In jeder dieser TLDs werden SLDs vergeben, z.B. ‹*arte*.tv› oder ‹*disney*.com›. Zuoberst in der Struktur des DNS steht die Wurzel, die sogenannten Root-Server. Diese 13 Server sind über drei Kontinente verteilt und bilden das Fundament der DNS-Datenbank. Sie enthalten alle notwendigen Informationen, damit die Umwandlung von Domainnamen in IP-Adressen klappt (eine Liste sämtlicher TLDs und der Server, welche die Informationen über die SLDs der verschiedenen TLDs enthalten). Auch wenn im Internet die Idee eines dezentralen Netzwerks steckt, so besteht dennoch die Notwendigkeit eines zentralen Koordinationspunktes. Einer dieser Root-Server (der A-Root-Server) steht an der Spitze. Bei diesem Server werden alle Änderungen an den Listen vorgenommen (vgl. Hofmann/Holitscher 2004: 418, 424; Hofmann 2003: 11; Holitscher 2003: 8ff.; Kleinwächter 2000: 456; Machill 2001: 36).

Anders als klassische Massenmedien ermöglicht das Internet eine interaktive Nutzung, d. h., Kommunikation verläuft nicht nur in eine Richtung. Dies erfordert vom Rezipienten eine höhere Eigenaktivität (Selektion von Angeboten, Navigation). Das Internet erlaubt zudem allen Nutzern, mit relativ geringen Kosten und bescheidenem Know-how selbst ein Angebot (z. B. persönliche Website) bereitzustellen. Weiter finden sich im Internet multimediale Angebote, die Text, Bild, Ton und Video miteinander verbinden. Und schließlich erlaubt das Internet im Gegensatz zu Presse und Rundfunk nicht nur die Kommunikation für ein Massenpublikum, sondern auch die gezielte Ansprache von Individual- und Zielgruppenpublika (vgl. Bonfadelli 2004: 203-206).

Allerdings handelt es sich beim Internet nicht um ein neues Medium (siehe Kapitel 1.2.2), sondern lediglich um ein Netzwerk von Rechnern. Das Internet sagt nichts aus über seine Nutzung und über die darin verbreiteten Inhalte, weshalb von einem *technischen Artefakt* gesprochen wird. Ein Medium ist aber mehr als ein technischer Distributionskanal. Folglich ist das Internet eine Technologie, die verschiedenste Anwendungen ermöglicht. Das Internet kann als Kommunikationsraum begriffen werden, innerhalb dessen verschiedenste *Kommunikationsmodi* oder Internetdienste differenziert werden können (siehe Abb. 47). Beispiele für solche Modi wären das World Wide Web (WWW), E-Mail, Chat oder das Usenet (Newsgroups). Diese unterscheiden sich hinsichtlich der Teilnehmerstruktur, des Inhalts, der zeitlichen Dimension und der Interaktivität. Das WWW zum Beispiel besteht aus einer one-to-many-Kommunikation, die multimediale Inhalte und nicht nur reinen Text enthalten kann, asynchron abläuft und nur wenig Interaktivität erlaubt. Damit entspricht das World Wide Web auch am ehesten den bekannten Definitionen von Massenkommunikation (vgl. Rössler 1998: 19, 29; Dahinden 2001: 465f.).

Abb. 47: Kommunikationsmodi im Internet

Kommunikations-modus	Teilnehmer-struktur	Inhalt	Zeit	Interaktivität
WWW	one to many	multimedial	asynchron	tief
Usenet	many to many	Text	asynchron	mittel
Chat	many to many	Text	synchron	hoch
E-Mail	one to one / one to many	v. a. Text	asynchron	mittel

Quelle: vereinfachte Darstellung basierend auf Dahinden (2001: 465)

Für Medienorganisationen stellt das WWW einen neuen Distributionskanal dar. Aufgrund der Digitalisierung eignen sich Medieninhalte – Texte, Audio- und Videodokumente – für die kostengünstige zusätzliche Verbreitung über das Internet. Medienunternehmen versuchen denn auch, sich als ‹Content-Anbieter› auf dem WWW zu positionieren (vgl. Doyle 2002: 143, 150f.). Das Internetengagement der Medienunternehmen hat sich bisher als wenig ertragreich erwiesen: «In practice, the vast majority of media operators have found it practically impossible to make any money from investments in the Internet [...]» (Doyle 2002: 152). Werbeeinnahmen reichen nicht aus, um kostenlose Onlineangebote zu finanzieren, und aus Nutzersicht sind kostenpflichtige Websites wenig attraktiv: «For those online products and services which do rely on a direct charge, it is clearly essential that access to whatever valuable content subscribers are paying for is not made available free of charge elsewhere» (Doyle 2002: 154). Ein großes Problem für Medienunternehmen stellen zudem die Copyright-Verletzungen durch Raubkopien dar.

Unterdessen findet in Zusammenhang mit dem WWW häufig das Schlagwort *Web 2.0* Verwendung. Der damit implizierte Bruch mit früheren Phasen des Webs ist jedoch nicht haltbar. Als besser geeigneter Begriff bietet sich deshalb *Social Web* an, weil damit der soziale Charakter, also das aufeinander bezogene Handeln zwischen Nutzern, betont wird (vgl. Schmidt 2009: 21f.). Das Social Web «umfasst eine Reihe von Anwendungen, denen gemeinsam ist, dass sie die Hürden für den einzelnen Nutzer senken, Informationen im Internet bereit zu stellen und sich mit Anderen auszutauschen» (Schmidt 2009: 37). Diese Anwendungen erlauben das Zugänglichmachen von Aspekten der eigenen Person, die Pflege und das Knüpfen sozialer Beziehungen und die Nutzung bereits vorhandener Informationsangebote (vgl. Schmidt 2008: 23f.). Dabei lassen sich verschiedene Typen von Angeboten unterscheiden (vgl. Schmidt 2009: 22-27):

- Netzwerkplattformen (Social Network Sites; z. B. Facebook, StudiVZ oder XING) für Interaktionen im persönlichen Netzwerk und Multimediaplattformen für die Bereitstellung von Videos (z. B. YouTube) und Fotos;
- Weblogs (Blogs), Microblogging-Dienste (z. B. Twitter) sowie Audio- und Videopodcasts als persönliche Publikationsmöglichkeiten;
- Wikis zur kollaborativen Erstellung von Texten;
- Instant-Messaging-Tools für die synchrone Kommunikation in einem persönlichen Netzwerk (z. B. Windows Live Messenger, Skype);
- Informationsmanagement mit Feed Readern für RSS-Feeds, kollektiven Bookmark- und Tag-Systemen (z. B. Delicious) sowie Social-News-Diensten (z. B. digg.com).

Damit unterscheidet sich das Social Web in einem wichtigen Punkt von den Internetangeboten klassischer Massenmedien: Die Öffentlichkeit, die durch Social-Web-Anwendungen hergestellt wird, «zeichnet sich dadurch aus, dass Zugänglichkeit und gesellschaftliche Relevanz nicht mehr zwangsläufig aneinander gekoppelt sind» (Schmidt 2009: 179). Im Vordergrund steht nicht gesellschaftliche Relevanz, sondern der Austausch im eigenen Netzwerk.

Das Internet ist ein globales und dezentrales Rechnernetz. Allerdings handelt es sich nicht um ein neues Medium, sondern um einen Kommunikationsraum, der verschiedenste Anwendungen (Kommunikationsmodi) wie das World Wide Web oder E-Mail erlaubt.

11.2 Grundlagen der Internetregulierung

11.2.1 Von Internetregulierung zu Internet Governance

Das Internet ist ein weltweites Netzwerk und kennt keine nationalen Grenzen, was die Regulierung vor erhebliche Schwierigkeiten stellt. Zwar ist das Internet keine rechtsfreie Zone und es gilt der Grundsatz, dass das, was offline illegal ist, auch online illegal ist. Aber die Regulierung in unterschiedlichen Staaten ist eben auch unterschiedlich. Was illegal ist oder als anstößig erachtet wird, kann sich von Land zu Land unterscheiden. Damit treffen im Netz unterschiedliche Regulierungen und Moralvorstellungen aufeinander und es stellt sich die Frage, für wen welche Regulierung gilt. «The multiplicity of regulatory approaches to the Internet essentially transforms cyberspace into a series of interconnected jurisdictions where each country attempts to apply its rules, regulations and culture on the networks within its territorial jurisdiction» (Eko 2008: 2438).

Zudem gestaltet sich auch die Verfolgung von Straftaten problematisch, da die einzelnen Staaten außerhalb ihrer Rechtshoheit keine Möglichkeit haben, Regeln durchzusetzen und Regelverstöße zu sanktionieren. So ist beispielsweise ein Gesetz gegen unerwünschte Werbe-E-Mails (Spam) sinnlos, wenn der Großteil dieser Mails aus dem Ausland stammt, und Jugendschutzvorschriften greifen nicht, wenn etwa pornografische Inhalte auf ausländische Server ausgelagert werden. Auch finden die Internetnutzer immer wieder technische Möglichkeiten, um sich Regulierung zu entziehen (vgl. Kleinwächter 2006: 220; 2003: 141; McQuail 2005: 239).

Indes darf die Position, dass staatliche Regulierung sich im Internet nicht durchsetzen lasse, auch nicht unkritisch übernommen werden. Zwar gestaltet sich die Regulierung wegen der globalen und dezentralen Struktur des Netzes alles andere als einfach. Davon abgesehen braucht es zur Regulierung aber auch einen politischen Willen. «It is interesting to note that the same groups who declare that Internet content regulation is impossible are often very ready to pursue vigorous enforcement of various forms of economic regulation on issues such as copyright and piracy» (Levy 1999: 149).

Mit herkömmlicher nationalstaatlicher Regulierung alleine lassen sich viele Aufgaben der Internetregulierung jedoch nicht lösen. Vielmehr bedarf es neuer Formen der internationalen Kooperation und der Beteiligung verschiedenster Akteure an der Regulierung. Eine wirksame Internetregulierung ist, so wird argumentiert, nur möglich, wenn ökonomische, politische und gesellschaftliche Akteure auf nationaler und internationaler Ebene zusammenarbeiten (vgl. Tietje 2009: 39; Kleinwächter 2006: 221; 2003: 150; Machill 2001: 21). Als weiteres Argument für Selbst- und Co-Regulierung wird, gerade wenn es um Inhalte geht, die Medienfreiheit genannt (vgl. Price/Verhulst 2000: 160).

Um zu verdeutlichen, dass nationalstaatliche Regulierung nicht ausreicht, wird deshalb auch häufig von *Internet Governance* statt von Internetregulierung gesprochen (vgl. Donges/Puppis 2010). Lange wurde der Begriff lediglich als Bezeichnung für das globale technische Management der Internet-Kernressourcen (Domain Name System, IP-Adressen, Internet-Protokoll und Root-Server) verwendet. Auch wird mit Internet Governance oftmals eine Abgrenzung der technischen und selbst organisierten Internetregulierung von der traditionellen staatlichen Regulierung impliziert (vgl. dazu kritisch Kleinwächter 2004: 233; 2008: 2432f.). Doch unterdessen wird der Begriff breiter gefasst. Die ‹Working Group on Internet Governance› (WGIG, siehe Kapitel 7.5.2) etwa definiert Internet Governance als «the development and application by Governments, the private sector and civil society, in their respective roles, of shared principles, norms, rules, decision-making procedures, and programmes that shape the evolution and use of the Internet» (WGIG 2005: 4). Neben der technischen Standardisierung und der Allokation von Domainnamen und IP-Adressen umfasst Internet Governance also auch das Verhalten der Internetnutzer (vgl. Mueller/Mathiason/Klein 2007: 245).

> Die Durchsetzung von Regulierung und Sanktionierung von Regelverstößen im Internet gestaltet sich schwierig. Eine wirksame Internetregulierung bedarf der Zusammenarbeit ökonomischer, politischer und gesellschaftlicher Akteure auf nationaler und internationaler Ebene. In diesem Zusammenhang wird von Internet Governance gesprochen.

11.2.2 Schichten der Internet Governance

Grundsätzlich können drei Schichten der Internet Governance differenziert werden (siehe Abb. 48):

Abb. 48: Schichten der Internet Governance

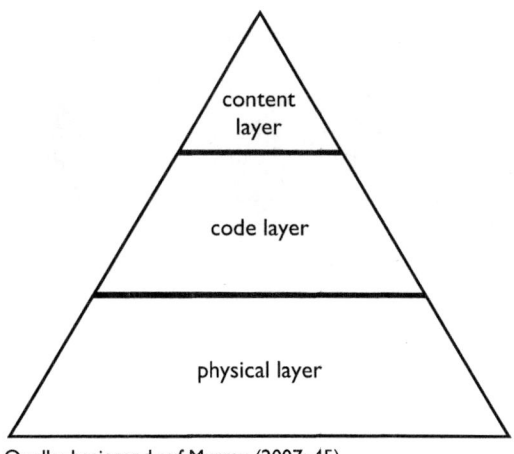

content
layer

code layer

physical layer

Quelle: basierend auf Murray (2007: 45)

Der *Physical Layer* umfasst die gesamte technische Infrastruktur in Form von Hardware und Distributionsnetzen; mit *Code Layer* werden die eingesetzte Software und die für das Funktionieren des Internets notwendigen Protokolle bezeichnet (letztlich die Architektur des Internets); der *Content Layer* schließlich betrifft jegliche Materialien, die gespeichert oder übermittelt werden oder auf die zugegriffen wird – und damit auch das Verhalten der Internetnutzer, welche Inhalte bereitstellen oder abrufen (vgl. Benkler 1999: 562; Lessig 2001b: 23):

> «At the bottom is a ‹physical› layer, across which communication travels. This is the computer, or wires, that link computers on the internet. In the middle is a ‹logical› or ‹code› layer – the code that makes the hardware run. Here we might include protocols that define the Internet and the software upon which those protocols run. At the top is a ‹content› layer – the actual stuff that gets said or transmitted across these wires. Here we include digital images, texts, on-line movies, and the like» (Lessig 2001b: 23).

Die Ausgestaltung der stützenden Schichten bestimmt jeweils über die Regulierbarkeit der höheren Schichten.

Infrastruktur: Physical Layer

Die elektronische Kommunikationsinfrastruktur, auf welcher das Internet aufbaut, ist ein wichtiger Bereich der Internet Governance.

Erstens kann mit Regulierung der *Zugang der verschiedenen Anbieter* zu den Rezipienten sichergestellt werden. So gilt es zu verhindern, dass Telekommunikationsunternehmen ihre Marktmacht missbrauchen und ihren Konkurrenten den Zugang zu ihren Netzen verweigern (siehe Kapitel 9.1.2).

Zweitens dient Regulierung dazu, den *Zugang aller Bürgerinnen und Bürger* zum Internet zu ermöglichen. Damit soll ein ‹Digital Divide› zwischen gut und schlecht Verdienenden, der einem sozialen Ausschluss gleichzukommen droht, verhindert werden. Eine Differenzierung in Nutzer und Nichtnutzer lässt sich aber nicht nur in sozialer, sondern auch in geografischer Hinsicht vornehmen. Die Barrieren zum Internet sind in Entwicklungsländern besonders zahlreich. Denn anders als beim Telefon werden nicht nur Infrastruktur und Geld für die Nutzung benötigt, sondern auch die Fähigkeiten, zu lesen, zu schreiben und einen Computer zu benutzen (vgl. Ó Siochrú/Girard 2002: 102). Zur Sicherstellung des Zugangs bieten sich zum einen Förderprogramme (z. B. ‹Schulen ans Netz›) an. Zum anderen können Universaldienstverpflichtungen auf einen (schnellen) Internetzugang ausgeweitet werden (siehe Kapitel 9.1.2).

Drittens kann mit Regulierung für die sogenannte *Netzneutralität* (net neutrality) gesorgt werden, welche in engem Zusammenhang mit Zugangsfragen steht. Mit Netzneutralität ist gemeint, dass sämtlicher Internetverkehr gleichberechtigt transportiert wird und die Nutzer zu allen Arten von Inhalten unlimitierten Zugang haben. Denn Internet Service Provider (ISPs) können die Übertragung bestimmter Dienste nicht nur blockieren oder künstlich verlangsamen (z. B. Peer-to-Peer-Netzwerke oder Videostreams), sondern auch bestimmte Anbieter von Inhalten bevorzugt behandeln (vgl. Marsden 2007; Schweda 2009: 18f.).

Viertens ist der weitere *Ausbau der Telekommunikationsinfrastruktur* gerade für die Weiterentwicklung des Internets mit immer größeren Datenmengen zentral. Der Bau von Breitbandnetzen der nächsten Generation («Next Generation Access Networks») kann staatlich subventioniert werden, um zu verhindern, dass Unternehmen ihre Investitionen auf lukrative Gegenden beschränken (siehe Kapitel 9.1.2).

Architektur: Code Layer

Wie das Internet nun auf dieser Infrastruktur funktioniert, bestimmt der Code: «The basic unit of Internet regulation is code, the programming software or logic that makes the Internet function» (Eko 2008: 2439). Notwendig für das Funktionieren des Internets sind einerseits *standardisierte Protokolle* wie TCP, IP oder HTTP, andererseits das *Management der Internet-Kernressourcen*, also von IP-Adressen, DNS und Root-Servern (vgl. Hofmann 2003: 12; Weber 2002: 102; Kleinwächter 2006: 215; Ó Siochrú/Girard 2002: 105).

Doch von allen technischen Notwendigkeiten abgesehen ist der Code Layer von entscheidender Bedeutung für das Internet und seine Regulierung. Denn, wie Lessig (2001a: 24) eindrücklich klarstellt: «Der Code ist das Gesetz». Ein anschauliches Synonym für Code wäre Architektur: *Die Architektur des Internets, also die benutzten Technologien und deren Funktionsweise, bestimmen darüber, was online möglich ist und was nicht.* Gleichzeitig wird damit auch festgelegt, welche Möglichkeiten der Regulierung bestehen und welche nicht (vgl. Lessig 2001b: 35; Mifsud Bonnici 2008: 115; Ó Siochrú/Girard 2002: 104f.). Diese technischen Fragen haben also unmittelbare soziale Auswirkungen.

> «Manche Cyberspace-Architekturen erlauben eine größere Regulierbarkeit und eine größere Kontrolle als andere. Ob Teile des Cyberspace [...] reguliert werden können, hängt also von der Beschaffenheit des Codes ab. Die Architektur des Cyberspace bestimmt darüber, ob Verhalten kontrolliert werden kann» (Lessig 2001a: 48).

Das minimalistische technische Design der heutigen Internet-Architektur erschwert eine Regulierung deutlich, da Protokolle wie TCP/IP wenig über die jeweiligen Nutzer und die ausgetauschten Inhalte aussagen. Doch dass der Staat angesichts der bestehenden Netzarchitektur Verhalten und Inhalte im Netz nur schwer zu regulieren vermag, bedeutet nicht, dass der Staat nicht die Architektur des Netzes regulieren kann. Durch eine Veränderung des Codes könnte das Netz künftig regulierbar werden. Insbesondere die Verwendung digitaler Signaturen ermöglicht ein sicheres Identifizierungssystem und damit die Zuschreibung von Verhalten zu einzelnen Nutzern. Staat wie Unternehmen haben daran ein Interesse. «Wir können die Architektur oder den Code des Cyberspace so gestalten, dass unsere Grundwerte einen größtmöglichen Schutz genießen; und wir können sie so gestalten, dass diese Werte verschwinden» (Lessig 2001a: 24f.).

Verhalten und Inhalte: Content Layer

Nicht nur Infrastruktur und Code, sondern auch das Verhalten der Nutzer im Internet und die verfügbaren Inhalte können reguliert werden.

Mit der wachsenden Bedeutung des WWW stellt sich die Frage, ob es *nichtkommerzielle Anbieter* als Alternative zu den primär kommerziellen Angeboten braucht. Sowohl die gelegentlich diskutierte Institutionalisierung neuer Anbieter als auch die Onlinepräsenz bestehender öffentlicher Rundfunkorganisationen – und damit deren Entwicklung vom Public Service Broadcasting zu Public Service Media – sind politisch umstritten. Private Medien lehnen öffentliche Angebote als Wettbewerbsverzerrung ab. Dagegen kann argumentiert werden, dass eine Erfüllung des öffentlichen Auftrags ohne Onlineauftritt gar nicht mehr möglich ist und nur so garantiert werden kann, dass es auch im Internet professionelle, nichtkommerzielle Inhalte gibt (vgl. Ferrell Lowe/Bardoel 2008).

Um im Netz bestimmte Inhalte zu finden, sind die Rezipienten auf die Hilfe von *Suchmaschinen* angewiesen. Suchmaschinen erwecken für die einzelnen Nutzer den Eindruck, das Suchergebnis sei der für die Anfrage relevanteste Ausschnitt der im Netz verfügbaren Angebote. Doch Suchmaschinen sind keine neutralen Werkzeuge. Einerseits enthält ihr Index, nur einen kleinen Ausschnitt des Internets (und hauptsächlich kommerzielle Angebote). Andererseits kann auch manipuliert werden, ob eine bestimmte Website auf der Ergebnisseite erscheint und in welcher Reihenfolge die Websites aufgelistet werden. Für die Nutzer ist also völlig intransparent, wie das Suchergebnis zustande kommt. Es ist denkbar, dass sich die Suchmaschinenbetreiber die Aufnahme in den Index (Paid Inclusion) oder eine hohe Platzierung von Website auf der Ergebnisseite (Sponsored Links) bezahlen lassen. Letzteres kann verdeckt erfolgen oder die bezahlten Links werden gesondert ausgewiesen (vgl. Ó Siochrú/Girard 2002: 102; Schulz/Held/Laudien 2005: 13-23). Mehr Transparenz wäre also dringend nötig. Auch die Gründung öffentlicher Suchmaschinen stellt eine Möglichkeit dar, da die Selektionsentscheidungen so nicht von kommerziellen Interessen beeinflusst würden (vgl. Schulz/Held/Laudien 2005; Machill/Beiler/Zenker 2008: 595f.).

Datenschutz ist im Internet ein hochrelevantes Thema. Bei der Nutzung von Onlineangeboten fällt eine Vielzahl von Daten an:

> «The Internet also brings with it a host of issues concerning privacy, such as the potential for misuse of online databases of personal information such as e-mail addresses and credit card numbers, the right to refuse commercial material and advertisement, and the dangers of governments and companies intercepting private correspondence» (Ó Siochrú/Girard 2002: 103).

Unternehmen sind an diesen Daten interessiert, weil sie eine weitere Optimierung der Marketing- und Werbebemühungen erlauben. Aber auch einzelne Regierungen – nicht nur in autoritären Systemen – stehen einer Überwachung ihrer Bürgerinnen und Bürger offen gegenüber (vgl. Ó Siochrú/Girard 2002: 103). Durch Regulierung soll sichergestellt werden, dass die Privatsphäre der Internetnutzer gewahrt bleibt. Besonders heikel sind Social-Web-Anwendungen, da die Nutzer freiwillig umfangreiche persönliche Informationen öffentlich zugänglich machen, womit «vertraute Grenzen zwischen Öffentlichkeit und Privatsphäre brüchig [werden]» (Schmidt 2009: 115). Die Durchsuchbarkeit von Profilen durch Personalverantwortliche, Lehrer oder Eltern, aber auch Änderungen im Code einer genutzten Plattform mit von den Nutzern ungewollten Folgen verdeutlichen die Problematik. Bei Suchmaschinen stellt sich zudem die Frage, was mit den Suchanfragen der Nutzerinnen und Nutzer geschieht (vgl. Machill/Beiler/Zenker 2008: 594).

Die Regulierung von *Internetinhalten* besteht fast ausschließlich aus inhaltlichen Beschränkungen (siehe Kapitel 10.4.1). Die zu beschränkenden Inhalte lassen sich in illegale, für bestimmte Gruppen als schädlich erachtete und von Nutzern unerwünschte Angebote differenzieren (vgl. Mifsud Bonnici 2008: 35f.). Allerdings unterscheiden sich die Ansichten darüber, welche Inhalte anstößig oder gar illegal sind von Land zu Land und beruhen auf unterschiedlichen kulturellen Bewertungen. Ein Konsens ist schwierig und scheint nur für einige wenige Inhalte (z. B. Kinderpornografie) überhaupt möglich zu sein (vgl. Ó Siochrú/Girard 2002: 102f.; Weber 2002: 180-183). Insbesondere gewisse pornografische, rassistische, gewalttätige und die Menschenwürde verletzende Inhalte werden als Problem erachtet – nicht zuletzt für den Jugendschutz. Bei ihrer Internetnutzung können Minderjährige beabsichtigt oder unbeabsichtigt auf Inhalte stoßen, welche sie überfordern. Der Zugriff auf solche Inhalte erfolgt häufig mit Hilfe von Suchmaschinen, die damit auch unter Jugendschutzgesichtspunkten ein Thema sind. So können Kinder und Jugendliche bei einer Suche auf Websites stoßen, nach denen sie nicht gesucht haben, deren Inhalte sie irritieren oder ängstigen (vgl. Schindler 2005: 55).

Unter den illegalen Inhalten sind aus ökonomischer Sicht insbesondere Urheberrechtsverletzungen durch Raubkopien ein Problem. Für jede Nutzung geistigen Eigentums ist der Eigentümer – in der Regel ein Medienunternehmen und nicht der eigentliche Erfinder – zu entschädigen (siehe Kapitel 7.2.2). Ohne Durchsetzung von Copyrights hätten Medienunternehmen keinen Anreiz, in den kreativen Prozess zu investieren (vgl. Doyle 2002: 154f.). Doch durch die Digitalisierung ist es heute ein Leichtes, Musik, Spielfilme, Serien, Texte oder Software ohne Qualitätsverlust, Kosten und Zustimmung der Eigentümer zu vervielfältigen und über Peer-to-Peer-Netzwerke (z. B. BitTorrent, Gnutella) mit anderen Usern zu tauschen. Damit ist auch die Bereitschaft der Internetnutzer eher gering, sich an das Urheberrecht zu halten (vgl. Ó Siochrú/Girard 2002: 104; Doyle 2002: 155).

Auch eine Regulierung kommerzieller Kommunikationsinhalte ist möglich. Zum einen werden auf vielen Websites Inhalte und Werbung vermischt. Zum anderen spielt bezüglich der von Rezipienten nicht angeforderten unerwünschten Inhalten die Verhinderung von Spam eine wichtige Rolle.

Schließlich stellt die Etablierung von Rahmenbedingungen für den *elektronischen Handel* (E-Commerce) einen Bereich mit großer ökonomischer Bedeutung dar. Ziel ist die Schaffung von Rechtssicherheit auch bei grenzüberschreitenden Transaktionen.

Die Internet Governance lässt sich unterteilen in eine Regulierung der Kommunikationsinfrastruktur (Zugang, Ausbau), der Netzarchitektur (Code) sowie des Nutzerverhaltens und der Inhalte (Public Service Media, Suchmaschinen, Datenschutz, inhaltliche Beschränkungen, E-Commerce).

11.3 Internetregulierung in Europa

Die *Kommunikationsinfrastruktur* wird von der EU und auf nationalstaatlicher Ebene reguliert (siehe Kapitel 6.3.2, 9.2 und 12.2).

- *Zugang für Anbieter:* Mit verschiedenen Maßnahmen können Mitgliedstaaten Internet Service Providern (ISPs) den Zugang zu den Endkunden über Netze anderer Unternehmen erleichtern – zumindest, wenn diese über beträchtliche Marktmacht verfügen (Art. 8-13a Richtlinie 2002/19/EG).

- *Zugang für Nutzer:* Derzeit existiert auf europäischer Ebene keine *Universaldienstverpflichtung* für einen Breitbandzugang zum Internet. Den Mitgliedstaaten steht es aber frei, dies national zu regeln (Art. 32 Richtlinie 2002/22/EG). Und derzeit wird eine Ausweitung der USO diskutiert. In der Schweiz gehört ein Internet-Breitbandanschluss seit 2008 zur Grundversorgung. Gleichzeitig laufen auf internationaler, europäischer und nationalstaatlicher Ebene *Förderprogramme,* um immer größeren Teilen der Bevölkerung Zugang zum Internet zu verschaffen und so einem ‹Digital Divide› entgegenzuwirken. Auf EU-Ebene etwa existiert als Teil der Wachstumsstrategie ‹Europa 2020› die Leitinitiative ‹Digitale Agenda›, welche allen Bürgerinnen und Bürgern Zugang zu einem Breitbandanschluss verschaffen möchte. Allerdings planen mehrere europäische Staaten eine Einschränkung des Internetzugangs für Nutzer, welche wiederholt illegalen Tätigkeiten nachgehen (z. B. Copyrightverletzungen). Die EU dagegen versucht, durch eine *Schutzklausel zur Internetfreiheit* das Recht auf Internetzugang zu wahren (Art. 1 Abs. 3a Richtlinie 2002/21/EG). So dürfen Maßnahmen, welche den Zugang einschränken, nicht gegen Grundrechte verstoßen. Insbesondere sind Unschuldsvermutung und das Recht auf Privatsphäre zu achten und die Bürger haben Anspruch auf ein vorheriges faires Verfahren, bei dem sie angehört werden müssen (vgl. Europäische Kommission 2009a: 2).
- *Netzneutralität:* Zwar darf die Nutzung bestimmter Anwendungen durch den Netzbetreiber verlangsamt oder unterbunden werden (vgl. Schweda 2009: 18f.), doch sind die Nutzer über solche Einschränkungen zu informieren (Art. 20 Abs. 1 und Art. 21 Abs. 2 Richtlinie 2002/22/EG). Auch können die Mitgliedstaaten Mindestanforderungen hinsichtlich der Dienstqualität festlegen (Art. 22 Abs. 3). Zusätzlich bekennt sich die Kommission in einer dem revidierten Rechtsrahmen angehängten Erklärung dazu, die Netzneutralität im Auge zu behalten.
- *Ausbau der Infrastruktur:* Viele Länder subventionieren den Bau von Breitbandnetzen der nächsten Generation (‹Next Generation Access Networks›). Die EU-Beihilferegeln gelten aber auch hierfür.

Die *Architektur des Internets* (der Code) unterliegt einer Selbstregulierung auf globaler Ebene (siehe Kapitel 7.5). Zum einen kümmert sich ICANN um die Verwaltung der Root-Server, die Einführung neuer Top-Level-Domains, Minimalstandards für die Registrierung von Domainnamen sowie die Vermittlung bei Streitigkeiten um Domainnamen. Für Letzteres hat ICANN die ‹Uniform Domain Name Dispute Resolution Policy› verabschiedet. Insbesondere durch das sogenanntes ‹Cybersquatting›, also durch das Registrieren von Begriffen als Domainnamen, an denen man keine Rechte besitzt, wurde ein Streitbeilegungsmechanismus erforderlich (vgl. Mifsud Bonnici 2008: 97-100; Smith 2002: 76ff., 100ff.). Zum anderen sind für die Standardisierung Gremien wie das W3C oder das IETF verantwortlich.

Am Unübersichtlichsten stellt sich die Regulierung von *Verhalten und Inhalten* dar, da hier eine Vielzahl von Akteuren involviert ist. Folgende Bereiche sind von staatlicher Regulierung betroffen:

- Bestehende Gesetze (etwa zu Urheberrecht, Jugendschutz oder Datenschutz) werden natürlich auch auf das Internet angewendet.
- Durch die AVMD-Richtlinie der EU und das geplante EÜGAM des Europarates und (siehe Kapitel 6.1.2 und 6.3.2) werden neben klassischen Fernsehsendern zusätzlich *nicht-lineare audiovisuelle Mediendienste* (sprich: Video-on-Demand-Angebote) reguliert. Dies gilt auch für entsprechende Angebote im Internet. So enthalten beiden Regelwerke ein Verbot der Aufstachelung zu Hass, Werbebeschränkungen und -verbote sowie Jugendschutzvorschriften. In Deutschland werden diese nicht-linearen audiovisuellen Mediendienste unter der Bezeichnung ‹Telemedien mit journalistisch-redaktionell gestalteten Angeboten› subsumiert.[11]
- Bezüglich der *Onlineangebote des öffentlichen Rundfunks* sind die Beihilfevorschriften der EU einzuhalten. Die EU erlaubt die Gebührenfinanzierung neuer digitaler Angebote auf allen Verbreitungsplattformen, verlangt aber eine vorgängige Prüfung (siehe Kapitel 6.3.2). In Deutschland haben solche ‹Telemedienangebote› des öffentlich-rechtlichen Rundfunks einen ‹Drei-Stufen-Test› zu bestehen. Die Rundfunkanstalt hat darzulegen, inwieweit das Angebot den demokratischen, sozialen und kulturellen Bedürfnissen der Gesellschaft entspricht, in welchem Umfang durch das Angebot in qualitativer Hinsicht zum publizistischen Wettbewerb beigetragen wird und welcher finanzielle Aufwand erforderlich ist (§ 11f Abs. 4 RStV). Zudem dürfen öffentlich-rechtliche Sender im Internet nur Telemedienangebote mit einem Bezug zu einer konkreten Radio- oder Fernsehsendung bereitstellen (§ 11d Abs. 2). Die gleiche Funktion soll in Österreich künftig die sogenannte ‹Auftragsvorprüfung› neuer ORF-Angebote übernehmen, welche ein Beirat der KommAustria durchführt (§§ 6-6c ORF-G).

---

[11] Der Begriff ‹Telemedien› wird in Deutschland für sämtliche elektronischen Informations- und Kommunikationsdienste verwendet (sofern es sich nicht um Telekommunikationsdienste, telekommunikationsgestützte Dienste oder Rundfunk handelt). Neben Internetdiensten fallen beispielsweise auch Teletext oder Teleshoppingkanäle darunter. Besonderen Regeln unterliegen journalistisch-redaktionell gestaltete Telemedienangebote. Diese umfassen nicht nur nicht-lineare audiovisuelle Mediendienste, sondern auch elektronische Ausgaben von Zeitungen und Zeitschriften, welche von AVMD-Richtlinie und EÜGAM nicht erfasst werden (vgl. Holznagel/Dörr/Hildebrand 2008: 140).

- Innerhalb der EU haben Netzbetreiber nicht nur die *Vertraulichkeit der elektronischen Kommunikation* sicherzustellen, sondern auch Spam ist verboten (Art. 5 Abs. 1 und Art. 13 Richtlinie 2002/58/EG).

- Das Europarats-Übereinkommen über *Datennetzkriminalität* untersagt Verletzungen von Datensicherheit und Angriffe auf Computersysteme, Computerbetrug, Kinderpornografie und Verletzungen des Urheberrechts.

- Als Rechtsrahmen für *E-Commerce* im Binnenmarkt existiert eine weitere EU-Richtlinie (Richtlinie 2000/31/EG). Die Richtlinie gilt für alle Internetangebote, so auch für Online-Shopping, Online-Zeitungen oder Online-Direktwerbung (vgl. Schneider/Werle 2007).

- Die EU setzt sich mit dem ‹Safer Internet Programme› für eine *sichere Onlineumgebung* für Minderjährige ein und unterstützt zu diesem Zweck auch Selbstregulierung.

Die staatlichen Vorschriften werden durch verschiedenste Selbst- und Co-Regulierungsaktivitäten ergänzt (siehe Kapitel 5.3, 6.4 und 7.5.2):

- *Internet Service Provider* spielen in der Bekämpfung illegaler und schädlicher Inhalte eine wichtige Rolle, denn sie sind technisch in der Lage, Inhalte vom Netz zu entfernen oder den Zugriff zu blockieren. In vielen Ländern haben die ISPs Selbstregulierungskodizes entwickelt, welche auch den Daten- und Jugendschutz betreffen (vgl. Tambini/Leonardi/Marsden 2008: 133-172).

- *Beschwerdestellen* für Internetnutzer (Hotlines) wie die deutsche FSM oder die österreichische Stopline wachen über die Einhaltung von Verhaltenskodizes, welche dazu dienen, Kinder und Jugendliche vor bestimmten Inhalten zu schützen (vgl. Mifsud Bonnici 2008: 44ff.; Tambini/Leonardi/Marsden 2008: 123f.).

- Eine Regulierung von *Suchmaschinen* findet sich kaum. Deutschland stellt in dieser Hinsicht eine Ausnahme dar. Unter dem Dach der FSM wurde 2005 ein Verhaltenskodex der Suchmaschinenbetreiber verabschiedet, welcher sich der Kennzeichnung kommerzieller Suchresultate und dem Jugendschutz annimmt (vgl. Machill/Beiler/Zenker 2008: 594f.).

- Auch Betreiber *sozialer Netzwerke* wie Facebook, MySpace und StudiVZ setzen auf Selbstregulierung. Auf europäischer Ebene wurden 2009 auf Initiative der EU die ‹Safer Social Networking Principles› verabschiedet; in Deutschland haben Plattformbetreiber im Rahmen der FSM Verhaltenskodizes für Chat-Anbieter und Social Communities erarbeitet. Diese Regelwerke betreffen den Daten- und den Jugendschutz.

- Eine Zuständigkeit für die Onlineangebote herkömmlicher Massenmedien – v. a. Onlineausgaben von Zeitungen und Zeitschriften – besitzen in vielen Ländern auch *Presse- und Medienräte.*

- Für schädliche Inhalte, die nicht illegal, aber z. B. für Minderjährige als ungeeignet erachtet werden, bietet sich auch eine Selbstdeklaration durch die Anbieter an. So ist im Rahmen des FOSI eine Eigenbewertung der Inhalte als Grundlage für eine *Filterung* durch die Nutzer möglich.
- Zur *Spam-Bekämpfung* helfen auch Datenbanken mit bekannten Spammern, die Providern und E-Mail-Anbietern zur Verfügung gestellt werden.

Während die Regulierung des Codes vollständig der Selbstregulierung überlassen wird und die Kommunikationsinfrastruktur staatlich reguliert wird, sind ganz unterschiedliche Akteure an der Regulierung von Verhalten und Inhalten beteiligt.

Übungen

1. Ist das Internet ein Medium? Begründen Sie ihre Antwort.
2. Häufig wird argumentiert, eine Regulierung von Verhalten und Inhalten im Internet sei nur sehr beschränkt möglich. Doch stimmt das wirklich? Denken Sie bei der Beantwortung der Frage einerseits an den Governance-Begriff, andererseits an die Bedeutung des Codes, also der Architektur des Internets.

Literatur

Kleinwächter, Wolfgang (2004): Beyond ICANN vs ITU? How WSIS tries to enter the new territory of Internet Governance. In: International Communication Gazette, 66(3-4), S. 233-251.

Darstellung der Entwicklung der Internet Governance mit Fokus auf die Entstehung und Reform der ICANN.

Lessig, Lawrence (2001): Code und andere Gesetze des Cyberspace. Berlin.

Ausführliche und sehr anschauliche Auseinandersetzung mit der Bedeutung des Codes für die Nutzung und Regulierbarkeit des Internets.

12 Sektorübergreifende Regulierung

Inhalt und Lernziele

Auch wenn sich die Regulierung von Presse, Telekommunikation, Rundfunk und Internet erheblich unterscheidet, existiert dennoch auch sektorübergreifende Regulierung. Dies ist bei der elektronischen Kommunikationsinfrastruktur und der Medienkonzentration der Fall. Weiter gelten für alle Medien gewisse Schranken der Medienfreiheit und ethische Richtlinien. Zudem findet das Wettbewerbsrecht auf alle Wirtschaftssektoren und damit auch auf Medien- und Telekommunikationsunternehmen Anwendung.

Nach diesem Kapitel können Sie
- erläutern, inwiefern sich die Regulierung von Medienkonzentration und elektronischer Kommunikationsinfrastruktur von wettbewerbsrechtlichen Vorschriften unterscheiden.
- Defizite der Regulierung von Medienkonzentration beurteilen.
- Schranken der Medienfreiheit und Inhalte ethischer Richtlinien für die journalistische Arbeit beschreiben.

12.1 Regulierung des Wettbewerbs

Das allgemeine Wettbewerbs- oder Kartellrecht gilt für alle Wirtschaftssektoren und damit auch für Medien- und Telekommunikationsunternehmen. Das Wettbewerbsrecht soll einen funktionierenden ökonomischen Wettbewerb gewährleisten und besteht aus drei Bereichen (vgl. Heinrich 1999: 252; Weber 1995: 116-133):
- *Kartellverbot:* Absprachen zwischen Konkurrenten zum Zweck der Wettbewerbsbehinderung (z. B. Preisabsprachen) sind untersagt.
- *Missbrauchskontrolle:* Hat ein Unternehmen eine marktbeherrschende Stellung (hoher Marktanteil), darf diese nicht missbraucht werden. Die Missbrauchskontrolle greift aber erst nachträglich (‹ex-post›), also nachdem ein Missbrauch stattgefunden hat.
- *Fusionskontrolle:* Überschreiten Unternehmenszusammenschlüsse (Fusionen) gewisse Umsatzschwellen, so unterliegen sie einer staatlichen Kontrolle.

Ein Wettbewerbsrecht existiert nicht nur auf nationaler (siehe Kapitel 5.2), sondern auch auf europäischer Ebene (siehe Kapitel 6.3.2).

In den meisten Wirtschaftssektoren existiert keine darüber hinausgehende sektorspezifische Regulierung. Dies ist, wie die letzten Kapitel gezeigt haben, im Falle der Medien – und insbesondere beim Rundfunk – anders. Auch die sektorübergreifende Medienregulierung beschränkt sich nicht auf das Wettbewerbsrecht. Bei der elektronischen Kommunikationsinfrastruktur findet sich in Ergänzung zur Missbrauchskontrolle eine Ex-ante-Regulierung von Netzbetreibern mit beträchtlicher Marktmacht (siehe Kapitel 12.2). Und zur Regulierung von Medienkonzentration wurden neben der Fusionskontrolle teilweise medienspezifische Regeln erlassen (siehe Kapitel 12.3).

Die allgemeine Regulierung des Wettbewerbs (Wettbewerbsrecht) besteht aus Kartellverbot, Missbrauchskontrolle und Fusionskontrolle.

12.2 Regulierung der Kommunikationsinfrastruktur

Die Digitalisierung ermöglicht die Verbreitung jeglicher Inhalte über jeden Verbreitungskanal. Dadurch verschmelzen die hinter Telekommunikation und Rundfunk stehenden Technologien, was als Konvergenz bezeichnet wird (siehe Kapitel 2.5.2). Als Reaktion darauf hat die EU 2003 einen einheitlichen Rechtsrahmen für die gesamte elektronische Kommunikationsinfrastruktur erlassen, der *technologieneutral* ausgestaltet ist. Die nationale Regulierung ist stark von diesen europäischen Richtlinien geprägt. Die Europäische Kommission und das GEREK versuchen eine europaweit einheitliche Umsetzung sicherzustellen, um so einen europäischen Binnenmarkt im Kommunikationsbereich zu schaffen (siehe Kapitel 6.3.2).

Während sich die Regulierung der meisten Wirtschaftssektoren auf eine Anwendung des Wettbewerbsrechts beschränkt (siehe Kapitel 12.1), ist dies bei der elektronischen Kommunikationsinfrastruktur nicht der Fall. Hier wird davon ausgegangen, dass sich ein funktionierender ökonomischer Wettbewerb nicht alleine über das Wettbewerbsrecht erreichen lässt. Denn die Gefahr, dass der Wettbewerb aufgrund einer Monopolsituation (z. B. Betreiber eines Kabelnetzes oder einer digitalen Plattform; ehemaliger Monopolist in der Telekommunikation) nicht funktioniert, ist groß. Mit Regulierung gilt es zu verhindern, dass die Eigentümer der Distributionsinfrastruktur konkurrierenden Medienangeboten den Zugang zu ihren Netzen und damit letztlich zum Publikum verweigern: «When individual firms have exclusive control over a vital activity of piece of infrastructure that all media suppliers need in order to reach viewers [...] then these firms are in a position to act as gatekeepers and to decide who may or may not be allowed market access» (Doyle 2002: 170). Und wenn diese Distributionsunternehmen sich gleichzeitig mit eigenen Medienangeboten um die Gunst der Konsumenten bemühen, so haben sie ein großes Interesse daran, die eigenen Angebote bevorzugt zu behandeln und Konkurrenzangeboten keinen Zugang zu ihrem Netz zu gewähren.

In Teilmärkten, in denen der Wettbewerb nicht funktioniert und ein Netzbetreiber über beträchtliche Marktmacht verfügt (40 bis 50 % Marktanteil), kommt deshalb über die wettbewerbsrechtliche Ex-post-Missbrauchskontrolle hinaus eine zusätzliche *asymmetrische Ex-ante-Regulierung* zum Einsatz (Art. 14 Abs. 2, Art. 15 Abs. 1 und Art. 16 Abs. 4 Richtlinie 2002/21/EG). Dies bedeutet, dass diesem Netzbetreiber von vornherein aufgrund seines hohen Marktanteils bestimmte weitergehende Pflichten auferlegt werden – und nicht erst im Nachhinein, sofern er seine Marktmacht auch tatsächlich missbraucht (vgl. Klotz 2003: 287). So können nationale Regulierungsbehörden Verpflichtungen zu Transparenz, Gleichbehandlung, getrennter Buchführung, Zugang oder kostenorientierten Preisen erlassen. Sollten diese Maßnahmen nicht greifen, können Unternehmen zu einer sogenannten ‹funktionalen Trennung› der Zuständigkeiten für Infrastruktur und darüber angebotene Dienste gezwungen werden (Art. 8-13a Richtlinie 2002/19/EG). Mit diesen Pflichten soll sichergestellt werden, dass Drittanbieter Zugang zur Kommunikationsinfrastruktur von Unternehmen mit beträchtlicher Marktmacht bekommen.

Von diesen asymmetrischen Zugangsverpflichtungen abgesehen, enthält der Rechtsrahmen der EU noch zahlreiche weitere Vorschriften:

- In den Mitgliedstaaten sind von der Politik *unabhängige Regulierungsbehörden* einzurichten (Art. 3 Richtlinie 2002/21/EG).
- Zur Bereitstellung elektronischer Kommunikationsnetze und -dienste sind zur Vereinfachung nur noch *Allgemeingenehmigungen* notwendig (Art. 3 Abs. 2 Richtlinie 2002/20/EG). Für Funkfrequenzen und Telefonnummern sind weiterhin individuelle Nutzungsrechte vorgesehen (siehe Kapitel 9.2); auch für Rundfunklizenzen gelten Ausnahmen (siehe Kapitel 10.3.3).
- Die Mitgliedstaaten haben die *Nutzung der Funkfrequenzen* EU-weit zu harmonisieren. Alle Frequenzbänder stehen dabei allen Diensten offen (Art. 9 Richtlinie 2002/21/EG). Ausnahmen existieren für den Rundfunk (siehe Kapitel 10.3.3).
- Die Unternehmen müssen *personenbezogene Daten schützen* und bei Verletzungen dieses Schutzes die Regulierungsbehörde und betroffene Personen informieren. Auch ist die Vertraulichkeit elektronischer Kommunikation sicherzustellen (Art. 4 und Art. 5 Richtlinie 2002/58/EG).

Trotz dieses einheitlichen Rechtsrahmens finden sich nach wie vor viele sektor-spezifische Vorschriften (siehe Kapitel 9.2, 10.3.3 und 11.3).

> Die elektronische Kommunikationsinfrastruktur ist europaweit einheitlich reguliert. Mit asymmetrischer Ex-ante-Regulierung wird dafür gesorgt, dass Netzbetreiber mit beträchtlicher Marktmacht ihren Konkurrenten Zugang zu ihren Netzen und Plattformen gewähren müssen.

12.3 Regulierung der Medienkonzentration

Eine Vielzahl an Medienorganisationen (strukturelle Vielfalt) dürfte eine not-wendige Voraussetzung für Vielfalt in den Medien (inhaltliche Vielfalt) sein (siehe Kapitel 1.1.2). Medienkonzentration, verstanden als Zusammenballung ökonomischer und publizistischer Größen, schränkt die strukturelle Vielfalt ein. Dabei müssen vier Formen der Medienkonzentration unterschieden werden (siehe Kapitel 3.1.2):

- *horizontale Konzentration:* Zusammenschluss innerhalb eines Marktes;
- *vertikale Konzentration:* Zusammenschluss von Unternehmen auf vor- und nachgelagerten Märkten;
- *multimediale Konzentration:* Zusammenschluss von Unternehmen in ver-schiedenen Mediensektoren;
- *konglomerate Konzentration:* Zusammenschluss von Medienunternehmen mit Unternehmen außerhalb des Mediensektors.

Mit Regulierung wird versucht, Konzentrationsprozesse zu verhindern. Um Marktversagen zu korrigieren und einen funktionierenden ökonomischen Wett-bewerb zu gewährleisten, wird einerseits der Wettbewerb mit der wettbewerbs-rechtlichen Fusionskontrolle staatlich reguliert (siehe Kapitel 12.1). Doch das Ziel, ökonomischen Wettbewerb sicherzustellen und Marktmacht zu ver-hindern, ist nicht deckungsgleich mit dem publizistischen Ziel der inhaltlichen Vielfalt (vgl. Mailänder 2000: 287). Anders ausgedrückt: Ökonomischer Wett-bewerb ist noch keine Garantie für publizistischen Wettbewerb. Und soll dieser aufrechterhalten oder gar gefördert werden, so kann sich der Staat nicht mit Wettbewerbsregulierung begnügen (siehe Kapitel 3.2). Deshalb kommt bei der Verhinderung von Konzentrationsprozessen auch medienspezifische Regulierung zum Zuge, welche die Besonderheiten von Medien berücksichtigt. «Media own-ership restrictions are generally intended to protect political and cultural plural-

ism which, as a policy objective, is quite different from promoting competition»
(Doyle 2002: 169).

12.3.1 Grundlagen der Konzentrationsregulierung

Fusionskontrolle

Für die Konzentrationsregulierung ist innerhalb des allgemeinen Wettbewerbsrechts die Fusionskontrolle von Relevanz. Diese vollzieht sich in zwei Schritten
(vgl. Puppis 2006b: 209f.). Zuerst wird geprüft, ob *formelle Aufgreifkriterien*
erfüllt sind. Nur wenn das durch den Zusammenschluss entstehende Unternehmen einen bestimmten Umsatz übersteigen würde, kann der Zusammenschluss von der Regulierungsbehörde für Wettbewerb geprüft werden.
Unterhalb dieser Umsatzschwelle wird keine Untersuchung eingeleitet. Diese
Umsatzschwellen liegen allerdings so hoch, dass Fusionen von Medienunternehmen nur selten geprüft werden. Teilweise gelten für Presse- und/oder Rundfunkunternehmen deshalb tiefere Umsatzschwellenwerte. So oder so werden
aber publizistische Machtstellungen nicht berücksichtigt (vgl. Wagner 1990:
169; Weber 1995: 49; Humphreys 1996: 94).

In ihrer Untersuchung prüft die Wettbewerbsbehörde den Zusammenschluss
zweitens anhand *materieller Eingreifkriterien*. Dabei wird betrachtet, ob ein
Zusammenschluss eine marktbeherrschende Stellung entstehen lässt oder noch
verstärkt. Ist dies der Fall, kann die Fusion untersagt oder mit Auflagen versehen
werden (vgl. Bohl 2000: 190f., 194). Ob ein Unternehmen eine marktbeherrschende Stellung innehat, wird am Marktanteil festgemacht. Um den
Marktanteil berechnen zu können, muss der relevante Markt bestimmt werden.
In Medienmärkten ist diese *Marktabgrenzung* besonders kompliziert. So müssen
vor- und nachgelagerte Märkte sowie Publikums- und Werbemärkte unterschieden werden, die sich geografisch und je nach Medium (Zeitung, Radio,
Fernsehen) wiederum unterscheiden (vgl. Heinrich 2001: 123; 1999: 256ff.;
Napoli 2001: 157).

Eine Marktabgrenzung ist nicht nur eine Voraussetzung für die Beurteilung
von Zusammenschlüssen, sondern auch für die Berechnung der Konzentration.
Grundsätzlich können drei Herangehensweisen zur Konzentrationsmessung
unterschieden werden:

- Erstens kann das Ausmaß des ökonomischen Wettbewerbs daran fest gemacht werden, wie viele Unternehmen in einem Markt als Anbieter auf-
  treten. Dies erlaubt indes keine Aussage über die Verteilung der Einnahmen
  zwischen den einzelnen Unternehmen. Die Feststellung, dass in einem Markt

zehn Anbieter tätig sind, sagt noch nichts darüber aus, wie gut der ökonomische Wettbewerb funktioniert – schließlich könnten einige wenige
dieser Unternehmen den Markt auch dominieren (vgl. Napoli 2001: 171).

- Zweitens kann die Konzentrationsrate (Concentration Ratio, CR) berechnet
  werden. Gemessen wird der Marktanteil (meist am Umsatz) der größten
  Unternehmen in einem Markt. Ein CR3-Wert von 76 beispielsweise bedeutet, dass die drei umsatzstärksten Unternehmen 76 % des Gesamt-
  umsatzes im Markt auf sich vereinen. Ein Nachteil dieser Methode ist, dass
  man über die anderen Anbieter im Markt keine Informationen erhält (vgl.
  Heinrich 2001: 122; 1999: 230). Ein CR3 bis 35 benennt eine tiefe
  Konzentration, ein Wert zwischen 36 und 55 eine mäßige und ein Wert von
  56 oder höher eine hohe Konzentration (vgl. Ward 2004).

- Eine dritte Möglichkeit zur Messung der Konzentration besteht darin, den
  Herfindahl-Hirschman-Index (HHI) zu berechnen. Dieser berücksichtigt
  nicht nur alle Unternehmen in einem Markt, sondern trägt auch deren unterschiedlichen Größen Rechnung. Zur Berechnung des HHI werden die (Um-
  satz- oder Publikums-)Marktanteile (m) aller Unternehmen ins Quadrat
  gesetzt und miteinander addiert. Märkte mit einem HHI unter 1.000 gelten
  als gering oder nicht konzentriert, zwischen 1.000 und 1.800 als mäßig
  konzentriert und über 1.800 als stark konzentriert (vgl. Heinrich 2001: 123;
  Napoli 2001: 171).

$$HHI = \sum_{i=1}^{n} (m_i)^2$$

Ein Beispiel: In einem Markt gibt es sechs Fernsehsender. Ein Sender hat
einen Marktanteil von 60 %, die anderen einen Marktanteil von je 8 %. Der
HHI liegt mit 3.920 sehr hoch ($60^2 + 8^2 + 8^2 + 8^2 + 8^2 + 8^2$). Hat dagegen ein
Sender einen Markanteil von 20 % und die anderen fünf von je 16 %, so
liegt der HHI nur bei 1.680 ($20^2 + 16^2 + 16^2 + 16^2 + 16^2 + 16^2$).

Größtes Problem einer solchen rein ökonomischen Vorgehensweise ist, dass aus
wettbewerbsrechtlicher Sicht kein einheitlicher Medienmarkt existiert. Vielmehr
werden Print-, Radio- und Fernsehmärkte getrennt betrachtet (vgl. Bohl 2000:
201). Damit kann mit der Fusionskontrolle lediglich horizontale Konzentration
erfasst werden. Vertikale und multimediale Zusammenschlüsse dagegen lassen
sich kaum erfassen – und damit auch nicht untersagen. Aus publizistischer Sicht
wäre aber eine Beurteilung der Konzentration in den Medien insgesamt notwendig, «weil von der funktionalen Unteilbarkeit des für die Meinungsbildung
relevanten Meinungsmarktes auszugehen ist und weil es für die Meinungsbildung und Meinungsvielfalt nicht darauf ankommen kann, in welchem
Medium die Meinungen verbreitet werden» (Heinrich 1999: 265). Somit sind

multimediale Konzentrationsprozesse, z. B. Fusionen von Presse- und Rundfunkorganisationen, durchaus bedenklich. Nicht nur besteht die Gefahr publizistischer Machtballung, die Unternehmen nutzen ihre verschiedenen Angebote (Zeitungen, Zeitschriften, Radiosender, Fernsehsender, Onlineangebote) auch zur Cross-Promotion.

Ein weiteres Problem der Fusionskontrolle ist, dass nur externes Unternehmenswachstum (d. h. Zusammenschlüsse) erfasst wird. Internes Unternehmenswachstum, z. B. der Ausbau des Marktanteils bestehender Medien oder der Start neuer Zeitungstitel und Sender durch bestehende Unternehmen, wird dagegen nicht reguliert. Internes Wachstum gilt wettbewerbsrechtlich als weniger problematisch, da es die Folge größerer unternehmerischer Effizienz darstellt. Aus medienpolitischer Perspektive indes ist Konzentration aufgrund internen Wachstums genauso problematisch wie aufgrund von Fusionen (vgl. Heinrich 1999: 229; Weber 1995: 49f.).

> Zusammenschlüsse werden wettbewerbsrechtlich geprüft, wenn gewisse Umsatzschwellen überschritten werden (formelles Aufgreifkriterium). Untersagt wird eine Fusion aber nur, wenn dadurch eine marktbeherrschende Stellung entsteht oder ausgebaut wird (materielles Eingreifkriterium).

Medienspezifische Konzentrationsregulierung

Um die Defizite der wettbewerbsrechtlichen Fusionskontrolle auszugleichen, kann zusätzlich eine medienspezifische Konzentrationsregulierung zum Zuge kommen, welche der Aufrechterhaltung des publizistischen Wettbewerbs und damit der publizistischen Vielfalt dienen soll. Denn: «[...] competition legislation is considered insufficient to secure media pluralism. The purpose of mediaspecific regulation is to secure freedom of expression and information» (Council of Europe 2002: 8). Die Regulierungsinstrumente (siehe Abb. 49) können danach differenziert werden, ob sie der Verhinderung horizontaler, vertikaler oder multimedialer Konzentration dienen sollen (vgl. Puppis 2006b: 211-214; basierend auf Nikoltchev 2001: 2f.; Mailänder 2000: 289-321; Ossyra 1999: 22-25; Weber 1995: 133-144; Council of Europe 2002: 10-13).

Bei der *Regulierung horizontaler Konzentration* lassen sich vier Modelle unterscheiden:

- *Zulassungsmodell* (auch: Sendelizenzen- oder Lizenzinhabermodell): Ein Unternehmen darf nur eine bestimmte Anzahl von Lizenzen erwerben und damit nur eine begrenzte Anzahl von Rundfunkprogrammen verbreiten (resp.

nur an einer bestimmten Anzahl Lizenzen direkt oder indirekt beteiligt sein). Ein Sonderfall des Zulassungsmodells ist das Verbot von Mehrfachbeteiligungen (d. h. nur eine Lizenz darf erworben werden).

Abb. 49: Instrumente der Medienkonzentrationsregulierung

Wettbewerbsregulierung		
Fusionskontrolle		formelle Aufgreifkriterien (Umsatzschwellen)
		materielle Eingreifkriterien (marktbeherrschende Stellung)
Medienregulierung		
horizontale Konzentration	Zulassungsmodell	Beschränkung der Anzahl Lizenzen pro Medienunternehmen
	Beteiligungsmodell	Beschränkung der zulässigen Beteiligung an Medienunternehmen
	Zuschauer-/Hörer-/ Leseranteilsmodell	Beschränkung des zulässigen Zuschauermarktanteils pro Medienunternehmen
	Einnahmenanteilsmodell	Beschränkung der zulässigen Einnahmen pro Medienunternehmen (z. B. Werbemarktanteil)
vertikale Konzentration	Marktzugangsmodell	Offenhaltung des Marktzugangs
	Einnahmenanteilsmodell	Ausweitung des Modells auf vor-/ nachgelagerte Märkte
	sektorales Begrenzungsmodell	Ausweitung des Modells auf vor-/ nachgelagerte Märkte
multimediale Konzentration	sektorales Begrenzungsmodell	Beschränkung der Tätigkeiten eines Unternehmens auf bestimme Mediensektoren
	Rezipientenanteilsmodell	Beschränkung des zulässigen Rezipientenmarktanteils (alle Medien) pro Medienunternehmen
	Einnahmenanteilsmodell	Ausweitung des Modells auf alle Medienmärkte

Quelle: Puppis (2006b: 214)

- *Beteiligungsmodell* (auch: Kapitalanteils- oder Anbietergemeinschaftsmodell): Die Beteiligung an Medienunternehmen wird beschränkt, d. h. nur ein bestimmter Anteil an einem Medienunternehmen darf durch eine Person gehalten werden. Damit wird an der Veranstalterstruktur angeknüpft. Allerdings besteht die Gefahr, dass solche Regulierung durch undurchsichtige gesellschaftsrechtliche Verschachtelungen unterlaufen wird und dass es zur Bildung von Anbietergemeinschaften (‹Senderfamilien›) kommt.
- *Zuschauer-* resp. *Hörer-* oder *Leseranteilsmodell:* Unternehmen wird nicht vorgeschrieben, wie viele Sender oder Zeitungen sie betreiben dürfen. Lediglich der Marktanteil aller einem Unternehmen zurechenbaren Programme oder Titel darf eine bestimmte Schwelle nicht überschreiten. Ausgangspunkt der Regulierung ist folglich nicht das Medieneigentum, sondern der Erfolg von Medien auf dem Publikumsmarkt.
- *Einnahmenanteilsmodell* (auch: Werbemarkt- oder Umsatzanteilsmodell): Nicht der Marktanteil auf dem Publikums-, sondern auf dem Werbemarkt wird begrenzt. Eine Variante besteht darin, anstelle der eingenommenen Werbeeinnahmen den erreichten Umsatz zu berücksichtigen. So wird eine Obergrenze der Einnahmen festgelegt, die ein Unternehmen erwirtschaften darf (in % der Gesamteinnahmen des Sektors).

Zur *Regulierung vertikaler Konzentration* sind drei Modelle denkbar:
- *Marktzugangsmodell:* Die Anbieter auf vorgelagerten Märkten werden verpflichtet, ihre Inhalte zu gleichen Bedingungen allen Nachfragern anzubieten. Relevanz gewinnt allerdings der umgekehrte Fall: Distributionsunternehmen können verpflichtet werden, Angeboten verschiedener Medienunternehmen Zugang zu ihren Netzen zu gewähren.
- *Einnahmenanteilsmodell:* Der zulässige Marktanteil auf der Einnahmenseite kann die Stellung auf vor- und nachgelagerten Märkten berücksichtigen.
- *Sektorales Begrenzungsmodell:* Die Einschränkung der Anzahl Sektoren, in denen ein Medienunternehmen tätig sein darf (siehe unten), kann auch die Stellung auf vor- und nachgelagerten Märkten berücksichtigen.

Zumindest drei Modelle zur *Regulierung multimedialer Konzentration* lassen sich voneinander differenzieren:
- *Sektorales Begrenzungsmodell:* Die Anzahl Mediensektoren (z. B. Presse, Radio, terrestrisches Fernsehen etc.), in denen ein Medienunternehmen tätig sein darf, wird beschränkt. Ziel ist es, so den durch die verschiedenen Medien eines Unternehmens erreichten Bevölkerungsanteil zu begrenzen. Eine Variante besteht darin, die Höhe des Marktanteils auf einigen Medienmärkten als Argument für ein Verbot oder eine Begrenzung der Tätigkeit in anderen Medienmärkten anzuführen.

- *Rezipientenanteilsmodell* (auch: Mediennutzungsmodell): Der zulässige Marktanteil auf dem Publikumsmarkt insgesamt wird begrenzt, d. h., alle Medienmärkte werden in die Berechnung einbezogen.
- *Einnahmenanteilsmodell* (auch: Werbemarktanteilsmodell, Umsatzanteilsmodell): Der zulässige Marktanteil auf der Einnahmenseite wird auf alle Medienmärkte ausgedehnt. Unternehmen, die sowohl im Rundfunk- als auch im Printbereich tätig sind, dürfen nur einen bestimmten Anteil an den in beiden Märkten insgesamt generierbaren Einnahmen auf sich vereinen.

Ferner existieren Beteiligungsschranken, die dem Schutz des einheimischen Mediensystems dienen: Der Besitz von Medienunternehmen durch Ausländer ist teilweise eingeschränkt (vgl. Trappel/Meier 1998: 196). Auch der Besitz durch bestimmte Organisationen (z. B. politischer oder religiöser Art) kann untersagt sein (vgl. KEK 2000: 392).

Trotz dieser Vielzahl möglicher Instrumente zur Regulierung von Medienkonzentration vollziehen sich national wie transnational weiter Konzentrationsprozesse. Der Konzentrationsgrad in den verschiedenen Medienmärkten in fast allen westeuropäischen Ländern ist sehr hoch. Im Radio- und Fernsehmarkt ist ein CR3-Wert von über 70 schon fast die Regel; im Tageszeitungsmarkt sieht die Situation leicht besser aus (vgl. Ward 2004; Meier/Trappel 2006: 235). In den deutschsprachigen Ländern haben die öffentlichen Sender zusammengenommen den größten Zuschauermarktanteil. Zudem spielen in Österreich und der Deutschschweiz inländische Privatsender – verglichen mit der deutschen Konkurrenz – nur eine marginale Rolle (siehe Abb. 50). Auch der Suchmaschinenmarkt zeichnet sich bereits heute durch eine starke Konzentration aus. Mit Google, Yahoo! und Microsoft (MSN, Live Search, Bing) beherrschen drei Unternehmen den Markt.

Die existierende Medienkonzentrationsregulierung wird von der Wissenschaft deshalb stark kritisiert. Die Notwendigkeit einer Regulierung von Medienkonzentration wird nicht bestritten – im Gegenteil. Doch die Kritik lautet, dass mit der bestehenden Regulierung Konzentration gar nicht verhindert werden soll. Die politischen Entscheidungsträger orientierten sich stark an den wirtschaftlichen Interessen der Medienbranche. Um eine international konkurrenzfähige inländische Medienindustrie aufbauen zu können, werde Konzentration auf nationaler Ebene akzeptiert. Der Politik fehle der Wille zu einer effektiven Medienkonzentrationsregulierung: Nicht Verhinderung, sondern Förderung von Konzentration sei das eigentliche Ziel der Politik und durch diese Konzentrationsförderung würden Wirtschaftsförderung und Standortpolitik betrieben (vgl. Knoche 1999a: 129; 1996: 105; Grisold 2004: 113f.; Humphreys 1996: 224).

Abb. 50: TV-Marktanteile: Deutschland, Österreich, Deutschschweiz (2009)

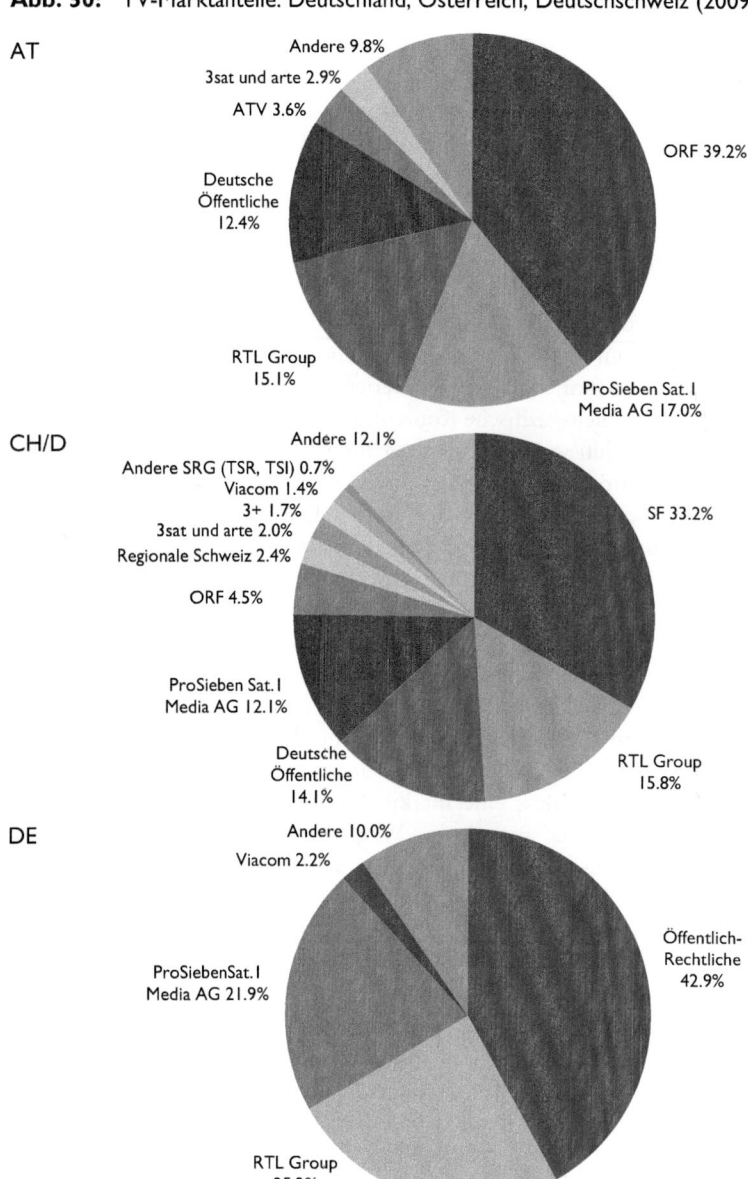

AT

Andere 9.8%
3sat und arte 2.9%
ATV 3.6%
Deutsche Öffentliche 12.4%
ORF 39.2%
RTL Group 15.1%
ProSieben Sat.1 Media AG 17.0%

CH/D

Andere 12.1%
Andere SRG (TSR, TSI) 0.7%
Viacom 1.4%
3+ 1.7%
3sat und arte 2.0%
Regionale Schweiz 2.4%
ORF 4.5%
SF 33.2%
ProSieben Sat.1 Media AG 12.1%
Deutsche Öffentliche 14.1%
RTL Group 15.8%

DE

Andere 10.0%
Viacom 2.2%
ProSiebenSat.1 Media AG 21.9%
Öffentlich-Rechtliche 42.9%
RTL Group 25.2%

Quellen: Medienforschung ORF (2010), TV-Panel Mediapulse 2009 und AGF (2010);
24-Stunden-Marktanteile bei den Zuschauern ab 3 Jahren (Österreich: ab 12 Jahren)

Instrumente medienspezifischer Konzentrationsregulierung können danach unterschieden werden, ob sie der Verhinderung horizontaler, vertikaler oder multimedialer Konzentration dienen sollen. Konzentrationsprozesse werden durch Regulierung indes kaum verhindert. Häufig kritisiert wird der fehlende politische Wille zu einer effektiven Medienkonzentrationsregulierung.

12.3.2 Medienkonzentrationsregulierung in Europa

Eine Fusionskontrolle findet sich sowohl auf europäischer Ebene (EU) als auch in allen Ländern auf nationalstaatlicher Ebene. National unterschiedlich ist hingegen, ob tiefere formelle Aufgreifkriterien für Medienfusionen vorgesehen sind und ob eine medienspezifische Konzentrationsregulierung existiert.

Für Zusammenschlüsse von Bedeutung für den gemeinsamen Binnenmarkt gilt die Fusionskontrollverordnung der *Europäischen Union* (siehe Kapitel 6.3.2). Zusammenschlüsse müssen bei der Generaldirektion ‹Wettbewerb› der Europäischen Kommission angemeldet und von dieser geprüft werden, wenn die beteiligten Unternehmen einen gemeinsamen weltweiten Umsatz von über € 5 Milliarden und mindestens zwei der Unternehmen einen gemeinschaftsweiten Umsatz von jeweils über € 250 Millionen auf sich vereinen (Art. 1 Abs. 2 FKVO). Fusionen müssen zudem geprüft werden, wenn sie bestimmte andere Aufgreifkriterien erfüllen (Art. 1 Abs. 3). Hingegen findet keine Prüfung statt, wenn die beteiligten Unternehmen jeweils mehr als zwei Drittel ihres gemeinschaftsweiten Umsatzes in ein und demselben Mitgliedstaat erzielen. Wenn durch den Zusammenschluss eine marktbeherrschende Stellung entsteht oder verstärkt wird, ist dieser unzulässig. Was genau eine marktbeherrschende Stellung ist, wird indes nicht allgemeingültig definiert (vgl. Holtz-Bacha 2006: 190). Tiefere formelle Aufgreifkriterien für Fusionen von Medienunternehmen gibt es keine.

Eine medienspezifische Konzentrationsregulierung existiert auf europäischer Ebene nicht. Entsprechende Bemühungen in den 1990er Jahren scheiterten (vgl. Puppis 2006a: 224). In einem Richtlinienentwurf schlug die Kommission im Fernsehsektor eine Begrenzung des maximal erlaubten Zuschaueranteils auf 30 % vor. Eine analoge Regelung sollte für den Hörfunk gelten. Für Verflechtungen zwischen Rundfunk und Presse war eine Begrenzung des Rezipientenanteils auf 10 % vorgesehen (vgl. Bohl 2000: 238f.; KEK 2000: 81; Mailänder 2000: 330). Verabschiedet wurde der Entwurf nie. Seither hat das Europäische Parlament wiederholt eine Direktive zur Medienkonzentration gefordert – Folgen hatte dies bisher keine (vgl. Wheeler 2004: 360). Dies mag auch daran liegen, dass die EU vor einem Konflikt zwischen industrie- und wettbewerbspolitischen Zielen steht (vgl. Pauwels 1997: 58). Immerhin beschäftigt sich die Generaldirektion ‹Informationsgesellschaft und Medien› derzeit mit Möglichkeiten, die Medienvielfalt in den Mitgliedstaaten zu messen.

Den EU-Mitgliedstaaten ist es erlaubt, «geeignete Maßnahmen zum Schutz anderer berechtigter Interessen als derjenigen [zu] treffen, welche in dieser Verordnung berücksichtigt werden» (Art. 21 Abs. 4 FKVO). Hierzu zählt auch die Medienvielfalt. Dies bedeutet, dass die einzelnen Länder zur Regulierung von Medienkonzentration zusätzliche Maßnahmen ergreifen dürfen (vgl. Pauwels 1997: 60; Weber 1995: 47; Palzer/Hilger 2001: 7). Denkbar sind einerseits tiefere Umsatzschwellenwerte bei der Fusionskontrolle von Medienzusammenschlüssen im Wettbewerbsrecht oder eine Regulierung der Konzentration in der Medien- und Rundfunkgesetzgebung.

Für die Fusionskontrolle auf *nationaler Ebene* sind Wettbewerbsbehörden zuständig, welche damit neben den sektorspezifischen Regulierungsbehörden für Rundfunk und/oder Telekommunikation wichtige Regulierungsakteure im Medien- und Telekommunikationssektor sind (siehe Kapitel 5.2). Die Fusionskontrolle funktioniert – abgesehen von den genauen formellen Aufgreifkriterien – überall sehr ähnlich. Doch bei Weitem nicht in allen westeuropäischen Ländern finden sich tiefere formelle Aufgreifkriterien für Medienfusionen.

In *Deutschland* existieren für Fusionen von Presse- oder Rundfunkunternehmen 20mal tiefere formelle Aufgreifkriterien. Medienfusionen werden geprüft bei einem gemeinsamen weltweiten Umsatz der beteiligten Unternehmen von über € 25 Millionen, sofern eines der Unternehmen mindestens einen Umsatz von über € 1.25 Millionen in Deutschland hat (§ 38 Abs. 3 GWB).

Auch in *Österreich* sind für Zusammenschlüsse von Medienunternehmen tiefere formelle Aufgreifkriterien als für andere Unternehmen vorgesehen (200mal tiefer für Medienunternehmen und Mediendienste; 20mal tiefer für Medienhilfsunternehmen wie Druckereien, Werbevermarkter und Distributionsunternehmen). Zusammenschlüsse sind bei der Bundeswettbewerbsbehörde anzumelden, wenn der weltweite Umsatz € 1.5 Millionen (Medienhilfsunternehmen: € 15 Millionen) und der Umsatz im Inland € 150.000 (Medienhilfsunternehmen: € 1.5 Millionen) übersteigen sowie wenn mindestens zwei der beteiligten Unternehmen weltweit einen Umsatz von über € 5 Millionen haben. Ausgenommen von der Meldepflicht sind Fusionen, bei denen nur eines der beteiligten Unternehmen im Inland einen Umsatz von mehr als € 5 Millionen hat und die übrigen Unternehmen weltweit nicht mehr als € 150.000 (Medienhilfsunternehmen: € 1.5 Millionen) Umsatz haben (§ 9 Abs. 3 KartG). Entsteht durch die Fusion eine marktbeherrschende Stellung oder wird eine solche verstärkt, so ist sie vom Kartellgericht zu untersagen (§ 12 Abs.

1). Medienzusammenschlüsse sind «auch dann zu untersagen, wenn zu erwarten ist, dass durch den Zusammenschluss die Medienvielfalt beeinträchtigt wird» (§ 13 Abs. 1). Aber auch wenn eines dieser materiellen Eingreifkriterien erfüllt ist, kann der Zusammenschluss dennoch genehmigt werden, wenn er «zur Erhaltung oder Verbesserung der internationalen Wettbewerbsfähigkeit der beteiligten Unternehmen notwendig und volkswirtschaftlich gerechtfertigt ist» (§ 12 Abs. 2 Ziff. 2) – womit die Regulierung stark aufgeweicht wird.

Bis 2004 galten in der *Schweiz* für Zusammenschlüsse im Medienbereich 20mal tiefere Umsatzschwellenwerte. Heute enthält das Wettbewerbsrecht für Medienfusionen keine besonderen Vorschriften mehr. Mittelständische Medienunternehmen unterschreiten die Umsatzschwelle von CHF 100 Millionen, weshalb Fusionen zwischen diesen nicht mehr geprüft werden können (vgl. Maag 2002: 27f.).

Ob medienspezifische Konzentrationsvorschriften existieren und wie umfangreich diese ausgefallen sind, unterscheidet sich von Land zu Land. Aber sogar wenn Regulierung implementiert wurde, so betrifft diese häufig nur den Rundfunk oder gar nur das Fernsehen. Das Ziel einer alle Massenmedien umfassenden einheitlichen Konzentrationsregulierung wird damit verfehlt. Zudem wurden in den letzten Jahren viele Regulierungsmaßnahmen abgeschafft.

In *Deutschland* wurde von den für privaten Rundfunk zuständigen Landesmedienanstalten die Kommission zur Ermittlung von Konzentration im Medienbereich (KEK) geschaffen. Unternehmen dürfen bundesweit eine unbegrenzte Anzahl von Programmen veranstalten, solange dadurch keine «vorherrschende Meinungsmacht» erreicht wird (§ 26 Abs. 1 RStV). Generell wird vermutet, dass dies bei einem Zuschaueranteil von 30 % der Fall ist (Zuschaueranteilsmodell). Der Wert liegt allerdings sehr hoch. An der 30-%-Hürde wird deshalb kritisiert, dass damit die faktische Aufteilung des deutschen Fernsehmarktes nachträglich abgesegnet wurde. Keine der großen Fernsehgruppen muss sich derzeit Sorgen machen, den Wert zu überschreiten (vgl. Puppis 2006a: 229f.). Hat das Unternehmen bereits eine marktbeherrschende Stellung auf einem medienrelevanten verwandten Markt oder ergibt eine Gesamtbeurteilung der Unternehmensaktivitäten im Fernsehen und auf medienrelevanten verwandten Märkten, dass der dadurch erzielte Meinungseinfluss dem eines Unternehmens mit einem Zuschauermarktanteil von 30 % entspricht (§ 26 Abs. 2), gilt ein Umsatzschwellenwert von 25 %. In Ansätzen wird damit auch vertikale und multimediale Konzentration erfasst. Ferner darf nicht vergessen werden, dass in Landesmediengesetzen teilweise Schranken für regionale oder lokale Zeitungen bestehen, sich an regionalen oder lokalen Rundfunkstationen zu beteiligen (vgl. Council of Europe 2002: 12; Häussermann/Scheuer 2001: 13). Werden regionale Fensterprogramme im Programm integriert, sind nach einer

Bonusregelung 2 % vom tatsächlichen Zuschaueranteil abzuziehen; bei gleichzeitiger Aufnahme von Sendezeit für unabhängige Dritte kommen weitere 3 % in Abzug (§ 26 Abs. 2). De facto wird so die Umsatzschwelle wieder um 5 % auf 30 % angehoben.

Für die Medienkonzentrationsregulierung in *Österreich* ist der Begriff des Medienverbundes von Relevanz. Ein Medienverbund liegt dann vor, wenn zwei Unternehmen, von denen mindestens eines ein Medienunternehmen sein muss (Herausgeber einer Tages- oder Wochenzeitung; Inhaber einer Radio- oder Fernsehlizenz), sich aneinander beteiligen. Lizenzen werden eben häufig nicht an ein einzelnes Unternehmen, sondern an einen Medienverbund vergeben (vgl. BKA 2009). Im Privatfernsehmarkt dürfen Unternehmen mehrere Lizenzen für terrestrisches Fernsehen halten, sofern sich die Versorgungsgebiete nicht überschneiden (§ 11 Abs. 1 AMD-G). Damit ist ausgeschlossen, dass ein Unternehmen gleichzeitig eine bundesweite und eine regionale Zulassung innehat (vgl. Steinmaurer 2002: 55; BKA o.J.-b: 3). Zudem darf ein Medienverbund in einem Versorgungsgebiet nicht mehr als einen terrestrischen Radio- und zwei terrestrische Fernsehsender verbreiten (§ 11 Abs. 4). Dieses Zulassungsmodell wird ergänzt durch ein sektorales Begrenzungsmodell, womit auch multimediale und vertikale Konzentration reguliert wird: Medienunternehmen dürfen kein Privatfernsehen veranstalten, wenn sie bereits im terrestrischen Hörfunk, in der Tagespresse, in der Wochenpresse oder in Kabelnetzen eine Reichweite von über 30 % haben (§ 11 Abs. 2 und Abs. 3). Auch im Privatradiomarkt gilt ein Zulassungsmodell und ein Unternehmen darf mehrere Lizenzen für analoges Privatradio besitzen, sofern sich die Versorgungsgebiete nicht überschneiden (§ 9 Abs. 1 PrR-G). Damit kann ein Unternehmen zwar nicht gleichzeitig bundesweites und regionales Radio veranstalten, aber die Versorgung von acht Millionen Einwohnern (faktisch die Abdeckung des gesamten Bundesgebietes) mit Radiosendern ist erlaubt (vgl. BKA o.J.-a: 5). Weitere Lizenzen an dieses Unternehmen dürfen dann allerdings nicht mehr vergeben werden. Handelt es sich aber um einen Medienverbund, so darf ein anderes Unternehmen des Medienverbundes maximal weitere vier Millionen Einwohner mit analogen Radiosendern erreichen (§ 9 Abs. 2). Ausgeschlossen ist jedoch, dass ein Versorgungsgebiet von den Unternehmen eines Medienverbundes mit mehr als zwei analogen und zwei digitalen Radiosendern abgedeckt wird (§ 9 Abs. 3).

Die Regulierung der Rundfunkkonzentration in der *Schweiz* beschränkt sich auf ein sehr mild ausgefallenes Zulassungsmodell. Ein Unternehmen darf nicht mehr als zwei Konzessionen für Radio- und zwei Konzessionen für Fernsehsender besitzen (Art. 44 Abs. 3 RTVG). Allerdings benötigen Radio- und Fernsehsender keine Konzession mehr (siehe Kapitel 10.1.3). Damit kann ein Unternehmen eine unbeschränkte Anzahl von Sendern ohne Konzession besitzen. Zudem kann die Regulierungsbehörde nur Maßnahmen ergreifen, wenn ein Unternehmen durch den Missbrauch seiner marktbeherrschenden Stellung die Meinungs- und Angebotsvielfalt gefährdet (Art. 75 Abs. 1).

Eine Fusionskontrolle innerhalb des Wettbewerbsrechts existiert auf europäischer und nationalstaatlicher Ebene. Daneben haben mehrere Staaten auch medienspezifische Instrumente der Konzentrationsregulierung implementiert. Allerdings wurden in den letzten Jahren bestehende Vorschriften teilweise abgeschafft oder zumindest stark gelockert.

12.4 Regulierung der Arbeitsprozesse und Inhalte

12.4.1 Schranken der Medienfreiheit

Während Radio, Fernsehen und nicht-lineare audiovisuelle Mediendienste einer Regulierung der Inhalte unterstehen, ist dies bei Presseerzeugnissen nicht der Fall. Indes existieren für alle Medien gewisse Schranken der Meinungs- und Berichterstattungsfreiheit, da die Medienfreiheit gegen andere Grundrechte abzuwägen ist.

Auf internationaler Ebene untersagt der UNO-Pakt über bürgerliche und politische Rechte willkürliche Eingriffe in Privatleben und Schriftverkehr sowie Beeinträchtigungen von Ehre und Ruf (Art. 17). In ähnlicher Weise schützt die EMRK das Recht auf Privat- und Familienleben (Art. 8). Entsprechend existiert auf nationaler Ebene ein Persönlichkeits- und Ehrenschutz, der vor Beleidigungen und Verleumdungen schützt und das Recht am eigenen Bild gewährt. Ebenso besteht ein Schutz gegen Geschäftsschädigung. Diese Schutzbestimmungen für von der Berichterstattung betroffene Personen werden durch strafrechtliche Bestimmungen ergänzt. Diese betreffen insbesondere rassistische Äußerungen oder pornografische Darstellungen. Zusätzlich haben Medien dem Recht auf Gegendarstellung nachzukommen. Ist eine Person oder Organisation von einer Berichterstattung betroffen, kann sie – unabhängig vom Wahrheitsgehalt der Berichterstattung – eine Gegendarstellung verlangen, um ihre Sichtweise darzulegen. Eine vertiefte Auseinandersetzung mit diesen Schranken der Medienfreiheit kann an dieser Stelle aber nicht erfolgen. Hierzu bieten sich länderspezifische Darstellungen des Medienrechts an.

Weiter existieren in den jeweiligen Ländern Werbeverbote, an welche sich auch die Medien zu halten haben. Für EU- und EWR-Mitgliedstaaten gilt zudem die Tabakwerberichtlinie (Richtlinie 2003/33/EG), welche Werbung für

Tabakerzeugnisse, ergänzend zur AVMD-Richtlinie, auch in Presse, Hörfunk und Diensten der Informationsgesellschaft verbietet.

12.4.2 Medienethische Richtlinien

Weitergehende staatliche Einschränkungen und Regulierungen der Medieninhalte (mit Ausnahme von Rundfunk und Mediendiensten) existieren nicht. Doch in vielen europäischen Ländern gibt es mit Presse- oder Medienräten Selbstregulierungsorganisationen (siehe Kapitel 5.3.1), welche über die Einhaltung ethischer Richtlinien bezüglich journalistischer Arbeitsprozesse und Berichterstattung wachen (vgl. Puppis 2009b: 68). Die Richtlinien betreffen damit einen Bereich, der von Gesetzen nicht abgedeckt wird:

> «The press councils' task is to ensure that the press adheres to its professed ethics, and they therefore focus on violations with no direct statutory control. [...] The rules dealt with in codes of conduct [...] apply to an area where there tends to be no statutory control» (Tambini/Leonardi/Marsden 2008: 68).

Die Richtlinien enthalten Vorschriften bezüglich publizistischer Verantwortung sowie journalistischer Fairness und Sorgfalt. Der Inhalt der Kodizes in den verschiedenen europäischen Ländern stimmt weitgehend überein (vgl. Tambini/Leonardi/Marsden 2008: 69f.):

> «[...] the most common principles in the European codes emphasize different aspects of truthfulness, the need to protect the integrity and independence of journalists, the responsibility of journalists in forming public opinion, fair means in the gathering and presentation of information, protection of the rights of sources and referents, and the freedom to express and communicate ideas and information without hindrance» (Laitila 1995: 538).

Die Qualität der Medieninhalte ist dagegen nicht Gegenstand der Selbstregulierung, auch wenn mit Kodizes und Presseräten dazu vielleicht ein Beitrag geleistet werden kann.

Von wenigen Ländern abgesehen (so z. B. Deutschland und Österreich) sind Presseräte nicht ausschließlich für die Printmedien, sondern auch für Rundfunk und Onlineangebote zuständig.

Die Medienfreiheit ist eingeschränkt durch Schutzbestimmungen für Betroffene und strafrechtliche Bestimmungen. Zudem existieren ethische Richtlinien für journalistische Arbeitsprozesse und Berichterstattung.

Übungen

1. Wie unterscheidet sich die wettbewerbsrechtliche Missbrauchskontrolle von der Art und Weise, wie Netzbetreiber mit beträchtlicher Marktmacht reguliert werden?
2. Wie unterscheidet sich die wettbewerbsrechtliche Fusionskontrolle von der medienspezifischen Konzentrationsregulierung?
3. Wieso sieht sich die medienspezifische Konzentrationsregulierung starker Kritik ausgesetzt?
4. Beschreiben Sie die vier Formen der Medienkonzentration. Überlegen Sie sich je ein praktisches Beispiel.
5. Die Unternehmen in einem Fernsehmarkt haben folgende Marktanteile: 42.9, 25.2, 21.9, 2.2, 1.0, 0.9, 0.9, 0.7, 0.6, 0.1. Berechnen Sie CR3 und HHI. Raten Sie: Um welches Land handelt es sich?

Literatur

Heinrich, Jürgen (1999): Medienökonomie. Band 2: Hörfunk und Fernsehen. Opladen/Wiesbaden [Kapitel 7].

Erläuterung der Ursachen und Folgen von Medienkonzentration sowie des Zusammenhangs von Konzentration und Vielfalt.

Knoche, Manfred (1996): Konzentrationsförderung statt Konzentrationskontrolle. Die Konkordanz von Medienpolitik und Medienwirtschaft. In: Mast, Claudia (Hrsg.): Markt – Macht – Medien. Publizistik im Spannungsfeld zwischen gesellschaftlicher Verantwortung und ökonomischen Zielen. Konstanz, S. 105-117.

Kritik der Medienkonzentrationsregulierung und Infragestellung des politischen Willens zu einer effektiven Regulierung.

Konklusion: Veränderte Rahmenbedingungen für Medienpolitik und Medienregulierung

Medienpolitik, so haben wir im Verlauf dieses Buches gesehen, ist ein vielfältiges Forschungsgebiet. Medienpolitik bezeichnet jenes Handeln, das auf die Herstellung und Durchsetzung allgemein verbindlicher Regeln und Entscheidungen über Medienorganisationen und die massenmediale öffentliche Kommunikation abzielt. Verschiedene Aspekte können betrachtet werden: die medienpolitischen Strukturen (Polity); der medienpolitische Prozess und die daran beteiligten Akteure, welche versuchen, ihre Interessen durchzusetzen (Politics); sowie die medienpolitischen Regeln und Entscheidungen (Policy). Besonders interessant ist die Untersuchung von Medienregulierung. Diese stellt den eigentlichen Kern von Medienpolitik dar, nämlich die letztlich gefällten Entscheidungen und deren Implementation durch bestimmte Akteure.

Traditionell lassen sich drei verschiedene Modelle der Medienregulierung unterscheiden (Print, Common Carrier, Rundfunk). Zudem ist ein neues Modell der Internetregulierung im Entstehen begriffen. Indes fällt auf, dass Medienpolitik vorrangig Rundfunkpolitik ist: Insbesondere Radio und Fernsehen unterliegen einer stärkeren Regulierung.

Medienregulierung widmet sich unterschiedlichsten Themen. Im Folgenden werden deshalb als Erstes die in den letzten Kapiteln behandelten Aufgaben der Medienregulierung zu mehreren Bereichen verdichtet. Zweitens werden gesellschaftliche Veränderungen, mit denen Medienpolitik und -regulierung konfrontiert sind, diskutiert, bevor drittens mögliche medienpolitische Reaktionen darauf und damit die Zukunft der Medienregulierung thematisiert werden.

Bereiche der Medienregulierung

Gegenstand der Medienpolitik sind ganz allgemein ausgedrückt Medienorganisationen und die massenmediale öffentliche Kommunikation. Am Anfang steht dabei eine ordnungspolitische Entscheidung, mit der bestimmte Vorstellungen über die anzustrebende Medienordnung verbunden sind: Medienmärkte sind politisch institutionalisiert, müssen also durch politische Entscheidungen geschaffen werden. Ist dies erst einmal geschehen, so stellt sich die

Frage, *was reguliert werden soll*. Im dritten Teil des Buches haben wir verschiedene Themen diskutiert, die mögliche Antworten auf diese Frage bieten.

Doch wie können diese verschiedenen Themen, derer sich Regulierung annimmt, überschaubar gebündelt werden? Napoli (2008: 2974) schlägt vor, zwischen der Regulierung von Infrastruktur, Medienstruktur und Medieninhalten zu differenzieren. Ähnlich unterscheidet McQuail (2005: 235) zwischen Regulierungsmaßnahmen, die sich auf Medienstrukturen (Structure), das Verhalten von Medienorganisationen (Conduct) und die Medienleistung (Performance) beziehen. Darauf aufbauend können folgende Bereiche der Medienregulierung unterschieden werden (siehe Abb. 51):

Abb. 51: Bereiche der Medienregulierung

	Bereiche	Beispiele
Medienstrukturen	Marktzugang	Gründung öffentlicher Anbieter Lizenzierung privater Anbieter
	Organisationen	Vorgaben zur Organisationsweise Bestimmung der Leitung
	Finanzierung	öffentliche Mittel und Subventionen Regulierung von Werbeeinnahmen
	Eigentum	Verhinderung von Konzentration Verhinderung des Missbrauchs von Marktmacht
	Infrastruktur	Aufbau und Unterhalt von Netzen und Plattformen technische Standardisierung
	Distribution	Zugang zu Kommunikationsnetzen für Drittanbieter Zugang zu Angeboten für Nutzer (Must-Carry, USO)
Medien-leistung	Prozesse	Vorgaben zur Qualitätssicherung ethische Richtlinien
	Inhalte	inhaltliche Anforderungen inhaltliche Beschränkungen

- Die *Regulierung des Marktzugangs* befasst sich mit der Institutionalisierung von Anbietern, so mit der Gründung und Regulierung öffentlicher Medienorganisationen und der Zulassung (Lizenzierung) privater Anbieter.

- Die *Regulierung von Medienorganisationen* betrifft die Organisationsweise (Strukturen und Prozesse) sowie die Wahl der Leitung öffentlicher Anbieter.
- Die *Regulierung der Finanzierung* von Medien umfasst sowohl die Finanzierung öffentlicher Medienorganisationen (Rundfunkgebühren), die Regulierung der Werbung, als auch die Subventionierung von Medienorganisationen (z. B. in Form einer Presseförderung).
- Die *Regulierung des Medieneigentums* dient einerseits der Verhinderung von Konzentration. Neben dem wettbewerbsrechtlichen Ziel der Aufrechterhaltung eines funktionierenden ökonomischen Wettbewerbs werden mit medienspezifischen Konzentrationsvorschriften auch publizistische Ziele verfolgt. Andererseits soll verhindert werden, dass marktbeherrschende Unternehmen ihre Marktmacht missbrauchen (Missbrauchskontrolle).
- Die *Regulierung der Infrastruktur* deckt neben Fragen der technischen Standardisierung insbesondere Vorgaben zum Aufbau und Unterhalt elektronischer Kommunikationsnetze (oder Plattformen) ab.
- Die *Regulierung der Distribution* betrifft erstens die Gewährleistung des Zugangs von Drittanbietern zu elektronischen Kommunikationsnetzen und zugehörigen Einrichtungen (z. B. API, EPG, CAS). Diese Ex-ante-Regulierung geht über die wettbewerbsrechtliche Missbrauchskontrolle hinaus. Zweitens kann mit Must-Carry- und Universaldienstverpflichtungen für Angebote von gesellschaftlicher Bedeutung sichergestellt werden, dass Medienangebote überhaupt zu den Rezipienten gelangen und diese zu einem umfassenden Angebot Zugang besitzen. Zudem garantieren Vorschriften zur Netzneutralität die Gleichbehandlung aller Internetanbieter und -nutzer.
- Die *Regulierung von Prozessen* bezieht sich auf die Art und Weise der Erstellung publizistischer Inhalte. Hierzu zählen Vorschriften bezüglich Qualitätssicherung sowie ethische Richtlinien für die Inhaltsproduktion und die journalistische Arbeit.
- Die *Regulierung der Inhalte* besteht zum einen aus inhaltlichen Beschränkungen, welche die Verbreitung gewisser Inhalte verbieten oder mit Auflagen versehen (z. B. harte Pornografie, rassistische Inhalte etc.). Zum anderen können inhaltliche Anforderungen zur Anwendung kommen, welche positive Vorgaben für Medieninhalt darstellen (z. B. Erfüllung bestimmter publizistischer Leistungen oder Einhaltung gewisser Qualitätsstandards).

Die Bereiche, die reguliert werden können, sind vielfältig. Gleichzeitig wird deutlich, dass vor allem auf Ebene der Medienstrukturen Möglichkeiten zur Regulierung bestehen. Doch im Endeffekt geht es dabei darum, eine bestimmte publizistische Medienleistung zu ermöglichen – also indirekt über die Medienstrukturen auf die Medieninhalte einzuwirken.

Rahmenbedingungen für Medienpolitik und Medienregulierung

Politische, ökonomische, technische und soziokulturelle Veränderungen in der Gesellschaft stellen Medienpolitik und Medienregulierung vor große Herausforderungen.

Medienpolitik und Medienregulierung sind von *politischen Veränderungen* betroffen. Zum einen ist ein ideologischer Wandel festzustellen, der die Vorstellungen über die Institutionalisierung von Medien und die Ansichten über die Notwendigkeit staatlicher Regulierung des Mediensektors direkt betrifft. Auch aufgrund gewisser Implementations- und Durchsetzungsschwierigkeiten staatlicher Medienregulierung zeichnet sich Medienpolitik heute vielfach durch ein starkes Vertrauen in Medienmärkte aus. Eine über die Sicherstellung eines funktionierenden ökonomischen Wettbewerbs hinausgehende Regulierung wird deshalb von Teilen in Politik und Gesellschaft vermehrt als unnötig oder zumindest als wirkungslos erachtet. Gesellschaftlich-politische Begründungen für Medienregulierung, welche die soziale, kulturelle und politische Bedeutung massenmedialer öffentlicher Kommunikation für die Gesellschaft betonen, finden weitaus weniger Beachtung.

Zum anderen ist auch im Politikfeld Medien eine zunehmende Internationalisierung festzustellen. Die Tätigkeit internationaler Organisationen und der Europäischen Union haben heute Auswirkungen auf nationale Medienregulierung. Allerdings ist dieser Einfluss vorrangig technischer und ökonomischer Art. Schon seit langem bedarf die elektronische Kommunikation einer internationalen Kooperation in technischen Angelegenheiten. Heute sind WTO und EU mit ihrer Zuständigkeit für wirtschaftliche Fragen auch für nichtwirtschaftliche Aspekte von Medienregulierung relevant. Begleitet wird diese Entwicklung von einer Transnationalisierung von Politik insgesamt. Nicht nur nationalstaatliche Akteure, auch weltweit tätige Medienkonzerne versuchen auf die Herstellung und Durchsetzung von Medienpolitik Einfluss auszuüben.

Eine weitere Herausforderung für Medienpolitik und Medienregulierung stellen *ökonomische Veränderungen* dar. Spätestens seit der Liberalisierung der westeuropäischen Rundfunkmärkte kann von einer zunehmenden Kommerzialisierung der Medien gesprochen werden. Medienorganisationen orientieren sich mit ihren Angeboten stark am Markt und an ökonomischen Logiken. Die Kommerzialisierung der Medien hat folglich Auswirkungen auf die Medieninhalte. Gewisse gesellschaftliche Erwartungen können (und müssen) durch profitorientierte, kommerzielle Medien schlicht nicht erfüllt werden. Allerdings stellt sich dann die berechtigte Frage, inwiefern nichtkommerzielle Anbieter benötigt werden. Ob die Erbringung publizistischer Leistungen durch öffentliche Medienorganisationen auf den Rundfunksektor beschränkt sein soll, oder ob ein Public Service nicht auch beispielsweise im Internet wünschenswert wäre, ist ein politisch höchst umstrittenes Thema.

Zusätzlich zur Kommerzialisierung sind sich national wie transnational vollziehende Konzentrationsprozesse festzustellen, die politische und ökonomische Machtpositionen zur Folge haben. Multimediakonzerne erreichen die Rezipienten mit ihren Angeboten auf allen Medienmärkten. Reguliert wird Medienkonzentration indes sehr zurückhaltend. Inwiefern eine politische Bereitschaft besteht, Konzentration tatsächlich zu verhindern, ist zumindest umstritten – eine wirksame, alle Medien umfassende Regulierung entspricht jedenfalls nicht den Interessen der Medienunternehmen. Auf europäischer Ebene wird Konzentration nur unter wettbewerbsrechtlichen Gesichtspunkten reguliert. Eine globale Regulierung des Wettbewerbs im Rahmen der WTO existiert bisher nicht, obwohl das Medieneigentum schon lange globalisiert ist.

Technische Veränderungen führen dazu, dass die Trennung in verschiedene Modelle der Medienregulierung anhand unterschiedlicher Distributionstechnologien nicht mehr aufrechterhalten werden kann. Durch die Digitalisierung kommt es zu einer Konvergenz der hinter Rundfunk und Telekommunikation stehenden Technologien: Jegliche Inhalte können über jeden Distributionskanal verbreitet werden. Zudem werden neue Medienangebote möglich (z. B. Onlineanwendungen), die sich nicht mehr problemlos dem einen oder anderen Regulierungsmodell zuordnen lassen. Infrastruktur und Inhalte sind voneinander entkoppelt. Die technische Entwicklung ermöglicht auch eine Konvergenz zwischen Telekommunikation und Rundfunk auf unternehmerischer Ebene: Vermehrt bilden sich Konzerne, die auf beiden Märkten tätig sind. Die Konvergenz kann aufgrund ihrer ökonomischen und sozialen Auswirkungen auch für Medienpolitik und Medienregulierung nicht ohne Folgen bleiben.

Soziokulturelle Veränderungen beeinflussen die an Medien gerichteten Erwartungen. Individualisierungsprozesse und eine Pluralisierung von Werten führen nicht nur zu veränderten Rezeptionsweisen und zu einer Fragmentierung des Publikums, sondern gleichzeitig wird ein gesellschaftlicher Konsens über die Aufgaben der Medien und die an sie zu stellenden Forderungen schwieriger. Je breiter und verschiedener die Erwartungen an Medien, desto komplexer wird auch eine Einigung auf eine bestimmte Medienpolitik.

Die zahlreichen politischen, ökonomischen, technischen und soziokulturellen Veränderungen sowie deren Zusammenspiel verändern die Rahmenbedingungen, unter denen Medienpolitik und Medienregulierung ablaufen (siehe Abb. 52). Nicht nur werden dadurch die Funktionsweise politischer Prozesse beeinflusst und bestehende Regulierung an die Grenzen ihrer Wirksamkeit geführt, sondern es entstehen auch neue Probleme, die der Regulierung bedürfen.

Abb. 52: Rahmenbedingungen für Medienpolitik und Medienregulierung

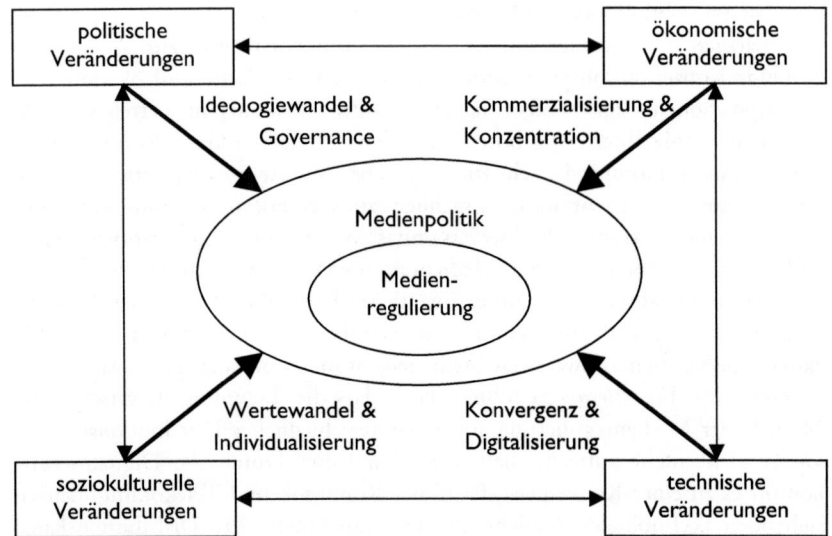

Reaktion auf Veränderungen – Medienregulierung im Wandel

Welchen Einfluss haben diese veränderten Rahmenbedingungen auf die Art und Weise, wie Medienpolitik ‹gemacht› wird? Welche Möglichkeiten bieten sich für die Medienregulierung, um mit diesen Veränderungen Schritt zuhalten? Anders ausgedrückt: Im Lichte dieser gesellschaftlichen Veränderungen ist die Frage zu stellen, *wie reguliert werden soll.*

Denn trotz all dieser Veränderungen: Regulierung ist weiterhin nötig. Bisherige medienpolitische Ziele und Begründungen für Medienregulierung bleiben auch in einer konvergenten und kommerzialisierten Medienwelt relevant – vielleicht sind sie es sogar mehr denn je. Nicht nur erfordern die fortschreitende Konzentration und die Möglichkeit großer Unternehmen zum Missbrauch ihrer Marktmacht Regulierung zur Aufrechterhaltung eines funktionierenden ökonomischen Wettbewerbs. Vielmehr spielt massenmediale öffentliche Kommunikation für demokratische Gesellschaften eine so zentrale Rolle, dass auf eine über rein ökonomische Aspekte hinausgehende Regulierung nicht verzichtet werden kann. Medien tragen zur Entwicklung und zum Zusammenhalt der Gesellschaft bei und unterstützen die Bürgerinnen und Bürger bei der Meinungs- und Willensbildung nicht nur, sondern ermöglichen diese erst. Insofern sind vielfältige und qualitativ hochwertige Medienangebote von entscheidender Bedeutung. Diese politischen, sozialen und kulturellen Begründungen für Medienregulierung sind also nach wie vor essenziell und werden durch gesellschaftliche Veränderungen nicht obsolet.

Die genannten gesellschaftlichen Veränderungen haben allerdings zur Folge, dass mit herkömmlicher Regulierung nicht mehr alle Ziele erreicht werden können. Zudem entstehen in der digitalen Medienwelt neue Probleme, die einer Lösung bedürfen und reguliert werden müssen. Die Eigentümer der Infrastruktur haben beispielsweise die Möglichkeit, Rundfunksendern den Zugang zu ihren Netzen und damit letztlich zum Publikum zu verweigern. Das Problem verschärft sich dadurch, dass Distributionsunternehmen häufig auch eigene Inhalte anbieten – damit haben sie nicht nur die Möglichkeit, sondern auch einen ökonomischen Anreiz, ihre Konkurrenten zu benachteiligen. Zugangsprobleme stellen sich aber nicht nur aufseiten der Anbieter, sondern auch für die Rezipienten. Ein Großteil der neuen Angebote ist kostenpflichtig und steht folglich nur zahlungswilligen und -fähigen Rezipienten zur Verfügung. Medienpolitik muss sich mit der Frage auseinandersetzen, ob es dadurch zu einem sozialen Ausschluss kommt und ob dieser vermieden werden kann und soll.

Folglich wird Medienregulierung nicht überflüssig, bedarf aber, um medienpolitische Ziele erreichen und auf neue Probleme reagieren zu können, einer Reform:

> «Regulation must absorb and act upon the implications of technological development and convergence and of corporate conglomeration in the media, and must replace the traditional, sectoral approach to regulation with a more holistic view of the media» (Feintuck/Varney 2006: 248).

Erstens bietet sich eine *Unterscheidung nach Infrastruktur und Inhalt* statt nach verschiedenen Mediensektoren an. Die Differenzierung in verschiedene Modelle der Medienregulierung auf Basis der benutzten Distributionstechnologie kann nicht länger aufrechterhalten werden, denn die technische Konvergenz hat dazu geführt, dass Infrastruktur und Inhalte entkoppelt sind. Da alle Inhalte in digitalisierter Form über alle Kommunikationsnetze verbreitet werden können, ist eine einheitliche und technologieneutrale Regulierung dieser elektronischen Kommunikationsinfrastruktur sinnvoll. Eine einheitliche Regulierung der über diese Infrastruktur verbreiteten Inhalte hingegen ist nicht zwingend. Zwar können über diese Infrastruktur Angebote massenmedialer öffentlicher Kommunikation verbreitet werden, seien dies nun klassische Radio- und Fernsehsender, Onlineausgaben von Zeitungen oder auch ‹Neue Medien›. Doch bei Weitem nicht alle übertragenen Inhalte besitzen eine Relevanz für die öffentliche Kommunikation und damit eine soziale, kulturelle und politische

Bedeutung für die Gesellschaft. Nur schon im Rundfunk erscheint es wenig sinnvoll, jede Art von Sender gleich stark zu regulieren. So lässt sich diskutieren, ob Spartenkanäle, die nur eine geringe Breitenwirkung besitzen, den gleichen Anforderungen genügen sollen wie Sender mit allgemeinen publizistischen Angeboten. Angesichts der starken Zunahme von Fernsehsendern durch die Digitalisierung – ein großer Teil davon Pay-TV – muss die Inhaltsregulierung aber auch aus einem rein praktischen Grund überdacht werden: Für Regulierungsbehörden ist es unmöglich, eine Aufsicht über diese Vielzahl von Sendern auszuüben (vgl. Levy 1999: 147f.). Für die Inhalte ist deshalb eine abgestufte Regulierung in Abhängigkeit von der Bedeutung eines Angebotes für die öffentliche Kommunikation und der gesellschaftlichen Wirkung denkbar.

Zweitens ist staatliche Medienregulierung nicht die einzige denkbare Antwort auf die Frage, wie reguliert werden soll. Vielmehr ist eine Ausweitung von Medienregulierung (oder Government) hin zu einer *Media Governance* möglich. So gilt es, Government horizontal auszuweiten und auf neue Zusammenarbeitsformen zwischen staatlichen und privaten Akteuren zu setzen. Media Governance umfasst neben staatlicher Medienregulierung auch Selbst- und Co-Regulierung im Bereich der Medien. Die Beteiligung privater Akteure an der Regulierung stellt nicht nur eine Möglichkeit der Reregulierung dar, sondern wahrt auch die Unabhängigkeit der Medien vom Staat. Selbst- und Co-Regulierung mögen deshalb für einige Bereiche der Medienregulierung besser geeignet sein als staatliche Regulierung. Während die Regulierung des Medieneigentums etwa nicht den Unternehmen selbst überlassen werden kann, können private Akteure sehr wohl Regulierungsaufgaben z. B. in den Bereichen der Prozess- und Inhaltsregulierung übernehmen (z. B. ethische Richtlinien für Medienschaffende oder Jugendschutz). Mit Media Governance wird der Blick auf die für bestimmte Regulierungsbereiche geeignete Wahl (‹regulatory choice›) und Mischung (‹regulatory mix›) von Regulierungsformen gelenkt (vgl. Puppis 2010).

Drittens ist hinsichtlich der fortschreitenden Konzentrationsprozesse eine *alle Medien umfassende Regulierung von Medienkonzentration* zu diskutieren. Vielfach beschränkt sich die Regulierung auf horizontale Konzentration und den Rundfunksektor. Um publizistische Machtballungen indes zu verhindern, müssten auch vertikale und insbesondere multimediale Konzentrationsprozesse wirksam reguliert werden. Die Entwicklung hin zu einem Oligopol von Multimediaunternehmen ist potenziell problematisch. Nicht vergessen werden darf dabei, dass mit nationaler Regulierung global agierenden Konzernen kaum beizukommen ist.

Viertens wirft die allgegenwärtige Medienkrise die Frage auf, inwiefern *alternative Finanzierungs- und Eigentumsmodelle* für Medien nötig sind und durch

Medienpolitik gefördert werden können. Qualitätszeitungen haben immer mehr Mühe, sich auf Leser- und Werbemarkt zu finanzieren. Nicht, dass neue Onlinemedien, Blogs und Bürgerjournalisten keine Bereicherung wären (vgl. McChesney 2008: 146). Doch ob Zeitung, Internet oder Rundfunk: Eine auf Dauer gestellte Produktion vielfältiger und qualitativ hochwertiger Inhalte ist sehr kostenintensiv und bedarf einer gut ausgestatteten Redaktion. Neben privaten Initiativen wie Stiftungen oder Genossenschaften sind auch die Gründung neuer öffentlich finanzierter Print- und Onlinemedien sowie die Weiterentwicklung des bestehenden öffentlichen Rundfunks zu einem multimedialen Anbieter (Public Service Media) gangbare Optionen.

Fünftens sind Anpassungen des *Regulierungsprozesses* vorstellbar. Damit Regulierung – staatlich oder nicht – zumindest in Ansätzen dem Problem der fehlenden demokratischen Legitimität entgegenwirken kann, hat sie gewissen prozeduralen Regeln zu genügen. Offenheit und Transparenz von Regulierungsbehörden und Selbstregulierungsorganisationen können erhöht werden, etwa durch die Beteiligung von Interessengruppen und Öffentlichkeit, durch die Publikation von Rechenschaftsberichten oder durch die Begründung von Entscheidungen. Nicht nur in der Regulierung, sondern in der Medienpolitik insgesamt finden Interessen und Ansprüche der Rezipienten kaum Berücksichtigung. Da das Publikum die Merkmale eines medienpolitischen Akteurs nicht erfüllt, werden Publikumsinteressen zumeist nur indirekt über die Erhebung von Nutzungsdaten oder die Vertretung dieser Interessen durch Parteien und Verbände wahrgenommen. Die Institutionalisierung neuer Akteure, welche die Publikumsinteressen direkt vertreten können – sei es eine Stiftung Medientest, ein Medienobservatorium oder eine andere Organisation – stellt eine Möglichkeit dar, den Rezipienten bei der Herstellung und Durchsetzung von Medienpolitik mehr Gewicht zu verleihen.

Medienpolitik und der Geist in der Wunderlampe

Auch wenn die veränderten Rahmenbedingungen für Medienpolitik und Medienregulierung alle europäischen Länder gleichermaßen betreffen, unterscheiden sich die letztlich implementierten Lösungen von Land zu Land. Die Beispiele im dritten Teil des Buches haben verdeutlicht, wie unterschiedlich die Regulierung ähnlicher Sachverhalte ausfallen kann. Dies liegt einerseits daran, dass politische Strukturen in jedem politischen System anders sind – womit sich auch unterscheidet, wie der politische Prozess funktioniert, welche Akteure diesen beeinflussen und welche Regulierung zur Lösung bestimmter Probleme implementiert wird. Andererseits sind aber auch die Vorstellungen über die

Rolle der Medien und die geeignete Regulierung pfadabhängig, d. h. von politischen und kulturellen Traditionen sowie von vorgängigen Entscheidungen geprägt.

Vergleichende Forschung hilft dabei, Unterschiede und Gemeinsamkeiten zwischen verschiedenen Ländern zu erkennen. Nicht nur können wir mehr darüber lernen, wie in verschiedenen Ländern allgemein verbindliche Regeln und Entscheidungen hergestellt und durchgesetzt werden. Mittels Kausalvergleichen lassen sich die Unterschiede und Gemeinsamkeiten von Medienpolitik und -regulierung auch aufgrund von Eigenschaften des Mediensystems und des politischen Systems erklären.

Die vergleichende Analyse von Medienpolitik und Medienregulierung erlaubt darüber hinaus die Erarbeitung innovativer Lösungsvorschläge. Medienpolitiker sind auf solche Erkenntnisse der Wissenschaft angewiesen, da sie immer wieder Ideen brauchen, wie man die neue digitale Medienwelt regulieren könnte.

Medienpolitik wird auch in Zukunft eine schwierige Gratwanderung bleiben. Allgemein verbindliche Regeln und Entscheidungen werden für notwendig erachtet, damit Medien ihre gesellschaftlichen Aufgaben wahrnehmen. Wie und welche Medieninhalte produziert werden ist kein Zufall: Medienpolitik hat einen Einfluss darauf, innerhalb welcher Rahmenbedingungen Medienorganisationen arbeiten und welche Medienleistungen sie erbringen. Allerdings besteht immer die Gefahr, mit staatlichen Eingriffen die Medienfreiheit zu gefährden.

> «Die Gesetzgebung zur Kontrolle des Rundfunks weist einige Parallelen zu dem Märchen von Aladin und seiner Wunderlampe auf. Der Geist in der Lampe hat gemeinhin ungeheure Macht. Er verschafft dem Eigentümer der Lampe kolossale Reichtümer und kann mit Lichtgeschwindigkeit Landesgrenzen überwinden. Ohne ausreichende Kontrolle würde der Geist zum Monster mutieren, durch zuviel Kontrolle wiederum seine Zauberkräfte verlieren» (Minehan 1993: 212).

Eine Balance zu finden ist schwierig: Wie viel Regulierung ist notwendig, damit das öffentliche Interesse gewahrt bleibt? Und wie stark darf der Staat überhaupt regulieren, um die Unabhängigkeit der Medien nicht zu gefährden? Ob und wie die Medien reguliert werden, ist eine politische Entscheidung und insoweit auch das Resultat gesellschaftlicher Aushandlungsprozesse. Wissenschaftliche Forschung über Medienpolitik und Medienregulierung kann aber – gerade in vergleichender Perspektive – wichtige Erkenntnisse für die Politik und Gesellschaft liefern, Handlungsalternativen aufzeigen und helfen, solche Fragen zu beantworten.

Anhang

Daten zu Mediensystemen

Für einen Vergleich von Medienpolitik und Medienregulierung sind gewisse Hintergrundinformationen über die Mediensysteme der untersuchten Länder von Nutzen. Auf den nächsten Seiten finden sich einige wichtige Medienstrukturdaten und Auflistungen relevanter Organisationen, namentlich:

- Daten zur *Ausstattung der Haushalte*. Die meisten Haushalte in Europa verfügen über mindestens ein Fernsehgerät, und auch die Anzahl der Haushalte mit Breitband-Internetzugang ist stark angestiegen (siehe Abb. 53). Die Distributionskanäle im Fernsehen unterscheiden sich allerdings deutlich (siehe Abb. 54), ebenso die Ausstattung mit Digitalfernsehen und Pay-TV (siehe Abb. 55). Zur Distribution siehe auch Kapitel 10.3.
- Daten zum *Angebot* aufseiten der Medien. Die Anzahl terrestrischer Fernsehsender (siehe Abb. 56) hat sich durch die Deregulierung der Fernsehmärkte und die Zulassung privater Anbieter (siehe Kapitel 10.1), vor allem aber durch die Digitalisierung (DVB-T), in den letzten Jahren stark erhöht. Bezüglich der Zeitungen zeigt sich, dass die wohlhabenden und stärker industrialisierten Länder Nord- und Mitteleuropas traditionell viel stärker ausdifferenzierte Pressemärkte und höhere Auflagen haben als die Mittelmeerländer (siehe Abb. 57).
- Daten zum *Werbemarkt* und zur *Rundfunkfinanzierung*. Ein Großteil der Medien finanziert sich ganz oder teilweise durch Werbung. Vor allem zwischen Printmedien und Fernsehen existiert eine starke Konkurrenz um Werbegelder. In Ländern mit einer hohen Tageszeitungsauflage ist auch der Anteil der Tageszeitungen am Werbemarkt größer: Während in nordischen und deutschsprachigen Ländern weiterhin die Tagespresse der wichtigste Werbeträger ist, dominiert in einigen mediterranen Ländern das Fernsehen (siehe Abb. 58). Die Werbeausgaben selbst sind nicht sonderlich aussagekräftig, doch die Werbeausgaben pro Kopf und die Werbeausgaben in Prozent des Bruttoinlandsproduktes (sogenannte Werbeintensität) offenbaren deutliche Länderunterschiede (siehe Abb. 59). Öffentliche Rundfunkorganisationen finanzieren sich zumindest teilweise aus öffentlichen Mitteln (siehe Kapitel 10.2.1). Der Anteil der öffentlichen Gelder an den Gesamteinnahmen variiert jedoch stark (siehe Abb. 60).

- Auflistung wichtiger Organisationen, so von Regulierungsbehörden für Rundfunk (siehe Abb. 61) und von öffentlichen Rundfunkorganisationen (siehe Abb. 62).

Bei der Verwendung der Zahlen ist Vorsicht angebracht, da ihre Verlässlichkeit zumindest angezweifelt werden muss. Je nach Quelle finden sich zum Teil massive Unterschiede (etwa bei den Distributionskanälen im Fernsehen). Diese Zusammenstellung vermag zumindest einige Tendenzen herauszustreichen und gewisse Unterschiede und Gemeinsamkeiten zwischen den verschiedenen westeuropäischen Ländern zu verdeutlichen. Fehlen Länder in gewissen Abbildungen, so sind keine vergleichbaren Daten erhältlich.

Ein weiterer Nachteil besteht darin, dass die neusten erhältlichen Daten sich auf die Jahre 2008 bis 2009 beziehen (z. T. sind auch nur noch ältere Daten verfügbar). Dementsprechend sind die Zahlen zumindest in einigen Bereichen (z. B. Verbreitung von Digitalfernsehen oder Breitband-Internet) bereits heute veraltet. Die jeweils aktuellsten Zahlen finden sich in den folgenden Veröffentlichungen:

Europäische Audiovisuelle Informationsstelle: Jahrbuch [Jahr]. Film, Fernsehen und Video in Europa. Band 1-3. Strasbourg: Europäische Audiovisuelle Informationsstelle.

Daten über die europäischen audiovisuellen Märkte (Fernsehen und Film; Finanzierung, Produktion, Distribution und Inhalte); erscheint jährlich.

IP: Television [Jahr]. International Key Facts. Luxembourg/Köln: RTL Group.

Zusammenstellung von Daten über die europäischen Fernsehmärkte (Sender, Nutzung, Programme und Werbung); erscheint jährlich.

World Association of Newspapers (WAN): World Press Trends [Jahr]. Paris: World Association of Newspapers.

Daten über die Pressemärkte weltweit (Anzahl Titel, Auflagen, Presseförderung etc.); erscheint jährlich.

Abb. 53: Anteil Haushalte mit Fernsehen und Internet

Land	TV-Haushalte (2008)	Kabel-/Sat-/ DSL-Haushalte (2009)	Digitale TV-Haushalte (2009)	Haushalte mit Breitband-Internet (2008)
AT	95.3	94.7	69.6	54.5
BE	98.6	97.7	59.3	60.3
CH	93.0	96.3	49.2	63.0 (2007)
DE	94.2	94.3	56.4	54.9
DK	95.3	85.0	61.0	74.1
ES	100.0	31.2	86.4	44.6
FI	97.0	49.3	100.0	66.1
FR	96.0	65.0	70.2	57.1
GR	99.0	12.8	11.9	22.5
IE	99.0	72.5	68.4	42.9
IS	95.9	–	59.8 (2008)	83.2
IT	100.0	36.2	71.6	30.8
LU	97.0	97.6	65.1	61.0
NL	98.7	89.4	56.2	74.0
NO	98.0	85.0	67.1	73.0
PT	99.3	54.1	34.8	39.3
SE	97.5	75.5	65.6	70.7
UK	96.1	54.3	88.5	61.5

Quellen: TV-Haushalte: Europäische Audiovisuelle Informationsstelle (2009a: 13, 21, 36, 57, 69, 83, 93, 102, 117, 131, 151, 158, 165, 180, 198, 205, 220, 240); Kabel-/Sat-/DSL-Haushalte und Digitale TV-Haushalte: SES ASTRA (2010); Haushalte mit Breitband-Internet: OECD (2009) Abweichende Quellen: Digitale TV-Haushalte Island: Europäische Audiovisuelle Informationsstelle (2009b: 66); Haushalte mit Breitband-Internet Schweiz: BfS (2009); Kabel-/Sat-/DSL-Haushalte und digitale TV-Haushalte in % der Fernsehhaushalte

Abb. 54: Fernsehdistributionskanäle (2009)

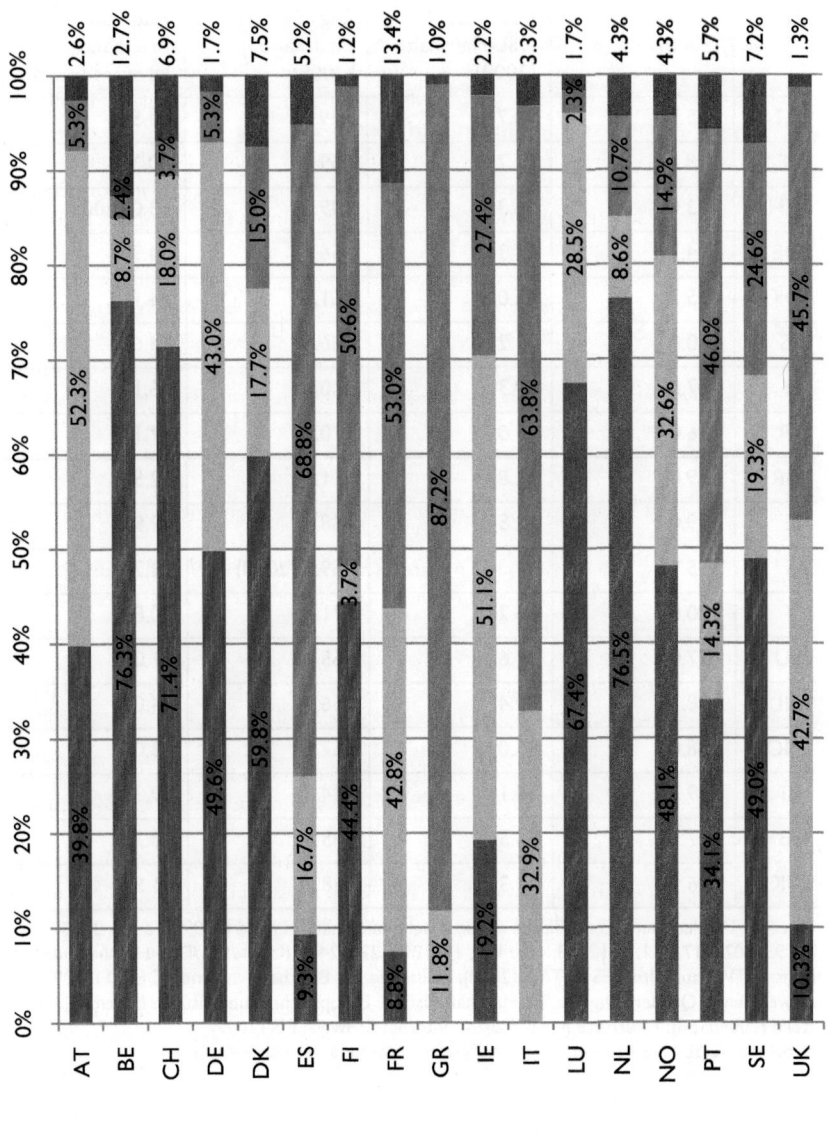

Kabel-TV   Satelliten-TV   terrestrisch   DSL

Quelle: SES ASTRA (2010); Angaben in % der Fernsehhaushalte

Abb. 55: Anteil TV-Haushalte mit Digital-TV (2009) und Pay-TV-Abo (2008)

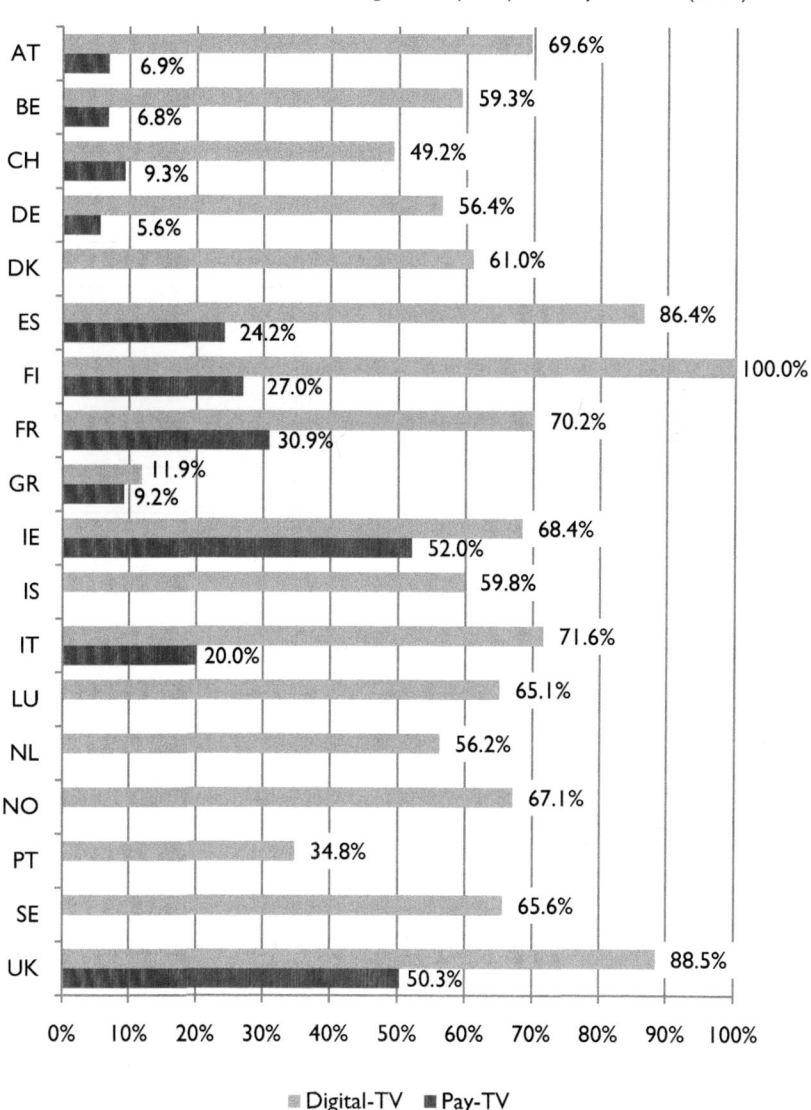

AT 69.6% / 6.9%
BE 59.3% / 6.8%
CH 49.2% / 9.3%
DE 56.4% / 5.6%
DK 61.0%
ES 86.4% / 24.2%
FI 100.0% / 27.0%
FR 70.2% / 30.9%
GR 11.9% / 9.2%
IE 68.4% / 52.0%
IS 59.8%
IT 71.6% / 20.0%
LU 65.1%
NL 56.2%
NO 67.1%
PT 34.8%
SE 65.6%
UK 88.5% / 50.3%

■ Digital-TV ■ Pay-TV

Quellen: Digitale TV-Haushalte: SES ASTRA (2010), die isländischen Zahlen beziehen sich auf das Jahr 2008 und stammen von der Europäischen Audiovisuellen Informationsstelle (2009b: 66); Pay-TV-Haushalte: IP (2009: 62, 88, 166, 170, 184, 200, 230, 240, 380, 402, 444), die griechischen Zahlen beziehen sich auf das Jahr 2006

Abb. 56: Anzahl nationaler terrestrischer Fernsehprogramme (2009)

Land		Anzahl öffentliche Sender	Anzahl private Sender
AT		3	4
BE	CF	3	0
	DG	I	0
	VG	3	0
CH	D	3	0
	F	2	0
	I	2	0
DE		6	15
DK		15	I
ES		5	18
FI		5	19
FR		7	20
GR		8	7
IE		3	I
IS		I	9
IT		8	59
LU		0	3
NL		3	9
NO		4	8
PT		2	2
SE		4	20
UK		21	63

Quellen: Europäische Audiovisuelle Informationsstelle (2009b: 112); für Österreich, Finnland, Italien, die Niederlande und Großbritannien: Europäische Audiovisuelle Informationsstelle (2009a: 13, 93, 117, 165, 198)

Abb. 57: Tageskaufzeitungen (2008)

Land	Anzahl	Anzahl/erwachsene Bevölkerung (in Mio.)	Auflage/ 1.000 Erwachsene
AT	16	2.3	331.7
BE	21	2.4	160.9
CH	87	13.3	338.2
DE	358	5.0	283.1
DK	32	7.2	262.6
ES	140	3.7	106.4
FI	52	11.8	482.8
FR	85	1.7	152.1
GR	41	4.5	131.1
IE	9	2.6	236.3
IS	3	12.4	157.7
IT	84	1.6	103.3
LU	6	15.2	297.0
NL	29	2.2	270.1
NO	74	19.3	570.6
PT	19	2.3	67.1
SE	84	11.0	436.4
UK	104	2.1	307.3

Quelle: World Association of Newspapers (2009: 9f., 34f.)

Abb. 58: Anteil der Werbeträger an den Medienwerbeausgaben (2008)

Land	Presse	TV	Radio	Kino	Internet	Plakat-Werbung
AT	61.4	20.0	5.6	0.5	6.8	5.8
BE	40.4	31.9	10.4	0.9	10.5	5.9
CH	60.7	16.1	3.3	0.8	1.9	17.3
DE	52.6	23.0	4.1	0.4	15.3	4.6
DK	51.1	18.4	2.0	0.5	24.4	3.7
ES	32.1	43.9	9.1	0.3	9.1	5.6
FI	62.1	19.3	3.6	0.2	11.5	3.2
FR	39.3	28.4	6.4	0.6	15.6	9.6
GR	50.5	41.9	5.5	–	2.0	–
IE	53.3	23.0	9.4	0.6	1.3	12.4
IT	33.1	49.9	5.3	0.6	8.7	2.5
LU	62.9	10.9	21.0	1.2	–	4.0
NL	51.1	20.1	6.5	0.1	18.4	3.8
NO	53.1	20.4	3.8	0.9	18.2	3.5
PT	32.1	56.2	4.5	0.7	–	6.5
SE	53.0	20.0	2.9	0.4	19.4	4.2
UK	39.3	26.4	3.1	1.4	23.2	6.5

Quellen: Europäische Audiovisuelle Informationsstelle (2009b: 49); für Luxemburg: IP (2009: 274)

Abb. 59: Werbeausgaben (2008)

Land	Medienwerbung (in Mio. EUR)	Werbeausgaben pro Kopf (in EUR)	Werbeintensität (Ausgaben in % des BIP)
AT	2981	356.79	1.06
BE	2731	254.05	0.79
CH	2498	324.33	0.74
DE	19504	237.22	0.78
DK	1703	309.02	0.73
ES	6936	151.35	0.63
FI	1542	289.52	0.84
FR	11648	181.01	0.60
GR	1953	173.45	0.80
IE	1578	354.61	0.87
IT	9217	153.50	0.59
LU	120	242.91	0.37 (2003)
NL	4312	261.56	0.72
NO	1894	394.67	0.61
PT	2194	206.46	1.30
SE	2596	280.47	0.79
UK	18194	295.19	1.00

Quellen: Europäische Audiovisuelle Informationsstelle (2009b: 45f.), Werbeausgaben pro Kopf berechnet auf Basis der Bevölkerungszahlen der Europäischen Audiovisuellen Informationsstelle (2009a: 13, 21, 36, 57, 69, 83, 93, 102, 117, 131, 151, 165, 180, 198, 205, 220, 240)

Abb. 60: Anteil öffentlicher Mittel an Gesamteinnahmen des Public Service (2008)

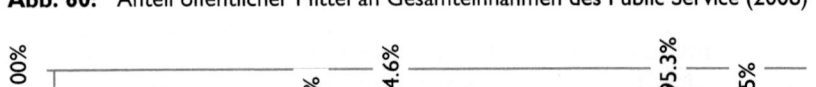

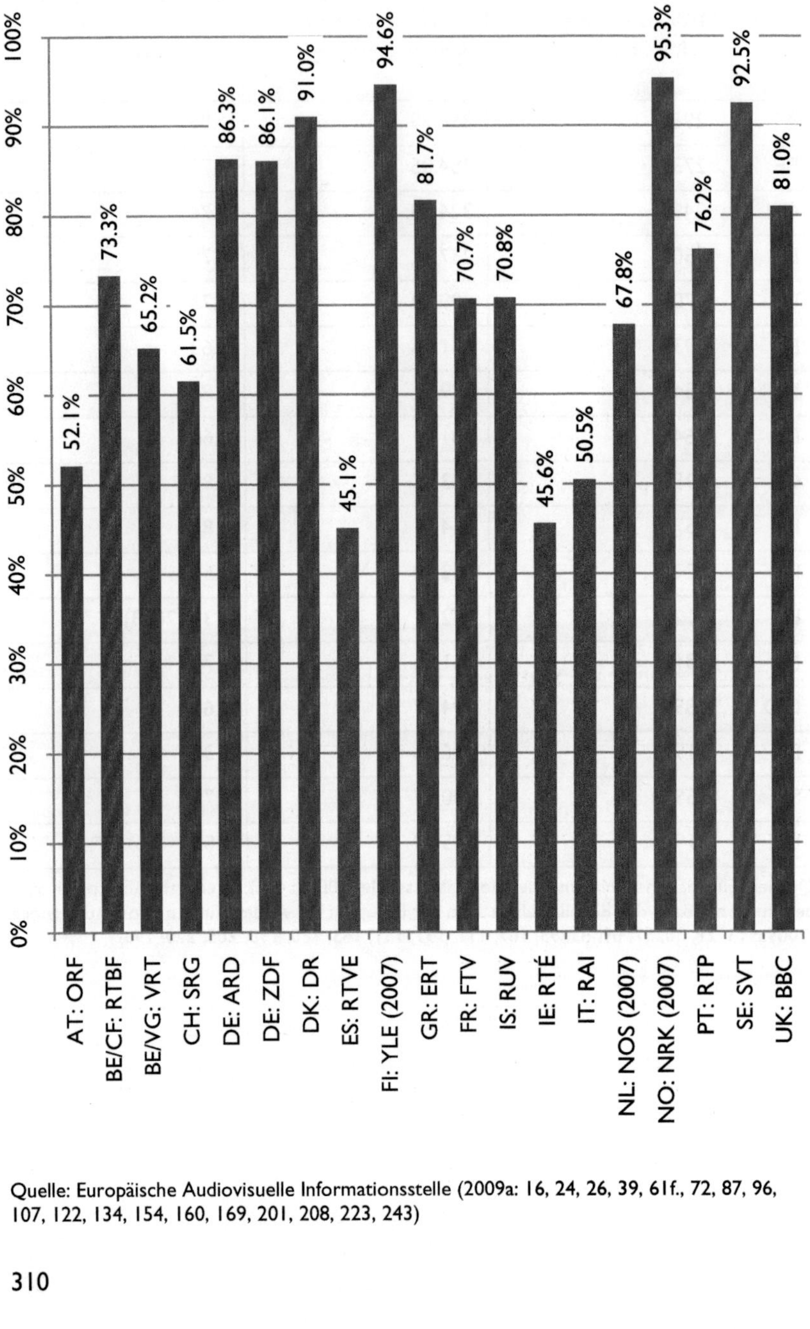

Quelle: Europäische Audiovisuelle Informationsstelle (2009a: 16, 24, 26, 39, 61f., 72, 87, 96, 107, 122, 134, 154, 160, 169, 201, 208, 223, 243)

Abb. 61: Rundfunkregulierungsbehörden in Europa

Land		Regulierungsbehörde
AT		KommAustria innerhalb Rundfunk und Telekom Regulierungs-GmbH (RTR)
		Bundeskommunikationssenat (BKS)
BE	CF	Conseil Supérieur de l'Audiovisuel de la Communauté Française (CSA)
	DG	Medienrat der deutschsprachigen Gemeinschaft Belgiens
	VG	Vlaams Regulator voor de Media (VRM)
CH		Bundesamt für Kommunikation (BAKOM)
		Unabhängige Beschwerdeinstanz für Radio und Fernsehen (UBI)
DE		Landesmedienanstalten (in den einzelnen Bundesländern)
DK		Radio og TV-Nævn (innerhalb Styrelsen for Bibliotek og Medier)
ES		Consejo Estatal de Medios Audiovisuales (CEMA)
		weitere Behörden in autonomen Regionen
FI		Viestintävirasto (FICORA)
FR		Conseil Supérieur de l'Audiovisuel (CSA)
GR		Εθνικό Συμβούλιο Ραδιοτηλεόρασης (Ε.Σ.Ρ.)
IE		Broadcasting Authority of Ireland (BAI)
IS		Útvarpsréttarnefnd
IT		Autorità per le Garanzie nelle Comunicazioni (AGCOM)
LU		Commission Indépendante de la Radiodiffusion
		Conseil National des Programmes
NL		Commissariaat voor de Media
NO		Medietilsynet
PT		Entidade Reguladora para a Comunicação Social (ERC)
		Gabinete para os Meios de Comunicação Social (GMCS)
SE		Granskningsnämnden för Radio och TV
		Radio- och TV-verket
UK		Office of Communications (Ofcom)

Abb. 62: Öffentliche Rundfunkorganisationen in Europa

Land		Rundfunkorganisation
AT		Österreichischer Rundfunk (ORF)
BE	CF	Radio-télévision belge de la Communauté française (RTBF)
	DG	Belgischer Rundfunk (BRF)
	VG	Vlaamse Radio- en Televisieomroep (VRT)
CH		SRG SSR
DE		Arbeitsgemeinschaft der öffentlich-rechtlichen Rundfunkanstalten der Bundesrepublik Deutschland (ARD)
		Zweites Deutsches Fernsehen (ZDF)
		Deutschlandradio
DK		Danmarks Radio (DR)
		TV2
ES		Corporación Radio Televisión Española (RTVE)
FI		Yleisradio Oy (YLE)
FR		France Télévisions
		Radio France
GR		Ελληνική Ραδιοφωνία Τηλεόραση (EPT)
IE		Radio Telefís Éireann (RTÉ)
		Teilifís na Gaeilge (TG4)
IS		Ríkisútvarpið (RUV)
IT		Radiotelevisione Italiana (RAI)
LU		radio 100,7
NL		Nederlandse Publieke Omroep (NPO)
NO		Norsk Rikskringkasting (NRK)
PT		Rádio e Televisão de Portugal (RTP)
SE		Sveriges Television (SVT)
		Sveriges Radio (SR)
UK		British Broadcasting Corporation (BBC)

Lösungen der Übungen

Kapitel 1

1. Politik: Jenes Handeln, das auf Herstellung und Durchsetzung allgemein verbindlicher Regeln und Entscheidungen abzielt. Medien: Medienorganisationen und die von diesen verbreitete massenmediale öffentliche Kommunikation. Medienpolitik: Jenes Handeln, das auf die Herstellung und Durchsetzung allgemein verbindlicher Entscheidungen über Medienorganisationen und die massenmediale Kommunikation abzielt. S. 31-35.
2. Polity: Normen, Institutionen. Politics: Einfluss, Macht, Interessen, Akteur. Policy: Entscheidung, Probleme, Lösungen. S. 36.
3. Das Publikum erfüllt die Merkmale eines Akteurs nicht (Ziele, Werte, Ressourcen, Strategiefähigkeit, Selbst-/Fremdbeschreibung). Weder gibt es gemeinsame Ziele, Werte und Ressourcen, noch liegt dem Handeln der einzelnen Publikumsmitglieder eine kollektive Strategie zugrunde. Auch wird das Publikum nicht als Akteur wahrgenommen. S. 40, 43.

Kapitel 2

1. Interessen: Inwiefern ist es Medienunternehmen gelungen, die Regulierungsakteure für eigene Interessen zu instrumentalisieren? Institutionen: Welchen Einfluss hat die Organisationsumwelt auf Strukturen und Prozesse von Regulierungsbehörden? Ideen: Welche Idee steht hinter der Liberalisierung des Rundfunks? Natürlich sind unzählige Fragestellungen denkbar. S. 51-55.
2. Selbstregulierung als Alternative zu staatlicher Regulierung, die ihre Ziele nicht immer erreicht und als Möglichkeit zur Wahrung der Unabhängigkeit der Medien. Co-Regulierung soll Nachteile von Selbstregulierung (v. a. fehlende Verbindlichkeit) beseitigen. S. 60ff.
3. Das erste Zitat stammt aus einem ‹Zukunftspapier› der Bertelsmann Stiftung, das zweite von Jürgen Doetz, Präsident des Verbands Privater Rundfunk und Telekommunikation (VPRT). Quelle: Hamm, Ingrid/Hart, Thomas (Hrsg.) (2001): Kommunikationsordnung 2010. Gütersloh (darin: S. 77, 88, 162, 168). Medienunternehmen und ihre Verbände drängen auf eine einheitliche Regulierung, weil sie sich davon weniger Regulierung erhoffen. S. 68f.

Kapitel 3

1. Medien sind nicht nur Wirtschafts-, sondern auch Kulturgüter. Medien haben eine große soziale, kulturelle (Identität, Integration, Vermittlung von Werten und Normen) und politische Bedeutung (nur durch Medien funktioniert die politische Meinungs- und Willensbildung). Funktionierender ökonomischer Wettbewerb ist hierfür nicht ausreichend. S. 87ff.

2. Aufgrund von Marktversagen (öffentliche Güter, Informationsmängel, verzerrte Präferenzen) ist die Zahlungsbereitschaft der Rezipienten oftmals gering (können von Nutzung nicht ausgeschlossen werden oder kennen Qualität und Nutzen nicht). S. 79f.

3. Siehe Abb. 15: Medien verkaufen Aufmerksamkeit des Publikums für Programme gegen Geld der Werbewirtschaft. S. 82f.

Kapitel 4

1. Einfacher Vergleich: Untersuchung eines Phänomens (Analyse von Unterschieden und Gemeinsamkeiten). Kausalvergleich: Ursache eines Phänomens finden (Unterschiede und Gemeinsamkeiten erklären). S. 93f.

2. Synchroner Vergleich von Nationalstaaten (Fälle) auf der Makroebene (Vergleichsgegenstand ist die Regulierung von Privatrundfunk). Fallauswahl: alles Kleinstaaten mit großem gleichsprachigem Nachbarland; Vergleichsdimensionen: z. B. zuständige Behörde, Vergabekriterien, Ablauf des Verfahrens etc.; Methoden: Dokumentenanalyse; Vorgehen: Unterschiede und Gemeinsamkeiten vergleichen und beispielsweise tabellarisch darstellen (und bei Kausalvergleich: Hypothesentest). S. 92f., 96ff., 101ff.

Kapitel 5

1. Ministerien mit Zuständigkeit für Presse, Rundfunk und Telekommunikation; Regulierungsbehörden für Rundfunk und Telekommunikation; Wettbewerbsbehörden. Zudem: Selbst- und Co-Regulierungsorganisationen (v. a. Presseräte und Jugendschutzeinrichtungen). S. 109-118.

2. Pro: Regulierung aus einer Hand unabhängig von der Distributionstechnologie (technologieneutral); keine Doppelspurigkeiten durch zwei Behörden (Kostenersparnis für den Staat). Contra: Übertragene Inhalte und Nutzungs-

situation werden sich trotz technischer Konvergenz weiterhin unterscheiden. Weitere Argumente sind natürlich denkbar.

3. Grundsätzlich zwei Möglichkeiten: Unterhalb der Behördenleitung entweder zwei Abteilungen für Rundfunk resp. Telekommunikation (z. B. RTR in Österreich) oder zwei Abteilungen für Infrastruktur resp. Inhalte (z. B. AGCOM in Italien). Daneben natürlich noch administrative Abteilungen (Finanzen, Personelles, etc.). S. 113f.

Kapitel 6

1. Menschenrechtskonvention enthält Recht auf freie Meinungsäußerung und garantiert damit Medienfreiheit; basierend darauf dürfen Vertragsparteien des EÜGF resp. EÜGAM Empfang und Weiterverbreitung ausländischer Sender nicht einschränken oder behindern. S. 120f.
2. Grundprinzipien: Sendestaatsprinzip (Regulierung des Sendestaates gilt); Harmonisierung nationaler Regulierung (Schaffung einheitlicher Wettbewerbsbedingungen, z. B. Quoten, Werbung, Jugendschutz); Inländerdiskriminierung erlaubt. S. 129f.
3. AVMD-Richtlinie gilt für alle audiovisuellen Mediendienste, EÜGF resp. EÜGAM nur für grenzüberschreitende; EU hat mehr Sanktionsmöglichkeiten; EÜGAM gilt für mehr Länder als AVMD-Richtlinie (nur EU/EWR); EÜGAM hat auch Ausgewogenheit und Medienvielfalt zum Ziel. S. 130.

Kapitel 7

1. Phase 1: Gründung von IGOs aus technischen und ökonomischen Gründen (ITU, WIPO). Phase 2: Gründung der UNO und ihrer Unterorganisationen (UNESCO). Phase 3: starke Gewichtung von Freihandel und ökonomischen Kriterien (WTO). S. 140.
2. Allgemeine Verpflichtungen (alle Sektoren): Meistbegünstigung (Gleichbehandlung Ausländer) und Transparenz über Regulierung. Spezifische Verpflichtungen (in liberalisierten Sektoren): Marktzugang und Inländerbehandlung (Gleichbehandlung Inländer und Ausländer). S. 154ff.
3. Derzeit gilt nur die Transparenzverpflichtung, da europäische Staaten keine spezifischen Verpflichtungen eingegangen sind und Ausnahmen vom Meistbegünstigungsprinzip beantragt haben. S. 156.

4. Fortschreitende Liberalisierung (Auslaufen MFN-Ausnahmen sowie Eingehen spezifischer Verpflichtungen) gefährdet Koproduktionsabkommen, Filmförderung, Quoten und Must-Carry-Verpflichtungen; Verbot staatlicher Subventionen gefährdet Filmförderung und Gebührenfinanzierung des Public Service; Reklassifikationen verhindern Regulierung neuer digitaler Angebote. UNESCO-Konvention kann diese Entwicklung kaum aufhalten. S. 158-161.

Kapitel 8

1. Presseförderungsmaßnahmen: direkt-allgemein, direkt-selektiv, indirekt-allgemein, indirekt-selektiv. S. 172ff.
2. Mögliche Antwort: In erster Linie scheinen direkte selektive Maßnahmen (Subventionen an bestimmte Titel) erfolgreich zu sein, indem sie dazu beitragen können, Zweitzeitungen am Leben zu erhalten, Zeitungen in finanziellen Schwierigkeiten wieder auf die Beine zu helfen oder sogar Neugründungen anzuregen. Automatisierte Vergabekriterien erhöhen die Unabhängigkeit vom Staat. Aber: In bereits völlig konzentrierten Pressemärkten nützen auch diese Maßnahmen kaum mehr. Allgemeine Maßnahmen (Gießkannenprinzip) fördern auch die Marktführer und können so Konzentrationsprozesse nicht aufhalten. S. 176ff., 181-184.

Kapitel 9

1. Deregulierung (Zulassung privater Anbieter) und Privatisierung des Ex-Monopolisten führen noch nicht zu funktionierendem ökonomischen Wettbewerb, da der Ex-Monopolist über große Marktmacht verfügt. Stärkere Regulierung des Ex-Monopolisten soll verhindern, dass dieser seine Marktmacht missbraucht. S. 192.
2. Keine Quersubventionierung mehr möglich, d. h. andere Finanzierung nötig. Zudem kann der Universaldienst heute verschiedene Telekommunikationsdienste (z. B. Breitbandinternet) und nicht nur einen Telefonanschluss umfassen. S. 193f.

Kapitel 10

1. Technische Entwicklung (neue Distributionskanäle), ökonomische Faktoren (Investitionen in lukrativen Markt), ideologischer Wandel in der Politik. Zudem: parteipolitische Gründe, soziokulturelle Veränderungen, europäische Integration. S. 206ff.

2. Einerseits neue Konkurrenz für Public Service auf Publikums- und Werbemarkt, andererseits erhöhter Zwang zur Legitimation von Organisationsform und Finanzierung. S. 215.

3. Bedingungen für Zulässigkeit von Gebühren: Definition des Auftrages des Public Service; Beauftragung und Kontrolle der Erfüllung; Verhältnismäßigkeit der Finanzierung (erfordert getrennte Buchführung für kommerzielle Tätigkeiten). Neue Medienangebote: generell zulässig, aber bei größeren Neuerungen und Veränderungen vorgängige Prüfung auf gesellschaftlichen Nutzen und Auswirkungen auf Wettbewerb nötig (z. B. Drei-Stufen-Test in Deutschland). S. 134f.

4. Distribution: Alle Inhalte können über alle Kanäle verbreitet werden; Kompression (zusätzliche Übertragungskapazität); bessere Qualität; interaktive Angebote möglich. Regulierung: Sicherstellung des Zugangs der Anbieter nicht nur zu Distributionskanälen, sondern auch zu Zusatzdiensten (Verschlüsselungssystem, elektronische Programmzeitschrift) gewinnt an Bedeutung; Sicherstellung des Zugangs der Bürgerinnen und Bürger zu vielfältigem Programmangebot; Datenschutz. S. 231ff., 236ff.

5. Medienpolitik versucht, über Strukturen indirekt die Inhalte zu beeinflussen. Inhalte werden weniger reguliert wegen der Medienfreiheit. Im Rundfunk sind inhaltliche Anforderungen (z. B. Ausgewogenheit und Vielfalt; Ausstrahlungsquoten), inhaltliche Beschränkungen (z. B. Jugendschutz) und die Förderung der Inhaltsproduktion (Produktionsquoten; Förderprogramme) möglich. S. 30f., 241f.

Kapitel 11

1. Internet ist kein Medium, sondern Kommunikationsraum oder technisches Artefakt. Medium ist mehr als Technik. S. 32f., 257.

2. Regulierung zwar schwierig (Moralvorstellungen und Vorschriften von Land zu Land unterschiedlich; Verfolgung von Straftaten im Ausland kompliziert). Doch einerseits Übergang zu Internet Governance (vermehrt Einsatz von Selbst-/Co-Regulierung; internationale Zusammenarbeit). Andererseits

können Staaten auf eine Veränderung des Codes hinwirken, was potenziell eine bessere Regulierbarkeit von Inhalten und Verhalten oder sogar eine lückenlose Kontrolle der Internetnutzer ermöglicht. S. 259ff., 263f.

Kapitel 12

1. Missbrauchskontrolle im Wettbewerbsrecht beschränkt sich auf nachträgliche Bestrafung des Missbrauchs von Marktmacht (ex-post). Für die elektronische Kommunikationsinfrastruktur wird dies als nicht ausreichend erachtet. Deshalb gibt es zusätzliche asymmetrische Ex-ante-Regulierung für Netzbetreiber mit beträchtlicher Marktmacht (z. B. Ex-Monopolist in der Telekommunikation oder Kabelnetzbetreiber). Diese Vorschriften dienen dazu, Konkurrenten Zugang zu Netzen und zugehörigen Einrichtungen (z. B. CAS, API, EPG) zu verschaffen. S. 272f.
2. Fusionskontrolle erfasst nur horizontale Konzentration und externes Unternehmenswachstum. Zudem: Ökonomischer Wettbewerb führt nicht automatisch zu publizistischem Wettbewerb. S. 88, 274-277.
3. Wissenschaftler kritisieren, dass die implementierte Regulierung gar nicht wirksam sein soll, weil die Politik Konzentration und damit die Medienunternehmen fördern möchte. Unternehmen dagegen betrachten medienspezifische Konzentrationsregulierung als unnötig. S. 280.
4. Horizontal (gleicher Markt; z. B. Zeitungsfusionen und Senderfamilien im Fernsehen), vertikal (vor-/nachgelagerte Märkte; z. B. NBC Universal), multimedial (verschiedene Medienmärkte; z. B. Time Warner), konglomerat (Medien- und Nichtmedienmärkte; z. B. Vivendi Universal). S. 84f.
5. CR3=90 (hohe Konzentration), HHI=2963.4 (stark konzentriert). Deutscher Fernsehmarkt im Jahr 2009. Für Formeln siehe S. 276.

Abkürzungen

AEUV	Vertrag über die Arbeitsweise der Europäischen Union (EU)
AGCOM	Autorità per le Garanzie nelle Comunicazioni (IT)
ALM	Arbeitsgemeinschaft der Landesmedienanstalten (DE)
AMD-G	Audiovisuelle Mediendienste-Gesetz (AT)
API	Application Programming Interface (Anwendungsprogrammierschnittstelle)
ARD	Arbeitsgemeinschaft der öffentlich-rechtlichen Rundfunkanstalten der Bundesrepublik Deutschland (DE)
AT	Österreich
AVMD	Richtlinie über audiovisuelle Mediendienste (EU)
BAI	Broadcasting Authority of Ireland (IE)
BAKOM	Bundesamt für Kommunikation (CH)
BBC	British Broadcasting Corporation (UK)
BE/CF	Französische Gemeinschaft Belgiens (Communauté Française)
BE/DG	Deutschsprachige Gemeinschaft Belgiens
BE/VG	Flämische Gemeinschaft Belgiens (Vlaamse Gemeenschap)
BKA	Bundeskanzleramt (AT)
CAS	Conditional Access System (Zugangsberechtigungssystem)
CCD	Convention on the Protection and Promotion of the Diversity of Cultural Expression (UNESCO)
CH/D	Deutschsprachige Schweiz
CH/F	Französischsprachige Schweiz
CH/I	Italienischsprachige Schweiz
CHF	Schweizer Franken
CI	Common Interface
CoE	Council of Europe (Europarat)
ComCom	Eidgenössische Kommunikationskommission (CH)
CR	Concentration Ratio
CRTC	Canadian Radio-television and Telecommunications Commission
CSA	Conseil Supérieur de l'Audiovisuel (FR)
DAB	Digital Audio Broadcasting
DE	Deutschland
DK	Dänemark
DLM	Direktorenkonferenz der Landesmediananstalten (DE)

DNS	Domain Name System
DRM	Digital Radio Mondiale
DSB	Dispute Settlement Body (WTO)
DSL	Digital Subscriber Line (Digitaler Teilnehmeranschluss)
DVB	Digital Video Broadcasting
EASA	European Advertising Standards Alliance
EG	Europäische Gemeinschaften
EGKS	Europäische Gemeinschaft für Kohle und Stahl
EGMR	Europäischer Gerichtshof für Menschenrechte
EMRK	Europäische Menschenrechtskonvention (Europarat)
EPG	Electronic Programme Guide
ES	Spanien
EU	Europäische Union
EÜGAM	Europäisches Übereinkommen über grenzüberschreitende audio-visuelle Mediendienste (Europarat)
EÜGF	Europäisches Übereinkommen über das grenzüberschreitende Fernsehen (Europarat)
EÜGK	Europäisches Übereinkommen über die Gemeinschafts-produktion von Kinofilmen (Europarat)
EuGH	Europäischer Gerichtshof (EU)
EURATOM	Europäische Atomgemeinschaft
EUV	Vertrag über die Europäische Union (EU)
EWG	Europäische Wirtschaftsgemeinschaft
EWR	Europäischer Wirtschaftsraum
EZB	Europäische Zentralbank (EU)
FI	Finnland
FICORA	Finnish Communications Regulatory Authority (FI)
FKVO	Fusionskontrollverordnung (EU)
FOSI	Family Online Safety Institute
FR	Frankreich
FSF	Freiwillige Selbstkontrolle Fernsehen (DE)
FSM	Freiwillige Selbstkontrolle Multimedia-Diensteanbieter (DE)
GAC	Governmental Advisory Committee (ICANN)
GATS	General Agreement on Trade in Services (WTO)
GATT	General Agreement on Tariffs and Trade (WTO)
GEREK	Gremium Europäischer Regulierungsstellen für elektronische Kommunikation (EU)
GR	Griechenland
GSM	Global System for Mobile Communications
GWB	Gesetz gegen Wettbewerbsbeschränkungen (DE)

HDTV	High Definition Television
HHI	Herfindahl-Hirschman-Index
IAB	Internet Architecture Board (IAB)
ICANN	Internet Corporation for Assigned Names and Numbers
IE	Irland
IESG	Internet Engineering Steering Group (ISOC)
IETF	Internet Engineering Task Force (ISOC)
IFAP	Information for All Programme (UNESCO)
IGF	Internet Governance Forum
IGO	International Governmental Organization
INHOPE	International Association of Internet Hotlines
Insafe	European Internet Safety Network
IPDC	International Programme for the Development of Communication (UNESCO)
IS	Island
ISOC	Internet Society
ISP	Internet Service Provider
IT	Italien
ITU	International Telecommunications Union (Internationale Fernmeldeunion)
JMStV	Jugendmedienschutzstaatsvertrag (DE)
KartG	Kartellgesetz (AT)
KEF	Kommission zur Ermittlung des Finanzbedarfs der Rundfunkanstalten (DE)
KEK	Kommission zur Ermittlung von Konzentration im Medienbereich (DE)
KJM	Kommission für Jugendmedienschutz (DE)
KOG	KommAustria-Gesetz (AT)
LU	Luxemburg
MFN	Most-Favoured Nation Treatment (Meistbegünstigungsprinzip)
NGO	Non-Governmental Organization
NL	Niederlande
NO	Norwegen
NWICO	New World Information and Communication Order
Ofcom	Office of Communications (UK)
ORF	Österreichischer Rundfunk (AT)
OSZE	Organisation für Sicherheit und Zusammenarbeit in Europa
PEGI	Pan European Game Information System
PresseFG	Presseförderungsgesetz (AT)
PrR-G	Privatradiogesetz (AT)

PT	Portugal
PTT	Post, Telegraf, Telefon
PubFG	Publizistikförderungsgesetz (AT)
RAI	Radiotelevisione Italiana
RStV	Rundfunkstaatsvertrag (DE)
RTÉ	Radió Teilifís Éireann (IE)
RTR	Rundfunk- und Telekom Regulierungs-GmbH (AT)
RTVG	Radio- und Fernsehgesetz (CH)
RTVV	Radio- und Fernsehverordnung (CH)
RVO	Rundfunk Versuchs-Ordnung (CH)
SE	Schweden
SLD	Second Level Domain
SRG	Schweizerische Radio- und Fernsehgesellschaft (CH)
TCP/IP	Transmission Control Protocol/Internet Protocol
TLD	Top Level Domain
TNC	Transnational Corporation
TRIPS	Agreement on Trade-Related Aspects of Intellectual Property Rights (WTO)
UBI	Unabhängige Beschwerdeinstanz (CH)
UK	Großbritannien
UKW	Ultrakurzwelle
UMTS	Universal Mobile Telecommunications System
UNESCO	United Nations Educational, Scientific and Cultural Organization (Organisation der Vereinten Nationen für Bildung, Wissenschaft, Kultur und Kommunikation)
UNO	United Nations Organization (Vereinte Nationen)
USO	Universal Service Obligation (Universaldienstverpflichtung)
UVEK	Departement für Umwelt, Verkehr, Energie und Kommunikation (CH)
W3C	World Wide Web Consortium
WAN	World Association of Newspapers
WGIG	Working Group on Internet Governance
WIPO	World Intellectual Property Organization (Weltorganisation für geistiges Eigentum)
WSIS	World Summit on the Information Society
WTO	World Trade Organization (Welthandelsorganisation)
WWW	World Wide Web
ZAK	Kommission für Zulassung und Aufsicht (DE)
ZDF	Zweites Deutsches Fernsehen (DE)

Bibliografie

Alle Links wurden überprüft am 3. Mai 2010.

Literatur

Abromeit, Heidrun/Stoiber, Michael (2006): Demokratien im Vergleich. Einführung in die vergleichende Analyse politischer Systeme. Wiesbaden.

Achille, Yves/Miège, Bernard (1994): The Limits to the Adaptation Strategies of European Public Service Television. In: Media, Culture & Society, 16(1), S. 31-46.

Alemann, Ulrich von (1998): Politikbegriffe. In: Nohlen, Dieter (Hrsg.): Wörterbuch Staat und Politik. 5. Auflage. München, S. 542-545.

Altendorfer, Otto (2001): Das Mediensystem der Bundesrepublik Deutschland. Band 1. Wiesbaden.

Altendorfer, Otto (2004): Das Mediensystem der Bundesrepublik Deutschland. Band 2. Wiesbaden.

Arbeitsgemeinschaft der Landesmedienanstalten in der Bundesrepublik Deutschland (ALM) (2009): ALM Jahrbuch 2008. Landesmedienanstalten und privater Rundfunk in Deutschland. Berlin.

Arbeitsgemeinschaft Fernsehforschung (AGF) (2010): Marktanteile der AGF- und Lizenzsender im Tagesdurchschnitt 2009. Auf: http://www.agf.de/showfile.phtml/daten/zuschauermarkt/marktanteile/marktanteile_2009.gif?foid=35859.

Aslama, Minna/Hellman, Heikki/Sauri, Tuomo (2004): Does Market-Entry Regulation Matter? Competition in Television Broadcasting and Programme Diversity in Finland, 1993-2002. In: International Communication Gazette, 66(2), S. 113-132.

Attentional/Oliver & Ohlbaum Associates/Rambøll Management/Headway International (2009): Study on the Application of Measures concerning the Promotion of the Distribution and Production of European Works in Audiovisual Media Services. Auf: http://ec.europa.eu/avpolicy/docs/library/studies/art4_5/final_report.pdf.

Averbeck, Stefanie (2006): Publizistik. In: Bentele, Günter/Brosius, Hans-Bernd/Jarren, Otfried (Hrsg.): Lexikon der Kommunikations- und Medienwissenschaft. Wiesbaden, S. 233-234.

Bachrach, Peter/Baratz, Morton S. (1962): Two Faces of Power. In: The American Political Science Review, 56(4), S. 947-952.

Baldi, Paolo/Hasebrink, Uwe (Hrsg.) (2007): Broadcasters and Citizens in Europe: Trends in Media Accountability and Viewer Participation. Bristol/Chicago.

Baldwin, Robert/Cave, Martin (1999): Understanding Regulation. Theory, Strategy, and Practice. Oxford/New York.

Bark, Felix (2005): EU steigert die Legitimität des öffentlich-rechtlichen Rundfunks – Anmerkung zum aktuellen Beihilfeverfahren. In: Multimedia & Recht, (3), S. V-VII.

Benkler, Yochai (1999): From Consumers to Users: Shifting the Deeper Structures of Regulation Toward Sustainable Commons and User Access. In: Federal Communications Law Journal, 52(3), S. 561-579.

Benz, Angelika (1997): Privatisierung und Regulierung im Rundfunk. In: König, Klaus/Benz, Angelika (Hrsg.): Privatisierung und staatliche Regulierung. Bahn, Post und Telekommunikation, Rundfunk. Baden-Baden, S. 419-536.

Berg-Schlosser, Dirk (2003): Marko-Qualitative vergleichende Methoden. In: Berg-Schlosser, Dirk/Müller-Rommel, Ferdinand (Hrsg.): Vergleichende Politikwissenschaft. 4., überarbeitete und erweiterte Auflage. Opladen, S. 103-125.

Berger, Kathrin/Schoenthal, Max (2005): Digitales Fernsehen als Herausforderung. In: Europäische Audiovisuelle Informationsstelle (Hrsg.): Die zukünftige Verbreitung audiovisueller Dienste. Durch digitalen Rundfunk und mobilen Empfang aufgeworfene Rechtsfragen. Strasbourg, S. 13-39.

Bernier, Ivan (2004a): Content regulation in the audio-visual sector and the WTO. In: Geradin, Damien/Luff, David (Hrsg.): The WTO and Global Convergence in Telecommunications and Audio-Visual Services. Cambridge, S. 215-242.

Bernier, Ivan (2004b): A UNESCO International Convention on Cultural Diversity. In: Graber, Christoph Beat/Girsberger, Michael/Nenova, Mira (Hrsg.): Free Trade versus Cultural Diversity: WTO Negotiations in the Field of Audiovisual Services. Zürich/Basel/Genf, S. 65-76.

Betzel, Marcel/Ward, David (2004): The Regulation of Public Service Broadcasting in Western Europe. In: Trends in Communication, 12(1), S. 47-62.

Beyme, Klaus von/Weßler, Hartmut (1998): Politische Kommunikation als Entscheidungskommunikation. In: Jarren, Otfried/Sarcinelli, Ulrich/Saxer, Ulrich (Hrsg.): Politische Kommunikation in der demokratischen Gesellschaft. Ein Handbuch mit Lexikonteil. Opladen/Wiesbaden, S. 312-323.

Billag (2009): Gebühren für den privaten Empfang. Auf: http://www.billag.ch/web/de/gebuehrentabellen/gebuehren_privat

Black, Julia (1996): Constitutionalising Self-Regulation. In: The Modern Law Review, 59(1), S. 24-55.

Blumler, Jay G./Hoffmann-Riem, Wolfgang (1992): New Roles for Public Television in Western Europe: Challenges and Prospects. In: Journal of Communication, 42(1), S. 20-35.

Blumler, Jay G./McLeod, Jack M./Rosengren, Karl Erik (1992): An Introduction to Comparative Communication Research. In: Blumler, Jay G./McLeod, Jack M./Rosengren, Karl Erik (Hrsg.): Comparatively Speaking: Communication and Culture across Space and Time. Newbury Park/London/New Delhi, S. 3-18.

Bohl, Christoph (2000): Konzentrationskontrolle in den elektronischen Medien. Baden-Baden.

Bonfadelli, Heinz (2004): Medienwirkungsforschung II. Anwendungen in Politik, Wirtschaft und Kultur. 2., überarbeitete Auflage. Konstanz.

Bonfadelli, Heinz/Jarren, Otfried/Siegert, Gabriele (2010): Publizistik- und Kommunikationswissenschaft – Ein transdisziplinäres Fach. In: Bonfadelli, Heinz/ Jarren, Otfried/Siegert, Gabriele (Hrsg.): Einführung in die Publizistik- und Kommunikationswissenschaft. 3. Auflage. Bern/Stuttgart/Wien.

Bonfadelli, Heinz/Meier, Werner A. (1994): Kleinstaatliche Strukturprobleme einer europäischen Medienlandschaft. Das Beispiel Schweiz. In: Jarren, Otfried (Hrsg.): Medienwandel – Gesellschaftswandel? 10 Jahre dualer Rundfunk in Deutschland. Eine Bilanz. Berlin, S. 69-90.

Bonfadelli, Heinz/Meier, Werner A. (2007): Zum Verhältnis von Medienpolitik und Publizistikwissenschaft – am Beispiel Schweiz. In: Jarren, Otfried/Donges, Patrick (Hrsg.): Ordnung durch Medienpolitik? Konstanz, S. 37-58.

Bourgeois, Isabelle (1999): Privatrechtliches Fernsehen. In: Schwarzkopf, Dietrich (Hrsg.): Rundfunkpolitik in Deutschland. Wettbewerb und Öffentlichkeit. Band 1. München, S. 436-502.

Brants, Kees/De Bens, Els (2000): The Status of TV Broadcasting in Europe. In: Wieten, Jan/Murdock, Graham/Dahlgren, Peter (Hrsg.): Television Across Europe. A Comparative Introduction. London/Thousand Oaks/New Delhi, S. 7-22.

Breunig, Christian (1996): Internationale Kommunikationspolitik im Wandel. Alte und neue Initiativen der UNESCO. In: Meckel, Miriam/Kriener, Markus (Hrsg.): Internationale Kommunikation. Eine Einführung. Opladen, S. 67-84.

Budäus, Dieter (1998): Privatisierung öffentlich wahrgenommener Aufgaben – Grundlagen, Anforderungen und Probleme aus wirtschaftswissenschaftlicher Sicht. In: Gusy, Christoph (Hrsg.): Privatisierung von Staatsaufgaben: Kriterien – Grenzen – Folgen. Baden-Baden, S. 12-36.

Bundesamt für Statistik (BfS) (2009): Hochgeschwindigkeits-Internet (ind30107d). Auf: http://www.bfs.admin.ch/bfs/portal/de/index/themen/16/04/key/approche_globale. Document.25583.xls.

Bundeskanzleramt (BKA) (2009): Rundfunk und Medienrecht im Überblick. Auf: http://www.bka.gv.at/site/4075/default.aspx.

Bundeskanzleramt (BKA) (o.J.-a): Erläuterungen zum Privatradiogesetz. Auf: http://www.bka.gv.at/DocView.axd?CobId=1579.

Bundeskanzleramt (BKA) (o.J.-b): Zentrale Inhalte des Privatfernsehgesetzes. Auf: http://www.bundeskanzleramt.at/DocView.axd?CobId=1577.

Campbell, Angela J. (1999): Self-Regulation and the Media. In: Federal Communication Law Journal, 51(3), S. 711-772.

Canadian Radio-television and Telecommunications Commission (CRTC) (1999): Building on Success – A Policy Framework for Canadian Television. Public Notice CRTC 1999-97. Auf: http://www.crtc.gc.ca/eng/archive/1999/pb99-97.htm.

Canadian Radio-television and Telecommunications Commission (CRTC) (2006): Commercial Radio Policy 2006. Public Notice CRTC 2006-158. Auf: http://www.crtc.gc.ca/eng/archive/2006/pb2006-158.htm.

Caramani, Daniele (2008): Introduction to Comparative Politics. In: Caramani, Daniele (Hrsg.): Comparative Politics. Oxford, S. 1-23.

Cerny, Philip G. (1991): The Limits of Deregulation: Transnational Interpenetration and Policy Change. In: European Journal of Political Research, 19(2/3), S. 173-196.

Collins, Richard (1994): Broadcasting and Audio-Visual Policy in the European Single Market. London/Paris/Rome.

Collins, Richard (1999): European Union Media and Communication Policies. In: Stokes, Jane/Reading, Anna (Hrsg.): The Media in Britain. Current Debates and Developments. Basingstoke, S. 158-169.

Collins, Richard (2000): Realising social goals in connectivity and content. The challenge of convergence. In: Marsden, Christopher T. (Hrsg.): Regulating the Global Information Society. London/New York, S. 108-115.

Collins, Richard/Murroni, Christina (1996): New Media, New Policies. Media and Communications Strategies for the Future. Cambridge.

Commission Européenne (2004): Aide d'Etat N 74 / 2004 – Belgique. Aide à la presse écrite flamande. C (2004) 4739 fin. Auf: http://ec.europa.eu/community_law/state_aids/comp-2004/n074-04-fr.pdf.

Conseil supérieur de l'audiovisuel (CSA) (2009): Les quotas d'œuvres audiovisuelles et cinématographiques à la télévision. Auf: http://www.csa.fr/infos/controle/television_quotas_production.php.

Council of Europe (2002): Media Diversity in Europe. Report prepared by the Advisory Panel to the CDMM on media concentration, pluralism and diversity questions (H/APMD(2003)001). Strasbourg: Council of Europe. Auf: http://www.coe.int/t/dghl/standardsetting/media/Doc/H-APMD(2003)001_en.pdf.

Council of Europe (2008): Promoting Social Cohesion: The Role of Community Media. Auf: http://www.coe.int/t/dghl/standardsetting/media/Doc/H-Inf%282008%29013_en.pdf.

Cuilenburg, Jan van (1999): On competition, access and diversity in media, old and new. Some remarks for communications policy in the information age. In: New Media & Society, 1(2), S. 183-207.

Cuilenburg, Jan van/McQuail, Denis (2003): Media Policy Paradigm Shifts. Towards a New Communications Policy Paradigm. In: European Journal of Communication, 18(2), S. 181-207.

Czada, Roland (1998a): Korporatismus/Neo-Korporatismus. In: Nohlen, Dieter (Hrsg.): Wörterbuch Staat und Politik. 5. Auflage. München, S. 365-370.

Czada, Roland (1998b): Privatisierungspolitik. In: Nohlen, Dieter (Hrsg.): Wörterbuch Staat und Politik. 5. Auflage. München, S. 617-623.

Dahinden, Urs (2001): Das Internet als Untersuchungsgegenstand der Publizistikwissenschaft. In: Jarren, Otfried/Bonfadelli, Heinz (Hrsg.): Einführung in die Publizistikwissenschaft. Bern/Stuttgart/Wien, S. 461-485.

Dahlgren, Peter (2000): Key Trends in European Television. In: Wieten, Jan/Murdock, Graham/Dahlgren, Peter (Hrsg.): Television Across Europe. A Comparative Introduction. London/Thousand Oaks/New Delhi, S. 23-34.

De Bens, Els/Smaele, Hedwig de (2001): The Inflow of American Television Fiction on European Broadcasting Channels Revisited. In: European Journal of Communication, 16(1), S. 51-76.

Deutsche UNESCO-Kommission (1981): Viele Stimmen – eine Welt. Kommunikation und Gesellschaft – heute und morgen. Bericht der Internationalen Kommission zum Studium der Kommunikationsprobleme unter dem Vorsitz von Sean MacBride an die UNESCO. Konstanz.

Dijk, Jan van (2004): Digital Media. In: Downing, John D.H./McQuail, Denis/Schlesinger, Philip/Wartella, Ellen (Hrsg.): The SAGE Handbook of Media Studies. Thousand Oaks/London/New Delhi, S. 145-163.

Dios, Josep Maria de (2006): State Aid in Community Law. In: Fernández Alonso, Isabel/Moragas, Miquel de/Blasco Gil, José Joaquín/Almiron, Núria (Hrsg.): Press Subsidies in Europe. Barcelona, S. 196-210.

Donges, Patrick (2002a): Politische Reaktionen auf die Globalisierung des Rundfunks. In: Hepp, Andreas/Löffelholz, Martin (Hrsg.): Grundlagentexte zur transkulturellen Kommunikation. Konstanz, S. 207-226.

Donges, Patrick (2002b): Rundfunkpolitik zwischen Sollen, Wollen und Können. Eine theoretische und komparative Analyse der politischen Steuerung des Rundfunks. Wiesbaden.

Donges, Patrick/Jarren, Otfried (2010): Politische Kommunikation – Akteure und Prozesse. In: Bonfadelli, Heinz/Jarren, Otfried/Siegert, Gabriele (Hrsg.): Einführung in die Publizistik- und Kommunikationswissenschaft. 3. Auflage. Bern/Stuttgart/Wien.

Donges, Patrick/Puppis, Manuel (2010): Kommunikations- und medienpolitische Perspektiven: Internet Governance. In: Schweiger, Wolfgang/Beck, Klaus (Hrsg.): Handbuch Onlinekommunikation. Wiesbaden, S. 80-104.

Dörr, Dieter (2005): Öffentlich-rechtlicher Rundfunk und die Vorgaben des Europarechts. Public-Service-Idee, Dienstleistungsfreiheit und Beihilfenkontrolle – zum Spannungsverhältnis zwischen nationalem und europäischem Recht. In: Media Perspektiven, (7), S. 333-342.

Dörr, Dieter (2009): Die europäische Medienordnung. In: Hans-Bredow-Institut (Hrsg.): Internationales Handbuch Medien. 28. Auflage. Baden-Baden, S. 41-63.

Doyle, Gillian (2002): Understanding Media Economics. London/Thousand Oaks/New Delhi.

Drake, William J. (2000): The Rise and Decline of the International Telecommunications Regime. In: Marsden, Christopher T. (Hrsg.): Regulating the Global Information Society. London/New York, S. 124-177.

Duchkowitsch, Wolfgang/Hausjell, Fritz/Semard, Bernd (Hrsg.) (2004): Die Spirale des Schweigens. Zum Umgang mit der nationalsozialistischen Zeitungswissenschaft. 2. Auflage. Wien.

Dumermuth, Martin (2007): Rundfunkregulierung – Alte und neue Herausforderungen. In: Jarren, Otfried/Donges, Patrick (Hrsg.): Ordnung durch Medienpolitik? Konstanz, S. 351-397.

Dyson, Kenneth/Humphreys, Peter (1989): Deregulating Broadcasting. The West European Experience. In: European Journal of Political Research, 17(2), S. 137-154.

Eifert, Martin/Hoffmann-Riem, Wolfgang (1999): Die Entstehung und Ausgestaltung des dualen Rundfunksystems. In: Schwarzkopf, Dietrich (Hrsg.): Rundfunkpolitik in Deutschland. Wettbewerb und Öffentlichkeit. Band 1. München, S. 50-116.

Eijk, Nico van (2003): Neue europäische Regel für den Kommunikationsbereich. In: IRIS plus, (2), S. 2-7.

Eko, Lyombe (2008): Internet Law and Regulation. In: Donsbach, Wolfgang (Hrsg.): The International Encyclopedia of Communication. Oxford/Malden, S. 2438-2445.

Esser, Frank (2003): Gut, dass wir verglichen haben. Bilanz und Bedeutung der komparativen politischen Kommunikationsforschung. In: Esser, Frank/Pfetsch, Barbara (Hrsg.): Politische Kommunikation im internationalen Vergleich. Grundlagen, Anwendungen, Perspektiven. Wiesbaden, S. 437-494.

Europäische Audiovisuelle Informationsstelle (2009a): Jahrbuch 2009. Film, Fernsehen und Video in Europa. Band 1: Fernsehen in 36 europäischen Staaten. Strasbourg.

Europäische Audiovisuelle Informationsstelle (2009b): Jahrbuch 2009. Film, Fernsehen und Video in Europa. Band 2: Trends im europäischen Fernsehen. Strasbourg.

Europäische Kommission (1977): Sechster Bericht über die Wettbewerbspolitik. Brüssel/Luxemburg.

Europäische Kommission (2001): Mitteilung der Kommission zu bestimmten Rechtsfragen im Zusammenhang mit Kinofilmen und anderen audiovisuellen Werken. KOM (2001) 534 endgültig. Auf: http://eur-lex.europa.eu/LexUriServ/LexUriServ.do?uri=COM:2001:0534:FIN:DE:PDF.

Europäische Kommission (2007): MEDIA 2007: 755 Mio. Euro für die Förderung der europäischen Filmindustrie. IP/07/169. Auf: http://europa.eu/rapid/pressReleases Action.do?reference=IP/07/169&format=PDF&aged=1&language=DE.

Europäische Kommission (2008): Achte Mitteilung über die Anwendung von Artikel 4 und 5 der Richtlinie 89/552/EWG ‹Fernsehen ohne Grenzen› – in der Fassung der Richtlinie 97/36/EG – im Zeitraum 2005–2006. KOM (2008) 481 endgültig. Auf: http://eur-lex.europa.eu/LexUriServ/LexUriServ.do?uri=COM:2008:0481:FIN:DE:PDF.

Europäische Kommission (2009a): EU-Telekom-Reform: 12 Reformen ebnen den Weg für Stärkung der Verbraucherrechte, ein offenes Internet, einen Telekom-Binnenmarkt und schnelle Internetanschlüsse für alle Bürger. MEMO/09/568. Auf: http://europa.eu/rapid/pressReleasesAction.do?reference=MEMO/09/568&format=PDF&aged=0&language=DE.

Europäische Kommission (2009b): Ihr Wegweiser durch den Lissabon-Vertrag. Auf: http://ec.europa.eu/publications/booklets/others/84/de.pdf.

Europäische Kommission (2009c): Mitteilung der Kommission über die Anwendung der Vorschriften über staatliche Beihilfen auf den öffentlich-rechtlichen Rundfunk. ABl. C 257 vom 27.10.2009, S. 1-14. Auf: http://eur-lex.europa.eu/LexUriServ/LexUriServ.do?uri=OJ:C:2009:257:0001:0014:DE:PDF.

Europäische Kommission (2009d): Mitteilung der Kommission. Leitlinien der Gemeinschaft für die Anwendung der Vorschriften über staatliche Beihilfen im Zusammenhang mit dem schnellen Breitbandausbau. ABl. C 235 vom 30.09.2009, S. 7-25. Auf: http://eur-lex.europa.eu/LexUriServ/LexUriServ.do?uri=OJ:C:2009:235:0007:0025:DE:PDF

Europäische Kommission (2009e): Staatliche Beihilfen: Kommission schlägt Maßnahmen vor, die Binnenmarktkonformität einer schwedischen Beihilferegelung für Printmedien gewährleisten sollen. IP/09/940. Auf: http://europa.eu/rapid/press ReleasesAction.do?reference=IP/09/940&format=PDF&aged=0&language=DE.

Europäische Kommission (2010a): Mitteilung der Kommission: Eine digitale Agenda für Europa. KOM (2010) 245. Auf: http://ec.europa.eu/information_society/digital-agenda/documents/digital-agenda-communication-de.pdf.

Europäische Kommission (2010b): Mitteilung der Kommission: Europa 2020. Eine Strategie für intelligentes, nachhaltiges und integratives Wachstum. KOM (2010) 2020 endgültig. Auf: http://eur-lex.europa.eu/LexUriServ/LexUriServ.do?uri=COM:2010:2020:FIN:DE:PDF.

Europarat (2000): Erläuternder Bericht zur Europäischen Charta der Regional- oder Minderheitensprachen. Auf: http://www.coe.int/t/dg4/education/minlang/textcharter/Charter/Report_de.pdf.

Europarat (2007): Der Europarat. Wer sind wir? Was tun wir? Auf: http://www.coe.int/AboutCoe/media/interface/publications/Qui_sommes_nous_de.pdf.

European Commission (2004): Publishing Market Watch. Sector Report 1: The European Newspaper Market. Auf: http://www.rightscom.com/Portals/0/European%20Newspaper%20Publishing%20Report.pdf.

European Commission (2008): Accompanying Document to the Eighth Communication on the Application of Articles 4 and 5 of Directive 89/552/EEC ‹Television without Frontiers›, as amended by Directive 97/36/EC, for the period 2005-2006. Auf: http://ec.europa.eu/avpolicy/docs/reg/tvwf/art_4_5/2008_2310_en.pdf

European Commission (2009): Empowering and Protecting Children Online. Auf: http://ec.europa.eu/information_society/doc/factsheets/018-safer-internet.pdf.

European Parliament (2007): The State of Community Media in the European Union. Auf: http://www.europarl.europa.eu/activities/committees/studies/download.do?file=22408.

European Platform of Regulatory Authorities (EPRA) (o.J.): List of EPRA Members. Auf: http://www.epra.org/content/english/about/f_list.html.

Feintuck, Mike/Varney, Mike (2006): Media Regulation, Public Interest and the Law. 2. Auflage. Edinburgh.

Fernández Alonso, Isabel/Blasco Gil, José Joaquín (2006): Press Subventions in Europe in 2006. Categories, Funding Provided and Assignation Systems. In: Fernández Alonso, Isabel/Moragas, Miquel de/Blasco Gil, José Joaquín/Almiron, Núria (Hrsg.): Press Subsidies in Europe. Barcelona, S. 56-76.

Ferrell Lowe, Gregory/Bardoel, Jo (Hrsg.) (2008): From Public Service Broadcasting to Public Service Media. Göteborg.

Frank, Sabine/Rausch, Isabell (2005): Suchmaschinen: Möglichkeiten und Grenzen von Selbstkontrolle. Die Arbeit der FSM. In: Machill, Marcel/Schneider, Norbert (Hrsg.): Suchmaschinen: Neue Herausforderungen für die Medienpolitik. Berlin, S. 89-94.

Freedman, Des (2008): The Politics of Media Policy. Cambridge/Malden.

Galperin, Hernan (1999): Cultural industries policy in regional trade agreements: the cases of NAFTA, the European Union and MERCOSUR. In: Media, Culture & Society, 21(5), S. 627-648.

Garnham, Nicholas (2000): Emancipation, the Media, and Modernity. Arguments about the Media and Social Theory. Oxford.

Geradin, Damien/Kerf, Michel (2004): Levelling the playing field: is the WTO adequately equipped to prevent anti-competitive practices in telecommunications? In: Geradin, Damien/Luff, David (Hrsg.): The WTO and Global Convergence in Telecommunications and Audio-Visual Services. Cambridge, S. 130-162.

Geradin, Damien/Luff, David (2004): Introduction. In: Geradin, Damien/Luff, David (Hrsg.): The WTO and Global Convergence in Telecommunications and Audio-Visual Services. Cambridge, S. 3-18.

Geretschlaeger, Erich/Leinschitz, Anton (1994): Postleistungen. In: Bruck, Peter A. (Hrsg.): Medienmanager Staat. Von den Versuchen des Staates, Medienvielfalt zu ermöglichen. Medienpolitik im internationalen Vergleich. München, S. 569-651.

Gomery, Douglas (1989): Media Economics: Terms of Analysis. In: Critical Studies in Mass Communication, 6(1), S. 43-60.

Graber, Christoph Beat (2003): Handel und Kultur im Audiovisionsrecht der WTO. Völkerrechtliche, ökonomische und kulturpolitische Grundlagen einer globalen Medienordnung. Bern.

Graber, Christoph Beat (2004a): Audio-visual policy: the stumbling block of trade liberalisation? In: Geradin, Damien/Luff, David (Hrsg.): The WTO and Global Convergence in Telecommunications and Audio-Visual Services. Cambridge, S. 165-214.

Graber, Christoph Beat (2004b): Audiovisual Media and the Law of the WTO. In: Graber, Christoph Beat/Girsberger, Michael/Nenova, Mira (Hrsg.): Free Trade versus Cultural Diversity: WTO Negotiations in the Field of Audiovisual Services. Zürich/Basel/Genf, S. 15-64.

Graber, Christoph Beat (2006): The new UNESCO Convention on Cultural Diversity: A Counterbalance to the WTO? In: Journal of International Economic Law, 9(3), S. 553-574.

Graber, Christoph Beat/Kerekes, Andrea (2009): Filmförderung und Alkoholwerbung: Geistreiches und Hochprozentiges entstammen meist derselben Flasche. Das Schlichtungsverfahren im MEDIA-Abkommen und die Souveränität des Schweizer Rechts im Bereich von TV-Werbefenstern. In: MediaLex, (4), S. 207-216.

Grande, Edgar (1998): Privatisierung und Regulierung aus politikwissenschaftlicher Sicht. In: Gusy, Christoph (Hrsg.): Privatisierung von Staatsaufgaben: Kriterien – Grenzen – Folgen. Baden-Baden, S. 37-56.

Grisold, Andrea (2004): Medienwirtschaftspolitik: Regulierung und Deregulierung. In: Altmeppen, Klaus-Dieter/Karmasin, Matthias (Hrsg.): Medien und Ökonomie. Band 2: Problemfelder der Medienökonomie. Wiesbaden, S. 95-122.

Gunningham, Neil/Rees, Joseph (1997): Industry Self-Regulation: An Institutional Perspective. In: Law & Policy, 19(4), S. 363-414.

Gustafsson, Karl Erik (1980): The Press Subsidies of Sweden: A Decade of Experiment. In: Smith, Anthony (Hrsg.): Newspapers and Democracy. International Essays on a Changing Medium. Cambridge, MA/London, S. 104-126.

Gustafsson, Karl Erik (1981): Pressepolitik in Schweden. In: Publizistik, 26(3), S. 371-387.

Gusy, Christoph (1998): Privatisierung als Herausforderung an Rechtspolitik und Rechtsdogmatik. Ein Tagungsbericht. In: Gusy, Christoph (Hrsg.): Privatisierung von Staatsaufgaben: Kriterien – Grenzen – Folgen. Baden-Baden, S. 330-351.

Haaß, Mareike (2002): Rundfunk in Schweden. Historie und Gegenwart – Medienpolitik und Anbieterstruktur. Hamburg.

Hadenius, Stig/Weibull, Lennart (1999): The Swedish Newspaper System in the Late 1990s. Tradition and Transition. In: Nordicom, 20(1), S. 129-152.

Hall, Peter A./Taylor, Rosemary C.R. (1996): Political Science and the Three New Institutionalisms. In: Political Studies, 44(5), S. 936-957.

Hallin, Daniel C./Mancini, Paolo (2004): Comparing Media Systems. Three Models of Media and Politics. Cambridge/New York.

Hamelink, Cees J. (1994): The Politics of World Communication. A Human Rights Perspective. London/Thousand Oaks/New Delhi.

Hamelink, Cees J./Nordenstreng, Kaarle (2007): Towards Democratic Media Governance. In: De Bens, Els (Hrsg.): Media between Culture and Commerce. Bristol/Chicago, S. 225-240.

Hancher, Leigh/Moran, Michael (1989): Introduction: Regulation and Deregulation. In: European Journal of Political Research, 17(2), S. 129-136.

Hans-Bredow-Institut (Hrsg.) (2009): Internationales Handbuch Medien. 28. Auflage. Baden-Baden.

Hari, Niklaus (2005): Presseförderung im internationalen Vergleich. Staatliche Presseförderung in Westeuropa aus kleinstaatlicher Perspektive. Lizenziatsarbeit. Zürich: IPMZ.

Harrison, Jackie/Woods, Lorna M. (2001): Defining European Public Service Broadcasting. In: European Journal of Communication, 16(4), S. 477-504.

Häussermann, Bettina/Scheuer, Alexander (2001): Deutschland. In: Europäische Audiovisuelle Informationsstelle (Hrsg.): Fernsehen und Medienkonzentration. Regulierungsmodelle auf nationaler und europäischer Ebene. Strasbourg, S. 7-20.

Hedman, Lowe (1992): Sweden: Neighbourhood radio. In: Jankowski, Nick/Prehn, Ole/ Strappers, James (Hrsg.): The People's Voice. Local Radio and Television in Europe. London/Paris/Rome, S. 62-77.

Heinrich, Jürgen (1999): Medienökonomie. Band 2: Hörfunk und Fernsehen. Opladen/Wiesbaden.

Heinrich, Jürgen (2001): Medienökonomie. Band 1: Mediensystem, Zeitung, Zeitschrift, Anzeigenblatt. 2., überarbeitete und aktualisierte Auflage. Wiesbaden.

Helberger, Natali (2004): Überblick über die Regulierung technischer Engpässe im Digitalfernsehen im Rahmen der neuen Zugangsrichtlinie. In: Europäische Audiovisuelle Informationsstelle (Hrsg.): Die Regulierung des Zugangs zum digitalen Fernsehen. Technische Engpässe, vertikal integrierte Märkte und neue Formen von Medienkonzentration. Strasbourg, S. 127-133.

Held, Barbara/Sankol, Barry (2002): Staatsfreiheit der Aufsichtsgremien öffentlich-rechtlichen Rundfunks – Ein Überblick über Rechtsprechung und Literatur. In: Schulz, Winfried (Hrsg.): Staatsferne der Aufsichtsgremien öffentlich-rechtlicher Rundfunkanstalten. Materialen zur Diskussion um eine Reform. Hamburg, S. 9-19.

Henle, Victor (1998): Europäisierung der Medienordnungen und der Medienunternehmen. In: Henle, Victor (Hrsg.): Fernsehen in Europa. Strukturen, Programme und Hintergründe. München, S. 9-79.

Hepp, Andreas (2006): Transkulturelle Kommunikation. Konstanz.

Herman, Edward S./McChesney, Robert W. (1997): The Global Media. The New Missionaries of Corporate Capitalism. London/Washington.

Hilmes, Michele (2004): Broadcasting, Cable, and Satellites. In: Downing, John D.H./ McQuail, Denis/Schlesinger, Philip/Wartella, Ellen (Hrsg.): The SAGE Handbook of Media Studies. Thousand Oaks/London/New Delhi, S. 477-493.

Hirsch, Mario (2009): Das Mediensystem Luxemburgs. In: Hans-Bredow-Institut (Hrsg.): Internationales Handbuch Medien. 28. Auflage. Baden-Baden, S. 435-441.

Hoffmann-Riem, Wolfgang (1996a): Öffentliches Recht und Privatrecht als wechselseitige Auffangordnungen – Systematisierung und Entwicklungsperspektiven. In: Hoffmann-Riem, Wolfgang/Schmidt-Assmann, Eberhard (Hrsg.): Öffentliches Recht und Privatrecht als wechselseitige Auffangordnungen. Baden-Baden, S. 261-336.

Hoffmann-Riem, Wolfgang (1996b): Regulating Media. The Licensing and Supervision of Broadcasting in Six Countries. New York.

Hoffmann-Riem, Wolfgang (2000): Regulierung der dualen Rundfunkordnung. Grundfragen. Baden-Baden.

Hoffmann-Riem, Wolfgang/Schulz, Wolfgang/Held, Thorsten (2000): Konvergenz und Regulierung. Optionen für rechtliche Regelungen und Aufsichtsstrukturen im Bereich Information, Kommunikation und Medien. Baden-Baden.

Hofmann, Jeanette (2003): Die Regulierung des Domainnamensystems – Entscheidungsprozess und gesellschaftliche Auswirkungen der Einrichtung neuer Top Level Domains im Internet. Berlin (auch auf: http://bibliothek.wz-berlin.de/pdf/2003/iii03-104.pdf).

Hofmann, Jeanette/Holitscher, Marc (2004): Zur Beziehung von Macht und Technik im Internet. In: Thiedeke, Udo (Hrsg.): Soziologie des Cyberspace. Medien, Strukturen und Semantiken. Wiesbaden, S. 411-436.

Holitscher, Marc (2003): Die Regulierung des Internets zwischen technischer Koordination und politischer Steuerung. Eine explorative Einzelfallstudie am Beispiel der Internet Corporation for Assigned Names and Numbers zur Rolle privater Akteure in den internationalen Beziehungen. Abhandlung zur Erlangung der Doktorwürde der Philosophischen Fakultät der Universität Zürich. Zürich (auch auf: http://opac.nebis.ch/exlibris/aleph/u18_1/apache_media/9VRLEFLFX85MM6 NDXQUF3SL315H8QJ.pdf).

Holtz-Bacha, Christina (1994): Presseförderung im westeuropäischen Vergleich. In: Bruck, Peter A. (Hrsg.): Medienmanager Staat. Von den Versuchen des Staates, Medienvielfalt zu ermöglichen. Medienpolitik im internationalen Vergleich. München, S. 443-567.

Holtz-Bacha, Christina (2006): Medienpolitik für Europa. Wiesbaden.

Holznagel, Bernd (1996): Canada. In: Hoffmann-Riem, Wolfgang (Hrsg.): Regulating Media. The Licensing and Supervision of Broadcasting in Six Countries. New York, S. 191-221.

Holznagel, Bernd/Dörr, Dieter/Hildebrand, Doris (2008): Elektronische Medien. Entwicklung und Regulierungsbedarf. München.

Hoskins, Colin/Mirus, Rolf (1988): Reasons for the US dominance of the international trade in television programmes. In: Media, Culture & Society, 10(4), S. 499-515.

Høst, Sigurd (1999): Newspaper Growth in the Television Era. The Norwegian Experience. In: Nordicom, 20(1), S. 107-128.

Hrbek, Rudolf (1998): Europäische Union. In: Nohlen, Dieter (Hrsg.): Wörterbuch Staat und Politik. 5. Auflage. München, S. 142-150.

Hudson, Heather E. (2002): Universal Access to the New Information Infrastructure. In: Lievrouw, Leah A./Livingstone, Sonia (Hrsg.): Handbook of New Media. Social Shaping and Consequences of ICTs. London/Thousand Oaks/New Delhi, S. 369-383.

Hultén, Olof/Brants, Kees (1992): Public Service Broadcasting: Reactions to Competition. In: Siune, Karen/Truetzschler, Wolfgang (Hrsg.): Dynamics of Media Politics. Broadcast and Electronic Media in Western Europe. London/Newbury Park/New Delhi, S. 116-128.

Humphreys, Peter (1996): Mass Media and Media Policy in Western Europe. Manchester/New York.

Humphreys, Peter (2009): Das Mediensystem Großbritanniens. In: Hans-Bredow-Institut (Hrsg.): Internationales Handbuch Medien. 28. Auflage. Baden-Baden, S. 332-348.

Internet Corporation for Assigned Names and Numbers (ICANN) (2009): The Affirmation of Commitments – What it Means. Auf: http://www.icann.org/en/announcements/announcement-30sep09-en.htm.

Internet Society (ISOC) (2009): Internet Standards Organisations. Auf: http://www.isoc.org/standards/orgs.shtml.

IP (2009): Television 2009. International Key Facts. Luxembourg/Köln.

ITU (International Telecommunication Union) (2004): Helping the World Communicate. Geneva: The International Telecommunication Union. Auf: http://www.itu.int/dms_pub/itu-s/opb/gen/S-GEN-HLPW-2004-PDF-E.pdf.

ITU (International Telecommunication Union) (2007): The International Telecommunication Union. Building the Information Society. Geneva: The International Telecommunication Union. Auf: http://www.itu.int/dms_pub/itu-s/opb/gen/S-GEN-BIS-2007-PDF-E.pdf.

Jankowski, Nicholas W. (2003): Community Media Research: A Quest for Theoretically-Grounded Models. In: Javnost/The Public, 10(1), S. 5-14.

Jarren, Otfried (1998): Medienpolitische Kommunikation. In: Jarren, Otfried/Sarcinelli, Ulrich/Saxer, Ulrich (Hrsg.): Politische Kommunikation in der demokratischen Gesellschaft. Ein Handbuch mit Lexikonteil. Opladen/Wiesbaden, S. 616-629.

Jarren, Otfried (2003): Institutionelle Rahmenbedingungen und Organisationen der öffentlichen Kommunikation. In: Bentele, Günter/Brosius, Hans-Bernd/Jarren, Otfried (Hrsg.): Öffentliche Kommunikation. Handbuch Kommunikations- und Medienwissenschaft. Wiesbaden, S. 13-27.

Jarren, Otfried/Donges, Patrick (2005): Der öffentliche Rundfunk in der Gesellschaft. Begründung, Wandel und Konflikte um eine Leitidee am Beispiel Schweiz. In: Ridder, Christa-Maria/Langenbucher, Wolfgang R./Saxer, Ulrich/Steininger, Christian (Hrsg.): Bausteine einer Theorie des öffentlich-rechtlichen Rundfunks. Festschrift für Marie Luise Kiefer. Wiesbaden, S. 177-195.

Jarren, Otfried/Donges, Patrick (2006): Politische Kommunikation in der Mediengesellschaft. Eine Einführung. 2., überarbeitete Auflage. Wiesbaden.

Jarren, Otfried/Donges, Patrick/Künzler, Matthias/Schulz, Wolfgang/Held, Thorsten/Jürgens, Uwe (2001): Der öffentliche Rundfunk im Netzwerk von Politik, Wirtschaft und Gesellschaft. Eine komparative Studie zu Möglichkeiten der Absicherung des Public Service. Baden-Baden/Hamburg.

Jarren, Otfried/Meier, Werner A. (2002): Mediensysteme und Medienorganisationen als Rahmenbedingungen für den Journalismus. In: Jarren, Otfried/Weßler, Hartmut (Hrsg.): Journalismus – Medien – Öffentlichkeit. Eine Einführung. Wiesbaden, S. 99-163.

Jarren, Otfried/Weber, Rolf H./Donges, Patrick/Dörr, Bianka/Künzler, Matthias/Puppis, Manuel (2002): Rundfunkregulierung. Leitbilder, Modelle und Erfahrungen im internationalen Vergleich. Eine sozial- und rechtswissenschaftliche Analyse. Zürich.

Jin, Dal Yong (2005): The Telecom Crisis and Beyond. Restructuring the Global Telecommunications System. In: International Communication Gazette, 67(3), S. 289-304.

Jönsson, Anna Maria/Weibull, Lennart (2009): Das schwedische Mediensystem. In: Hans-Bredow-Institut (Hrsg.): Internationales Handbuch Medien. 28. Auflage. Baden-Baden, S. 581-591.

Keane, John (1991): The Media and Democracy. Cambridge.

Kelly, Mary/Mazzoleni, Gianpietro/McQuail, Denis (Hrsg.) (2004): The Media in Europe. The Euromedia Handbook. 3. Auflage. London/Thousand Oaks/New Delhi.

Kepplinger, Hans Mathias (1994): Kommunikationspolitik. In: Noelle-Neumann, Elisabeth/Schulz, Winfried/Wilke, Jürgen (Hrsg.): Fischer Lexikon Publizistik Massenkommunikation. Frankfurt a. M., S. 116-139.

Kersbergen, Kees van/Waarden, Frans van (2004): ‹Governance› as a Bridge between Disciplines: Cross-Disciplinary Inspiration regarding Shifts in Governance and Problems of Governability, Accountability and Legitimacy. In: European Journal of Political Research, 43(2), S. 143-171.

Kiefer, Marie Luise (1995): Medienkonzentrationskontrolle: Bemessungskriterien auf dem Prüfstand. Mechanismen der Medienkonzentration ökonomisch betrachtet. In: Media Perspektiven, (2), S. 58-68.

Kiefer, Marie Luise (1996): Unverzichtbar oder überflüssig? Öffentlich-rechtlicher Rundfunk in der Multimedia-Welt. In: Rundfunk und Fernsehen, 44(1), S. 7-26.

Kiefer, Marie Luise (1999): Das Rundfunkpublikum als Bürger und Kunde. In: Schwarzkopf, Dietrich (Hrsg.): Rundfunkpolitik in Deutschland. Wettbewerb und Öffentlichkeit. Band 2. München, S. 701-744.

Kiefer, Marie Luise (2001): Medienökonomik. Einführung in eine ökonomische Theorie der Medien. München/Wien.

Kiefer, Marie Luise (2004): 20 Jahre privater Rundfunk in Deutschland. Versuch einer Bestandsaufnahme aus medienökonomischer Perspektive. In: Media Perspektiven, (12), S. 558-568.

Kleinsteuber, Hans J. (1990): Europäische Medienpolitik am Beispiel der EG-Fernsehrichtlinie. In: Kleinsteuber, Hans J./Wiesner, Volker/Wilke, Peter (Hrsg.): EG-Medienpolitik. Fernsehen in Europa zwischen Kultur und Kommerz. Berlin, S. 35-53.

Kleinsteuber, Hans J. (1993): Mediensysteme in vergleichender Perspektive. Zur Anwendung komparativer Ansätze in der Medienwissenschaft: Probleme und Beispiele. In: Rundfunk und Fernsehen, 41(3), S. 317-338.

Kleinsteuber, Hans J. (1996): Kommunikationspolitik: Herangehensweisen und Theorien. In: Wittkämper, Gerhard W./Kohl, Anke (Hrsg.): Kommunikationspolitik. Einführung in die medienbezogene Politik. Darmstadt, S. 17-37.

Kleinsteuber, Hans J. (1998): Medienpolitik. In: Nohlen, Dieter (Hrsg.): Wörterbuch Staat und Politik. 5 Auflage. München, S. 420-422.

Kleinsteuber, Hans J. (2003a): Medien und Kommunikation im internationalen Vergleich: Konzepte, Methoden und Befunde. In: Esser, Frank/Pfetsch, Barbara (Hrsg.): Politische Kommunikation im internationalen Vergleich. Grundlagen, Anwendungen, Perspektiven. Wiesbaden, S. 78-103.

Kleinsteuber, Hans J. (2003b): Mediensysteme im internationalen Vergleich. In: Bentele, Günter/Brosius, Hans-Bernd/Jarren, Otfried (Hrsg.): Öffentliche Kommunikation. Handbuch Kommunikations- und Medienwissenschaft. Wiesbaden, S. 382-396.

Kleinsteuber, Hans J. (2005): Medienpolitik. In: Hepp, Andreas/Krotz, Friedrich/Winter, Carsten (Hrsg.): Globalisierung der Medienkommunikation. Eine Einführung. Wiesbaden, S. 93-116.

Kleinsteuber, Hans J./Thomaß, Barbara (2009): Kommunikationspolitik international – ein Vergleich nationaler Entwicklungen. In: Hans-Bredow-Institut (Hrsg.): Internationales Handbuch Medien. 28. Auflage. Baden-Baden, S. 64-88.

Kleinsteuber, Hans J./Wiesner, Volker (1988): Eigenproduktionsquoten in Fernsehen und Hörfunk: Erfahrungen mit den Canadian Content Rules. In: Rundfunk und Fernsehen, 36(3), S. 329-346.

Kleinwächter, Wolfgang (2000): ICANN as the ‹United Nations› of the Global Information Society? The Long Road towards Self-Regulation of the Internet. In: International Communication Gazette, 62(6), S. 451-476.

Kleinwächter, Wolfgang (2003): Policy Management in der globalen Informationsgesellschaft. In: Klumpp, Dieter/Kubicek, Herbert/Roßnagel, Alexander (Hrsg.): Next generation information society? Notwendigkeit einer Neuorientierung. Mössingen-Talheim, S. 140-152.

Kleinwächter, Wolfgang (2004): Beyond ICANN vs ITU? How WSIS tries to enter the new territory of Internet Governance. In: International Communication Gazette, 66(3-4), S. 233-251.

Kleinwächter, Wolfgang (2006): Internet Governance: Auf dem Weg zu einem strukturierten Dialog. In: Klumpp, Dieter/Kubicek, Herbert/Roßnagel, Alexander/Schulz, Wolfgang (Hrsg.): Medien, Ordnung und Innovation. Berlin/Heidelberg/New York, S. 215-226.

Kleinwächter, Wolfgang (2008): Internet: International Regulation. In: Donsbach, Wolfgang (Hrsg.): The International Encyclopedia of Communication Oxford/Malden, S. 2432-2438.

Klotz, Robert (2003): Wettbewerb in der Telekommunikation: Brauchen wir die ex-ante-Regulierung noch? In: Zeitschrift für Wettbewerbsrecht (ZWeR), (3), S. 283-316.

Knoche, Manfred (1996): Konzentrationsförderung statt Konzentrationskontrolle. Die Konkordanz von Medienpolitik und Medienwirtschaft. In: Mast, Claudia (Hrsg.): Markt – Macht – Medien. Publizistik im Spannungsfeld zwischen gesellschaftlicher Verantwortung und ökonomischen Zielen. Konstanz, S. 105-117.

Knoche, Manfred (1999a): Medienkonzentration und publizistische Vielfalt. Legitimationsgrenzen des privatwirtschaftlichen Mediensystems. In: Renger, Rudi/Siegert, Gabriele (Hrsg.): Kommunikationswelten. Wissenschaftliche Perspektiven zur Medien- und Informationsgesellschaft. Innsbruck/Wien, S. 123-158.

Knoche, Manfred (1999b): Zum Verhältnis von Medienpolitik und Medienökonomie in der globalen Informationsgesellschaft. In: Donges, Patrick/Jarren, Otfried/Schatz, Heribert (Hrsg.): Globalisierung der Medien? Medienpolitik in der Informationsgesellschaft. Opladen, S. 89-106.

Kommission zur Ermittlung der Konzentration im Medienbereich (KEK) (2000): Fortschreitende Medienkonzentration im Zeichen der Konvergenz. Konzentrationsbericht der KEK. Berlin.

König, Klaus/Benz, Angelika (1997): Zusammenhänge von Privatisierung und Regulierung. In: König, Klaus/Benz, Angelika (Hrsg.): Privatisierung und staatliche

Regulierung. Bahn, Post und Telekommunikation, Rundfunk. Baden-Baden, S. 13-79.

König, Michael (2002): Was bringt eine neue GATS-Runde für die audiovisuellen Medien? In: Zeitschrift für Urheber- und Medienrecht, 46(4), S. 271-283.

Kopper, Gerd G. (1992): Medien- und Kommunikationspolitik der Bundesrepublik Deutschland. Ein chronologisches Handbuch 1944-1988. München/London/New York.

Kopper, Gerd G./Rager, Günther/Lehmann, Annette/Johnson, Signe-Lou (1994a): Steuerungs- und Wirkungsmodelle. In: Bruck, Peter A. (Hrsg.): Medienmanager Staat. Von den Versuchen des Staates, Medienvielfalt zu ermöglichen. Medienpolitik im internationalen Vergleich. München, S. 35-181.

Kopper, Gerd G./Rager, Günther/Lehmann, Annette/Johnson, Signe-Lou (1994b): Zur Wirksamkeit staatlicher Steuerungsleistung. Medien- und Kartellrecht als kommunikationspolitische Instrumente. In: Medien Journal, 18(3), S. 185-199.

Krajewski, Markus (2005): Auswirkungen des GATS auf Instrumente der Kulturpolitik und Kulturförderung in Deutschland. Rechtsgutachten erstellt im Auftrag der Deutschen UNESCO-Kommission. Auf: http://www.unesco.de/c_arbeitsgebiete/kkv_gutachten.pdf.

Kuch, Hansjörg (2002): Medienrechtliche Vorgaben für Kabelnetzbetreiber. In: Zeitschrift für Urheber- und Medienrecht, (4), S. 248-251.

Künzler, Matthias (2009): Die Liberalisierung von Radio und Fernsehen. Leitbilder der Rundfunkregulierung im Ländervergleich. Konstanz.

Künzler, Matthias (2010): Mediensystem Schweiz. Konstanz.

Künzler, Matthias/Schade, Edzard (2007): Schafft Politik eine Medienordnung? Eine komparative Analyse deutscher, österreichischer und schweizerischer Medienpolitik seit 1945. In: Jarren, Otfried/Donges, Patrick (Hrsg.): Ordnung durch Medienpolitik? Konstanz, S. 83-107.

Kutsch, Arnulf/Ravenstein, Marianne (1996): Kommunikationspolitik: Die Akteure. In: Wittkämper, Gerhard W./Kohl, Anke (Hrsg.): Kommunikationspolitik. Einführung in die medienbezogene Politik. Darmstadt, S. 64-89.

Laiß, Nicole (2004): Presseförderung neu. In: Medien und Recht, 22(3), S. 165-173.

Laitila, Tiina (1995): Journalistic Codes of Ethics in Europe. In: European Journal of Communication, 10(4), S. 527-544.

Larouche, Pierre (2004): Dealing With Convergence at the International Level. In: Geradin, Damien/Luff, David (Hrsg.): The WTO and Global Convergence in Telecommunications and Audio-Visual Services. Cambridge, S. 390-422.

Laswell, Harold D. (1960): The Structure and Function of Communication in Society. In: Schramm, Wilbur (Hrsg.): Mass Communication. A Book of Readings selected and edited by the Director of the Institute for Communication Research at Stanford University. Urbana/Chicago/London, S. 117-130 (zuerst in: Bryson, Lyman (Hrsg.) (1948): The Communication of Ideas).

Latzer, Michael (1997): Mediamatik – Die Konvergenz von Telekommunikation, Computer und Rundfunk. Opladen.

Latzer, Michael (2007): Unordnung durch Konvergenz – Ordnung durch Mediamatikpolitik. In: Jarren, Otfried/Donges, Patrick (Hrsg.): Ordnung durch Medienpolitik? Konstanz, S. 147-167.

Latzer, Michael/Just, Natascha/Saurwein, Florian/Slominski, Peter (2002): Selbst- und Ko-Regulierung im Mediamatiksektor. Alternative Regulierungsformen zwischen Staat und Markt. Wiesbaden.

Latzer, Michael/Saurwein, Florian (2008): Vertrauen in die Industrie – Vertrauen in die Nutzer: Selbstregulierung und Selbsthilfe bei digitalen Medieninhalten in der EU. In: Schulz, Wolfgang/Held, Thorsten (Hrsg.): Mehr Vertrauen in Inhalte – Das Potential von Ko- und Selbstregulierung in den digitalen Medien. Berlin, S. 93-142.

Lauth, Hans-Joachim/Winkler, Jürgen R. (2006): Methoden der Vergleichenden Politikwissenschaft. In: Lauth, Hans-Joachim (Hrsg.): Vergleichende Regierungslehre. Eine Einführung. 2. Auflage. Wiesbaden, S. 37-69.

Lazarsfeld, Paul F./Merton, Robert K. (1965): Mass Communication, Popular Taste and Organized Social Action. In: Rosenberg, Bernard/White, David Manning (Hrsg.): Mass Culture. The Popular Arts in America. New York, S. 457-473 (zuerst in: Bryson, Lyman (Hrsg.) (1948): The Communication of Ideas).

Lessig, Lawrence (2001a): Code und andere Gesetze des Cyberspace. Berlin.

Lessig, Lawrence (2001b): The Future of Ideas. The Fate of the Commons in a Connected World. New York (auch auf: http://thefutureofideas.s3.amazonaws.com/lessig_FOI.pdf).

Levy, David A. L. (1999): Europe's Digital Revolution. Broadcasting Regulation, the EU and the Nation State. London/New York.

Livingstone, Sonia (2003): On the Challenges of Cross-National Comparative Media Research. In: European Journal of Communication, 18(4), S. 477-500.

Loon, Ad van (2000): Freedom versus access rights in a European context. In: Marsden, Christopher T. (Hrsg.): Regulating the Global Information Society. London/New York, S. 285-303.

Lösche, Peter (1998): Direkte Demokratie. In: Nohlen, Dieter (Hrsg.): Wörterbuch Staat und Politik. 5. Auflage. München, S. 108-110.

Lowi, Theodore J. (1964): Review: American Business, Public Policy, Case-Studies, and Political Theory. In: World Politics, 16(4), S. 677-715.

Ludwig, Johannes (2009): Pressedistribution im internationalen Vergleich. In: Hans-Bredow-Institut (Hrsg.): Internationales Handbuch Medien. 28. Auflage. Baden-Baden, S. 105-119.

Luff, David (2004): Current international trade rules relevant to telecommunications services. In: Geradin, Damien/Luff, David (Hrsg.): The WTO and Global Convergence in Telecommunications and Audio-Visual Services. Cambridge, S. 34-50.

Maag, Harald (2002): Medienkonzentration – zur Reichweite des fusionskontrollrechtlichen Instrumentariums. Eine rechtsvergleichende Studie. Basel/Genf/München.

Machill, Marcel (1996): Frankreichs Hörfunk zwischen Kommerzialisierung und Kultur-
protektion. Widersprüchlichkeiten der französischen Rundfunkpolitik und ihre
Auswirkungen. In: Media Perspektiven, (3), S. 144-152.

Machill, Marcel (1997): Frankreich Quotenreich. Nationale Medienpolitik und
europäische Kommunikationspolitik im Kontext nationaler Identität. Berlin.

Machill, Marcel (2001): Wer regiert das Internet? Empfehlungen der Bertelsmann
Stiftung zu Internet Governance. In: Hamm, Ingrid/Machill, Marcel (Hrsg.): Wer
regiert das Internet? ICANN als Fallbeispiel für Global Internet Governance.
Gütersloh, S. 17-49.

Machill, Marcel/Beiler, Markus/Zenker, Martin (2008): Search-Engine Research: A
European-American Overview and Systematization of an Interdisciplinary and
International Research Field. In: Media, Culture & Society, 30(5), S. 591-608.

Mai, Manfred (2003): Medienpolitik – Genese und Ausdifferenzierung eines Politik-
feldes. In: Holzinger, Katharina/Knill, Christoph/Lehmkuhl, Dirk (Hrsg.):
Politische Steuerung im Wandel: Der Einfluss von Ideen und Problemstrukturen.
Opladen, S. 219-239.

Mailänder, Peter (2000): Konzentrationskontrolle zur Sicherung von Meinungsvielfalt im
privaten Rundfunk. Eine vergleichende Untersuchung der Rechtslage in Deutschland, Frankreich, Italien, Großbritannien, Spanien, Österreich sowie den Niederlanden und im Europäischen Recht. Baden-Baden.

Majone, Giandomenico (1994): Paradoxes of Privatization and Deregulation. In: Journal
of European Public Policy, 1(1), S. 53-69.

Majone, Giandomenico (1996a): Regulation and its Modes. In: Majone, Giandomenico
(Hrsg.): Regulating Europe. London/New York, S. 9-27.

Majone, Giandomenico (1996b): Regulatory Legitimacy. In: Majone, Giandomenico
(Hrsg.): Regulating Europe. London/New York, S. 284-301.

Majone, Giandomenico (1996c): The Rise of Statutory Regulation in Europe. In:
Majone, Giandomenico (Hrsg.): Regulating Europe. London/New York, S. 47-60.

Majone, Giandomenico (1996d): Theories of Regulation. In: Majone, Giandomenico
(Hrsg.): Regulating Europe. London/New York, S. 28-46.

Maletzke, Gerhard (1963): Psychologie der Massenkommunikation. Theorie und
Systematik. Hamburg.

Marsden, Christopher T. (2007): Net Neutrality and Consumer Access to Content. In:
SCRIPTed, 4(4), S. 407-435.

Mayntz, Renate (2004): Governance im modernen Staat. In: Benz, Arthur (Hrsg.):
Governance – Regieren in komplexen Regelsystemen. Eine Einführung. Wiesbaden,
S. 65-76.

McChesney, Robert W. (2003): Theses on Media Regulation. In: Media, Culture &
Society, 25(1), S. 125-133.

McChesney, Robert W. (2008): The Political Economy of the Media. Enduring Issues,
Emerging Dilemmas. New York.

McQuail, Denis (1992): Media Performance. Mass Communication and the Public
Interest. London/Newbury Park/New Delhi.

McQuail, Denis (2005): McQuail's Mass Communication Theory. 5. Auflage. London/ Thousand Oaks/New Delhi.

Meckel, Miriam (1996): Dollars für Dallas. Strukturen der internationalen Film- und Fernsehprogrammindustrie. In: Meckel, Miriam/Kriener, Markus (Hrsg.): Internationale Kommunikation. Eine Einführung. Opladen, S. 145-160.

Medienforschung ORF (2010): TV-Marktanteile 2009 – Sender-Ranking. Auf: http://mediaresearch.orf.at/c_fernsehen/console/data/images/img_1_3_1.gif.

Meier, Werner A. (1993): Neue Medien in der Schweiz: ihre Zielsetzungen und Leistungen. In: Meier, Werner A./Bonfadelli, Heinz/Schanne, Michael (Hrsg.): Medienlandschaft Schweiz im Umbruch. Vom öffentlichen Kulturgut Rundfunk zur elektronischen Kioskware. Basel/Frankfurt a. M., S. 203-270.

Meier, Werner A. (2000): Die Konsequenzen der Konvergenz: Wachsende Komplexität von Steuerungszielen und Verhandlungssystemen. In: Jarren, Otfried/Donges, Patrick (Hrsg.): Medienregulierung durch die Gesellschaft? Eine steuerungstheoretische und komparative Studie mit Schwerpunkt Schweiz. Wiesbaden, S. 205-231.

Meier, Werner A. (2009): Das Mediensystem der Schweiz. In: Hans-Bredow-Institut (Hrsg.): Internationales Handbuch Medien. 28. Auflage. Baden-Baden, S. 592-602.

Meier, Werner A./Jarren, Otfried (2001): Ökonomisierung und Kommerzialisierung von Medien und Mediensystem. Einleitende Bemerkungen zu einer (notwendigen) Debatte. In: Medien & Kommunikationswissenschaft, 49(2), S. 145-158.

Meier, Werner A./Trappel, Josef (1992): Small States in the Shadow of Giants. In: Siune, Karen/Truetzschler, Wolfgang (Hrsg.): Dynamics of Media Politics. Broadcast and Electronic Media in Western Europe. London/Newbury Park/New Delhi, S. 129-142.

Meier, Werner A./Trappel, Josef (1998): Media Concentration and the Public Interest. In: McQuail, Denis/Siune, Karen (Hrsg.): Media Policy. Convergence, Concentration and Commerce. London/Thousand Oaks/New Delhi, S. 38-59.

Meier, Werner A./Trappel, Josef (2006): Medienkonzentration. In: Klumpp, Dieter/ Kubicek, Herbert/Roßnagel, Alexander/Schulz, Wolfgang (Hrsg.): Medien, Ordnung und Innovation. Berlin/Heidelberg/New York, S. 227-247.

Meier, Werner A./Trappel, Josef/Siegert, Gabriele (2010): Medienökonomie. In: Bonfadelli, Heinz/Jarren, Otfried/Siegert, Gabriele (Hrsg.): Einführung in die Publizistik- und Kommunikationswissenschaft. 3. Auflage. Bern/Stuttgart/Wien.

Meierhofer, Hans (1997): Privatisierung und Regulierung aus der Sicht des Bundesamtes für Post und Telekommunikation als Regulierungsbehörde. In: König, Klaus/Benz, Angelika (Hrsg.): Privatisierung und staatliche Regulierung. Bahn, Post und Telekommunikation, Rundfunk. Baden-Baden, S. 210-220.

Meise, Martin (1995): Die Entwicklung des französischen Fernsehens vom Staatsmonopol zum dualen System. Eine Untersuchung des Wandels institutioneller Rahmenbedingungen und ökonomischer Strukturen. Frankfurt a. M./Berlin/Bern/ New York/Paris/Wien.

Meyn, Hermann (2004): Massenmedien in Deutschland. Neuauflage 2004. Unter Mitarbeit von Hanni Chill. Konstanz.

Mifsud Bonnici, Jeanne P. (2008): Self-Regulation in Cyberspace. The Hague.

Minehan, Mike (1993): Australiens neues Rundfunkgesetz und die Aufsicht über das private Fernsehen. In: Rundfunk und Fernsehen, 41(2), S. 212-222.

Missika, Jean-Louis (1986): Die Deregulation der Audiovision in Frankreich. In: Media Perspektiven, (8), S. 526-530.

Mitnick, Barry M. (1980): The Political Economy of Regulation. Creating, Designing, and Removing Regulatory Forms. New York.

Mueller, Milton/Mathiason, John/Klein, Hans (2007): The Internet and Global Governance: Principles and Norms for a New Regime. In: Global Governance, 13(2), S. 237-254.

Murdock, Graham (2000): Digital Futures: European Television in the Age of Convergence. In: Wieten, Jan/Murdock, Graham/Dahlgren, Peter (Hrsg.): Television Across Europe. A Comparative Introduction. London/Thousand Oaks/New Delhi, S. 35-57.

Murray, Andrew D. (2007): The Regulation of Cyberspace. Control in the Online Environment. Abingdon.

Murschetz, Paul (1998): State Support for the Daily Press in Europe: A Critical Appraisal. Austria, France, Norway and Sweden Compared. In: European Journal of Communication, 13(3), S. 291-313.

Napoli, Philip M. (1999): Deconstructing the Diversity Principle. In: Journal of Communication, 49(4), S. 7-34.

Napoli, Philip M. (2001): Foundations of Communications Policy. Principles and Process in the Regulation of Electronic Media. Cresskill, NJ.

Napoli, Philip M. (2008): Media Policy. In: Donsbach, Wolfgang (Hrsg.): The International Encyclopedia of Communication. Oxford/Malden, S. 2969-2980.

Negrine, Ralph (1996): Politics and the Mass Median in Britain. 2. Auflage. London/New York.

Neveu, Erik (2004): Government, the State, and Media. In: Downing, John D.H./McQuail, Denis/Schlesinger, Philip/Wartella, Ellen (Hrsg.): The SAGE Handbook of Media Studies. Thousand Oaks/London/New Delhi, S. 331-350.

Nikoltchev, Susanne (2001): Fernsehen und Medienkonzentration. Regulierungsmodelle auf nationaler und europäischer Ebene. In: Europäische Audiovisuelle Informationsstelle (Hrsg.): Fernsehen und Medienkonzentration. Regulierungsmodelle auf nationaler und europäischer Ebene. Strasbourg, S. 1-6.

Nordicom (2010): Television Licence Fee 1996-2010. Auf: http://www.nordicom.gu.se/common/stat_xls/1629_5210_licencefees1996-2010.xls.

Ó Siochrú, Seán/Girard, Bruce (2002): Global Media Governance. A Beginner's Guide. Lanham/Boulder/New York/Oxford.

Offenhäußer, Dieter (1999): Die UNESCO und die globale Informationsgesellschaft. In: Donges, Patrick/Jarren, Otfried/Schatz, Heribert (Hrsg.): Globalisierung der

Medien? Medienpolitik in der Informationsgesellschaft. Opladen/Wiesbaden, S. 73-86.

Office of Communications (Ofcom) (2009): Code on the Scheduling of Television Advertising. Auf: http://www.ofcom.org.uk/tv/ifi/codes/code_adv/tacode.pdf.

Ogus, Anthony I. (1994): Regulation. Legal Form and Economic Theory. Oxford/New York.

Open Society Institute (OSI) (2005): Television across Europe: regulation, policy and independence. Summary. Monitoring Reports 2005. Auf: http://www.mediapolicy. org/tv-across-europe/the-2005-television-across-europe-reports/television-across-europe-2005-2006-international-edition/summary.pdf/.

Organization for Economic Co-operation and Development (OECD) (2009): Broadband Penetration. Households with Broadband Access 2004-2008. Auf: http://www.oecd.org/dataoecd/20/59/39574039.xls.

Organization for Security and Co-operation in Europe (OSCE) (2007): OSCE Handbook. Vienna: OSCE. Auf: http://www.osce.org/publications/sg/2007/10/22286_952_en.pdf.

Ossyra, Markus (1999): Konzentrationskontrolle über private Rundfunkveranstalter. Eine verfassungsrechtliche Analyse konzentrationsrechtlicher Regelungsansätze. Frankfurt a. M./Berlin/Bern/New York/Paris/Wien.

Palzer, Carmen/Hilger, Caroline (2001): Medienaufsicht an der Schwelle des 21. Jahrhunderts: Gestaltung und Kompetenzen der Aufsichtsbehörden im Zeichen der Konvergenz. In: IRIS plus, (8), S. 1-12.

Patzelt, Werner J. (2003): Einführung in die Politikwissenschaft. Grundriss des Faches und studiumbegleitende Orientierung. 5., erneut überarb. u. wesentl. erweiterte Auflage. Passau.

Pauwels, Caroline (1997): Concentration and Competition Policies: Toward a precarious Balance within the global audiovisual Order. In: d'Haenens, Leen/Saeys, Frieda (Hrsg.): Media Dynamics & Regulatory Concerns in the Digital Age. Berlin/Chicago, S. 50-68.

Pauwels, Caroline/Loisen, Jan (2003): The WTO and the Audiovisual Sector. Economic Free Trade vs Cultural Horse Trading? In: European Journal of Communication, 18(3), S. 291-313.

Pauwels, Caroline/Loisen, Jan (2004): Von GATT zu GATS und darüber hinaus. Die Bedeutung der WTO für die audiovisuelle Politik. In: Media Perspektiven, (10), S. 489-499.

Picard, Robert G. (2006): Issues and Challenges in the Provision of Press Subsidies. In: Fernández Alonso, Isabel/Moragas, Miquel de/Blasco Gil, José Joaquín/Almiron, Núria (Hrsg.): Press Subsidies in Europe. Barcelona, S. 211-220.

Picard, Robert G./Grönlund, Mikko (2003): Development and Effect of Finnish Press Subsidies. In: Journalism Studies, 4(1), S. 105-119.

Pool, Ithiel de Sola (1983): Technologies of Freedom. On free Speech in an electronic Age. Cambridge.

Price, Monroe E./Verhulst, Stefaan G. (2000): Selbstregulierung und Verhaltenskodizes als Grundlage von Internet-Politik. In: Waltermann, Jens/Machill, Marcel (Hrsg.): Verantwortung im Internet. Selbstregulierung und Jugendschutz. Gütersloh, S. 141-209.

Prognos (1998): Weißbuch zur Presseförderung in Österreich. Erarbeitet im Auftrag des Bundeskanzleramtes, Wien. Basel: Prognos.

Prosser, Tony (1992): Public Service Broadcasting and Deregulation in the UK. In: European Journal of Communication, 7(2), S. 173-193.

Przeworski, Adam/Teune, Henry (1970): The Logic of Comparative Social Inquiry. New York.

Puppis, Manuel (2006a): Medienkonzentrationsregulierung in Europa. Wettbewerbs- und medienpolitische Instrumente im Vergleich. In: Bonfadelli, Heinz/Meier, Werner A./Trappel, Josef (Hrsg.): Medienkonzentration Schweiz. Formen, Folgen, Regulierung. Bern/Stuttgart/Wien, S. 221-251.

Puppis, Manuel (2006b): Regulierung der Medienkonzentration. Ein Überblick wettbewerbs- und medienpolitischer Instrumente. In: Bonfadelli, Heinz/Meier, Werner A./Trappel, Josef (Hrsg.): Medienkonzentration Schweiz. Formen, Folgen, Regulierung. Bern/Stuttgart/Wien, S. 205-220.

Puppis, Manuel (2008): National Media Regulation in the Era of Free Trade. The Role of Global Media Governance. In: European Journal of Communication, 23(4), S. 405-424.

Puppis, Manuel (2009a): Introduction. Media Regulation in Small States. In: International Communication Gazette, 71(1-2), S. 7-17.

Puppis, Manuel (2009b): Organisationen der Medienselbstregulierung. Europäische Presseräte im Vergleich. Köln.

Puppis, Manuel (2010): Media Governance: A New Concept for the Analysis of Media Policy and Regulation. In: Communication, Culture & Critique, 3(2), S. 134-149.

Puppis, Manuel/d'Haenens, Leen (2011): Media Policy, Regulation and Governance. In: Esser, Frank/Hanitzsch, Thomas (Hrsg.): Handbook of Comparative Communication Research. London/New York.

Puppis, Manuel/d'Haenens, Leen/Steinmaurer, Thomas/Künzler, Matthias (2009): The European and Global Dimension: Taking Small Media Systems Research to the Next Level. In: International Communication Gazette, 71(1-2), S. 105-112.

Puppis, Manuel/Latzer, Michael/Jarren, Otfried (2010): Medien- und Kommunikations- politik. In: Bonfadelli, Heinz/Jarren, Otfried/Siegert, Gabriele (Hrsg.): Einführung in die Publizistik- und Kommunikationswissenschaft. 3. Auflage. Bern/Stuttgart/Wien.

Ragin, Charles C. (1989): The Comparative Method. Moving beyond Qualitative and Quantitative Strategies. Berkley.

Reguero Jiménez, Núria/Sanmartín Navarro, Julián (2009): Community Media in European Union Communication Policies. In: Observatorio, 3(2), S. 186-199.

Robillard, Serge (1995): Television in Europe: Regulatory Bodies. Status, Function and Powers in 35 European Countries. London.

Ronneberger, Franz (1966): Ziele und Formen der Kommunikationspolitik. In: Publizistik, 11(3-4), S. 399-406.

Ronneberger, Franz (1978): Kommunikationspolitik I. Institutionen, Prozesse, Ziele. Mainz.

Rosengren, Karl Erik/McLeod, Jack M./Blumler, Jay G. (1992): Comparative Communication Research: From Exploration to Consolidation. In: Blumler, Jay G./ McLeod, Jack M./Rosengren, Karl Erik (Hrsg.): Comparatively Speaking: Communication and Culture across Space and Time. Newbury Park/London/New Delhi, S. 271-298.

Rössler, Patrick (1998): Wirkungsmodelle: die digitale Herausforderung. Überlegungen zu einer Inventur bestehender Erklärungsansätze der Medienwirkungsforschung. In: Rössler, Patrick (Hrsg.): Online-Kommunikation. Beiträge zu Nutzung und Wirkung. Wiesbaden, S. 17-46.

Sandberg, Karin (1998): Unzulässiger Protektionismus in der europäischen Medienpolitik? Die Maßnahmen der Europäischen Gemeinschaft zum Schutz des europäischen Films und ihre Vereinbarkeit mit dem durch das GATT und die WTO-Vereinbarungen gebildeten Rechtsrahmen. Frankfurt a. M./Berlin/Bern/New York/Paris/Wien.

Saxer, Ulrich (1989): Lokalradios in der Schweiz. Schlussbericht über die Ergebnisse der nationalen Begleitforschung zu den lokalen Rundfunkversuchen 1983-1988. Zürich: Seminar für Publizistikwissenschaft.

Saxer, Ulrich (1992): Presse – Post – Presseförderung. Pressedefinitionen und postalische Transporttarifpolitik. Zürich.

Saxer, Ulrich (1999): Der Forschungsgegenstand der Medienwissenschaft. In: Leonhard, Joachim-Felix/Ludwig, Hans-Werner/Schwarze, Dietrich/Straßner, Erich (Hrsg.): Medienwissenschaft. Ein Handbuch zur Entwicklung der Medien und Kommunikationsformen. 1. Teilband. Berlin/New York, S. 1-14.

Saxer, Ulrich (2002): Der gesellschaftliche Ort der Massenkommunikation. In: Haas, Hannes/Jarren, Otfried (Hrsg.): Mediensysteme im Wandel. Struktur, Organisation und Funktion der Massenmedien. Wien, S. 1-14 (zuerst in: Sturm, Hertha et al. (Hrsg.) (1979): Grundlagen einer Medienpädagogik).

Schade, Edzard/Künzler, Matthias (2010): Kommunikations- und Mediengeschichte. In: Bonfadelli, Heinz/Jarren, Otfried/Siegert, Gabriele (Hrsg.): Einführung in die Publizistik- und Kommunikationswissenschaft. 3. Auflage. Bern/Stuttgart/Wien.

Schatz, Heribert/Habig, Christofer/Immer, Nikolaus (1990): Medienpolitik. In: Beyme, Klaus von/Schmidt, Manfred G. (Hrsg.): Politik in der Bundesrepublik Deutschland. Opladen, S. 331-359.

Schawinski, Roger (2007): Die TV-Falle. Vom Sendungsbewusstsein zum Fernsehgeschäft. Zürich.

Scheuer, Alexander/Knopp, Michael (2004): Glossar des digitalen Fernsehens. Beilage zur IRIS Spezial: Die Regulierung des Zugangs zum digitalen Fernsehen. Strasbourg.

Schindler, Friedemann (2005): Suchmaschinen und Jugendschutz. In: Machill, Marcel/ Schneider, Norbert (Hrsg.): Suchmaschinen: Neue Herausforderungen für die Medienpolitik. Berlin, S. 55-71.

Schmidt, Jan (2008): Was ist neu am Social Web? Soziologische und kommunikationswissenschaftliche Grundlagen. In: Zerfaß, Ansgar/Welker, Martin/Schmidt, Jan (Hrsg.): Kommunikation, Partizipation und Wirkungen im Social Web. Grundlagen und Methoden: Von der Gesellschaft zum Individuum. Köln, S. 18-40.

Schmidt, Jan (2009): Das neue Netz. Merkmale, Praktiken und Folgen des Web 2.0. Konstanz.

Schmidt, Manfred G. (2000): Demokratietheorien. Eine Einführung. 3., überarbeitete und erweiterte Auflage. Opladen.

Schneider, Volker (1997): Privatisierung und Regulierung in der Telekommunikation aus politikwissenschaftlicher Perspektive. In: König, Klaus/Benz, Angelika (Hrsg.): Privatisierung und staatliche Regulierung. Bahn, Post und Telekommunikation, Rundfunk. Baden-Baden, S. 248-261.

Schneider, Volker (1999): Staat und technische Kommunikation. Die politische Entwicklung der Telekommunikation in den USA, Japan, Großbritannien, Deutschland, Frankreich und Italien. Opladen/Wiesbaden.

Schneider, Volker/Werle, Raymund (2007): Telecommunications Policy. In: Graziano, Paolo/Vink, Maarten (Hrsg.): Europeanization: New Research Agendas. Basingstoke, S. 266-280.

Schorlemer, Sabine von (2000): Globale Telekommunikation und Entwicklungsländer. Die Liberalisierung von Telekommunikationsdiensten in GATT/WTO. Baden-Baden.

Schorlemer, Sabine von (2005): Die Harmonisierung von GATS und dem UNESCO-Übereinkommen zur kulturellen Vielfalt als völkerrechtliche Herausforderung. In: UNESCO heute, 52(1), S. 49-55.

Schütz, Walter J. (Hrsg.) (1999): Medienpolitik. Dokumentation der Kommunikationspolitik in der Bundesrepublik Deutschland von 1945-1990. Konstanz.

Schultze, Rainer-Olaf (1998): Föderalismus. In: Nohlen, Dieter (Hrsg.): Wörterbuch Staat und Politik. 5. Auflage. München, S. 155-164.

Schulz, Wolfgang (2004): Ausweitung der Zugangsverpflichtung auf EPGs und Diensteplattformen? In: Europäische Audiovisuelle Informationsstelle (Hrsg.): Die Regulierung des Zugangs zum digitalen Fernsehen. Technische Engpässe, vertikal integrierte Märkte und neue Formen von Medienkonzentration. Strasbourg, S. 51-63.

Schulz, Wolfgang/Held, Thorsten/Laudien, Arne (2005): Suchmaschinen als Gatekeeper in der öffentlichen Kommunikation. Rechtliche Anforderungen an Zugangsoffenheit und Transparenz bei Suchmaschinen im WWW. Berlin.

Schuppert, Gunnar Folke (1997): Vom produzierenden zum gewährleistenden Staat: Privatisierung als Veränderung staatlicher Handlungsformen. In: König, Klaus/Benz, Angelika (Hrsg.): Privatisierung und staatliche Regulierung. Bahn, Post und Telekommunikation, Rundfunk. Baden-Baden, S. 536-575.

Schuppert, Gunnar Folke (1998): Jenseits von Privatisierung und ‹schlankem› Staat: Vorüberlegungen zu einem Konzept von Staatsentlastung durch Verantwortungsteilung. In: Gusy, Christoph (Hrsg.): Privatisierung von Staatsaufgaben: Kriterien – Grenzen – Folgen. Baden-Baden, S. 72-115.

Schwarzkopf, Dietrich (1999): Die ‹Medienwende› 1983. In: Schwarzkopf, Dietrich (Hrsg.): Rundfunkpolitik in Deutschland. Wettbewerb und Öffentlichkeit. Band 1. München, S. 29-49.

Schweda, Sebastian (2009): Der ‹TK-Review›: Neue Impulse für die audiovisuellen Medien? In: IRIS plus, (10), S. 7-22.

Seelmann-Eggebert, Sebastian (1998): Internationaler Rundfunkhandel. Im Recht der World Trade Organization und der Europäischen Gemeinschaft. Baden-Baden.

Sénat français (2004): Les aides publiques à la presse. Auf: http://www.senat.fr/lc/lc136/lc136.pdf.

Senger, Peter (2009): Distribution elektronischer Medien. In: Hans-Bredow-Institut (Hrsg.): Internationales Handbuch Medien. 28. Auflage. Baden-Baden, S. 120-130.

SES ASTRA (2010): Reception by Country. Auf: http://www.ses-astra.com/business/en/support/market-research/reception-by-country/index.php.

Siebert, Fred S./Peterson, Theodore/Schramm, Wilbur (1956): Four Theories of the Press. The Authoritarian, Libertarian, Social Responsibility and Soviet Communist Concept of what the Press should be and do. Urbana/Chicago/London.

Sinclair, John (2004): Globalization, Supranational Institutions, and Media. In: Downing, John D.H./McQuail, Denis/Schlesinger, Philip/Wartella, Ellen (Hrsg.): The SAGE Handbook of Media Studies. Thousand Oaks/London/New Delhi, S. 65-82.

Siune, Karen/Hultén, Olof (1998): Does Public Broadcasting have a Future? In: McQuail, Denis/Siune, Karen (Hrsg.): Media Policy. Convergence, Concentration and Commerce. London/Thousand Oaks/New Delhi, S. 23-37.

Sjurts, Insa (2004): Der Markt wird's schon richten!? Medienprodukte, Medienunternehmen und die Effizienz des Marktprozesses. In: Altmeppen, Klaus-Dieter/Karmasin, Matthias (Hrsg.): Medien und Ökonomie. Band 2: Problemfelder der Medienökonomie. Wiesbaden, S. 159-181.

Smith, Graham J. H. (2002): Internet Law and Regulation 3. Auflage. London.

Søndergaard, Henrik (1999): Some Reflections on Public Service Broadcasting. In: Nordicom, 20(1), S. 21-28.

Sonninen, Päivi/Laitila, Tiina (1995): Press Councils in Europe. In: Nordenstreng, Kaarle (Hrsg.): Reports on Media Ethics in Europe. Tampere, S. 3-22.

Sparks, Colin (1992): The Press, the Market, and Democracy. In: Journal of Communication, 42(1), S. 36-51.

Standing Committee on Transfrontier Television (2009): Draft Explanatory Report to the Revised European Convention on Transfrontier Television. T-TT(2009)009. Auf: http://www.coe.int/t/dghl/standardsetting/media/T-TT/T-TT_2009_009_en%20Preliminary%20Draft%20Expl%20Rep%20ECTT.pdf.

Steemers, Jeanette (1998): Der terrestrische Fernsehsektor in Großbritannien. Gesetzliche Rahmenbedingungen, Angebot und Marktposition von BBC, ITV, Channel 4 und Channel 5. In: Media Perspektiven, (6), S. 287-297.

Stein, Laura/Sinha, Nikhil (2002): New Global Media and Communication Policy: The Role of the State in the Twenty-First Century. In: Lievrouw, Leah A./Livingstone, Sonia (Hrsg.): Handbook of New Media. Social Shaping and Consequences of ICTs. London/Thousand Oaks/New Delhi, S. 410-431.

Steinmaurer, Thomas (2002): Auf dem Weg zu einer dualen Rundfunkstruktur. In: Fabris, Hans Heinz/Renger, Rudi/Rest, Franz (Hrsg.): Bericht zur Lage des Journalismus in Österreich. Ein Qualitäts-Monitoring. Erhebungsjahr 2001. Salzburg, S. 52-55.

Steinmaurer, Thomas (2009): Das Mediensystem Österreichs. In: Hans-Bredow-Institut (Hrsg.): Internationales Handbuch Medien. 28. Auflage. Baden-Baden, S. 504-518.

Stigler, George J. (1971): The Theory of Economic Regulation. In: The Bell Journal of Economics and Management Science, 2(1), S. 3-21.

Stock, Martin (2004): EU-Medienfreiheit – ein Grundrecht im Werden. Zum Gang der Dinge im Grundrechtskonvent (2000) und im Verfassungskonvent (2002/03). In: Hagen, Lutz M. (Hrsg.): Europäische Union und mediale Öffentlichkeit. Theoretische Perspektiven und empirische Befunde zur Rolle der Medien im europäischen Einigungsprozess. Köln, S. 77-128.

Strohmeier, Gerd (2004): Politik und Massenmedien. Eine Einführung. Baden-Baden.

Syvertsen, Trine (1999): The Many Uses of the ‹Public Service› Concept. In: Nordicom, 20(1), S. 5-12.

Tambini, Damian/Leonardi, Danilo/Marsden, Chris (2008): Codifying Cyberspace. Communications Self-Regulation in the Age of Internet Convergence. London/New York.

Teidelt, Irene (1986): Mediengesetzgebung in Frankreich: Trendwende nach dem Regierungswechsel. In: Media Perspektiven, (8), S. 531-540.

Terzis, Georgios (Hrsg.) (2007): European Media Governance: National and Regional Dimensions. Bristol/Chicago.

Thomaß, Barbara (2007): Mediensysteme vergleichen. In: Thomaß, Barbara (Hrsg.): Mediensysteme im internationalen Vergleiche. Konstanz, S. 12-41.

Tietje, Christian (2000): Einführung. In: Tietje, Christian (Hrsg.): Welthandelsorganisation. Textausgabe mit Sachregister und einer Einführung. Stand: 1. Mai 2000. München, S. IX-XXI.

Tietje, Christian (2009): Grundzüge und rechtliche Probleme der internationalen Informationsordnung. In: Hans-Bredow-Institut (Hrsg.): Internationales Handbuch Medien. 28. Auflage. Baden-Baden, S. 15-40.

Tonnemacher, Jan (2003): Kommunikationspolitik in Deutschland. Eine Einführung. 2., überarbeitete Auflage. Konstanz.

Trappel, Josef (2005): Medienförderung: Ein Komplementärinstrument der schweizerischen Medienpolitik? Konzepte zur Vielfaltsicherung und Erfahrungen aus Österreich. In: Künzler, Matthias (Hrsg.): Das schweizerische Mediensystem im

Wandel. Herausforderungen, Chancen, Zukunftsperspektiven. Bern/Stuttgart/ Wien, S. 77-97.

Trappel, Josef/Meier, Werner A. (1998): Media Concentration: Options for Policy. In: McQuail, Denis/Siune, Karen (Hrsg.): Media Policy. Convergence, Concentration and Commerce. London/Thousand Oaks/New Delhi, S. 191-206.

Trappel, Josef/Meier, Werner A./Schrape, Klaus/Wölk, Michaela (2002): Die gesellschaftlichen Folgen der Medienkonzentration. Veränderungen in den demokratischen und kulturellen Grundlagen der Gesellschaft. Opladen.

United Nations/ITU (International Telecommunication Union) (2002): World Summit on the Information Society. Geneva 2003-Tunis 2005. Auf: http://www.itu.int/ wsis/docs/brochure/wsis.pdf.

United Nations Educational, Scientific and Cultural Organization (UNESCO) (1980): Many Voices, One World. Towards a new more just and more efficient world information and communication order. Report by the International Commission for the Study of Communication Problems. Paris: UNESCO.

United Nations Educational, Scientific and Cultural Organization (UNESCO) (2002): UNESCO Universal Declaration on Cultural Diversity. Auf: http://unesdoc.unesco. org/images/0012/001271/127160m.pdf.

United Nations Educational, Scientific and Cultural Organization (UNESCO) (2007): UNESCO and the Issue of Cultural Diversity, 1946-2007. Review and Strategy. Auf: http://unesdoc.unesco.org/images/0015/001543/154341mo.pdf.

United Nations Educational, Scientific and Cultural Organization (UNESCO) (2009): UNESCO. What it is. What it does. Auf: http://unesdoc.unesco.org/images/ 0014/001473/147330E.pdf.

Verhulst, Stefaan G./Price, Monroe E. (2008): Comparative Media Law Research and its Impact on Policy. In: International Journal of Communication, 2, S. 406-420.

Voon, Tania (2006): UNESCO and the WTO: A Clash of Cultures? In: International & Comparative Law Quarterly, 55(3), S. 635-652.

Vormann, Thorsten (1993): Kulturelle Souveränität und Fernsehen. Ein Rechtsvergleich der Maßnahmen zur Sicherung der kulturellen Identität in Kanada und den Europäischen Gemeinschaften unter besonderer Berücksichtigung der Quotenregelung im Fernsehen. Rheinfelden/Berlin.

Vowe, Gerhard (2003a): Medienpolitik – Regulierung der medialen öffentlichen Kommunikation. In: Bentele, Günter/Brosius, Hans-Bernd/Jarren, Otfried (Hrsg.): Öffentliche Kommunikation. Handbuch Kommunikations- und Medienwissenschaft. Wiesbaden, S. 210-227.

Vowe, Gerhard (2003b): Medienpolitik – Regulierung der öffentlichen Kommunikation. In: Altmeppen, Klaus-Dieter/Karmasin, Matthias (Hrsg.): Medien und Ökonomie. Band 1/2: Grundlagen der Medienökonomie: Soziologie, Kultur, Politik, Philosophie, International, Geschichte, Technik, Journalistik. Wiesbaden, S. 97-123.

Wagner, Christoph (1990): Konzentrationskontrolle im privaten Rundfunk. Verantwortungsbereiche und Instrumente der Kartell- und Landesmedienbehörden. In: Rundfunk und Fernsehen, 38(2), S. 165-182.

Wagner, Hans (1999): Verstehende Methoden in der Kommunikationswissenschaft. München.

Walgenbach, Peter/Meyer, Renate E. (2008): Neoinstitutionalistische Organisationstheorie. Stuttgart.

Ward, David (2004): A Mapping Study of Media Concentration and Ownership in Ten European Countries. Auf: http://www.mediamonitor.nl/dsresource?objectid=421 &type=org.

Weber, Rolf H. (1995): Medienkonzentration und Meinungspluralismus. Entwicklungstendenzen in Europa und Diskussionsstand in der Schweiz. Zürich.

Weber, Rolf H. (2002): Regulatory Models for the Online World. Zürich.

Weber, Rolf H. (2009): Shaping Internet Governance: Regulatory Challenges. Zürich/Basel/Genf.

Weber, Rolf H./Spacek, Dirk (2004): Ausländische Werbefenster und Heimatschutz. Was sagt die internationale Rechtsordnung? In: Medienheft, (Dossier 21 vom 28. Mai 2004), S. 24-29.

Wheeler, Mark (2000): Research Note: The ‹Undeclared War› Part II. The European Union's Consultation Process for the New Round of the General Agreement on Trading Services/World Trade Organization on Audiovisual Services. In: European Journal of Communication, 15(2), S. 253-262.

Wheeler, Mark (2004): Supranational Regulation. Television and the European Union. In: European Journal of Communication, 19(3), S. 349-369.

Wilke, Peter (1990): Medienmarkt Europa. Ein vergleichender Überblick. In: Kleinsteuber, Hans J./Wiesner, Volker/Wilke, Peter (Hrsg.): EG-Medienpolitik. Fernsehen in Europa zwischen Kultur und Kommerz. Berlin, S. 7-34.

Willke, Helmut (2001): Systemtheorie III: Steuerungstheorie. Grundzüge einer Theorie der Steuerung komplexer Sozialsysteme. 3. Auflage. Stuttgart.

Wilson, James Q. (1980): The Politics of Regulation. In: Wilson, James Q. (Hrsg.): The Politics of Regulation. New York, S. 357-394.

Windhoff-Héritier, Adrienne (1987): Policy-Analyse. Eine Einführung. Frankfurt a. M./New York.

Winseck, Dwayne (2002): Wired Cities and Transnational Communications: New Form of Governance for Telecommunications and the New Media. In: Lievrouw, Leah A./Livingstone, Sonia (Hrsg.): Handbook of New Media. Social Shaping and Consequences of ICTs. London/Thousand Oaks/New Delhi, S. 393-409.

Wittkämper, Gerhard W. (1996): Kommunikationspolitik: Eine Grundlegung. In: Wittkämper, Gerhard W./Kohl, Anke (Hrsg.): Kommunikationspolitik. Einführung in die medienbezogene Politik. Darmstadt, S. 1-16.

Working Group on Internet Governance (WGIG) (2005): Report of the Working Group on Internet Governance. Auf: http://www.wgig.org/docs/WGIGREPORT.pdf.

World Association of Newspapers (2009): World Press Trends 2009. Paris.

World Trade Organization (WTO) (2008): Understanding the WTO. Auf: http://www.wto.int/english/thewto_e/whatis_e/tif_e/understanding_e.pdf.

World Trade Organization (WTO) (2009): The World Trade Organization in brief. Auf: http://www.wto.int/english/res_e/doload_e/inbr_e.pdf.

Wulff-Nienhüser, Marianne (1999): Zu diesem Buch. In: Schütz, Walter J. (Hrsg.): Medienpolitik. Dokumentation der Kommunikationspolitik in der Bundesrepublik Deutschland von 1945 bis 1990. Konstanz, S. 13-27.

Zeller, Franz/Ramsauer, Matthias (2010): Neue Regeln für audiovisuelle Abrufdienste: Ins Stocken geraten. In: BAKOM Infomailing, (21). Auf: http://www.bakom. admin.ch/dokumentation/Newsletter/01315/03452/03456/index.html?lang=de.

Zimmer, Jochen (2009): Die Entwicklung des Internets in globaler Perspektive. In: Hans-Bredow-Institut (Hrsg.): Internationales Handbuch Medien. 28. Auflage. Baden-Baden, S. 164-174.

Zürn, Michael (2005): Global Governance. In: Schuppert, Gunnar Folke (Hrsg.): Governance-Forschung. Vergewisserung über Stand und Entwicklungslinien. Baden-Baden, S. 121-146.

Rechtsdokumente

Abkommen zwischen der Schweizerischen Eidgenossenschaft und der Europäischen Gemeinschaft im audiovisuellen Bereich zur Festlegung der Voraussetzungen und Bedingungen für die Beteiligung der Schweizerischen Eidgenossenschaft am Gemeinschaftsprogramm MEDIA 2007 (MEDIA-Abkommen). Brüssel, 11. Oktober 2007. Auf: http://www.admin.ch/ch/d/sr/i7/0.784.405.226.8.de.pdf.

Abkommen zwischen der Schweizerischen Eidgenossenschaft und der Europäischen Wirtschaftsgemeinschaft (EWG-Abkommen). Brüssel, 22. Juli 1972. Stand am 29. März 2005. Auf: http://www.admin.ch/ch/d/sr/i6/0.632.401.de.pdf.

Agreement Establishing the World Trade Organization. Auf: http://www.wto.org/ english/docs_e/legal_e/04-wto.pdf.

Agreement on Trade-Related Aspects of Intellectual Property Rights (TRIPS). Auf: http://www.wto.org/english/docs_e/legal_e/27-trips.pdf.

Allgemeine Erklärung der Menschenrechte (Universal Declaration of Human Rights). Resolution 217 (III) der UNO-Vollversammlung vom 10. Dezember 1948. Auf: http://www.ohchr.org/EN/UDHR/Documents/UDHR_Translations/ger.pdf.

Bekendtgørelse om tilskud til distribution af dagblade 1310/2007 af 26.11.2007. Auf: https://www.retsinformation.dk/Forms/R0710.aspx?id=113430.

Bekendtgørelse om distributionstilskud til visse periodiske blade og tidsskrifter samt dagbladslignende publikationer 636/2008 af 24.06.2008. Auf: https://www. retsinformation.dk/Forms/R0710.aspx?id=120388.

Berner Konvention zum Schutz von Werken der Literatur und Kunst, revidiert in Paris am 24. Juli 1971 (Berne Convention for the Protection of Literary and Artistic Works). Auf: http://www.wipo.int/clea/docs_new/pdf/en/wo/wo001en.pdf.

Bundesgesetz gegen Kartelle und andere Wettbewerbsbeschränkungen (Kartellgesetz 2005 – KartG 2005). Auf: http://www.bwb.gv.at/BWB/Gesetze/Kartellgesetz/.

Bundesgesetz über audiovisuelle Mediendienste (AMD-G). Auf: http://www.rtr.at/de/rf/ AMD-G (voraussichtliche URL).

Bundesgesetz über den Österreichischen Rundfunk (ORF-G). Konsolidierte Fassung. Auf: http://www.rtr.at/de/rf/ORF-G.

Bundesgesetz über die Einrichtung einer Kommunikationsbehörde Austria (‹KommAustria›) und eines Bundeskommunikationssenates (KommAustria-Gesetz – KOG). Auf: http://www.rtr.at/de/rf/KOG.

Bundesgesetz über die Förderung der Presse (Presseförderungsgesetz – PresseFG). Konsolidierte Fassung. Auf: http://www.rtr.at/de/ppf/PresseFG.

Bundesgesetz über die Förderung politischer Bildungsarbeit und Publizistik (Publizistikförderungsgesetz – PubFG). Konsolidierte Fassung. Auf: http:// www.rtr.at/de/ppf/PublFG.

Bundesgesetz über Radio und Fernsehen (RTVG) vom 24. März 2006. Stand am 1. April 2007. Auf: http://www.admin.ch/ch/d/sr/7/784.40.de.pdf.

Bundesgesetz, mit dem Bestimmungen für privaten Hörfunk erlassen werden (PrR-G). Konsolidierte Fassung. Auf: http://www.rtr.at/de/rf/PrR-G.

Charta der Grundrechte der Europäischen Union. ABl. C 303 vom 14.12.2007, S. 1-16. Auf: http://eur-lex.europa.eu/LexUriServ/LexUriServ.do?uri=OJ:C:2007:303:0001: 0016:DE:PDF.

Constitution of the United Nations Educational, Scientific and Cultural Organization adopted in London on 16 November 1945 and amended by the General Conference at its 2nd, 3rd, 4th, 5th, 6th, 7th, 8th, 9th, 10th, 12th, 15th, 17th, 19th, 20th, 21st, 24th, 25th, 26th, 27th, 28th, 29th and 31st sessions. Auf: http://unesdoc.unesco. org/images/0013/001337/133729e.pdf.

Contrato de Concessão do Serviço Público de Televisão de 25.03.2008. Auf: http://www. gmcs.pt/download.php?download=YTo0OntzOjg6ImlkX3Bhc3RhIjtzOjI6IjI3IjtzO jExOiJpZF9maWNoZWlybyI7czozOiIxODgiO3M6N2Doibm9tZSI7czo0OToiQ2 9udC4gQ29uYy4gU2Vydi4gUCUZ1YWN1dGU7YmxpY28gVGVsZXZpc2hdGls ZGU7byI7czo4OiJleHRlbnNhbyI7czozOiJwZGYiO30=.

Convention on the Protection and Promotion of the Diversity of Cultural Expressions (Resolution 33C/41), adopted by the UNESCO General Conference at its 33rd Session. Paris, 3 to 21 October 2005. Auf: http://unesdoc.unesco.org/images/0014/ 001429/142919e.pdf.

Declaration on Fundamental Principles Concerning the Contribution of the Mass Media to Strengthening Peace and International Understanding, to the Promotion of Human Rights and to Countering Racialism, Apartheid and Incitement of War (Mass Media Declaration; Resolution 20C/4/9.3/2), adopted by the UNESCO General Conference at its Twentieth Session. Paris, 24 October to 28 November 1978. Auf: http://unesdoc.unesco.org/images/0011/001140/114032e.pdf.

Décret 2009-796 du 23 juin 2009 fixant le cahier des charges de la société nationale de programme France Télévisions. Auf: http://www.csa.fr/upload/dossier/cahier%20des %20charges.pdf.

Décret 673/2004 du 31 mars 2004 relatif aux aides attribuées à la presse quotidienne écrite francophone et au développement d'initiatives de la presse quotidienne écrite francophone en milieu scolaire. Auf: http://archive.pcf.be/1000000000210a1.

Décret 90-66 du 17 janvier 1990 modifié relatif à la diffusion des œuvres cinématographiques et audiovisuelles (version consolidée). Auf: http://www.csa.fr/infos/textes/textes_detail.php?id=5933.

Décret 92-280 du 27 mars 1992 modifié, relatif à la publicité, au parrainage et au téléachat (version consolidée). Auf: http://www.csa.fr/infos/textes/textes_detail.php?id=5934.

Décret du 31 mars 2004 relatif aux aides attribuées à la presse quotidienne écrite francophone et au développement d'initiatives de la presse quotidienne écrite francophone en milieu scolaire. Auf: http://www2.cfwb.be/av/db/aig/gallery/Autres_secteurs/DecretPresseEcrite3132004.pdf.

Entscheidung 676/2002/EG des Europäischen Parlaments und des Rates vom 7. März 2002 über einen Rechtsrahmen für die Funkfrequenzpolitik in der Europäischen Gemeinschaft (Frequenzentscheidung). ABl. L 108 vom 24.04.2002, S. 1-6. Auf: http://eur-lex.europa.eu/LexUriServ/LexUriServ.do?uri=OJ:L:2002:108:0001:0006:DE:PDF.

Europäische Charta der Regional- oder Minderheitensprachen. Strasbourg, 5. November 1992. Stand am 5. September 2006. Auf: http://www.admin.ch/ch/d/sr/i4/0.441.2.de.pdf.

Europäisches Übereinkommen über die Gemeinschaftsproduktion von Kinofilmen (EÜGK). Strasbourg, 2. Oktober 1992. Stand am 14. März 2007. Auf: http://conventions.coe.int/Treaty/EN/treaties/Html/132.htm.

Europäisches Übereinkommen über grenzüberschreitende audiovisuelle Mediendienste (EÜGAM). Entwurf. Strasbourg, 24. September 2009. Auf: http://www.coe.int/t/dghl/standardsetting/media/T-TT/T-TT_2009_13FIN_en%20Provisional%20agreemt%20on%20draft%20amendts%20to%20ECTT+preamble.pdf.

Europäisches Übereinkommen über das grenzüberschreitende Fernsehen (EÜGF). Strasbourg, 5. Mai 1989. Stand am 3. Mai 2007. Auf: http://www.admin.ch/ch/d/sr/i7/0.784.405.de.pdf.

Forskrift om produksjonstilskudd til dagsaviser 1409/2009 vom 26. November 2009. Auf: http://www.lovdata.no/cgi-wift/ldles?ltdoc=/for/ff-20091126-1409.html.

Fourth Protocol to the General Agreement on Trade in Services. 30. April 1996. Auf: http://www.wto.org/english/docs_e/legal_e/4prote_sl20_e.pdf.

General Agreement on Tariffs and Trade (GATT). Auf: http://www.wto.org/english/docs_e/legal_e/gatt47_e.pdf.

General Agreement on Trade in Services (GATS). Auf: http://www.wto.org/english/docs_e/legal_e/26-gats.pdf.

Gesetz gegen Wettbewerbsbeschränkungen (GWB) vom 26. August 1998. Auf: http://bundesrecht.juris.de/bundesrecht/gwb/gesamt.pdf.

Internationaler Pakt über bürgerliche und politische Rechte (International Covenant on Civil and Political Rights). Resolution 2200 A (XXI) der UNO-Vollversammlung vom 16. Dezember 1966. Auf: http://www.admin.ch/ch/d/sr/i1/0.103.2.de.pdf.

Internationaler Pakt über wirtschaftliche, soziale und kulturelle Rechte (International Covenant on Economic, Social and Cultural Rights). Resolution 2200 A (XXI) der UNO-Vollversammlung vom 16. Dezember 1966. Auf: http://www.admin.ch/ch/d/sr/i1/0.103.1.de.pdf.

Internationales Abkommen über den Schutz der ausübenden Künstler, der Hersteller von Tonträgern und der Sendeunternehmen (Rom-Abkommen; International Convention for the Protection of Performers, Producers of Phonograms and Broadcasting Organisations of October 26, 1961). Auf: http://www.wipo.int/export/sites/www/treaties/en/ip/rome/pdf/trtdocs_wo024.pdf.

Konferenz über Sicherheit und Zusammenarbeit in Europa. Schlussakte. Helsinki 1975. Auf: http://www.osce.org/documents/mcs/1975/08/4044_de.pdf.

Konvention zum Schutze der Menschenrechte und Grundfreiheiten (Europäische Menschenrechtskonvention EMRK). Rom, 4. November 1950. Stand am 1. Juni 2009. Auf: http://www.admin.ch/ch/d/sr/i1/0.101.de.pdf.

Konzession für die SRG SSR idée suisse (Konzession SRG) vom 28. November 2007. Auf: http://www.srgssrideesuisse.ch/nc/de/srg/rechtliche-grundlagen/gesetzgebung/download/5070/4cdb9385/244_Konzession_2008.pdf.

Lei 27/2007 de 30 de Julho 2007. Aprova a Lei da Televisão, que regula o acesso à actividade de televisão e o seu exercício. Auf: http://ics.pt/index.php?op=fs& cid=1108.

Ley 7/2010 de 31 de marzo 2010. Ley General de la Comunicación Audiovisual. Auf: http://www.boe.es/boe/dias/2010/04/01/pdfs/BOE-A-2010-5292.pdf.

Loi 86-1067 du 30 septembre 1986 relative à la liberté de communication (modifiée et complétée). Auf: http://www.csa.fr/upload/publication/avril2009_loi86-1067.pdf.

OSCE Permanent Council Decision No. 193, 5 November 1997. Mandate of the OSCE Representation on Freedom of the Media. Auf: http://www.osce.org/documents/pc/1997/11/4124_en.pdf.

Pariser Konvention zum Schutz industriellen Eigentums (Paris Convention for the Protection of Industrial Property of March 20, 1983, as amended on September 28, 1979). Auf: http://www.wipo.int/clea/docs_new/pdf/en/wo/wo020en.pdf.

Postgesetz (PG) vom 30. April 1997. Stand am 1. Januar 2008. Auf: http://www.admin.ch/ch/d/sr/7/783.0.de.pdf.

Presstödsförordning 524/1990 vom 31. Mai 1990. Auf: http://www.riksdagen.se/webbnav/index.aspx?nid=3911&bet=1990:524.

Protokoll über den öffentlich-rechtlichen Rundfunk in den Mitgliedstaaten. ABl. C 115 vom 09.05.2008, S. 312. Auf: http://eur-lex.europa.eu/LexUriServ/LexUriServ.do?uri=OJ:C:2008:115:0201:0328:DE:PDF.

Radio- und Fernsehverordnung (RTVV) vom 9. März 2007. Stand am 1. April 2010. Auf: http://www.admin.ch/ch/d/sr/7/784.401.de.pdf.

Rahmenübereinkommen zum Schutz nationaler Minderheiten. Strasbourg, 1. Februar 1995. Stand am 31. Oktober 2006. Auf: http://www.admin.ch/ch/d/sr/i4/0.441.1. de.pdf.

Richtlinie 87/327/EWG des Rates vom 25. Juni 1987 über die Frequenzbänder, die für die koordinierte Einführung eines europaweiten öffentlichen zellularen digitalen terrestrischen Mobilfunkdienstes in der Gemeinschaft bereitzustellen sind. Abl. L 196 vom 17.07.1987, S. 85-86. Konsolidierte Fassung. Auf: http://eur-lex. europa.eu/LexUriServ/LexUriServ.do?uri=OJ:L:2009:274:0025:0027:DE:PDF.

Richtlinie 97/7/EG des Europäischen Parlaments und des Rates vom 20. Mai 1997 über den Verbraucherschutz bei Vertragsabschlüssen im Fernabsatz. ABl. L 144 vom 04.06.1997, S. 19-27. Konsolidierte Fassung. Auf: http://eur-lex.europa.eu/ LexUriServ/LexUriServ.do?uri=CONSLEG:1997L0007:20071225:DE:PDF.

Richtlinie 1999/93/EG des Europäischen Parlaments und des Rates vom 13. Dezember 1999 über gemeinschaftliche Rahmenbedingungen für elektronische Signaturen. ABl. L 13 vom 19.01.2000, S. 12-20. Auf: http://eur-lex.europa.eu/LexUriServ/ LexUriServ.do?uri=OJ:L:2000:013:0012:0020:DE:PDF.

Richtlinie 2000/31/EG des Europäischen Parlaments und des Rates vom 8. Juni 2000 über bestimmte rechtliche Aspekte der Dienste der Informationsgesellschaft, insbesondere des elektronischen Geschäftsverkehrs, im Binnenmarkt (Richtlinie über den elektronischen Geschäftsverkehr). ABl. L 178 vom 17.07.2000, S. 1-16. Auf: http://eur-lex.europa.eu/LexUriServ/LexUriServ.do?uri=OJ:L:2000:178:0001:0016: DE:PDF.

Richtlinie 2002/19/EG des Europäischen Parlaments und des Rates vom 7. März 2002 über den Zugang zu elektronischen Kommunikationsnetzen und zugehörigen Einrichtungen sowie deren Zusammenschaltung (Zugangsrichtlinie). ABl. L 108 vom 24.04.2002, S. 7-20. Konsolidierte Fassung. Auf: http://eur-lex.europa.eu/ LexUriServ/LexUriServ.do?uri=CONSLEG:2002L0019:20091219:DE:PDF.

Richtlinie 2002/20/EG des Europäischen Parlaments und des Rates vom 7. März 2002 über die Genehmigung elektronischer Kommunikationsnetze und -dienste (Genehmigungsrichtlinie). ABl. L 108 vom 24.04.2002, S. 21-32. Konsolidierte Fassung. Auf: http://eur-lex.europa.eu/LexUriServ/LexUriServ.do?uri=CONSLEG: 2002L0020:20091219:DE:PDF.

Richtlinie 2002/21/EG des Europäischen Parlaments und des Rates vom 7. März 2002 über einen gemeinsamen Rechtsrahmen für elektronische Kommunikationsnetze und -dienste (Rahmenrichtlinie). ABl. L 108 vom 24.04.2002, S. 33-50. Konsolidierte Fassung. Auf: http://eur-lex.europa.eu/LexUriServ/LexUriServ.do?uri= CONSLEG:2002L0021:20091219:DE:PDF.

Richtlinie 2002/22/EG des Europäischen Parlaments und des Rates vom 7. März 2002 über den Universaldienst und Nutzerrechte bei elektronischen Kommunikationsnetzen und -diensten (Universaldienstrichtlinie). ABl. L 108 vom 24.04.2002, S. 51-77. Konsolidierte Fassung. Auf: http://eur-lex.europa.eu/LexUriServ/ LexUriServ.do?uri=CONSLEG:2002L0022:20091219:DE:PDF.

Richtlinie 2002/58/EG des Europäischen Parlaments und des Rates vom 12. Juli 2002 über die Verarbeitung personenbezogener Daten und den Schutz der Privatsphäre in der elektronischen Kommunikation (Datenschutzrichtlinie für elektronische Kommunikation). ABl. L 201 vom 31.07.2002, S. 37-47. Konsolidierte Fassung. Auf: http://eur-lex.europa.eu/LexUriServ/LexUriServ.do?uri=CONSLEG:2002L0058:20091219:DE:PDF.

Richtlinie 2003/33/EG des Europäischen Parlaments und des Rates vom 26. Mai 2003 zur Angleichung der Rechts- und Verwaltungsvorschriften der Mitgliedstaaten über Werbung und Sponsoring zugunsten von Tabakerzeugnissen. ABl. L 152 vom 20.06.2003, S. 16-19. Auf: http://eur-lex.europa.eu/LexUriServ/LexUriServ.do?uri=OJ:L:2003:152:0016:0019:DE:PDF.

Richtlinie 2006/111/EG der Kommission vom 16. November 2006 über die Transparenz der finanziellen Beziehungen zwischen den Mitgliedstaaten und den öffentlichen Unternehmen sowie über die finanzielle Transparenz innerhalb bestimmter Unternehmen (Transparenz-Richtlinie). ABl. L 318 vom 17.11.2006, S. 17-25. Auf: http://eur-lex.europa.eu/LexUriServ/LexUriServ.do?uri=OJ:L:2006:318:0017:0025:DE:PDF.

Richtlinie 2010/13/EU des Europäischen Parlaments und des Rates vom 10. März 2010 zur Koordinierung bestimmter Rechts- und Verwaltungsvorschriften der Mitgliedstaaten über die Bereitstellung audiovisueller Mediendienste (Richtlinie über audiovisuelle Mediendienste AVMD). ABl. L 95 vom 15.04.2010, S. 1-24. Kodifizierte Fassung. Auf: http://eur-lex.europa.eu/LexUriServ/LexUriServ.do?uri=OJ:L:2010:095:0001:0024:DE:PDF.

Staatsvertrag für Rundfunk und Telemedien (Rundfunkstaatsvertrag RStV) vom 31. August 1991 in der Fassung des Dreizehnten Staatsvertrages zur Änderung rundfunkrechtlicher Staatsverträge vom 10. März 2010. Auf: http://www.alm.de/fileadmin/Download/Gesetze/RStV_aktuell.pdf.

Staatsvertrag über den Schutz der Menschenwürde und den Jugendschutz in Rundfunk und Telemedien (Jugendmedienschutz-Staatsvertrag JMStV) vom 10. bis 27. September 2002, zuletzt geändert durch Artikel 2 des Dreizehnten Rundfunkänderungsstaatsvertrages vom 30. Oktober 2009. Auf: http://www.alm.de/fileadmin/Download/Gesetze/JMStV_aktuell_deutsch.pdf.

Übereinkommen über Datennetzkriminalität. Budapest, 23.11.2001. Auf: http://conventions.coe.int/Treaty/en/Treaties/Html/185.htm.

UNESCO Universal Declaration on Cultural Diversity (Resolution 31C/25), adopted by the UNESCO General Conference at its 31st Session. Paris, 15 October to 3 November 2001. Auf: http://unesdoc.unesco.org/images/0012/001246/124687e.pdf.

Verordnung (EG) 139/2004 des Rates vom 20. Januar 2004 über die Kontrolle von Unternehmenszusammenschlüssen (EG-Fusionskontrollverordnung FKVO). ABl. L 24 vom 29.01.2004, S. 1-22. Auf: http://eur-lex.europa.eu/LexUriServ/LexUriServ.do?uri=OJ:L:2004:024:0001:0022:DE:PDF.

Verordnung (EG) 717/2007 des Europäischen Parlaments und des Rates vom 27. Juni 2007 über das Roaming in öffentlichen Mobilfunknetzen in der Gemeinschaft und zur Änderung der Richtlinie 2002/21/EG. ABl. L 171 vom 29.06.2007, S. 32-40. Konsolidierte Fassung. Auf: http://eur-lex.europa.eu/LexUriServ/LexUriServ.do?uri= CONSLEG:2007R0717:20090702:DE:PDF.

Verordnung (EG) 1211/2009 des Europäischen Parlaments und des Rates vom 25. November 2009 zur Einrichtung des Gremiums Europäischer Regulierungsstellen für elektronische Kommunikation (GEREK) und des Büros. ABl. L 337 vom 18.12.2009, S. 1-10. Auf: http://eur-lex.europa.eu/LexUriServ/LexUriServ.do?uri= OJ:L:2009:337:0001:0010:DE:PDF.

Vertrag über die Arbeitsweise der Europäischen Union (AEUV). Konsolidierte Fassung. ABl. C 115 vom 09.05.2008, S. 47-199. Auf: http://eur-lex.europa.eu/LexUriServ/ LexUriServ.do?uri=OJ:C:2008:115:0047:0199:DE:PDF.

Vertrag über die Europäische Union (EUV). Konsolidierte Fassung. ABl. C 115 vom 09.05.2008, S. 13-45. Auf: http://eur-lex.europa.eu/LexUriServ/LexUriServ.do?uri= OJ:C:2008:115:0013:0045:DE:PDF.

Wet van 29 december 2008 tot vaststelling van een nieuwe Mediawet (Mediawet 2008). Auf: http://wetten.overheid.nl/BWBR0025028/volledig/.

WIPO-Urheberrechtsvertrag (WIPO Copyright Treaty of December 20, 1996). Auf: http://www.wipo.int/export/sites/www/treaties/en/ip/wct/pdf/trtdocs_wo033.pdf.

WIPO-Vertrag über Darbietungen und Tonträger (WIPO Performances and Phonograms Treaty of December 20, 1996). Auf: http://www.wipo.int/export/sites/www/ treaties/en/ip/wppt/pdf/trtdocs_wo034.pdf.

WTO Dispute Settlement Understanding (DSU). Auf: http://www.wto.org/english/ docs_e/legal_e/28-dsu.pdf.

WTO Reference Paper on Telecommunications Services. 24. April 1996. Auf: http://www.wto.org/english/tratop_e/serv_e/telecom_e/tel23_e.htm.

WTO Trade Policy Review Mechanism (TPRM). Auf: http://www.wto.org/english/ docs_e/legal_e/29-tprm.pdf.

Sachregister

A

Akteur 35f., 40-45
Alternativmedien *s. Community Media*
Anzeigen-Auflagen-Spirale 80f.
AVMD-Richtlinie 128ff., 160, 225-229, 245-249, 268

B

British Broadcasting Corporation (BBC) 209, 217f., 220, 224, 227
Beihilfe, staatliche 133-136, 246f., 267f.

C

Common Carrier 63f., 185, 255
Copyright *s. Urheberrecht*
Co-Regulierung 61f., 115-118, 137f., 161-165, 217f., 251, 269f., 296
Cross Ownership *s. Medienkonzentration*
Code Layer 261-264
Community Media 204f., 210f., 221, 225

D

Dänemark 101, 109
  Presseförderung 183
  Presserat 115f.
Datenschutz 117f., 121, 132, 196, 238, 265, 269
Deregulierung 56-59, 102, 142, 187-191, 195ff., 206-216, 243

Deutschland 101, 109f., 172, 189
  Jugendschutz 116f., 246, 269
  Medienkonzentration 84f., 280f., 283ff.
  Öffentlicher Rundfunk (ARD/ZDF) 217f., 223f., 227f., 268
  Presserat 115f.
  Privatrundfunk 211f., 219
  Rundfunkdistribution 232, 239
  Rundfunkgebühr 223f.
  Regulierungsbehörde 110, 113, 219
  Werberegulierung 227f.
Digitales Fernsehen 233-240
Digitalisierung 65f., 229-238, 258, 272, 293, 295f., 303, 305
Dualisierung 58, 200, 206-216

E

EÜGAM 121, 130, 160, 225-229, 245ff., 268
EÜGF *s. EÜGAM*
Europäische Menschenrechtskonvention 120
Europäische Union 123-138, 156, 158ff., 174, 195ff., 207, 225-229, 238f., 242-249, 266-269, 272ff., 282f.
Europäischer Gerichtshof für Menschenrechte 120f.
Europarat 119-122, 130f., 159f., 225-229, 245ff., 268f.
Ex-ante-Regulierung 131f., 192f., 196, 237, 272ff.